广播电视学学科建设
历史、现状与未来

艾红红　庞亮　主编

中国广播影视出版社

图书在版编目（ＣＩＰ）数据

广播电视学学科建设：历史、现状与未来／艾红红，庞亮主编．――北京：中国广播影视出版社，2018.3
 ISBN 978-7-5043-8059-3

Ⅰ．①广… Ⅱ．①艾… ②庞… Ⅲ．①广播电视－学科建设－研究－高等学校 Ⅳ．①G220

中国版本图书馆CIP数据核字(2017)第329286号

广播电视学学科建设：历史、现状与未来
艾红红　庞　亮　主编

责任编辑	贺　明
封面设计	文人雅士
责任校对	张　哲

出版发行	**中国广播影视出版社**
电　　话	010-86093580　010-86093583
社　　址	北京市西城区真武庙二条9号
邮　　编	100045
网　　址	www.crtp.com.cn
电子信箱	crtp8@sina.com

经　　销	全国各地新华书店
印　　刷	三河市人民印务有限公司

开　　本	787毫米×1092毫米　1/16
字　　数	383(千)字
印　　张	19.75
版　　次	2018年3月第1版　2018年3月第1次印刷

书　　号	ISBN 978-7-5043-8059-3
定　　价	48.00元

（版权所有　翻印必究・印装有误　负责调换）

广播电视学学科建设的新收获（序）

袁 军

2016年10月15日，由中国传媒大学和中国新闻史学会主办的"广播电视学学科建设"研讨会在中国传媒大学召开，众多学者和专家齐聚一堂，围绕赵玉明教授主持的教育部人文社科重点研究基地重大项目"广播电视学学科体系研究"终期成果进行研讨，并对新形势下广播电视学科的建设和发展提出建议。记得当时我因公在外地出差，未能与会。只能送上书面致辞，以表祝贺。如今又快一年过去了，在赵玉明教授的指导下，以这次学术研讨会收到的论文为基础，广纳诸多前人研究成果，艾红红和庞亮两位教授主编的《广播电视学学科建设：历史、现状与未来》即将出版。近日接到庞亮电话，邀我作序。为补去年之遗憾，欣然应允。

自20世纪20年代广播作为一种新兴媒介诞生以来，中国的广播电视研究走过了近百年的历程，逐步成长为一门新兴学科，有中国特色的广播电视学学科体系正在日益完善。该学科设立之初的主要目的是为广播电视教育教学服务，伴随着改革开放以来广播电视事业的蓬勃发展，与之相关的研究成果可谓汗牛充栋，不胜枚举。但将"广播电视学科"和"广播电视学"列为独立研究主体的内容却相对较少。与此同时，广播电视学作为隶属于"新闻传播学"的二级学科显示出了与社会学、心理学、语言学、政治学、美学、电影学等多学科相交叉、互融合的鲜明特点。进一步明晰广播电视学学科定位，打造科学的学科制度和范式，已成为广播电视学研究实现总体突破的关键环节。

从历史的角度去观照中国广播电视学，应从两条路径去厘清学科自身积淀、孕育、形成和发展的全过程。一是广播电视学术研究的历史脉络，二是意识形态及社会所认可的历史过程，而两条路径都共同依赖于广播电视史学。研究广播电视的同志们都知道，赵玉明教授是中国广播电视史学的主要开创者和奠基者之一。作为中国新闻事业史重要组成部分的广播电视史，一直是中国传媒大学非常重要的研究领域，也是其在全国兄弟高校新闻传播学学科中独具特色和优势的一个研究方向。1959年，中国传媒大学前身北京广播学院成立不久，就开设了广播电视史这门课，广电史初创阶段的三位奠基者——康荫、张纪明、温济泽老师都担任过教学研究工作。此后，赵玉明教授扛起了中国传媒大学乃至全国广播电视史研究的大旗。

在学术研究成果方面，赵玉明教授于20世纪80年代出版《中国现代广播简史》一书，被誉为第一部比较系统、全面记述现代中国广播事业发展的专著，填补了中国广播史研究的空白。赵玉明教授1990年主持的广电系统第一个国家社科基金项目，也是中国传媒大学第一个国家社科基金项目——《中国广播电视通史》在2004年问世。该成果树立了广播电视史学研究应当遵循的科学方法与思路，是我国广播电视史学研究走向成熟、科学的标志，荣获了第四届中国高校人文社会科学优秀成果二等奖、第五届吴玉章人文社科奖一等奖，被方汉奇教授誉为"广播电视史研究的一部集大成的专著"。

由于赵玉明教授在广播电视史学研究上的深耕细作，他也成为广播电视学学科体系的主要开创者和建立者之一。这集中体现在从2005年他主持教育部人文社科重点研究基地重大课题"广播电视学学科体系建设研究"所取得的研究成果上。2006年12月16日，课题组首次邀请国内广播电视方面的专家学者召开研讨会，听取专家意见，向与会专家约稿。从2007年起，中国传媒大学广播电视研究中心主办的《媒介研究》分三期刊发了课题组及国内广播电视专家学者的成果，计有《中国广播电视学学科体系建设研究》(2007.6，卷5-2)、《百家纵论广播电视学——广播电视学学科体系建设研究文献辑录》(2008.3，卷6-1)和《广播电视学学科建设大家谈》(2009.6，卷7-1)。《现代传播》也特辟专栏，刊发了赵玉明教授撰写的《谈谈广播电视研究和广播电视学学科建设》和胡智锋教授的《中国广播电视学科体系建设必须处理的三个关系》，引发了同行专家对该课题的深入探究。课题初稿完成后，为进一步充实和完善相关内容，又于2010年7月23日邀请多所大学和媒体的专家学者举行课题论证会。在汲取专家们的意见后，课题组于2011年6月递交结项报告书，2012年7月获准结项。2015年10月，结项成果《广播电视学学科体系建设研究》一书由中国广播影视出版社出版。该成果在吸收前人成果的基础上，在国内首次提出"两大领域、三大模块"的广播电视学学科体系架构，即分为理论研究和活动（现象）研究两大领域，基础理论、交叉学科和独特内容三大模块，并建议将广播电视学定位为一级学科。这一成果把广播电视学学科体系研究推向了一个新的理论高度，开辟了广播电视学学科建设的新境界。

即将出版的这本书便是以上述"广播电视学学科体系建设研究"这一重大课题的学术活动为路径，对相关研究成果进行了梳理与再编，意在历史地呈现这一议题的由来及演化，是广播电视学学科建设的新收获，也是在记录历史，学术价值不言自明。广播电视学具有时代性、实践性和综合性，当前新媒体环境下呈现的复杂变局给广播电视学学科发展带来了新的机遇和挑战。希望这本书的出版能够进一步凝聚共识，明晰方向，有力促进广播电视学学科建设的繁荣发展。艾红红和庞亮师从赵玉明教授治广播电视史多年，正当人生有为之年，也希望他们今后在专业领域继续奋力前行，取得更大的成绩！

是为序。

2017 年 7 月 10 日

（作者系中国传媒大学原副校长，现北京外国语大学副校长、教授、博士生导师）

CONTENTS 目录

广播电视学学科建设的新收获（序） ········· 袁　军　1

中国广播电视研究发展历程回顾（代前言） ········· 艾红红　1

（一）

建设广播电视学断想
　　——写在《中国广播电视学刊》创刊的时候 ········· 左漠野　20
我们需要广播学、电视学
　　——左漠野同志的一封信 ········· 左漠野　24
关于建立广播电视理论体系的几点意见
　　——在中国广播电视学会1988年学术年会上的讲话 ········· 吴冷西　26
做学问
　　——代发刊词 ········· 吴冷西　31
关于广播学电视学的几点思考
　　——在中国广播电视学会第一届理事会上的讲话 ········· 温济泽　33

（二）

从广播电视研究到广播电视学科建设
　　——在广播电视学学科建设学术研讨会上的发言 ········· 赵玉明　40
谈谈广播电视研究和广播电视学学科建设 ········· 赵玉明　45

·1·

广播电视学学科体系的建构与理论强化	石长顺	55
历史、对象与方法——再论广播电视学的学科定位	庞 亮	60
广播电视学科研究的话语转型	谢鼎新	67
中国广播电视学科体系建设必须处理的三个关系	胡智锋	75
试析广播电视学科体系的架构	谢鼎新	79
关于广播电视学的学科体系	郭镇之	84
广播学科史的重写：民国框架下的研究初探	谢鼎新	86
中国电视理论研究五十年的发展历程	欧阳宏生 李宜蓬	94
数字化技术视角下的广播电视学学科建设	赵康帅	103

（三）

中国播音学发展简史	张 颂	109
我国广播电视节目主持理论研究的发展	陆锡初	121
中国广播电视广告学研究综述	刘英华	128
广播电视语体研究回顾	李佐丰 赵 均 张武江	135
广播电视新闻学研究概述	王文利	146
关于广播电视艺术学学科体系建设的思考	张凤铸 肖 庆	159
广播电视经济学研究	周鸿铎 曹 宇	166
正面人物的想象与政治标准的桎梏		
——广播电视志里的早期广播人物	刘书峰	194

（四）

民国时期（1920—1949）国人对广播的认知	谢鼎新	203
中国早期广播著作初探	艾红红	217
燕京大学新闻学系广播学术研究探析		
——学士学位论文的视角	邓绍根	221
民国时期国人对电视的认知	谢鼎新	229
在中国Televison为什么叫"电视"	孙建三	238
早期电视研究史料的价值分析		
——与孙建三商榷	谢鼎新	243
从新名词到关键词：民国"电视"概念史	邓绍根	248
中国第一篇电视文献考	黄志辉	257

略论广播界《宣传业务整改草案（提纲）》的主要论点及意义………哈艳秋 262
中国网络视频的传播 …………………………………………………郭镇之 269
近几年我国广播史研究概况浅析 ………………………………………高铁军 280

（五）

"广播电视学学科体系建设研究"学术研讨会综述…………王文利 艾红红 288
建议将广播电视学列为一级学科
——"广播电视学学科体系建设研究"课题论证会综述…………艾红红 292
夯实基础 继往开来
——广播电视学学科建设学术研讨会综述………………庞 亮 冯 帆 296

"广播电视学"学科建设 部分参考书目 ………………………………… 299

中国广播电视研究发展历程回顾（代前言）

艾红红

广播、电视同为电子媒介。其技术研发可上溯至 19 世纪中叶，但成为正式的社会行业却始于 20 世纪初。随着广播电视业在中国的兴起，相关研究也日趋活跃，并与整个社会变迁同生共进，呈现出较为明显的阶段性特征：就广播电视的社会控制层面而言，20 世纪以来，广播业、电视业经历了三次较大的体制变迁，即 1949 年之前的多种体制并轨发展、1949 年至 1978 年的国营事业体制及 1979 年以来的事业单位、企业化运营时期。由体制变革引发的广播电视生态改变，使得相关研究及学术评价体系也随之发生位移，在研究重点、方向及特色等方面有所不同。本文主要从广播电视研究生成与发展的内在逻辑出发，考察这一学术进程，试图梳理不同时代的主要关切，分析广播电视研究与广播电视业发展之间的复杂关联。

一、多重视角，一个指向：1920～1949 年的广播研究

无线电传播人声的实验于 1906 年在美国取得成功后，鉴于西方"电学巨子，工程专家，于实施广播计划，固无日不在研究考虑之中"①，中国无线电界也积极利用各种机会，向国人引介这一最新发明。其中，上海《东方杂志》作为"唯一一份将无线电报技术的传播由晚清延续至民初的期刊"②，从 1920 年起即在"科学杂俎"专栏中多次刊文，介绍"无线电话"（无线电广播）③ 的技术原理和最新发展。其他如《电气》（1914 年创办）、《电气工业杂志》（1920 年创办）等新办刊物也多从技术视角切入这一议题。无线电广播尚未登陆中国，这种技术性探讨已为其降临做了充分的舆论准备。

1923 年 1 月，国内首家广播无线电台在上海租界问世。次年 8 月，无线电专家曹仲渊发表万字长文《三年来上海无线电话之情形》④，对上海无线电广播业推源溯流，为中国广播的发展找问题，寻出路，是早期广播研究的经典之作。1925 年，无线电专家朱其清发表《沪上广播无线电事业概论》⑤、《无线电之新事业》⑥，介绍了当时美、

---

① 王崇植、朱雷章：《广播电台在中国之价值及其将来》，《无线电月报》1928 年第 1 卷第 4 期。
② 宋轶文、姚远：《民初无线电报技术经由期刊在中国的传播》，《西北大学学报》2010 年第 1 期。
③ 如《空中传来之演说》（1920 年 5 月第 17 卷第 9 号）、《用无线电传达音乐及新闻》（1920 年 8 月第 17 卷第 15 号）、《无线电最近的进步》系列文章（1922 年 6 月第 19 卷第 11 号）等。
④ 曹仲渊：《三年来上海无线电话之情形》，《东方杂志》1924 年第 21 卷第 18 期。
⑤ 朱其清：《沪上广播无线电事业概论》，《电友》1925 年第 1 卷第 6 期。
⑥ 《无线电之新事业》，《东方杂志》1925 年第 22 卷第 6 号。

法、日等国对广播业的管理经营方法和国内几家外台的情况,并从广播发射、接收、广播内容、政府广播政策"四要素"入手,论述中国广播未来发展的条件和可能性,认为广播事业"将取新闻纸类、留声机等而代之,亦意中事也"。① 两位无线电专家运用西式思维和方法观照中国广播,研究问题时既有纵向梳理,也有横向比较;既有技术性判断,也有基于国内政治、经济和文化的考量,高屋建瓴,举重若轻,显示出早期广播研究的高起点和专业化特征。

南京国民党政府建政后,推行党营/国营和民营广播并行、以党营广播为引领的混合体制。这既是当时决策层广播观的意志体现,也反映和影响了国人对广播业的理解和认知:至1949年国民党政府退出大陆前,研究者多从国家立场出发,基于广播是"宣传利器"的共识,在广播与国家治理、国家发展的关系中建构议题,形成研究的场域。

被誉为国民党"广播保姆"的陈果夫,可谓上述理念的倡导者与有力实践者。他自1924年在上海接触到无线电广播,就意识到这一新兴媒体对国民党治国理政的巨大辅助作用,不仅给蒋介石写信阐释这一观点,还通过撰文、演讲、立法等多种手段,推动党营广播发展。在陈果夫等国民党政要主持下,1928年8月1日,国民党中央广播电台开播。1929年12月,国民党中央电台编印了我国第一本广播年鉴《中央广播无线电台年刊》,收入该台及中国广播发轫时期的重要史料,并载有《我国之广播事业》《设立中央广播无线电台计划》《中央广播无线电台大事记》及《中国现有之广播电台》等文,开我国广播(电视)年鉴编纂出版之先河。

继承这一史学传统,1937年,国民党广播事业管理处处长吴保丰发表《十年来的中国广播事业》② 一文,对1928年至抗战爆发前的国内广播业做了详尽梳理,并从五方面论述了今后发展之途径。与之类似,王崇植、恽震所著《无线电与中国》③ 和国民政府行政院新闻局编印的《广播事业》④,也都在追溯历史的基础上,提出对广播业未来发展的意见和建议。另外,现存的私立燕京大学文学院新闻学系三篇广播学位论文⑤ 也采用了历史与现实映照、中国与外国比较的问题化思路和研究方法,且在文献征引、参考书目、注释体例等形式方面,与现在通行的学术规范并无二致。

当时对广播、广播业的理论探讨,已涉及广播属性、广播价值及功能等多个层面。

---

① 《无线电之新事业》,《东方杂志》1925年第22卷第6号。
② 吴保丰:《十年来的中国广播事业》,中国文化建设协会编:《十年来的中国》,上海:商务印书馆1937年版。
③ 王崇植、恽震:《无线电与中国》,北平图书馆1931年版。
④ 国民政府行政院新闻局编印:《广播事业》,1947年11月版。
⑤ 主要有殷增芳的《中国广播无线电事业》(1939)、赵泽隆的《广播》(1946)及王存銮的《广播事业研究》(1949)等。

关于广播属性，研究者普遍认识到它的迅速灵便、新闻时效高、不受间隔等优点①，也注意到它转瞬即逝、选择性差、收听的不可逆性等技术性缺陷②。从广播信号传递及时、传播距离无远弗届这一属性出发，研究者们对广播的新闻事业功能多有论及——"广播电台之功用，原在传布消息于公众"……"广播电台的使命，在于用迅速的方法，来传递重要的新闻"。③ 依据这一媒体属性，有学者直接将广播纳入了新闻学的研究范畴。④关于广播的价值与功能，当时最典型的认知是"宣传、教育、娱乐、市场报告、新闻及天气报告、广告、开发青年知识欲"⑤。由于国民党党营广播的强势地位，时人对无线电广播在政治宣传、新闻传播与普及教育方面的功能也多有论述。⑥ 从民众受教育水平普遍较低，各地方言众多、南北语言不通等国情出发，包括陈果夫、晏阳初、赵元任等专家学者，在广播电化教育和国语传播方面做了大量调研工作。⑦ 尤其是语言学家赵元任，就极力主张全国电台转播中央广播电台节目，认为"要建设一个统一而立得住的国家，统一的国语也是一个极要紧的条件，在各种促进统一国语的工具当中以无线电广播的影响为最广"⑧。在各方推动下，1936年4月20日，国民党中央广播事业管理处呈请行政院发布饬令，要求全国各地所有的公私营广播电台除星期日外，每晚8：00至9：05必须一律转播中央台节目，包括简明新闻、时事述评、名人演讲、学术丛谈、话剧、音乐等六项。"各民营电台无转播设备者，应于此节时间时暂行停播，以杜分歧，务使意志集中，收效宏速。"中国广播电台全国联播的制度即肇始于此。

此外，1937年6月商务印书馆出版的徐卓呆编著《无线电播音》，是迄今发现的最早论述广播播音理论的代表作。该书对无线电播音的特长；如何利用；目前的状况；听众的心理；什么材料不适合使用；电台播音的检查方法；如何改善娱乐材料以及电台播音如何活用教育这一功能等进行了分析论述。研究民国时期的广播播音理论，这

---

① 参见吴保丰：《十五年来我国广播事业之鸟瞰》，《广播通讯》1944年4月30日；杜绍文：《敌乎？友乎？——新闻广播与电影果真有害于报纸么？》，《战时记者》1939年第4期。

② 参见聂士芬：《一个新闻教授的新闻学观》，《新闻学概观》，燕京大学新闻系1935年版，第40页；凌遇选：《印刷与新闻事业》，《新闻战线》1942年3月。

③ 任白涛：《在中国之广播事业》，转引自《中国现代广播史料选编》，第159页。

④ 参见任白涛：《综合新闻学》，上海商务印书馆1941年版。林霖：《谁是新闻记者？谁配做新闻记者？》，《新闻战线》1941年第6期。铿：《广播在新闻事业中的地位》，《广播通讯》1944年第4期。胡道静：《新闻史上的新时代》，上海世界书局1946年版，第9页。

⑤ 王崇植、朱雷章：《广播电台在中国之价值及其将来》，《无线电月报》1928年第1卷第4期。

⑥ 参见吴道一：《我国之广播事业》，《中国国民党中央执行委员会广播无线电台年刊》民国十八年十二月（1929年12月）编印。陈果夫：《中国教育改革之途径》《关于无线电建设》《党办广播事业经过》，《陈果夫先生全集·第一册》，第142页、279页、281页。

⑦ 参见陈果夫：《电化教育》，《陈果夫先生全集·第一册》，第142~144页；赵元任：《全国转播中央广播电台节目对于促进国语统一的影响》，《广播周报》1936年第91期，第19页；赵元任：《广播须知》，《广播周报》第135期，1937年5月1日出版。

⑧ 赵元任，《全国转播中央广播电台节目对于促进国语统一的影响》，《广播周报》1936年第91期，第19页。

部著作具有重要的参考价值。

值得关注的是，随着抗日战争爆发，广播的"喉舌"作用加倍彰显，"心战"广播成为战时各国宣传研究的焦点。中国也不例外。当时，广播是"第四战线""战争的产儿"①等论述比比皆是②。《广播无线电和战争》③一文就用美国等一些国家广播发展的事实，有力地证明了广播无线电是"战争的产物"。国民党中宣部译介的《无线电宣传战》④一书也佐证这一流行观念，阐释了广播宣传在战争中的重要作用。国民党中央电台传音员彭乐善则干脆以"广播战"为本人专著命名，介绍世界各国广播业发展情况和二战中各国广播人物及广播传音技术，对战时广播宣传和新闻传播进行了深入探讨。⑤该书既有对全球广播业发展的宏观描述，也有对具体事件和人物的深度剖析，为读者展示了一幅生动的二战时期各国广播战全景图，"精详博赡，深入浅出，不仅为从事广播工作者之良好参考书籍，且可灌输一般国民以广播常识，诚为不可多得之佳作。"⑥

当时国统区一些专业期刊的陆续创办，为广播研究提供了发表阵地。其中创办时间最长，影响最大的莫过于《广播周报》（1934~1948）⑦。该刊不仅登载了《空中电波战》《上海广播之现状》《我们对广播事业的认识和希望》等大量广播专论，还致力于"介绍世界广播理论、广播动态"⑧，选载、译介了大量外国广播研究文献。⑨可以

---

① 袁林：《宣传阵线上的劲旅——广播》，载《中国青年》1946年第15卷第1-2期，重庆中国青年月刊社出版。
② 关于广播与战争关系的探讨，还有：愚人：《科学倡导原子时代新兴广播事业应负之使命》，载《中国广播月刊》第一卷第二期，北平中国广播月刊社1947年刊；杨明：《军事与广播》，《广播周报》1947年第7期；陈沅：《广播的作用》，《电影与播音》1947年第7期。
③ 超：《广播无线电和战争》，《群力》1937年第23期。
④ 中国国民党中央宣传部译印：《无线电宣传战》，1942年版。
⑤ 彭乐善：《广播战》，中国编译社1943年版，第115页。
⑥ 曾虚白：《广播战序》，《广播战》，中国编译社1943年版，第1页。
⑦ 《广播周报》1934年9月由国民党中央广播无线电台管理处创办。它是我国第一份广播节目报，也是现代出版时间最长、发行量最大的广播专业报刊。《中国广播电视年鉴》2007年、2008年、2009年分三次刊载了《广播周报》的文章目录。
⑧ 载《广播周报·编后》，1940年第188期。
⑨ 如188期徐学铠译的《播音节目之建立》（连载三期）和赵炳良翻译的《广播的政治作用》；189期登载赵炳良译《运用灵活的德国广播》；190期登载海涛的《日本广播事业的今昔》和赵炳良译《意大利的广播宣传》；192期登载潘公展的《广播与文化》、徐学铠的《论广播演说》和抚松翻译的《美国广播学校》以及海涛的《国际宣传战的过去与现在》、慈涵译的《战时的广播》（连载两期）、《广播意识的形成》等；第193期登载《英国广播漫谈》（传译），小品《敌国广播协会的动摇》和《美日广播战》；194期登载杜宇的《国际广播战》和褚伍兵的《广播战中的各国客卿》以及文琪翻译的《美国广播事业》；195期登载林海涛《世界广播动态之一斑》和慈涵翻译的《希特勒的广播攻势》；196期登载徐炳森的《抗战中通信的运用与其重要性》；复刊第6期载钱凤章专著《美国广播事业之发展》（此后连载），第7期刊登《从新闻自由到广播自由》；第9期刊登《漫谈法国广播事业》；第17期开始长篇连载徐学铠的《美国全邦广播公司》（共13期）；连载完后，在接着的复刊第30期又开始登载徐学铠的《美国哥伦比亚广播公司》；第31、32期登载徐学铠的《北美广播公司》和《美国互惠广播公司概况》；33期登载吴彤译《美国的电视广播》和徐学铠的《加拿大广播公司（见闻绍实）》；35期登载署名"上海台"提供的《英国无线电广播沿革》；36期是吴彤的《英国的电视广播》；42期为杨宗万译的特稿《战后欧洲无线电事业》，等等。

说，对中国广播业务、广播理论的探讨和对世界广播发展动态的关注，是民国动荡岁月中《广播周报》做出的最突出贡献。此外，《中国无线电》（苏祖国主编，亚美无线电公司编印，1933年）、《无线电》（中央台管理处创办，1934年）、《播音界》（播音界出版社，1935年）、《江苏广播》（江苏省广播无线电台，1935年）、《播音二周刊》（上海市公用局广播无线电管理处印行，1936年）、《播音教育月刊》（教育部社会教育司编辑，商务印书馆出版，1936年）等[①]也刊登了不少研究性文章。

中国共产党的延安新华广播电台于1940年年底开播。虽然由于各种外在不利条件，纯粹的学理性研究尚未深入开展，但基于重视心战宣传的同样需求，延安台还是在有限的条件下开展了卓有成效的受众调查工作：1946年，延安台曾发表公开信，广泛征求全国及南洋各地听众意见，[②] 一年后根据听众调查的结果及反馈意见进行了详细总结和回应[③]。这些节目调整涉及收听时间、收听内容、特殊收听群体的需求（如外语广播）等。其中所体现的广播专业意识，显然也是在实践中不断探索形成的。

"广播为一新兴事业，无成例可援，即在各国，也都以经验换取知识。"[④] 总体上看，民国时期对广播历史、理论与实践的探讨，有助于人们加深对这一新兴事物的认知；对无线电广播在战争中作用的分析与论述，与西方社会学、政治学和传播学的实证研究虽在方法论上有所区别，但在大的媒介观方面却并无二致。在当时战乱环境下，广播研究能够取得如此成就，殊为不易。尤为可贵的是，这些研究者多数并非专职人员，而是在一线从事广播工作。他们从追踪、介绍西方的广播技术入手，着眼于中国广播的发展，落点则集中指向"广播对中国之价值"[⑤] 及如何利用和发展好广播。这一方面是由于当时的广播教育尚未开展，缺乏相应的人才储备，广播研究只能由业界人士自发进行。另一方面，广播业尚在初兴阶段，却已与西方国家拉开了距离；深知这种差距之所在，了解其根源的民国广播精英们出于天然的家国情怀，在责任驱使下不约而同地将广播研究与国家发展联系起来。

由此也带来了民国广播研究的第二个特征：业界人士对许多问题的探讨，都停留在较浅层次。虽然这些研究既涉及宏观层面如广播制度、广播与社会发展等问题，也有对广播原理的分析，还有微观层面如播音技巧、广播广告及受众调查等，可谓议题丰富，视角多元。但由于广播研究工作多属"副业"，无法专注持久地从事这一活动。

---

① 参见王文利：《中国广播电视新闻研究简史》，湖南师范大学出版社2008年版，第111~116页。这一时期有关广播方面的专业刊物约41家。
② 晋冀鲁豫《人民日报》，1946年7月29日，转引中央人民广播电台研究室、北京广播学院新闻系编：《解放区广播历史资料选编》，中国广播电视出版社1985年版，第70页。
③ 《陕北新华广播电台二周年告听众》，转引中央人民广播电台研究室、北京广播学院新闻系编：《解放区广播历史资料选编》，中国广播电视出版社1985年版，第79页。
④ 参见行政院新闻局编：《广播事业》（1947），第68页。
⑤ 王崇植、朱雷章：《广播电台在中国之价值及其将来》，《无线电月报》1928年第1卷第4期。

当时除了对广播与战争关系的探讨较为深入外，许多研究都是浅尝辄止，停留在经验总结的层面。组织性、成规模的学术活动和互动少，广播研究以单打独斗为主。

二、政治挂帅，"业务"先行：1949～1978年的广播电视研究

中华人民共和国成立初期，借鉴苏联模式，构建起一套金字塔状的国营广播（电视）事业体系，一个集行业管理、技术研发、内容制作和人才培养为一体的行业系统。到1978年改革开放前，有线广播迎来发展的鼎盛时代；电视业自1958年兴办，改革开放前一直发展缓慢。虽然早在20年代国内的无线电专家就向民众介绍了这一媒体，并逐渐统一用"电视"这一新名词指代，但由于电视至1978年以前一直发展缓慢，因而这方面的成果较少，仍以广播研究为主，性质上则属以提升业务为旨归的工作研究。

由于众所周知的原因，这一时期针对广播电视性质、任务等本源性问题的探讨，日益染上了浓厚的政治色彩，对广播电视阶级属性和政治工具作用的过分强调，成为这一时期理论话语的突出特点。典型的如强调人民广播事业"是无产阶级专政的一种工具"①、是"阶级斗争的工具"② 以及提倡政治挂帅等。至于涉及具体业务层面的研究，有对广播新闻的简短、真实性原则的辨析③；有探讨广播工作者应具备的基本素质，强调播音员、记者须有严格的政治立场，"又红又专，红透专深"。④ 也有极少数文献涉及广播听众，主要是通过听众来信和听众座谈会等形式收集意见和建议。从当时广播电视研究的主要阵地《广播业务》⑤ 上，不难看出相关论述多紧跟政治形势，受意识形态话语左右的明显痕迹。

理论空间日益逼仄，解放区广播史研究却因缘际会，结出了硕果，这也正好弥补了战争时期解放区广播史研究的不足。作为管理广播系统的最高行政机构，广播事业局这一时期编译了大量外国广播电视资料，作为广播工作者的参考。1954年编译出版

---

① 周新武：《人民广播——无产阶级专政的工具》，《广播业务》1957年第10期。
② 第五次全国广播工作会议即提出了这一观点。参见赵玉明主编《中国广播电视通史》（新一版），中国广播影视出版社2014年版，第215页。
③ 参见陈英南：《谈广播新闻》，《广播业务》1957年第8期。王文利：《中国广播电视新闻研究简史》，湖南师范大学出版社2008年版，第3页。林彬：《短就是短处吗？——从广播新闻要短谈起》，《广播业务》1963年第4期。莫念祖：《"短"必然带来一定的限制》，《广播业务》1957年第10期。周民：《也谈短新闻》，《广播业务》1963年第4期。张弋：《广播新闻强调"短"大有必要》，《广播业务》1963年第6期。阮仕清：《"短"应当是广播新闻的基调》，《广播业务》1963年第6期。向集：《对新闻广播中几个关系问题的探索》，《广播业务》1957年第10期。
④ 这类文章有 林田、夏青：《做一个红透专深的广播员》，《新闻战线》1958年第8期。牧原、刘佳：《我们是红色的播音员》，《新闻战线》1959年第7期。靳德龄：《作一个永不褪色的红色播音员》，《新闻战线》1960年第13期。河北人民广播电台：《培养一支新型的广播记者队伍》，《新闻战线》1958年第12期。
⑤ 《广播业务》于1955年6月起试刊两期，10月正式出版，至1958年底共出15期，1959年1月改为月刊，到1966年3月停刊，共出版100期，发表各类文章1600多篇，其中的一些研究，均涉及广播电视的基本理论问题，对推动理论的发展起到了良好作用。《中国广播电视年鉴》（2001）、（2002）分上、下两部分刊载了该刊的篇名总目录。

的《广播工作参考材料第一辑》，是新中国的第一本关于国外广播经验的专辑，同时也标志着新中国对国外广播电视情况进行研究的开始。① 1957年6月，广播事业局决定成立调查研究国内外广播电视宣传业务、事业发展等情况的研究室。1958年编译出版《苏联对国外广播发展史》。1959年1月和2月，《国际广播电视动态》（月刊）和《广播业务译丛》（双月刊，仅出三期）相继创办。后又出版过《苏联广播电视事业资料》（1959）、《社会主义国家广播电视事业概况》《主要资本主义国家广播电视事业概况》等。看得出，当时中国广播电视界主要是与苏联、捷克斯洛伐克等社会主义国家进行业务和理论交流，且基本是输入型的单向学习。1959年北京广播学院正式成立后，该院新闻系依照综合大学新闻系的一般构架，设置了新闻理论、广播史、广播业务、播音、文艺和电视摄影等教研室（组），并开设相关课程，在新闻学的框架内开始了广播电视的教学与研究工作。中央广播局原研究室也并入新闻系，负责《广播业务》和《广播电视参考资料》的编印工作。当时，大学新闻系设研究室的仅此一家。在左荧、康荫、温济泽、高而公等"老广播"的带领下，一批青年教师系统地总结中国共产党的广播工作经验，发掘、整理出许多宝贵的原始资料。至"文革"爆发前，先后编印完成了《中国新闻广播文集》（上下册）、《中国人民广播事业大事记》（草稿）、《陕北台范文选》《广播稿选》（第一集）、《马恩列斯论报刊·列宁论广播》《毛泽东同志论宣传工作》等，为后人研究和复原当时的解放区广播保存了宝贵素材。

推究上述研究开展的动机和目的，主要是为"绝大多数都是新兵的"② 广播电视队伍提供业务指导和历史镜鉴，属于系统内"业务"研究范畴。

从研究人员看，与民国时期不同，改革开放前的广播电视研究者均出自本系统，研究成果的应用对象和传播范围也基本限于系统内部。研究群体的来源和结构相对单一，对外学术交流尤其是与广播电视业发达的西方国家交流互动少，身在此山看此山，难免有不识"庐山"真面目之憾。研究者视野受到很大局限，研究方法和思路也较为单一，多运用阶级斗争理论和战争年代形成的党报理论来观照、审视广播电视业，并采用传统的经验总结与人文思辨相结合的方法。定性研究多，定量分析少，不重视利用西方通行的田野调查、抽样统计等广播电视研究方法。至于源出西方的学术规范，则早已被弃置不用。

三、乱花渐欲迷人眼：1979年至今的广播电视研究

改革开放以来，广播电视业告别单一的事业单位和国家拨款发展方式，向事业单位、企业化运营方式转轨。这场持续至今的改革，不仅使广播电视行业由内而外发生了巨大变化，也因其日益壮大的产业规模和不断增长的社会影响力而吸引了越来越多

---

① 金初高：《关于〈广播业务译丛〉及其他——建国初期国外广播电视调研工作回眸》，《中国广播电视年鉴》（2002），中国广播电视年鉴社2002年版，第410页。
② 关颖超：《关于〈广播业务〉的回忆》，《中国广播电视年鉴》（2002），中国广播电视年鉴社2002年版，第409页。

的研究者。尤其是21世纪以来，相关研究成果数量呈爆炸式增长。撇开每年发表的论文不谈，近年来每年出版的广播电视著作就达数百部之多。《中国广播电视年鉴》从1986年创刊伊始就特辟"广播电视书籍简介"一栏，选载前一年大陆出版的广播电视书目。从其上刊载的书目名称看，广播研究成果的增长相对较为平稳，电视研究著作则于90年代以来涨幅惊人，总体数量远远高出了广播，显示出其成为中国"第一媒体"后在研究层面引发的巨大关注。①（见图表）。

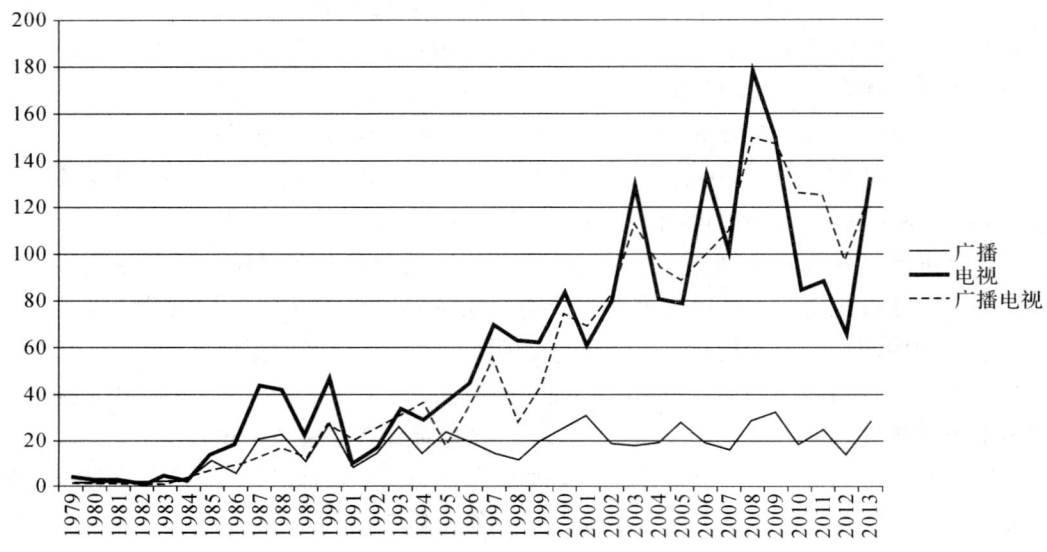

图表　1979年至2013年广播电视书目数量统计

（一）反思与建构：广播电视理论研究

广播电视改革的一条主线，就是在政治上坚持党和政府的喉舌立场，经济上自力更生，做强做大，传播上百花齐放，"自己走路"。很显然，只有认清自身属性和特点，方能把握什么是"自己走路"，如何"自己走路"。过去曾反复探讨的广播电视性质、功能、特点等问题，1979年后再度成为理论探讨的热点。②

1980年10月，第十次全国广播工作会议将广播电视定性为"党的一种富有生命力的现代化新闻舆论工具和宣传教育工具"③，从官方层面修正了过去那种偏狭的"阶级斗争工具"论。以此为前提，研究者们进一步解放思想，发挥个体主动性和创造性，

---

① 图表的统计数据来自于1986年至2014年的《中国广播电视年鉴》。其中，1987年、1988年电视类目中许多都是电视制作技术类书籍；1990年没有设置"书报刊"一栏；2004年北京广播学院校庆，有大量广播电视学术文集；2010广播电视的地方年鉴、编年史和文集比较多；2012年大部分都是网络、新媒体的书籍。

② 参见白谦诚：《广播特点初探》，《北京广播学院学报》1979年第1期。章宗栋：《"不要纸张"和"没有距离"已经不是广播的特点》，《北京广播学院学报》1980年第3期。叶家铮：《以电视传播的特性谈新闻之"新"》，《北京广播学院学报》1983年第1期。张凤铸：《电视新闻的力量在于真实》，《北京广播学院学报》1979年第2期。

③ 《全国广播工作会议文件选编》，第316页。

逐步摆脱此前亦步亦趋被动阐释政治话语的传统理论演绎模式，相继提出了广播电视是"现代化信息传播工具"①、是"智力开发的重要工具"以及"向广大群众传播信息的重要工具"②等观点。"信息传播"这一词汇的引入，说明广播电视研究已与新兴的传播学实现了嫁接。也有学者从广播电视所处的社会关系和结构中认知其基本属性，强调"谁掌握使用是认定广播电视性质的决定因素"③。而随着广播电视介入市场程度的加深，理论界还普遍认识到其经济属性④。

近年来，汹涌的互联网新技术极大地改写了广播电视生态，广播电视与互联网的共融发展成为必然趋势。针对这一变化，有观点认为，广播电视具有科技、文化、政治、经济、社会等多种属性；其中，科技属性是广播电视的第一属性，科技决定广播电视的本体形态和自然属性，决定广播电视的生存和发展；文化、政治、经济、社会属性是广播电视属性的社会化，体现它的社会性，决定广播电视的意识形态性质和传播目的，决定广播电视的传播内容和价值取向；广播电视的本质就是上述五大属性的总和。⑤ 上述研究看到了科技发展对广播电视的巨大影响，将其列为第一媒体属性，可见理论界对其本体属性的探讨，是与时俱进，不断深化的。由此也可以看出，在吸取与反思过去教训的基础上，广播电视作为"党的工具"的定性仍保持着法统地位，同时对其性质与功能的界定更具灵活性与包容性。

在理论研究过程中，学者们还运用多学科的视角与方法，阐释广播电视现象与问题。有学者从传播学角度，阐释广播/电视的信息传播功能；有的在社会学视野内探讨其社会沟通、社会抚慰与社会动员的功能⑥；有的从传播观念的视角考察中国电视发展，提出中国电视经历了"宣教时代""创作时代"和"生产与传播的时代"⑦。有的从政治经济学视角研究我国电视制度之变迁，认为源于广告经营的市场化改革，使得电视传媒不再仅仅是政治权力的工具，而开始具有一定的公共性。⑧ 有的从儿童心理学视角探讨"儿童电视学"⑨，分析电视与儿童成长的关系，如电视广告与儿童、电视与

---

① 卢克勤：《广播电视——强大的现代化信息传播工具》，《广播与电视技术》1983 年第 5 期。
② 何大中：《新时期里广播电视面临的任务》，《广播电视技术》1985 年第 1 期。
③ 董抱朴：《谁掌握使用是认定广播电视性质的决定因素》，《中国广播电视学刊》1989 年第 4 期。
④ 刘积林：《关于广播电视业的经济属性的几个不同观点——兼评周鸿铎的〈探讨广播电视业的经济属性〉》，《中国广播电视学刊》1990 年第 3 期。
⑤ 黄勇：《广播电视属性：建构一个科学的概念体系——广播电视属性再探析之一》，《中国广播电视学刊》2010 年第 4 期。
⑥ 相关论文有 田祖德：《广播电视的信息传播功能》、寇志凤的《广播电视谈话类节目的社会沟通功能》、刘平的《社会抚慰、社会组织与社会动员：广播电台在地震灾害中发挥的特殊功能与启示——以成都人民广播电台为例》、韩鸿、莫尚宁的《突发灾害中广播媒体的功能分析与问题反思——以 2008 年南方冰雪灾害中的〈爱心守望，风雪同行〉特别节目为例》等。
⑦ 胡智锋著：《中国电视观念论》，北京广播学院出版社 2000 年版。
⑧ 钱蔚著：《政治、市场与电视制度——中国电视制度变迁研究》，河南人民出版社 2002 年版。
⑨ 陈舒平著：《儿童电视学》，北京广播学院出版社 2003 年版。

儿童暴力的关系等。还有的引入生态视角，考察中国电视。① 有的力图在艺术学和传播学的双支柱框架下突显电视自身的特性，给出一个"电视是什么"的回答。② 也有学者运用民族学、人类学的田野调查方法，记录了在现代传媒影响下，边远的云南少数民族独龙族聚居的小村庄村民的日常生活。③ 有的则根植于中国广播电视业实际，分析其基本特色，阐明中国社会主义广播电视事业的性质、任务和功能，揭示中国广播电视的节目、技术、管理、经营发展的基本规律，分析中国广播电视的传播理念、法制化建设和发展战略，论述广播电视从业人员素质、广播电视受众同事业发展的密切关系；④ 或者聚焦和解剖电视批评，介绍电视批评的理论和方法，并对中国电视批评的学科建设提出进一步的理论建构意见。⑤ 也有学者在对广播电视理论体系进行反复论证后，从历史论、属性论、节目论、技术论等几个方面建构新时期广播电视理论的模型。⑥ 这种多学科手段与方法在广播电视研究中的应用，极大地丰富了广播电视理论体系，诚如有学者所言，"电视学是交叉学科，与电视学发生关联的有美学、电影学、社会学、心理学、新闻学、政治学、传播学、语言学等学科。那么，这些'学科'的研究方法就可以成为电视学的研究方法，这就形成多维视野的研究方法。"⑦

上述对相关问题的理论探讨，既汲取了其他学科的成果，实际也与对外国广播电视的研究及对外国经典著作的引介密不可分。某种程度上甚至可以说，改革开放以来，学界对广播电视理论与实践的探讨，很多都受到了西方广播电视实践与理论的启迪。改革开放后，《美国广播公司概况》⑧、《美国的广播事业》⑨、《英国广播电视事业的历史与现状》⑩ 等介绍性论文率先公开发表，为国人再度开启了世界广播电视之窗；接着，越来越多精通外国语言与文化的学者相继推出了《当代美国电视》《日本广播概观》《对话美国电视》《公共广播服务的神话：英国广播公司解读》《走进美国电视》⑪ 等专著和论文，为本国广播电视业发展提供新的参照对象。与此同时，对西方广播电视经典名著译介工作的开展，尤其是如尼尔·波兹曼的《娱乐至死》、柯克·约翰逊的《电视与乡村社会变迁：对印度两村庄的民族志调查》及《电视玄机：性、谎言、宣传

---

① 刘炘著：《生态电视论》，中国广播电视出版社2004年版。
② 何煜、刘如文编著：《电视导论》，浙江大学出版社2005年版。
③ 郭建斌著：《独乡电视——现代传媒与少数民族乡村日常生活》，山东人民出版社2005年版。
④ 欧阳宏生著：《广播电视学导论》，四川大学出版社2004年版。
⑤ 朱晓军著：《电视媒介文化与后现代主义思潮》，中国广播电视出版社2009年版。
⑥ 张振华主编：《中国广播电视新论》，中国广播电视出版社2004年版。
⑦ 田本相：《重视电视理论建设，创立具有中国特色的电视学》，《北京广播学院学报》1986年第1期。
⑧ 黄文、萧绪珊：《美国广播公司概况》，《国际新闻界》1979年第3期。
⑨ 罗雷：《美国的广播事业》，《中国传媒大学学报》1980年第2期。
⑩ 马元和：《英国广播电视事业的历史与现状》，《中国传媒大学学报》1980年第2期。
⑪ 陈犀和：《当代美国电视》，复旦大学出版社1998年版；张采：《日本广播概观》，中国广播电视出版社2001年版；王利芬：《对话美国电视》，中信出版社2006年版；周晓普：《公共广播服务的神话：英国广播公司解读》，中国社会科学出版社2007年版；陆生：《走进美国电视》，复旦大学出版社2007年版。

片》《电视受众研究：文化理论与方法》等作品被翻译出版后，为国人引进了新的研究范式。在观察维度和测验方法等很多方面，中国广播电视研究正是汲取上述营养，站在了中西比较的更高平台上。

视野打开了，思想的疆域随之扩大。从促进广播电视业和广播电视学科的健康良性发展着眼，业界和学界还相继提出了建立广播学、电视学、广播电视学的理论设想。1985年，中央人民广播电台原台长左漠野在《北京广播学院学报》发表《我们需要广播学、电视学》一文，表达了他对提高广播电视学研究理论层次的殷切期盼："我们需要创建具有中国特色的社会主义广播学、电视学，因为我们多年来所说的新闻学，实际上是报纸学，广播电视和报纸虽然具有某些共同规律，但又各有其特殊规律。新闻学不能把广播、电视全部包括在里面……我希望而且相信，在已经出版几本论述广播电视的书之后，从事广播电视工作的同志将会陆续写出一些联系实际富有理论色彩的文章、著作，为未来的具有中国特色的社会主义广播学、电视学大厦打下基础。"①在左漠野和当时的广播电视部部长吴冷西等的大力倡导下，这一问题很快得到落实。1986年10月，由广电部推动的中国广播电视学会（以下简称"中广学会"）宣布成立。该会致力于推进中国特色的广播电视学理论体系建设，不仅在其主办的《中国广播电视学刊》上连续发表相关论文，鼓吹这一理念，而且还举办学术会议，组织专题讨论，并先后组织出版了《中国广播电视学》②等一系列著作，力求从理论上阐述广播电视的传播规律，在科学性、学术性、系统性、稳定性和实践性上突出特色。③

围绕这一问题，学者们提出了建设"广播电视学"的构想及建设这门学科的具体研究指导思想和方法、注意事项。如有的认为，"创立具有中国特色的电视学"体系，至少应包括四个方面：一是电视发展的理论，即研究我国电视发展的理论和战略；二是电视社会学，"就是用社会学的观点来探讨电视与社会之间产生的诸种问题"；三是电视观众学，主要研究"观众的作用，观众的需求，观众的历史背景和文化背景，观众的心理，观众的层次，等等"；四是电视管理学、电视美学、电视史和电视批评等。④"建设具有中国特色的广播学、电视学，已经由少数人的鼓吹变成了全系统的共同意志。"⑤

响应这一学术思潮，1992年11月，国家技术监督局颁布的国家标准《学科分类与代码》把"广播与电视"列为"新闻学与传播学"下的二级学科。在"广播与电视"

---

① 左漠野：《我们需要广播学、电视学》，《北京广播学院学报》1985年第3期。
② 闫玉主编：《中国广播电视学》，中国广播电视出版社1990年版。
③ 李文明：《中国广播电视学形成的标志——喜读〈中国广播电视学〉》，《中国广播电视学刊》1991年第1期。
④ 田本相：《重视电视理论建设，创立具有中国特色的电视学》，《北京广播学院学报》1986年第1期。
⑤ 白谦诚：《白谦诚谈学术研究工作》，《中国广播电视学刊》1989年第1期。

学科内列入了"广播电视理论"等三级学科。

从学科建制层面看，上述分类固然是一个巨大进步，然而对广播电视学、广播学、电视学三者的关系以及众多分支学科、边缘学科的关系，却有待进一步厘清。对此左漠野认为，"广播电视学是一个集合名词，分开来说就是广播学、电视学"。"广播和电视具有共性，但又各有其特性。广播电视学主要研究广播和电视的某些共同规律，而广播、电视自身的特殊规律，就需要广播学、电视学去着重钻研、探究了。"① 而在广播学电视学的学科体系建设中，分支或交叉学科的研究也不容忽视，一些成果在这一领域发挥了拓荒性作用，如广播语体学、新闻广播体裁学、电视艺术学②等。这些研究拓展了广播电视学的学科边界，显示出广播电视研究认知层面的升级。也正是由于上述研究的推进，1997 年国务院学位办颁布的《授予博士、硕士学位和培养研究生的学科、专业目录》中，将"广播电视艺术学"单独设为"艺术学"下的三级学科；同年出版的《哲学社会科学各学科研究状况与发展趋势》在论及广播电视研究现状时则表示："90 年代以来，广播电视已成为一个独立的学科，研究进展迅速，但由于起步较晚，理论方面还比较薄弱。"③

21 世纪以来，对广播电视学科建构的研究进一步深入。有学者通过对既有成果的梳理，④ 提出广播电视研究应包括四方面内容：基础理论研究、广播电视应用业务研究、广播电视史学研究、广播电视决策管理研究。还有学者对广播电视理论体系的建构提出自己的看法。⑤ 与前几十年广播电视一体化的行政思维明显不同，21 世纪以来，一些学者注意区分广播、电视和广播电视三个既相互关联又各不相同的领域，并各有专攻，对广播理论和电视理论的一些基本问题进行了深入探讨，在此基础上提出的"广播学""电视学"理论设想和相关著作的出版，进一步夯实了广播电视学的理论根基。2012 年，教育部公布的普通高等学校本科专业目录中，"广播电视学"成为新闻传播学类下的独立专业。

也要看到，由于广播电视研究范畴的浩瀚无际，技术、人文与社会各个学科均可

---

① 左漠野：《建设广播电视学断想——写在〈中国广播电视学刊〉创刊的时候》，《中国广播电视学刊》1987 年第 1 期。
② 参见林兴仁：《建立广播语体学的初步设想》，《北京广播学院学报》1988 年第 2 期；林兴仁：《实用广播语体学》，中国广播电视出版社 1989 年版。苑邦元：《浅议新闻广播体裁学》，《菏泽师专学报》1989 年第 2 期。高鑫：《电视艺术学》，北京师范大学 1998 年版。
③ 全国哲学社会科学规划办公室编：《哲学社会科学各学科研究状况与发展趋势》，北京学习出版社 1997 年版，第 685~697 页。
④ 赵德全：《对我国广播电视研究的反思——在山东省广播电视理论骨干会议上的演讲》，《山东视听》2006 年第 6 期。
⑤ 宋德军：《关于新时期广播电视理论体系的几点思考》，《中国传媒科技》2013 年第 24 期。刘枫：《论中西电视理论体系建构的差异》，《媒体时代》2012 年第 7 期。刘枫：《电视理论体系建构中的对话意识》，《新闻爱好者》2010 年第 21 期。

从不同角度切入这一领域,从而形成数量众多、体系庞杂的理论成果。这固然有利于对广播电视的认知,但也无形中加大了对上述对象整体把握的难度。一个突出的问题是,本学科的核心概念大多从其他学科如新闻学、传播学或文艺学、社会学借鉴而来,广播电视学自身的内生性、原创性概念极少;相关学科成果尤其是一些跨界操刀之作对广播电视研究界影响巨大,反之则不然。因此,总体上看,广播电视理论研究成果虽体量惊人,但从理论高度、深度及效度等方面衡量,似乎还只能算是"浅草才能没马蹄"。

(二) 实然与应然:广播电视实践研究

广播电视业改革开放后的飞速发展,是与实践层面的不断改革相伴随的。尤其是进入 21 世纪以来,广播电视技术飞速升级,传播生态急遽变化,互联网及以它为基础的手机媒体等大量新兴电子媒介对传统的广播电视业带来巨大冲击。"数字化""媒介融合"成为实践层面热度不减的关键词。面向广播电视实践的研究,正在转变为传统广播电视实务与网络与广播电视如何有机融合的复合型研究。

按作者的写作主题和意旨,可将面向广播电视实践的研究分为以下几类:

一是偏于传播效果的受众调查类研究。改革开放以来,大量实证调查手段在节目和受众研究中的使用,如对广播收听率、电视收视率的跟踪调查及记者生存状况的调查等,使这一实践与理论结合的研究领域在著作与论文方面不断增长。这种对广播电视传播效果的研究,针对其"实然",凸显其"应然",是广播电视传播观念变革的体现,也是借鉴西方研究方法的结果:1983 年 3 月,中央人民广播电台召开广播创新节目收听研究会,这是广播界首次研究以主持人形式营造广播"朋友"身份,为听众服务的一次研讨会。5 月又召开了第二次研讨会。在此之前,随着传播学的引入,"受众调查""效果分析"、定量研究等术语及与之配套的一系列操作方式引入,受到学界和业界的强烈关注。1985 年,中央电视台通过《电视周报》发放问卷的方式,进行了一次电视观众收视情况调查,了解观众的收视兴趣和对中央台各栏目安排的意见;同年中国国际广播电台也发布了该台收到的 140 多个国家和地区 93004 封听众来信的分析报告。[①] 各地电台和电视台也纷纷进行效果调查,推动了广播电视节目栏目的改革[②]。90 年代以来,受众调查已成为广播电视界的常规项目,既有《中国电视观众现状报告》这样定期发布的研究成果,也有类似《广播受众学简说》《中国广播受众学》《电视观众心理学》《电视受众探析》《电视受众收视规律研究》《电视受众社会阶层研究》《电

[①] 闫惠朝:《中国国际广播电台 1985 年听众来信情况分析》,《中国广播电视年鉴》(1986),中国广播电视出版社 1986 年版,第 574~576 页。

[②] 董启焕:《重视反馈——提高广播反馈质量的关键》,《新闻研究》1983 年第 3 期。寿跃进:《观众心理与电视新闻》(1984 年中国社会科学院硕士学位论文)。金文雄:《试论广播宣传的心理效应》(1986 年北京广播学院新闻研究所硕士学位论文)。刘志明:《论提高电视新闻传播效果的途径》(1986 年人民大学硕士学位论文)。周小普:《试论提高广播新闻质量的组织途径》(1986 年人民大学硕士学位论文)。

视受众审美研究》《电视受众市场研究》等理论与调查相结合的著作,说明研究者对广播电视受众、广播电视特性与规律、受众调查与反馈等问题已有系统思考和研究。

二是偏于传播者层面的播音、主持及播音员、主持人研究。播音、主持以及广播电视语言学等"口耳之学"的兴起与发展,是改革开放以来广播电视研究的新兴领域,其影响极为深远。改革开放之初,有研究者意识到,"在播音第一线的同志们,有丰富而新鲜的实践经验,占有多类型的大量材料,对于播音理论的研究拥有不可替代的明显优势。伴随着业务学习和业务交流的日益广泛和深入的进行,一场播音理论研究促进提高播音质量的大竞赛,不管是否意识到,总之是势不可遏地出现了。"① 的确如此,围绕广播电视播音、主持等问题,以北京广播学院播音系(现为播音主持学院)研究团队为核心,相继发表了大量论文与专著,对整体上提高中国播音员和主持人的水平起到了不可估量的作用。②

三是针对广播电视节目栏目的解读、阐释、"把脉"或"问诊"。大量对正在播出或刚刚播出的广播、电视节目的分析与解读性文本都可归入这类研究。如《浅议电视专题节目的解说词》《电视真人秀节目的戏剧化特征》等③。

四是针对广播电视"后台"层面的各种技术性问题探讨。它包括两个层面,第一个层面是实际技术层面,广播电视业发展的历史,也是一部技术更新和演进史,涉及具体实务的技术性问题必然成为研究者关注的议题。《摄影构画基础》《电视片编辑艺术》《电视节目制作管理》《电视摄影造型》《电视编导基础》④ 等的涌现,即是为了解决这些实际工作中迫切需要解决的问题。第二个层面则是实际如何操作的"技术"层面,如针对广播电视的管理、运营、机制等问题,聚焦实践中已出现或即将面临的具体问题,分析原因,寻找出路,力图为实践提供镜鉴。⑤ 这类研究的一些成果,对业界发展起到了良好的引领作用。

---

① 张颂:《研究播音理论是一项紧迫的任务》,《北京广播学院学报》1982 年第 1 期。
② 这类成果有 齐越:《播音创作漫谈》,《北京广播学院学报》1979 年第 1 期;方梁:《浅议新闻政论性稿件和文艺性稿件中语言表达上的异同》,《北京广播学院学报》1980 年第 1 期;贾宁:《播音员主持人稿件表达方法与技巧》,中国传媒大学出版社 2013 年版;李秀然主编:《诵读艺术——技巧与训练》,中国传媒大学出版社 2013 年版等。
③ 杨兴盛:《浅议电视专题节目的解说词》,《新闻战线》1984 年第 3 期。涂远鹏:《电视真人秀节目的戏剧化特征》,《新闻传播》2014 年第 13 期。
④ 这是北京广播学院电视系编撰的"电视节目制作丛书"18 种的部分书目,由北京广播学院出版社 1987 年陆续出版。
⑤ 这类文章有 肖叶飞:《媒介融合语境下西方国家广播电视规制的变革》,《国际新闻界》2011 年第 2 期。张春华:《传媒体制、媒体社会责任与公共利益——基于美国广播电视体制变迁的反思》,《国际新闻界》2011 年第 3 期。高传智、谢勤亮:《"第三条道路"与中国广播电视新闻体制改革——对现有广播电视体制缺陷的制度规避》,《新闻大学》2006 年第 1 期。另外还有大量热点观察、业务探讨、媒体营销类的论文和著作,在此不一一列举。如于礼厚:《主持人节目的特征——开办〈空中之友〉节目以来的实践心得》,《北京广播学院学报》1983 年第 4 期。

最后，由于互联网引发的媒体洗牌，近年来，围绕广播电视与互联网的融合，也有大量成果问世，有的聚焦于如何解决实际问题，有的针对融媒体实践，提出自己的前沿思考。

（三）再现与回顾：广播电视历史/学术史研究

改革开放以来，广播电视历史研究有了很大推进。主要体现在：许多过去未曾涉足的研究领域，纷纷取得突破性进展；各地广播电视志陆续出版；广播电视通史问世；广播电视学术史从无到有，欣欣向荣。

历史研究的首要条件是一手资料的获取。改革开放后，在众多学人努力下，大量过去鲜为人知的广播电视历史资料被发掘出来，广播电视史学研究领域得到很大拓展：1982年，北京广播学院首届硕士研究生郭镇之的学位论文《论旧上海民营广播电台的历史命运》，填补了旧中国商业电台历史研究的空白；1987年，北京广播学院哈艳秋的硕士学位论文《伪满广播简论》首次对日占时期"满洲国"的广播事业进行了深描；1988年，江苏省广播电视局汪学起、是翰生的《第四战线——国民党中央广播电台辍实》则用活泼的纪实文学形式，展现了国民党中央广播电视台从创世到败走台湾地区的历程①。这在改革开放前还属于学术研究的禁区。

1987年，北京广播学院赵玉明的《中国现代广播简史》出版，成为我国第一部系统、全面阐述现代中国广播历史的专著。在此前后，《人民大众的号角——延安（陕北）广播史话》《东北人民广播史（1945.8—1949.9）》《中国解放区广播史》的相继问世，②"标志着解放区广播史的研究已由收集、分析资料逐步走向著书立说的阶段"③；1988年，郭镇之的博士学位论文《中国电视史》通过答辩（中国人民大学出版社1991年出版），中国电视史研究自此开启山林。广播电视史研究的视野更加开阔，对历史的认知与评价更趋客观。

地方性、区域性广播电视志书的编撰出版，是近年来广播电视史研究的新成果。从1990年《四川省自贡市广播电视志》出版开始至今，公开出版的省级广播电视志已达29部。④ 这一领域的开拓，既"为当代中国志林增加了新的成员和新的品种"，也"第一次从'横向'的角度完成对各地广播电视发展的历史记述，为修订、重写中国广

---

① 汪学起、是翰生：《第四战线——国民党中央广播电台辍实》，中国文史出版社1988年版。
② 杨兆麟、赵玉明主编：《人民大众的号角——延安（陕北）广播史话》，中国广播电视出版社1986年版；吴少琦主编：《东北人民广播史（1945.8—1949.9）》，辽宁人民出版社1991年版；赵玉明主编：《中国解放区广播史》，中国广播电视出版社1992年版。
③ 赵玉明：《中国广播电视史研究的回顾与展望》，《新闻研究资料》1992年8月号。
④ 参见刘书峰：《记录中国地方广播电视发展轨迹的权威载体——广播电视志理论与实践初探》，台湾花木兰出版社2013年版，第27~28页。

播电视史提供了系统、完整、真实的资料"①。

以此为基础，2004年，赵玉明主编的国家社科基金课题项目成果《中国广播电视通史》出版。该书"系统记述了从1923年到2000年近80年间特别是1949年以来包括港、澳、台广播电视在内的中国广播电视事业的成长轨迹、曲折历程和重大史实。首次全景式地再现了不同历史时期中国广播电视事业发展的各个方面"②，可以说是中国广播电视史研究的集大成之作。

而一些历史学、文化人类学、语言学、广告学方面的专家，也从不同角度进入广播电视史这一研究领域，开拓出了诸如地方广播史、广播电视播音史、广播电视广告史、电视纪录片史、广播电视图史、收音机历史等许多新的研究天地。③

令人欣慰的是，近年来，广播电视学术史研究从无到有，发展迅速。学者们反躬自省，对近一个世纪以来广播电视的学术史加以总结和反思。④ 例如有学者提出，广播电视研究中存在"追求表面繁华，理论研究浮躁，求真务实不够"；"理论研究创新意识不强，克隆的现象比较严重"；"学科体系建设还不够健全，总体质量有待提高"⑤等现象。还有学者认为，当下的广播电视学术研究存在着"学科的'独立地位'仍需巩固""机械移植现象"、许多广播电视"子学科名不副实""理论批评和学术论争意识不强""重视应用研究，忽视基础理论研究"等突出问题。⑥ 另外，近年一些学术刊物组织的年度盘点类论文中⑦，也对前一年的研究成果进行回顾、反思与总结。

应该看到，中国广播电视发展虽只有80多年的历史，然而至今仍存在一些研究的盲区和薄弱环节，对其发展过程中一些问题的梳理和分析仍嫌粗疏，广播电视历史研

---

① 刘书峰：《记录中国地方广播电视发展轨迹的权威载体——广播电视志理论与实践初探》，台湾花木兰出版社2013年版，第246页。

② 庞亮：《中国广播电视史学研究的又一力作》，《中国广播电视学刊》2004年第5期。

③ 这类成果有：辽宁省广播电视厅编：《东北人民广播史》，辽宁人民出版社1991年版；赵玉明主编：《中国解放区广播史》，中国广播电视出版社1992年版；黄学友主编：《沈阳广播史话》，沈阳出版社2005年版；王雪梅等：《广播剧史论》，中国传媒大学出版社2007年版；陈尔泰著：《中国广播史考》，中国广播电视出版社2008年版；赵玉明主编：《中国广播电视图史》，南方日报出版社2008年版；庞亮著：《声屏世界里的思想者——梅益广播电视宣传思想研究》，中国传媒大学出版社2008年版；王璐著：《当代北京广播史话》，当代中国出版社2013年版，等等。

④ 这方面的研究成果有：申启武、安治民著：《中国广播研究90年》，暨南大学出版社2010年版；王文利著：《中国广播电视新闻研究简史》，湖南师范大学出版社2010年版；王文利著：《中国广播电视学术研究史稿》(1920—2011)，新华出版社2013年版；赵玉明、艾红红、庞亮主编：《广播电视学学科体系建设研究》，中国广播影视出版社2014年版；谢鼎新著：《中国广播电视研究的演变》，合肥大学出版社2014年版。高金萍：《西方电视传播理论评析》，中国传媒大学出版社2008年版。

⑤ 戚姚云、董红岩、陈富清：《改革开放以来我国广播电视研究的历史回顾与现状分析》，《中国广播电视学刊》2009年第1期。

⑥ 王文利：《中国广播电视学术研究史稿》，新华出版社2013年版，第326~331页。

⑦ 参见李悦：《2005年中国广播年度述评》，《中国广播》2006年第1期；汤天甜、王安中：《2007年度中国广播理论发展报告》，《中国广播电视学刊》2008年第1期。

究的精准度和历史概括力尚待提高。

（四）新的研究阵地与群落分布

改革开放以来，广播电视专业期刊的数量激增：1979 年 9 月，北京广播学院主办的《北京广播学院学报》正式创刊，先是内部发行，1983 年起正式公开发行。这是改革开放后第一个广播电视理论学术期刊。接着，中央三台相继创办起自己的理论刊物：1980 年 6 月，中央人民广播电台恢复出版内部刊物《编播业务》（1953 年 12 月创刊，"文革"期间停办），以配合电台宣传工作，促进广播业务的研究和交流。1983 年 9 月，中国国际广播电台创办《研究与实践》，后改名为《国际广播》，填补了我国对外广播长期没有理论研究刊物的空白。1985 年 3 月，中央电视台的内部刊物《电视业务》试刊出版，强调将业务研究与理论研究紧密结合，增强了学术性；同年 3 月创办《电视研究》。在中央三台的示范下，一些地方广播电视机构也陆续创办了一些研究刊物，如浙江广播事业局主办的《广播电视业务》、云南广播电视局创办的《云岭声屏》等。不仅专业期刊，一般的新闻传播类期刊和大学文科学科也陆续发表了一些广播电视研究成果。这些成果有的从文化视角解析广播电视传播[①]，有的从经济学视角切入相关议题[②]，还有的从观念变革角度解析广播电视发展[③]。

广播电视教学与科研机构的膨胀，也是广播电视研究成果日渐增多的一个重要保障。1980 年召开的第十次全国广播工作会议提出，要进一步办好北京广播学院。同年北京广播学院新闻研究所成立。这是改革开放后国内高校成立的第一个广播电视研究专职研究机构。[④] 1983 年召开的第十一次全国广播电视工作会议上，广播电视部部长吴冷西强调，广播电视人才的教育和培训，首先要重点办好北京广播学院，并筹办第二所高等广播电视院校；其次要普遍开办广播电视中等专业学校；第三要争取有更多的大专院校增设与广播电视业务对口的专业。在高等教育系统和广播电视主管机构的双重努力下，广播电视教育蓬勃发展起来。北京广播学院从 1979 年开始招收和培养硕士研究生，1981 年成为首批硕士学位授予单位，1998 年获得博士学位授予权。1984 年，广电部批复浙江广播电视厅，同意扩建、合办一所广播电视新闻学校。1994 年，

---

① 参见田本相：《论电视文化的结构》，《北京广播学院学报》1988 年第 2 期。田本相：《电视作为审美文化》，《北京广播学院学报》1989 年第 1 期。云桂彬：《现代主义的广播文化理论再探》，《北京广播学院学报》1991 年第 2 期。张君和：《论电视新闻的文化属性及审美观照的思考》，《北京广播学院学报》1992 年第 1 期。何晓兵：《谁是电视的上帝——电视的阶层文化定位》，《北京广播学院学报》1994 年第 2 期。

② 刘春梅：《市场经济与广播电视的道德建设》，《现代传播》1994 年第 5 期。刘建宏：《中国电视市场的机会和构成》，《现代传播》2000 年第 4 期。

③ 胡智锋：《十年来中国电视发展历程的一种描述》，《中国电视》1999 年第 4 期。

④ 1981 年，该所创办了自己的理论研究刊物《新闻广播电视研究》。1989 年，《新闻广播电视研究》并入《北京广播学院学报》。1994 年，《北京广播学院学报》更名为《现代传播——北京广播学院学报》。后因学校改名为中国传媒大学，刊物遂于 2005 年更名为《现代传播》。

学校经广电部同意，报国家教委批准，正式更名为浙江广播电视高等专科学校（今浙江传媒学院）。

出于培养高层次人才的需要，上述院校相继推出了大批的配套课程与教材。1978年，北京广播学院新闻系编采教研室开始编写《广播电视宣传概论》，借鉴当时新闻理论的体系，虽然带有明显的"文革"话语痕迹，却首次较为完整地搭建起广播电视研究的框架。接着该系教师先后出版了《新闻广播学研究》《新闻广播电视学——理论与应用研究》两书，是新时期较早探讨新闻广播基础理论的专著，概括了新闻广播的经验、探索、总结出新闻广播工作的规律性问题。[1] 而当时业界的研究还主要以论文形式呈现的。1987年后，随着学科和专业的类分日趋细化，各高校及科研院所的相关研究日趋深入。《中国现代广播简史》《广播学基础》《应用广播学》[2] 以及《中国电视史》《电视学原理》《电视学引论》《中国电视论纲》《中国应用电视学》[3] 等著作的相继问世，则意味着广播学、电视学体系的建设已初具规模，广播/电视史、广播/电视理论、广播/电视实务三元鼎立的学科建构已经形成。《电视影响评析》《电视意识论》《电视重构论：转型期中国电视的文化选择》等论著的相继问世，则意味着电视研究在向纵深拓展，立论新颖，涵盖面广，信息量大，有很强的实践性和时代感。而北京广播学院自1986年起连续出版的《中国广播电视年鉴》，则标志着全国广播电视机构联合作业、追踪和记录、反思事业发展模式的形成。

广播电视系统也相继成立了一些专职研究机构。1982年，广播电视部成立政策研究室，其所承担的一项主要任务就是研究新闻广播电视，总结广播电视历史和现实中的经验，把实践经验提到理论高度。在此前后，中央三台和一些地方广电部门也成立了专门的研究机构。中广学会成立后，很快显现出极强的组织动员能力和统筹协调能力。首先，中广学会组织了数次专题研讨活动，推动理论的深入，如1988年组织召开的关于广播电视性质、功能和任务的研讨[4]。再如1992年3月，由广电部政策法规司和中国广播电视学会组织的全国广播电视研究工作会议在江苏常州召开。召开全国性

---

[1] 康荫著：《新闻广播学研究》，广播出版社1982年版。
[2] 赵玉明著：《中国现代广播简史》，中国广播电视出版社1987年版；康荫：《广播学基础》，北京广播学院出版社1988年版；十三所大学编著：《应用广播学》，新华出版社1988年版。
[3] 郭镇之著：《中国电视史》，中国人民大学出版社1991年版；刘志明著：《电视学原理》，中国人民大学出版社1993年版；李振潼主编：《电视学引论》，华东师范大学出版社1994年版；杨伟光主编：《中国电视论纲》，中国广播电视出版社1998年版；朱羽君等：《中国应用电视学》，北京师范大学1993年版。
[4] 1988年，《中国广播电视学刊》特辟"关于广播电视性质、功能和任务的讨论"专栏，陆续刊发了《社会主义初级阶段广播电视的性质》《广播电视的性质任务》《广播电视定义的再认识》《广播是党和人民的耳目喉舌》《简论广播电视的阶级性、社会性及其任务》《广播电视的功能与作用及其实现条件》等系列文章。1989年，该刊又登载了《按照总体、发展、实际三个观点探讨广播电视的定义》《"喉舌论"之我见》《关于"性质"问题讨论的读后感》《我国广播电视性质的认识》《谁掌握使用是认定广播电视性质的决定因素》《广播电视性质略论》《对广播电视性质的一点看法》等多篇论文，推动上述探讨的深入开展。

的专门会议全面讨论广播电视研究工作,这在我国广播电视史上尚属首次。会议强调:"应用理论与基础理论、决策研究与业务研究、现状研究与历史研究,要统筹安排、协调发展。在研究任务的落实上,要适当分工。"[①] 其次是配合广电部设立的科研项目进行立项评审工作,鼓励相关研究。最后是参与制定"研究规划纲要",部署和引领广播电视研究工作重点。这种系统内设立研究机构的做法,固然存在行政化、部门化的弊端,但这种产、学、研相结合的思路,却与国内广播电视研究中盛行的实用主义取向不谋而合。

结　语

近百年来,广播电视研究从最初的少量成果到现在令人目不暇接,研究者从关注广播本身到关涉广播电视各类现象与问题,研究议题、视角与方法日趋丰富多样。几代学人从国家立场切入广播电视研究,务求理论为实践服务,并将学术研究导向服务于广播电视业发展及国家发展的大目标。这种研究者"体制内"身份和角色的自我认知及对广播电视(业)发展提供阐释、指引或匡正的职业意识,使得大多研究成果都很接地气,理论与实践互动紧密。

然而事物的两面性在于,这种极具中国特色的广播电视研究,难免使研究者的视野与格局受到限制。广播电视研究尤其是理论与实务研究中的跟风式、重复性成果多,原创性、颠覆性成果少,大多只停留在中下位的"用"之层面;对广播电视制度、体制等上游层面的建树不多,对广播电视的社会控制和社会辐射力、广播电视传播与中国社会变迁等问题的探讨尚嫌薄弱;相比其他学科,广播电视研究在理论的概括力和普适性等方面表现欠佳。而在广播电视历史研究中,一些领域尚未深耕,新的研究视角和研究方法也亟待引进。

鉴于此,当下和未来的广播电视研究,仍须放开眼量,开阔胸襟,将研究对象置于更加宽广的视野之内加以认知和评判,相关成果才能更加经得起检验,在更长远的时空内获得认同。

(作者系中国传媒大学新闻学院教授)

(原载于中国社会科学院新闻与传播研究所编《中国新闻传播学年鉴2016》,中国社会科学出版社2016年版。)

---

① 引自刘习良主编:《改革开放中的广播电视1984-1999》,中国国际广播出版社2001年版,第240~241页。

（一）

建设广播电视学断想

——写在《中国广播电视学刊》创刊的时候

左漠野

《中国广播电视学刊》创刊了，我衷心地祝愿这棵破土而出的新苗茁壮地成长。

党的十一届三中全会重新确立的马克思主义路线的春风，给我国广播电视战线带来了前所未有的好形势，呈现出方兴未艾的势头。我国广播电视工作者坚持"自己走路"的方针，扬独家之优势，汇天下之精华，取得了显著的成绩。今天，广播电视已经成为人们生活中不可缺少的东西。不仅在国内人民的政治、经济和文化生活中产生着巨大的影响，同时也是世界各地的人们了解中国人民和人民中国的一个窗口。

可是，广播电视工作者并没有因为既得的成绩而一味地自我感觉良好，而是清醒地认识到，主观的工作同客观的形势和广大群众的要求还有一个相当大的距离。大家有这样一个共同的志愿：全面改革，发挥优势，努力开创广播电视的新局面。我们要开创广播电视的新局面，就必须努力进行广播电视的理论建设。大家知道，理论是有超前和反馈作用的。没有理论的实践是盲目的实践。正确的理论一旦为人们掌握，就可以变成物质的力量。中国广播电视学会，就是在这种客观形势和主观认识的结合处产生的。它的宗旨是：以马列主义、毛泽东思想为指导，组织会员开展广播电视的学术研究，为提高广播电视工作者的素质、提高广播电视质量和发展广播电视事业服务，为社会主义物质文明和精神文明建设服务，促进广播电视工作的全面改革。我想，《中国广播电视学刊》的任务，就是本着这个宗旨，坚持四项基本原则，贯彻"双百"方针，实行学术自由、写作自由、讨论和批评的自由，以开展广播电视的学术研究，促进具有中国特色的社会主义广播电视学（广播学、电视学）的建设和发展。

成语说：名正言顺。广播电视学是一个集合名词，分开来说就是广播学、电视学。这种合与分是相反相成的。近代科学技术发展趋势是科学分化占主导地位，而现代科学与技术革命，综合则有占主导地位的趋向。各门学科之间彼此渗透，紧密联系，既高度分化又高度综合。广播和电视具有共性，但又各有其特性。广播电视学主要是研究广播和电视的某些共同规律，而广播、电视自身的特殊规律，就需要广播学、电视学去着重钻研、探究了。广播学、电视学可以利用广播电视学的共性研究的成果，去深化其自身特殊规律的研究，而广播学、电视学的研究成果，又可以给广播电视学的研究提供基础和新鲜的资源。两者可以同步进行。广播学、电视学是广播电视学的子系统，它们的下面还有许多分支。广播电视学是研究广播电视的传播活动及其规律的科学。它包括四个组成部分：广播电视宣传、广播电视技术、广播电视管理、广播电视史。广播电视宣传是四个组成部分的主体，而它们又是密切关联、互相交叉的。西方的大众传播学已经介绍到我国来了。但是还没有听说外国有一门广播电视学。那么，是否外国没有的东西我们就不能有呢？古老的指南针早已做出了否定的回答。具有中国特色的社会主义大众传播学，只能在实践、认识、再实践、再认识的循环中产生。

"广播电视有学"的提出，绝非意味着我们在广播电视方面已经有了不少学问了，而只是说其中大有学问，需要我们认真刻苦地去学习、钻研，学以致用。中国人民广播已有40多年的历史，电视的历史也将近30年了。我国广播电视工作者在过去几十年的实践中，积累了许多经验，从中找出了某些带规律性的东西，并且逐步使它们系统化。但是，总的说来，广播电视理论的研究还很不够，跟不上客观形势和整个事业发展的要求。关于广播电视的理论研究，无论是宏观的还是微观的，都还没有取得比较显著的成果。比如，我们大家都在从事人民广播电视事业。什么是"事业"呢？事业的确切释义应该是：人们从事的，具有一定目标、规模和系统而对社会发展有影响的经常活动。可是，在过去相当长时期内，我们把事业的含义仅仅限于技术和基本建设，而广播电视宣传却不包括在内。这个理解显然是不全面的。广播电视事业的内涵，应当是广播电视系统影响着社会发展的一切经常活动的总和。

马克思主义的辩证法把自然界看作有内在联系的统一整体，其中各个对象是互相密切联系着，互相依赖着，互相制约着的。用现代系统论的观点来看，广播电视是一个系统，宣传、技术和管理是它的三个子系统，三者是密不可分、相互依存和制约的。有了这个共同的认识和共同的语言，才能横、竖、合理地调整整体和部分的关系，充分发挥分工中的协作精神，使部分的功能和目标服从系统总体的最佳目标，以达到总体的最优成果。小而言之，一篇广播稿的用词问题，也都有足资琢磨的学问。比如，写一篇广播新闻稿，有的同志就不懂得或不注意将其中的人名、地名适当重复，往往是开头写一个名字，下面就全用代词了。这种做法没有仔细考虑：广播一听就过去了，在信息吸收率和注意力集中程度方面，听觉都比视觉要低；而人名、地名在一篇新闻报道中又往往占有重要的地位，只听一遍很难记住，甚至可能开头就没听见。如果适当地重复一两次，不但可以加深听众印象，便于记忆，而且有利于多级传播，扩大报道的影响。如果从服务听众的角度出发，讲求传播的效果，运用教育学、心理学与传播学的某些命题和实验数据，就可以对编辑工作中的这个很小的问题写出一篇专论。又比如，近几年来在我国蓬勃兴起的电视剧，已经深入到亿万人民的生活中去了，它在迫切地呼唤着理论的指引。

过去长期"左"的影响，特别是"文革"十年的动乱，使广播电视的理论研究工作失落了许多时间。近几年来，我国广播电视工作者，在经验总结和理论研究方面支付了不少心力，写出了一些文章、专著，取得了一定的成绩。不过，这也仅仅是开始。以往不谏，来者可追，一切事情从现在开始都不算晚。只要立场、观点和方法对头，持之以艰苦的创造性的劳动，广播电视学（广播学、电视学）建设的前景是无限光明，大有可为的。

我想，从事广播电视学（广播学、电视学）的研究和写作，有三个需要注意的要点：

一、要联系实际

大家知道，具体地研究具体情况，是马克思主义的最本质的东西和活的灵魂。毛泽东思想就是马列主义普遍原理和中国革命具体实践相结合的产物。广播电视学有着较强的实践性。研究广播电视学必须联系我国广播电视的实际，包括历史的实际、当前的实际、可预见的未来的实际。在研究中，不仅是定性分析，而且一定要有定量分析，使两者很好地结合起来。联系实际的研究和写作，绝不是堆砌事实、罗列现象，而是要从实际出发，总结以往的经验，研究当前的具体情况，关注可以预见的前景，虚实结合，以虚带实，提出问题，说明问题，解决问题。作为实践之认识的研究成果，应当是再实践的正确向导。只有密切联系中国广播电视和中国的实际，才能建设具有中国特色的社会主义广播电视学，也才能使它放出国际性的光彩。

二、要博览群科

"正像关于人的科学将包括自然科学一样，自然科学往后也将包括关于人的科学，这将是一门科学。"马克思关于人类科学发展的这一预见，正在我们的时代变为生动的现实。任何一个学科都不能孤立地进行研究，必须从相关的学科吸收有用的东西。广播电视学（广播学、电视学）也不能例外。广播电视理论的研究者，必须博览群科，从有关学科——新闻学、传播学、社会学、政治学、经济学、法学、历史学、教育学、心理学、美学、语言学、管理学、电子学、声学、光学等，批判地汲取合适的养分，以利于广播学、电视学这对孪生婴儿茁壮成长起来。新的技术革命推动现代科学迅猛发展，相继出现了一系列新兴学科，如40年代末几乎同时产生的系统论、信息论、控制论，对当代科学技术的发展和科学家的思维方式产生了重大影响。70年代以来，又新兴和发展起耗散结构论、协同论、突变论，这些现代科学的理论和方法，特别是系统理论、系统方法，应该也能够应用到广播电视学的研究中来。当然，对于有关学科的借鉴、引用、汲取，要采取实事求是的科学态度，切忌浮光掠影，一知半解地生搬硬套。

三、要坚持经典

这个经典就是马克思主义哲学——辩证唯物主义。我们必须以马克思主义哲学，作为建设广播电视学的指针。辩证唯物主义是世界观和方法论。在科学的体系中，马克思主义哲学是最高层次。如果离开了这个经，就会走错道。只有很好地、创造性地掌握和运用马克思主义哲学的武器，辅之以现代科学方法和广播电视学本身所独有的特殊方法，才能对我们所从事的工作的实际、情况、过程和问题，做出正确的分析、说明、概括、上升，逐步建成广播电视的科学的理论体系。

广播电视学的建设是一大系统工程，需要"众志成城"。我希望而且相信，在广播电视系统从事各种不同活动的同志们，都会关心和支援这项"基建工程"。学会的一个不言而喻的职责是"以文会友"，这个《学刊》就是会友以文的一个园地。我愿意和同志们在一起，勉作一个辛勤的园丁，用我们的心血和汗水，把这块园地经营好；同时，要发扬"开门办广播"的传统作风，把这个园地的门向外敞开，让各方面特别是兄弟新闻部门的同志们、朋友们的鸿文佳作连同建议与批评，能够不断地传来，使这个园地四季常青，很好地开花结果。

的确，广播电视方面的学问也是无止境的。古人说："书山有路勤为径，学海无边苦作舟。"同舟共济于这无边学海中的人们，只要端正航向，协力同心，艰苦奋斗，就一定可以为所从事的事业找到新的彼岸。

（原载于《中国广播电视学刊》1987年第1期）

我们需要广播学、电视学

——左漠野同志的一封信

左漠野

按：牛印文同志的《文艺广播学十讲》一书，最近已在内部印发。左漠野同志在读了此书以后，十分热情地给作者写了此信，现发表于此。

左漠野同志是广播电视界的老前辈，几十年来，他不仅做过大量的实际工作，而且十分关心广播电视理论的研究，身体力行，很有成就。他在这封信中着重阐述了关于创建具有中国特色的社会主义广播学、电视学的问题，读后很受启发。我们希望广播电视战线的同志都来关心广播电视的理论研究工作，争取早日建立具有中国特色的广播电视理论体系。

印文同志：

你好。首先，要向你表示歉意，你送给我的《文艺广播学十讲》，直到最近在我去深圳参观途中才看完了。如果说此次参观是走马看花，那么，对于这本书也只能说是浏览了一遍，谈不出多少读后心得和意见，不过有一个总的印象：写得不错。书中引证很多，有些新意，你对于这本书所支付的辛勤劳动和心力，是不难想见的。

近年来我一直感到，我们需要创建具有中国特色的社会主义广播学、电视学，因为我们多年来所说的新闻学，实际上是报纸学，广播电视和报纸虽然具有某些共同规律，但又各有其特殊规律。新闻学不能把广播、电视全部包括在里面。所以，在去年为杨伟光同志所著《怎样办好广播》一书写前言时，就把这个问题提出来了。我希望并且相信，在已经出版的几本论述广播电视的书之后，从事广播电视工作的同志将会陆续写出一些联系实际富有理论色彩的文章、著作，为未来的具有中国特色的社会主义广播学、电视学大厦打下基础。你的这本著作，是打这个基础的，可以说是一块有分量的石头。

大家知道，我们实际工作和理论研究，都需要马列主义、毛泽东思想作为指针。但是马列主义的基本原理不可能替代以某项特殊的矛盾性为研究对象的某一门科学。广播学的建设，除了马列主义基本原则以外，还需要参考新闻学、教育学、心理学、美学、电子学等有关方面的著作。我觉得在这方面你做得很不错。比如书中谈到的"听视转移，表象联想"就是把心理学和美学的知识"引进"了。我想在这个方面我们需要开拓前进。在这个"信息时代"，学术研究的特征之一，可以说是社会科学和自然科学日益相互渗透了。

中华人民共和国成立之初，新闻总署就规定了广播的三项任务。书中列举了新闻广播、教育广播和文艺广播，并且指出"三者共同构成广播宣传的统一体"。同一页又讲到"如果把广播宣传任务比作一个机体的话，那么它的一翼是新闻广播，另一翼则是文艺广播"。我觉得"后一种说法不如前一种说法确切，而且联系起来看，不一致。书里讲到倾向性与党性、艺术性和新闻性、民族性和地方特色，娱乐和教育等"，这些矛盾的对立和统一，是文艺广播发展变化的内在根据和外部条件。这一段话，似乎还可以斟酌一下。这本书是理论联系实际的。不过，我想对于我们文艺广播的历史实际和新近的实际，还可以择其重要生动者。稍微多写两笔，不知你以为然否。上述意见，不一定准确，仅供参考。

康荫同志在书的前言里一说："虽然也会有这样那样的不足"，这是符合辩证规律的。我想，在以后此书的再版中，你将会采纳某些读者同志的某些合理意见，连同你的新的研究心得，予以适当的增减，使之更加完美。

读大作后，知道你是一个对古典诗词颇有研究的同志。兹送给你一本《宿莽集》，希予指正。

专此奉沏，

顺祝

笔健！

左漠野
四月二日

（原载于《北京广播学院学报》1985 年第 3 期）

关于建立广播电视理论体系的几点意见

——在中国广播电视学会1988年学术年会上的讲话

吴冷西

我们这次年会，应该说是开了个好头，在广播电视这一领域开展学术研究迈开了很好的第一步。这次年会中，一共提出100多篇论文，涉及的范围很广泛。宏观方面：有讲到我们整个广播电视发展远景的，有关于广播电视理论基础的，有讲广播电视体制改革的。微观方面：有讲一个节目、一种形式的，比方论述节目主持人，也有讲到新闻的某种属性，比方说客观性的。很可惜，我没有来得及把这100多篇论文都拜读，但是题目我一篇篇地翻看了。对几篇比较有兴趣的文章，因为题目比较吸引人，挑出来看了一下。总的感觉是我们广播电视领域里的学术研究有了一个很好的起步。这一年多，我们各个学会的成立，对推动学术研究起了很重要的作用。我们为建立具有中国特色的广播电视理论体系迈开了很好的一步，很重要的一步。我们开始在理论上作些探讨，也总结了一些我们工作中的经验，这两方面都有许多收获。

当然，从另外一方面看，我们这100多篇文章，以及一些没有在学会年会中提出的，包括过去在我们刊物上发表的学术性文章，包括参加第一届全国广播电视学术论文评奖的一些论文，都反映出我们的学术研究还存在一个问题，就是深度不够，系统性不够，真正在某一个方面，理论和实践结合得非常好，能够提出一些在我们新的历史时期广播电视事业上重要的理论原则问题，这方面表现得欠缺。这也不奇怪，因为我们才开始这项工作。这是一种正常的现象，我这样讲是希望我们大家还要继续努力，要看到我们要建立真正具有中国特色的广播电视理论体系不是一件简单的事情。正如我们国家要建立社会主义的有计划的商品经济的新秩序不是一个很简单的事情一样。建设有中国特色的社会主义是一个伟大的事业，也是一个很艰巨的事业。同样，建立有中国特色的广播电视理论体系也是如此。

我们《学刊》创刊时，我写了一个发刊词。在发刊词中提到我们办刊物的宗旨。现在看来，根据一年多来的实践，我们办刊物的宗旨还可以搞得更确切一些，更充分一些，更明确一些，可惜最近我没有去做这个工作，只是有点想法。根据过去一年多我们各种刊物上，以及这次年会上，我所看过的文章题目和抽出来看的一些文章，我感到有一个问题值得提出来，大家商量商量，研究研究。主要是这么一个问题：我们怎么样能够在建立我们的理论体系中真正做到理论和实践相结合。理论和实践相结合，本来是我们党一再强调的一种学风、党风。我们讲理论和实践相结合，就是讲运用马克思列宁主义、毛泽东思想和我们广播电视具体实践相结合。这里指的理论不是别的什么理论，而是马克思列宁主义、毛泽东思想这一理论。

现在有各种议论，说马列主义、毛泽东思想过时了。当然我们不否认马列主义、毛泽东思想中个别的结论，某一些结论可能是过时了。因为历史向前发展嘛，出现许多新的问题，我们又从事许多新的实践，过去根据当时的历史条件和实践经验而做出的某些结论变成了过时的了，这丝毫也不奇怪，应该说是正常的。但是马列主义、毛泽东思想作为基本原理，作为一个理论体系，作为一个指导我们分析问题、解决问题的思想武器，这个基本理论并没有过时。我们搞广播电视的理论研究，要求所有的共产党员都必须坚持这一点，不算过分吧。我们曾经宣誓嘛，遵守党章嘛。我们党的十二大、十三大通过和修改过的党章，都规定马列主义、毛泽东思想是我们的指导思想，所以我们所讲的理论和实践相结合，就是讲怎么样运用马列主义、毛泽东思想的基本原理，来研究广播电视的具体实践。

这个问题的提出，是有相当重要的现实意义的。因为我们正在研究中国特色的广播电视理论体系，如果没有一个主导思想，我们就会迷失方向。同时我们讲的理论和实践相结合，指的也不是别的什么实践，而是在中国土地上的实践，即我们中国广播电视的实践。只有运用马列主义、毛泽东思想来研究中国广播电视的实践，才能创造出具有中国特色的广播电视理论体系。在这个根本性问题上，有些现象说明还存着各种不同的看法。

比方说，关于继承优良传统和汲收外国营养，在这方面应该怎样正确处理？有些看法认为，强调继承传统就是保守的、僵化的。这显然是不对的。有些甚至走到极端，好像说我们根本就没什么好传统可以继承，过去是一团糟，什么东西都要不得，现在就有这么一种倾向。当然，把过去什么东西都肯定下来，无论好坏，都要继承，都要发扬，这当然是不对的。这就是过去历史上出现过的"国粹主义"。我们讲继承传统不是这个意思。我们要继承我们民族好的、优秀的东西，我们广播电视实践中成功的经验。我们要建设新的事业，要改革、要开放，如果不认真分析过去哪些是成功的、哪些是失败的，为什么是成功的、为什么是失败的，全部加以否定，那是不行的，这样做立足点就站不住。如果这样，一切只好照搬外国的了，那还有什么中国特色呢？所以，理论同实际结合，就是要解决在中国这块土地上广播电视实践中产生的问题，而不是外国的问题。所以必须把中国的过去、现在和将来的实践作为我们理论研究的立足点。这一点，我觉得是我们大家在今后的研究中值得进一步努力的地方。

我听一些同志讲过，我们那个刊物把总结经验单独辟一个栏目，当然也可以，有些是属于从这个角度出发,单独从这个问题上来写文章。但是,我们应当认识到:我们所要创立的理论,其理论根据一定要建立在总结经验的基础之上,不能脱离过去的实践。不能脱离今天的实践,没有认真研究过去、今天的实践,就不可能指导将来的实践。在研究怎样将理论和实践相结合这一问题上,对我们自己的经验,和对外国人总结的他们的经验,都要加以分析。墨守成规、抱残守缺,把过去的一切加以肯定,这当然是不对的。但是也不能一切都加以否定,绝对肯定和绝对否定都不对,要分析。哲学上用的"扬弃"这个术语,也可以用到我们的学术研究方面来,对过去的东西要采取"扬弃"的态度。有弃有扬,有扬有弃。

又比如,现在有一种"中性理论"。有些研究似乎是寻求一种"共同的规律",至少他可能是抱定这个愿望。不能说这种愿望不好。但是,从实际上做的结果来看,这只能导致把自己的观点搞成一个中性的东西,既不是碱性,也不是酸性,而是中性。这实际上是抽掉了它的实质内容,变成一个各方面都可以接受的、各方面都可以解释的一个论点、一个原则,这就值得注意了。

过去我们讲西方新闻界总是说他们的新闻报道是客观的,事实上,"纯客观"是没有的。现在西方有些新闻理论也承认这点。我们自己也提倡使我们自己的新闻报道、自己的作品,尽量客观。这个客观的要求也不是"纯客观",而是讲不要以主观歪曲了客观事物本来的面目。但认识客观事物的本来面目也会有各种各样的看法,或者有唯心的倾向性,或者有唯物的倾向性,中性的东西实际上是没有的,也是做不到的,都有倾向性。我们讲客观是我们唯物主义倾向性的客观,我们反对唯心主义倾向性的"客观"。企图搞一个中性的东西,那解决不了我们实际工作中的问题。前一个时期,我国新闻界争论一个问题,就是新闻的指导性问题。有些同志根本否定指导性。当然,什么东西都讲指导,都要好为人师,这也是不行的,把这个问题强调到那种程度就是荒谬的了。但是我们写的东西,是喜欢人家看,还是不要人家看、不要人家欣赏呢?实际上我们写东西还是希望自己的观点能够被受众所接受,是不是这样?即使没有明确提出论断,带有很大的保留的余地,是让受众来判断,但是这整篇东西里面还是力图引导受众朝哪个方向看,朝哪个方向想。我觉得我们的记者、编辑以及所有从事广播电视工作的同志,没有一个人说我发表的东西不想去影响人,没有人放这样的空炮。如果不希望影响人还发表它干什么?我既然发表就希望能影响别人。而有些人认为不需要指导性,根本否定指导性,就是要用这种思想影响别人,以此来指导别人。而且这种意愿,这种愿望非常强烈。我今天在这里讲话,坦率地说,就希望我的意见能够影响大家。有反对我的意见的,他也可以发表,他同样也有很强的愿望想影响别人。这是个客观存在,想否认也否认不了。没什么中性。

现在我们有许多观点、理论(包括西方的),它采取的形式是个中性的形式。比方说，可以给广播电视下个定义，叫作"传播工具"，这是个中性的。解决什么问题呢？传播工具就是传播工具，不解决任何问题。你传播什么，你怎么样去传播，你怎么样收集信息，怎么样把这个信息变为这种形态，那种形式，来传给受众。这才是问题的实质。传播是一种形式，不是问题的内容，不是问题的实质。但有些同志对此似乎有些迷信，好像从西方现代新闻学中发现一个什么新大陆。当然，西方有很多方法值得我们研究，值得我们学习，有些理论观点也值得我们研究，值得我们借鉴。但其中有许多东西，像客观、独立、公正、不偏不倚，这些问题形式上是中性，实质上都是有倾向性的。这一点，我们在学术研究中不要忽略了。

总的来讲，我们广播电视理论的创立是很艰巨的。现在我们面临的情况也很复杂。怎么样能够很敏锐地发现我们实践中新的东西，新的问题，能够找到新的解决办法，这是一个很艰巨的工程，也是非常需要认真对待的一个工程。不要企图在比较短的时间里取得很圆满的成果。得一步步地努力，而且要脚踏实地地做学问。要根据我们的实践经验，掌握理论和实践相结合这么一个原则来努力探索，来创新。现在我国搞有中国特色的社会主义，搞社会主义的有计划的商品经济。社会主义本身不同于资本主义，这是大家都知道的。既然不同，既然我们讲我们的事业是一个空前伟大的事业，如果三年五年就搞成了，你说这个东西如何伟大，好像和我们所付出的代价，所付出的劳动是不相称的。要付出重要的代价，大量的劳动，要付出许多牺牲才能够完成的这么一种事业，才称得上是伟大的事业。伟大的事业总是长期奋斗的结果。

现在看起来，我们许多工作在急于求成这一点上，常常使我们吃大亏。所以不能要求创立我们广播电视理论体系能够很快就搞起来。这点和文清同志刚才讲的我们广播电视学能够三年五年就得到人家承认并不矛盾，人家承认我们说你们这个事业的确大有学问，这是一回事。至于我们这个学问到底做得怎么样，是不是成了一个体系，那是另外一回事。这个事业的确是很伟大了，关系到千千万万群众，在我们建设有中国特色的社会主义中，建设精神文明中，现在还没有比广播电视更有力的工具。这是最有力的工具。这种工具能够建立一套理论，通过我们辛苦的、认真的、脚踏实地的创造性劳动建立这么一套广播电视理论体系，那是很了不起的一件大事。这是值得我们用毕生的精力来从事的这么一个事业。唯其伟大，唯其是个空前的事业，因此它是非常艰巨的，不要以为可以很快能够完成。急于求成的思想容易碍事。希望我们学会的同志能够在这方面付出更艰巨的劳动。今年已经很有成绩，明年开年会，又进一步，后年又进一步，一步一步地去做。逐步实现建立我们有中国特色的理论体系。正像我们国家逐步建立有计划的商品经济的新秩序一样。

前天我国领导同志跟外宾讲话时，讲到我们改革开放政策不是短期的政策，不会因为中国有这种变动、那种变动而放弃，而是几十年，上百年这么一个总方针总政策。

我们建立广播电视理论体系也是这么一个问题。也不是个短期的事情，新闻学创立到现在不到一百年嘛。我们广播电视呢，广播还早一点，恐怕电视更晚，花上几十年的工夫不算多的。当然，我们国家目前各项改革正在进行，我们新闻也要改革，广义的新闻改革要搞。整个新闻改革，受经济基础影响，也受它制约。同时新闻事业作为上层建筑，和上层建筑其他领域——比如政治领域——密切相关，也受它影响，受它的制约。所以，新闻改革要起步，看来比较难。我们要知道我们这个改革难度很大。我们要建成高度发达、高度民主、高度精神文明的一个现代化社会主义的国家。要实现这三个高度就不那么容易。而新闻则受广义的精神文明制约，也受广义的高度民主、高度发达的经济的制约。当然我们要抱着一往无前这种勇气，这种开拓精神来从事我们新闻改革，但是也不能过急。我们应该努力争取广播电视改革有中国特色的理论指导，但是也不要把目标定得太高，表现出不应有的急躁。

（原载于《中国广播电视学刊》1989年第1期）

做 学 问

——代发刊词

吴冷西

中国广播电视学会的学刊终于创刊了。这是值得学会同志们和读者们高兴的大事。我们学会是做学问的团体，我们学刊自然也应当是做学问的园地。

做学问要有立足点，要扎根中国大地。中国广播电视事业茁壮成长，并正蓬勃发展，广度深度史无前例，做学问的天地无比广阔。外国的东西要学习，但要有分析、有鉴别、有取舍。囫囵吞枣、拾人牙慧、搬运垃圾，均不足取，不待说全盘西化。凡是科学的、有益的、有用的东西，多多益善，统统拿来，还要结合中国实际。我们的目标是建立中国的广播电视理论体系，有中国特色，中国气派，中国风格，促进中国广播电视事业繁荣昌盛。

做学问要重视实践，切忌闭门造车，从书本到书本。要从实践开始，把实际工作中的经验教训加以概括，上升为理论，再到实践中检验。从事学术研究的同志要面向实际工作，从事实际工作的同志要参加学术研究，两者（分工只是相对的）结合起来，既可避免夸夸其谈，脱离实际，又不至于杂乱无章，言不及义。理论与实践相结合，为发展广播事业服务，为建设社会主义物质文明和精神文明服务，正是我们学刊的方针。

做学问要有民主风气，最怕专横独断。我们的刊物要提倡学术民主，鼓励自由讨论。科学是不怕争论的，被驳倒的就不是科学。只有经过充分的论辩和验证，我们的广播学、电视学才能建立在真正科学的基础上。真理面前人人平等，不以资历深浅说长短，不以职位高低论是非，既不因人废言，也不因言废人，实行"三不主义"，造成各抒己见、畅所欲言的气氛。尊重多数，也尊重少数。即便是一家之言，只要言之有理、持之有故，也应受到尊重。相互尊重，共同探讨，有助于繁荣学术。这些都是贯彻"百花齐放、百家争鸣"方针所要求的。

马列主义、毛泽东思想，是我们做学问的指导思想。运用马列主义、毛泽东思想的基本原理和基本原则，研究中国广播电视事业的实际，是建立中国广播电视理论体系的唯一正确的途径。马克思主义是灵魂，是脊梁。说它是方法论，应当是最根本的方法论，但更重要的是马克思主义是我们的世界观，这是唯一符合客观世界的世界观。

离开这个世界观连同它的方法论，势必六神无主，东倒西歪。坚持马列主义、毛泽东思想，就是坚持它们的基本原理和基本原则，坚持运用这些基本原理和原则去研究中国广播电视事业的实际，建立中国广播电视理论体系，这也就是在这方面发展马列主义、毛泽东思想。不应当把坚持与发展割裂开来。坚持绝不是把个别结论奉若天条，发展更不是把基本原理弃如敝屣。应当在理论与实际相结合的过程中把坚持和发展统一起来。马列主义、毛泽东思想从来就认为理论不是教条，而是行动的指南。墨守成规，无所作为，这是保守；勇于探索，推陈出新，这是改革。在全面改革的潮流中，我们广播电视的学术研究，要勇于创新，也要善于继承；敢于否定陈旧过时的，也敢于肯定符合实际、适合时宜的。一切都要实事求是，这是马列主义、毛泽东思想的思想路线。照此办理，中国广播电视理论体系，必抵于成。

值创刊伊始，愿以此共勉。

（原载于《中国广播电视学刊》1987年第1期）

关于广播学电视学的几点思考

——在中国广播电视学会第一届理事会上的讲话

温济泽

同志们：

我想谈谈对于建设和发展广播学、电视学的几点思考。

谈以下六点：

一、广播学、电视学在科学领域中的地位

有的同志提出：广播学、电视学是新闻学的分支学科呢？还是应当成为独立的学科？

关于这个问题，我想应当从历史发展上来研究。在我国，新闻学有较悠久的历史。我国人自己编写的第一批新闻学著作出版以来，已将近70年。以"广播学""广播电视学"命名的书籍，是近9年出现的。我国人自己创办广播，有60年的历史。从我们党创办广播到现在，是46年。在革命战争年代，广播电台属于新华社，是新华社的一个组成部分。进城以后，广播电台才从新华社分离出来，成立自己独立的机构。在新中国成立后的一个较长时期内，广播仍是一种以传播新闻为主的宣传工具。过去把广播宣传作为新闻学研究的一个部分，就是由这样的历史情况和条件决定的。党的十一届三中全会以来，广播电视事业有了空前巨大的发展。广播电视中，在新闻节目外，文艺、教育、服务等节目的比重迅速增大，各类节目都拥有广大的听众和观众，各类节目都各自显示出它们的重要作用。特别是党的十一届三中全会带来了我国科学的复苏、发展和走向繁荣，新闻学大大发展了，对广播电视的研究也空前地开展起来，并发出了建立广播学、电视学的倡议和呼声。在这种情况下，再把它们作为新闻学的分支学科，作为新闻学门类中的学科，就不怎么合适了。我想，广播电视发展到今天，科学发展到今天，不如把广播学、电视学列为独立的学科更好些。这样，更适合广播电视的性质和特点，也更有利于广播电视学科的发展。既然广播学、电视学已经在新闻学母体中孕育成熟，我们就应当欢呼广播学、电视学这对孪生婴儿的诞生。

有的同志提出，我们广播电视学会研究的内容，应当包括宣传（编采播）、技术、管理三个方面。我很赞成。我们研究广播电视事业的发展规律，研究广播电视工作的基本原则和方法，都不能不包括宣传、技术、管理这三个方面。报纸工作也有宣传、技术、管理三个方面，但同报纸工作相比，广播电视工作中的技术和管理工作要复杂得多，繁重得多。这两个方面的工作做得好还是差，对广播电视的宣传效果有很大的影响。随着新技术革命的发展，广播电视宣传工作也可能要采取一些新的方式和方法。因此，研究技术和管理的问题是很必要的。广播电视技术的研究属于自然科学、技术科学的范围。广播电视管理工作的研究，将来也可能要建立一个专门的学科。我觉得，我们学会应该研究和探讨这些问题。

有的同志提出：广播学、电视学在整个科学领域中占有何等地位？

我想，要回答这个问题，应当研究一下党的十二届六中全会关于社会主义精神文明建设指导方针的决议。在这个决议的第六节"普及和提高教育科学文化"中，把广播影视和教育、科学、文学艺术、新闻出版、卫生、体育等并提，指出"各项文化事业，都有各自的重要作用"，并且指出要"争取使这些事业获得一个大的发展"。广播电视既有"重要作用"，并且还要有"一个大的发展"，那么，作为研究广播电视事业发展规律和广播电视工作基本原则与方法的广播学、电视学，它们在科学领域中的重要地位，也就不言而喻了。

现在广播学、电视学创建伊始。问题不在于科学界是否认识到这两门学科的重要性，甚至是否承认它们是独立新兴的学科，而在于我们的研究工作者能不能做到勇于刻苦钻研和勇于开拓前进，能不能努力找到广播电视事业的发展规律，能不能探索出一套广播电视工作的基本原则和方法，能不能建立起广播学、电视学的体系，并使它们成为真正的名副其实的科学，能不能使研究成果在广播电视事业和工作的发展中起真正的切实有效的指导作用。

二、研究广播学、电视学必须坚持以马克思主义为指导

党中央关于社会主义精神文明建设指导方针决议的第七节"马克思主义在精神文明建设中的指导作用"中说："坚持以马列主义、毛泽东思想为指导，是我国社会主义现代化事业的根本，也是社会主义精神文明建设的根本。"我们建设和发展中国的广播学、电视学是社会主义文精神明建设中科学文化建设的一个组成部分，当然，也不能离开这个根本。这应该是不成问题的。

现在有的同志提出，要用系统论、控制论、信息论来研究新闻和广播电视，或者说，用系统工程的理论和方法来研究新闻和广播电视。应该说，这也是不成什么问题的。系统论、控制论、信息论是在20世纪40年代随着科学技术的进步而形成和发展起来的。70年代以来，在世界新技术革命浪潮的推动下，又新兴和发展起耗散结构论、协同论和突变论，人们把后者称为"新三论"。近几年来，这些现代科学的理论和方法，在我国也已被越来越多的科学工作者所重视，并且应用到科学研究和社会经济等方面的实际工作中。我想，这些理论和方法，特别是系统论、系统方法，也应该和能够被应用到新闻和广播电视的研究中。

现在的问题在于弄清：马克思主义的理论和方法与一些现代科学的理论和方法是一种什么样的关系。

现代科学已经发展成一个包括众多学科的、非常庞大的、错综复杂的体系。现代科学的方法论也已形成一个体系，它是多层次的。大体上说来，它至少可以分作三个层次。第一个层次，也是最高的层次，是马克思主义哲学——辩证唯物主义。它所揭示的，是关于自然、社会和思维的运动和发展的普遍规律；它所提供的方法论，是最一般的普遍适用的方法论，因而是整个方法论体系的理论基础和指导原则。第二个层次，这一层次的方法论，包括上面说的那几论，主要是系统论，还有数学方法等，虽然对于很多专门学科来说，有着较为广泛的适用范围，具有一定的普遍性，但是对于马克思主义哲学来说，它仍然只是特殊的部门科学，它所适用的范围是有一定限制的，而不是最一般的方法论。第三个层次，是各门学科所独有的特殊的方法。我们研究广播学、电视学，在方法论上，应当注意这三个层次。首先必须坚持以马克思主义哲学为指导，这是绝不能动摇的。第二个层次的方法论，我们应当在认真研究的基础上适当应用。此外，还有第三个层次的方法论，如广播电视采访、广播电视编辑、广播电视播出等，都有它们各自的方法。这三个层次，是相互为用，互相补充，又各有特点，不能相互代替的。

在这个问题上，我国学术界的认识基本上是一致的。但近年来也出现了一些不同的看法。有个别同志实际上怀疑，甚至否认辩证唯物主义作为一般方法论的指导作用，试图用一些现代科学方法取而代之。这显然是不正确的。早在70多年前，列宁就说过，在马克思时代已经出现的"从自然科学奔向社会科学的潮流"，越来越强大了。他提出了战斗的唯物主义者同自然科学家结成联盟的号召。这些话的实质是说自然科学的发展越来越证明了辩证唯物主义的正确性、科学性和真理性，马克思主义哲学工作者应当吸取自然科学的最新成果来发展辩证唯物主义，同时要使自然科学家认识到应当用辩证唯物主义来指导自然科学的研究工作。70多年后的今天，不仅"从自然科学奔向社会科学的潮流"比过去更加强大了，而且出现了强大的从社会科学奔向自然科学的潮流；辩证唯物主义应当得到更大发展，并且应当在科学研究中发挥更广泛的指导作用。在这样的强大潮流面前，我们应该迎头赶上，而不应该陷入迷潮。还有另一种情况，就是有的同志以僵化的态度看待辩证唯物主义，死背诵老条条，死守着老框框，拒绝研究和吸取现代科学的新成果，这也是不正确的。他们忘记了或者没有去领会恩格斯早已说过的话："随着自然科学领域中每一个划时代的发现，唯物主义也必然要改变自己的形式。"今天，马克思主义要大发展，辩证唯物主义要大发展，我们一定要深入研究和批判，汲取现代科学中的精华，以充实、丰富和发展辩证唯物主义。一定要建立和发展现代科学方法论的完整体系,并要坚持辩证唯物主义在这个体系中的核心地位和普遍指导作用。这是时代赋予我们的任务。

三、研究广播学、电视学必须贯彻理论联系实际的原则

这里所说的理论是指什么?首先是马列主义、毛泽东思想。最重要的、最主要的是马克思主义的立场、观点和方法。这里所说的实际是指什么?主要是指我国广播电视的实际,包括历史的实际,当前的实际,可预见的未来的实际。我国广播有整整60年的历史,我们党创办广播有46年的历史,电视有27年的历史。我们走过曲折的道路,有许多成功的经验,也有不少失误的教训。现在我们应当提到理论原则的高度,对过去正反两方面的经验做出科学的分析和总结。当前的实际问题很多、很复杂。有关于广播电视事业发展战略方面的问题,有关于当前广播电视宣传工作的指导思想问题,有关于提高广播电视节目质量方面的问题,有关于广播电视技术方面的问题,有关于广播电视队伍建设方面的问题,有关于改善和加强广播电视管理方面的问题,等等。还有未来的问题,例如,2000年我国国民经济和社会发展可能对广播电视事业产生的影响,世界新技术革命的发展可能对广播电视产生的影响,等等。我们应当从其中找出若干重要的实际问题和理论问题,作为研究的课题。

怎样才能做到理论联系实际呢?就是要以马列主义、毛泽东思想为指导,用马克思主义立场、观点和方法,对中国广播电视的实际问题和理论问题进行探索,对这些问题进行系统的周密的调查研究,从其中找出固有的而不是臆造的广播电视事业的发展规律,找出广播电视工作的基本原则和方法。再把寻求得到的这些规律、工作原则和方法应用到广播电视的实际工作中去,使它在实践中经受检验。正确的加以发展,不正确的加以纠正,不完善的逐步加以完善。这样的过程应当反复地、不断地进行。实践是在不断发展的,研究也要随着实践的发展不断地前进和深入,使认识不断地深化。只有这样,我们才能使广播学、电视学的研究,从不完全逐步完全,从不完善逐步完善,而逐步使它们成为真正的科学。这就是我们研究广播学、电视学应当贯彻的原则,应当采取的方法。

四、研究广播学、电视学要吸收有关学科中的有用的东西

许多学科都是相互联结、相互交叉、相互渗透的。任何一个学科都不能孤立地进行研究,必须从相关的学科,吸收有用的东西。广播学、电视学也不能例外。

我们在这里,首先要讲到新闻学。广播学、电视学是从新闻学母体里孕育和诞生出来的。我们关于新闻学的理论基础是在延安整风时期奠定的,延安新华广播电台在创始时期就实践了这些理论原则。这是我们广播的优良传统。虽然情况已经有了很大的变化,但是到今天其中有些基本的东西还是应当继承和发扬的。近几年来,新闻学有了很大的发展。它作为一个学科门类,已经繁衍出不少分支学科,有理论方面的,

有实际应用方面的，有新闻史方面的。有些研究成果很值得我们参考和借鉴。

广播电视有大量的教育性节目。延安台时期就有。中央台成立之初，就办了社会科学讲座和自然科学讲座节目。当时社会发展史等讲座，有组织的听众就有50多万人。现在教育性节目越来越多，还办了广播大学、电视大学。因此研究广播学、电视学，也应当研究教育学。

广播电视有大量的文艺节目。提供娱乐是广播电视的一个非常重要的功能。为了办好文艺节目，必须研究文艺理论和创作方面的问题。还应当研究美学。

为了使广播电视能够更好地适应听众、观众的要求，我们还应当研究有关的心理学。此外，社会学、政治学、经济学、法学、历史学、语言学、广告学等，我们也需要研究并吸收其中某些成果。为了加强和改善对广播电视的管理，需要建立广播电视管理学，也必须从管理科学中吸取有用的东西。至于广播电视技术的研究，更需要许多技术科学的知识，就不用说了。

这里还应当谈谈大众传播学。它是20世纪40年代在西方兴起的一门新兴学科。它同西方新闻学有血缘的关系，但是在研究范围和研究方法上又不尽相同。两者都研究报纸、广播、电视等传播媒介，这是相同的。但西方新闻学侧重研究报纸新闻业务方面的问题，大众传播学的内容则是对一切印刷媒介和电子媒介的传播的研究。它跳出了新闻学研究的圈子，借助社会学、心理学等研究方法，对大众传播媒介在政治、经济、文化、教育、娱乐、技术等多方面的特征、功能、效果等问题进行全面的研究，试图对传播现象从理论上加以说明，并找出传播工作的规律。我们应当以马克思主义的立场、观点和方法，对它进行批判的、科学的研究和分析，其中对我们有用的东西，我们是同样应当借鉴和吸收的。

五、研究广播学、电视学要采取严谨的科学态度

广播学、电视学现在还没有形成一个科学体系。许多问题还有待于我们去探索。首先要求我们广泛地收集材料，充分地占有材料，特别要重视第一手的材料，同时要对材料进行全面的、系统的、周密的、深入的研究。

搜集、整理和研究材料，不下苦功是不行的。在一个长时间里，我们把延安新华广播电台在1945年9月5日正式恢复播音的日子作为我国人民广播事业创建的日子。一些研究我国广播史的同志，后来花了多年的广泛地查找了各种资料，进行了调查访问，才弄清楚延安新华广播电台最早试播的日子是1940年12月30日，这中间差了四年多。从这件事也可以说明，充分掌握材料，弄清一个事实，研究一个问题，不是很容易的。关于广播事业的材料，现在有旧中国的，有我们党在革命战争年代的，有中华人民共和国成立以来的。电视的历史比较短，但也积累了20多年的材料。对于这些材料，我们过去主要是就某一个方面、某一个问题，进行了一些研究。而全面地系统地研究还很不够，并且现存的材料也还不完全，有些问题还有必要向知道情况的人访问调查，这就是说，还要"抢救"活材料。我们必须扎扎实实地做好搜集和整理材料的工作。这是为了给研究工作打好基础。在研究中，必须对材料进行仔细的分析，去粗取精，去伪存真，由此及彼，由表及里，提炼出概念和理论的东西来。我们研究某一个问题，还应当把这个问题是怎样产生的，在研究中经过怎样的曲折过程，前人有些什么成果。现在有几种不同的看法，哪些看法是正确的或基本上正确的，哪些看法是偏颇的，等等，一一研究清楚，才可能找到正确的答案。总之，在广播学、电视学的研究中，要使研究的结果符合于或接近于客观真理，非有严谨的科学态度不可。

恩格斯讲过马克思从事科学研究工作的态度。他说，即使只是在一个单独的历史实例上发展唯物主义观点，马克思也要做多年冷静钻研的科学工作；只有充分掌握了大量的、经过批判审查过的历史资料之后，他才提出这一观点。恩格斯还举过一些实例，如马克思在写《资本论》第二卷的时候，看了许许多多材料，其中仅俄国统计学方面的书籍就有两立方米之多，他宁可推迟著作的出版时间，也总是要把所有的材料搜集和研究齐全。马克思研究的是资本主义社会的发展规律、人类社会的发展规律，因此他研究了资本主义社会发生、发展和人类社会发生、发展的一切材料。我们研究广播学、电视学，材料没有那么多，但是，马克思的这种科学态度和科学精神，是我们必须学习的。从事科学研究，马虎不得，草率不得，绝不要急于求成。我们不论写一本概论，写一本专著，或是写一篇论文，都要采取这样严谨的科学态度。

六、研究广播学、电视学的目的应当在于：使广播和电视在两个文明建设和全面改革的伟大事业中发挥越来越大的作用

我在1946年开始做广播工作，到今年40年了。头十几年，我在广播工作的第一线。中间18年，扣除了"文化大革命"的10年，还有8年，我做广播教育工作。1978年，我调离了广播系统，这些年仍然兼做一些新闻广播理论的研究和教学工作，并且培养新闻和广播的研究生。有人问我在这些工作中的主要体会是什么，我常说：广播是党和人民的喉舌、耳目，而主要是喉舌。广播工作者总是站在时代的前列，他们是为党和人民吹号、放哨的，而主要是吹号的；他们是时代的号兵、哨兵，而主要是号兵。

在革命战争的年代，国民党统治区的听众，把我们的广播看作"茫茫黑夜中的灯塔"。为什么能有这样的效果呢？就是因为我们的广播，能使党的纲领路线、方针政策、工作任务和工作方法，最迅速最广泛地同群众见面；能使群众提高认识，统一思想，在党的旗帜下，结成队伍，团结一致，整齐步伐，为争取革命的胜利而奋斗。在革命事业中，广播起着喉舌作用，也起着对社会舆论和思想潮流的引导作用。

中华人民共和国成立37年了。情况有了很大的变化。党的十一届三中全会以来，我们正在为把我们祖国建设成为高度文明的、高度民主的、现代的社会主义强国而奋斗。广播电视已经有了空前巨大的发展，已经深入到城乡亿万家庭之中。

广大人民群众的需要也复杂多了，广播电视的功能也更加多样了。如果说，过去的功能主要是发布新闻、宣传鼓动，那么，现在就还要大大发挥反映民意、传播知识、提供娱乐、推销商品等的功能。过去宣传的方式往往采取单向流动的灌输的方式，现在必须采取双向流动、相互启发、诱导的方式。只有这样，才能使听众、观众容易接受，并取得最佳的效果。但是，不论怎样变化，它们的喉舌作用，以及对社会舆论和思想潮流的引导作用仍然是必须加强而不能削弱的。广播电视必须把推进两个文明建设和全面改革的伟大事业作为自己的历史任务。

广播学、电视学是实践性很强的学科。研究广播学、电视学的目的，应当是从广播电视的实践中，找出它们的理论、规律、工作原则和工作方法。但是我们绝不能停留在这里，绝不能为研究而研究。我以为，更重要的，是要把这些理论、规律、工作原则和工作方法再应用到实践中去，使广播电视越来越有力地把两个文明建设和全面改革的伟大事业推向前进。这才是研究广播学、电视学的真正目的。

以上讲的，难免有不足和不妥的地方，请同志们批评指教。我愿意跟大家共同研究和探讨。谢谢同志们！

于 1986. 10

（原载于《北京广播学院学报》1987 年第 1 期）

（二）

从广播电视研究到广播电视学科建设
——在广播电视学学科建设学术研讨会上的发言[①]

赵玉明

一、从广播电视研究说起

我国广播电视研究的萌芽，从某种意义上来说，自广播电视在我国问世起，即已开始。以广播为例，1923年1月，外国人在上海开办我国境内第一座广播电台，当时报刊即有报道和评论。次年《东方杂志》第21卷第18期发表曹仲渊《三年来上海无线电话之情形》一文，可以视为广播研究的滥觞。民国时期，我国虽无电视问世，但国外无线电传播影视之事，也已引起我国学者的关注。30年代初，《东方杂志》《中国无线电》等刊物均陆续刊文予以介绍。二战之后，1946年著名学者胡道静在《新闻史上的新时代》一书中预言：新闻事业在经历了"口头新闻""手写新闻""印刷新闻"之后，已进入了一个新的阶段即"广播新闻"时代，再一个新世纪，将成为"电视新闻"的时代了。中华人民共和国成立后，广播电视事业有了新的发展，广播电视研究也步入了新的阶段，虽有收获，但历经曲折，直到80年代改革开放之后始有突破性进展。1986年，在中国广播电视学会成立大会上，老一辈的广电工作者呼吁广电研究应从新闻学的框架中分离出来，建立独立的广播电视学。1990年，闫玉主编的《中国广播电视学》的问世，标志着广播电视基础性理论研究的最新成果。此外，在广播电视史、广播电视实务的研究方面也取得了新的进展，一批新成果陆续问世。

但与此同时，在学界有一个现象引起了我的注意。1983年，我应邀担任《中国大百科全书》（第一版）"新闻卷"中有关广播电视条目的部分组稿、撰稿工作。这时，我发现"新闻卷"中只收入有关广播电视的一般条目及广电新闻条目，而广电文艺方

[①] 本文根据2016年10月15日发言初稿补充而成。

面的条目如广电文艺、广播剧、电视剧等分别归入文学卷和戏剧卷，广电技术条目则划归电子学卷。对此，我感到广播电视知识有一种被割裂的感觉。此事对有志于学习广电知识的青年学子特别是广播学院的师生来说殊为不便。换言之，时代呼唤一部比较系统全面地反映广电知识的入门之书，作为迈入广电大门的简捷便利的途径。我想到了利用参与编写"大百科"条目学到的本领，应当着手编纂一本广播电视方面的工具书。1985年，我向广院领导建议组织校内有关系所老师的力量，编纂出版一本广播电视辞典。那时也没有什么立项、经费之事，由新闻系牵头，邀请一些系所的老师共议几次，又征得广电部有关机关和中央三台的支持，众志成城，经过几年的努力，我国第一部广电专业经典——《广播电视简明辞典》于1989年出版。几年后，作为广电部项目，经补充增订去掉"简明"两字的《广播电视辞典》于1999年问世。在此期间，我还倡议并主编的我国第一部广电百科全书——《中外广播电视百科全书》于1994年出版，广电辞典和百科全书的编纂和出版，将广电方面几十年来的研究成果，比较系统、全面地展示出来，为建立广播电视学学科奠定了初步的基础。

二、广播电视学学科定位始末

在上述历史背景下，广播电视学作为一门新兴学科逐步得到了社会的认同，如1992年11月，国家技术监督局颁布的《学科分类与代码》中将"广播与电视"列为"新闻学与传播学"学科范围内的二级学科。同时，在"广播与电视"范围内列入了"广播电视史""广播电视理论""广播电视业务"和"广播电视播音"等三级学科。这里显然将"新闻学与传播学"视为一级学科。但在此前的1990年国务院学位委员会通过的研究生学科、专业《目录》中，新闻学却被列入文学门类所属中国语言文学一级学科内的二级学科。其学科地位等同于中国现当代文学、中国古代文学、语言学、现代汉语、汉语史等。至于广播电视则只字未见。由此可见，若想最终解决广播电视学的学科地位问题，首先必须提升新闻学学科的地位，将其由二级学科提升为一级学科。新闻学的学科定位和归属在80年代始终是个争执不休的问题。1981年，国务院学位委员会组建，按学科门类分布下设若干学科评议组。起初，将新闻学定为法学门类一级学科社会学内的二级学科，故80年代初毕业的新闻学专业的硕士生均授予法学学位。1997年新闻学专业划归文学门类，此后新闻学专业的研究生均授予文学学位。与此同时，在国务院学位委员会评议组内，新闻学方面的代表仅有一人，第一、二届为复旦大学王中教授，第三届为人民大学方汉奇教授。

1996年，国务院学位委员会办公室发文拟调整一级学科的设置问题。当时，中国人民大学方汉奇教授在学科评议组内提出将新闻学提升为一级学科的建议，并获评议组内一致同意，上报学位办。与此同时，复旦大学丁淦林教授作为教育部人文社科咨询委员会唯一的新闻学方面的代表也呼吁此事。我当时作为广播学院副院长分管教学科研工作，就此事开会征求校内有关部门和教授的意见，也形成相应的意见上报。另外，我又以个人名义致函学位办评述了关于将新闻学科列入一级学科的建议。几经努力，1997年，国务院学位委员会、国家教委颁布的新判定的研究生学科、专业《目录》，终于将新闻学由二级学科提升为一级学科，定名为"新闻传播学"，下列两个二级学科即新闻学与传播学。当年，国务院学位委员会在组建第四届学科评议组时，首次设立新闻传播学学科评议组。方老师为评议组召集人，丁老师和我为学科组成员。我们首先讨论和制定了新闻传播学以及新闻学、传播学的学科简介。当时并未涉及广播电视学和学科定位问题，有关高校招收研究生时，一般均将广播电视学方向列入新闻学专业内。

2000年，教育部开展人文社会科学重点研究基地建设工作。当时有关文件规定，重点研究基地，以二级学科为基础设立。新闻传播学只有两个二级学科，人民大学以新闻学为基础申报建立新闻与社会发展研究中心，复旦大学以传播学为基础申报建立信息与传播研究中心，我分别应聘担任两个研究中心首届学术委员会的委员。广播学院怎么办？几经研究，最后借鉴有关高校的综合研究为名，突破二级学科的局限设立敦煌学、文学研究中心的做法，提出开展以广播电视为基础的综合研究申报国家重点研究基地。此一申报于2001年获批。同年6月广播学院广播电视研究中心（以下简称"中心"）成立，是全国100多个人文社科重点研究基地中唯一一个以广电传媒为研究对象的综合性研究基地，下设广电新闻、广电艺术、广电语言以及广电经营和管理四个研究所。我当时以离职不久的校领导身份参与了"中心"的酝酿和筹建工作，其间，曾提名我为"中心"主任，我坚辞未任，后担任两届中心学术委员会主任之职至2006年。广播电视虽以综合研究为名申报重点研究基地，但教育部在基地建设和管理上，却将其归入新闻传播学的学科范围之内。当时，教育部规定，每个基地每年可申请两个重大课题，如获批准，每项资助科研经费20万元。2002年年初，国务院学位委员会在《工作要点》中提出要继续做好研究生学科专业《目录》的调整工作。据此，同年7月初，我致函国务院学位办提出在新闻传播学一级学科内增设广告学、广播电视学为二级学科的建议。此前，学位办已批准有新闻传播学博士点的高校可以自主设立若干二级学科专业点。据此，截至2002年已有复旦大学、中国传媒大学分别将"广播电视学""广播电视新闻学"列入新闻传播学一级学科点内的二级学科，并开始招收研究生。至此，广播电视学作为一门新兴学科的定位之事告一段落。

三、从提出课题到结项

2002年5月，我应邀在南京大学以《谈谈广播电视研究和广播电视学学科建设》为题的专题讲座中，回顾前述从广电研究起步到广电学建立的历程，但究竟如何界定广播电视学的研究对象、学科体系及其特点等，却有待于进一步的探讨和争鸣，以推动和促进广播电视学的健康发展。正是在此背景下，2004年，"中心"通知我可考虑领衔申报一项重大课题，为获批准，可列为教育部人文社科重点研究基地重大项目。我与有关同志多次交换意见后，遂以上述多年来一直酝酿的有关广播电视学学科建设的问题为中心，提出"广播电视学学科体系建设研究"课题，组织有志于此课题的同志加以论证后，正式提出申请，并于2005年获批，原拟2008年完成，其间因课题组个别成员调整，同时又增加了新的子项目，最终于2011年6月完成结项报告。2012年11月批准结项。

从课题获批到结项，前后历时六年半，经历了三个阶段，兹简述如下：

第一阶段（2005~2007年），课题组认真讨论、修改和完善原有子课题设置，于2006年底举办了"广播电视学学科体系建设"研讨会，首次编印了《广播电视学学科体系研究》专辑，在《现代传播》开辟"学术沙龙：广播电视学学科建设"栏目，刊发有关文章，2007年中期检查合格。

第二阶段（2008~2010年6月），梳理相关文献史料，陆续刊发阶段性成果，继续编印《百家纵论广播电视学》和《广播电视学科建设大家谈》两期专辑，先后在《现代传播》《安徽大学学报》《暨南大学学报》发表多篇相关论文。课题组倡议并与中央人民广播电台联合开展"首届广播电视学研讨会"（此会后多年延续，至2016年已召开六届）。

第三阶段（2010年7月~2011年6月），陆续提交结项成果及结项报告。在2010年7月召开的"广播电视学学科建设"课题论证会上提交了最终结项成果，并提出将广播电视学列为一级学科的建议。

此外，课题组成员王文利的《中国广播电视新闻研究简史》、高金萍的《西方电视研究评析》和申启武的《中国广播研究90年》在此期间先后出版。另外，谢鼎新还发现了一批中国早期电视研究的史料。

2012年本课题获批结项后，王文利的《中国广播电视学术研究史稿》、谢鼎新的《中国广播电视研究的演变》及本课题结项成果，赵玉明、艾红红、庞亮主编的《广播电视学学科体系建设研究》相继出版。

本次研讨会结束后，将再出一本研讨会论文集作为本课题的最终结束。

四、关于广播电视学列为一级学科的几句话

在本课题组于2010年7月召开的论证会上，提出了将广播电视学列为一级学科的建议。

在1997年颁布的研究生学科、专业《目录》中属于人文社科范围内有哲学、经济学、法学、教育学、文学和历史学六个学科门类，其中文学门类中有四个一级学科即中国语言文学、外国语言文学、新闻传播学和艺术学。2011年颁布的《目录》中将艺术学从文学门类中分列出来另立为学科门类，内有五个一级学科即艺术学理论、音乐与舞蹈学、戏剧与影视学、美术学和设计学。

鉴于某个学科在研究生学科、专业《目录》中的定位和升级对人才培养和学术研究的影响和作用日益凸显，近年来在人文社科界关于学科建设的讨论和争鸣形成一大亮点。2016年有关报刊曾发表专文，提出将"国学"列为学科门类。2017年春，在全国政协会议期间，有的委员在报刊上刊文，提出将"民间文艺学"列为一级学科，有的委员建议将语言学从文学门类中分列出来，成为与文学平列的学科门类。在此前后，新闻传播学界也有考虑到新闻传播学涉及的方方面面早已超出文学的范围，建议将新闻传播学中文学门类分列出来成为独立的学科门类。我们提出将可以自主设立二级学科广播电视学升列为一级学科正是在此背景下提出的。

我们深知，某一学科的定位和升级，既要在本学科范围内酝酿和讨论，也要由主管部门听取相邻学科专家的意见，然后做出相关决定。我们对于广播电视学学科的定位和升级并不急于求成，但愿意为此做出不懈努力，促进广播电视学学科的繁荣和发展。

（作者系中国传媒大学教授、博士生导师）

谈谈广播电视研究和广播电视学学科建设

赵玉明

【编者按】 中国传媒大学赵玉明教授主持的教育部人文社会科学重点研究基地重大研究课题"广播电视学学科体系建设研究"自 2005 年立项以来,已有一些成果推出。不久前,该课题组主持召开了一次学术研讨会,本期特刊发这次研讨会的综述,同时刊发赵玉明教授的《谈谈广播电视研究和广播电视学学科建设》和胡智锋教授的《中国广播电视学科体系建设必须处理的三个关系》,以期引发同行专家对该命题的深入探究。

广播电视是 20 世纪问世的传播工具。中国的广播事业诞生于 20 世纪 20 年代初期,电视事业产生于 20 世纪 50 年代末期。随着广播电视事业的建立和发展,对广播电视的研究也逐渐开展起来,经过近 80 年特别是改革开放 20 多年来,众多教学研究者的悉心钻研,有中国特色的广播电视学已逐步建立起来,成为一门发展中的新兴学科。

一、从广播研究的起步到广播电视学的建立

从广播研究的起步到广播电视学的建立,其间经历了四个阶段:

第一阶段:缓慢起步(民国时期对广播的研究)

1923 年,上海最早出现了外国人办的广播电台,1926 年中国人自办的广播电视台在哈尔滨诞生。在此期间,1924 年 8 月,上海《东方杂志》发表曹仲渊的《三年来上海无线电话之情形》,是目前见到的中国人写的有关广播的第一篇专文。作者自称该文是"上海播送站之沿革史"。20 年代末,国民党中央台编印了我国第一本广播年鉴——《中央广播无线电台年刊》收入了吴道一等有关广播的专文。

在国民党统治区,30 年代至 40 年代广播事业虽然有了较大的发展,但对广播的研究进展迟缓。其成果可分为三种情况:一种是少数专家学者在其无线电史、交通史、新闻史著作中对广播的论述和记载。而关于广播的著作只有《无线电播音》《广播常识》等几种常识类的小册子,此外,还有一些广播期刊上发表的有关文章。另一种是国民党广播机构及其负责人(如吴保丰等)对广播事业调查所编印的专刊、专文如《十年来的中国广播事业》《广播事业》等。第三种是少数作家如鲁迅、茅盾、叶圣陶等对广播节目的评述。1946 年胡道静的《新闻史上的新时代》较早地涉及广播电视新

闻的发展过程。

在日伪统治区，40年代初出版了两本伪满《放送年鉴》（1939年版、1940年版）。

在抗日根据地和解放区，1940年12月30日，中国共产党领导创办的第一座广播电台在延安诞生。在解放战争期间，1946年温济泽起草的《新华总社语言广播部工作细则》中即提出语言广播部（延安新华广播电台编辑部）的三项任务，第一即研究语言广播，其次才是编写稿件、指导播音。解放区对广播的研究是同如何办好人民广播、总结经验教训以及介绍解放区广播事业紧密地联系在一起的。

第二阶段：曲折前进（新中国成立至改革开放前对广播电视的研究）

从50年代初期至"文革"前，中央广播事业局先后召开的九次全国广播工作会议所形成的文件和有关负责人的报告、讲话、文章，是对广播事业发展的记述和基本经验的总结，在一定意义上也可以看作是对广播电视理论、历史和业务研究的成果。在此期间，对苏联广播工作经验的研究和各种专题研讨会的举办，有助于推动广播研究工作的开展。1955年中央广播局创办《广播业务》，至"文革"前夕先后出版了百期，代表了当时对广播电视研究的成果及水平。1958年，中央广播局成立研究室，开始比较系统地收集、整理广播文件、史料和译介外国广播电视材料，除继续承编《广播业务》外，还编印了《广播工作文献集》（一）和《广播业务译丛》三期。

1959年北京广播学院的成立，标志着广播电视研究迈上新的台阶。广播学院新闻系依照综合大学新闻系设置了新闻理论、广播史、广播业务、播音、文艺和摄影等教研室（组）并开设相关课程，在新闻学的框架内开启了广播电视的教学工作，并结合教学需要开展研究工作。前述中央广播局原研究室也并入新闻系，继续编印《广播业务》和《广播电视参考资料》。大学新闻系设有研究室在当时仅此一家，副院长左荧兼新闻系主任和研究室主任。

在康荫、温济泽、高而公等"老广播"的带领下，一批大学毕业的青年教师开始了广播电视的教学研究工作，并得到了中央广播局、中央电台及部分地方台的支持，短短五六年中初步取得了一批研究成果。编印成书的有《中国新闻广播文集》（上、下册）、《中国人民广播事业大事记》（草稿）、《陕北台范文选》《广播稿选》（第一集）、《新闻工作与语言》《马恩列斯论报刊·列宁论广播》《毛泽东同志论宣传工作》《大跃进广播稿选》《主要资本主义国家广播电视事业概况》《社会主义国家广播电视事业概况》等，未印成书的有《广播概论》《中国广播史稿》等。

60年代初期受"左"的思潮影响，曾对一些教材作过错误的批判，影响了对广播电视研究的进展。"文革"前夕，《广播业务》停刊。"文革"初期，广播学院停办。"文革"期间，极"左"思潮泛滥，大批判横行，正常的广播电视研究中断，仅对延安（陕北）台的历史调查取得了新进展。"文革"后期，1973年广播学院恢复，教学研究工作重新启动。

第三阶段：恢复成长（改革开放以来至80年代末对广播电视的研究）

1978年，党的十一届三中全会之后，广播电视事业出现了蓬勃发展的新景象。1980年举行的第十次全国广播工作会议总结了中华人民共和国成立以来广播电视工作的基本经验。1983年举行的第十一次全国广播电视的工作会议提出了立志改革、开创广播电视工作新局面的历史任务。

适应总结历史经验和开创广播电视工作新局面的需要，广播电视研究工作迅速开展起来，以1986年中国广播电视学会成立为标志，可以作为前后两个阶段。

1986年以前，广播电视研究除广播学院外，广电研究基本上处于分散状态，广电系统外几乎无人专门研究广播电视。

1980年，广播学院进行学科调整，原新闻系重新组建为新闻系、播音系、文编系和电视系，并成立新闻研究所。结合教学需要，广播电视的研究开始突破新闻学的框架，向建立广播电视学迈出了第一步。此前，1979年广播学院开始招收新闻学专业广播电视方向的硕士研究生，同年9月，《北京广播学院学报》创刊，1981年新闻研究所创办《新闻广播电视研究》（1981—1989）。由新闻系主持的解放区广播史调研工作开始，根据调研结果并经中宣部批准，从1980年开始，中国人民广播事业创建纪念日由1945年9月5日更改为1940年12月30日。1983年7月，广电部政策研究室和北京广播学院等在长春联合召开了第一次中国广播电视史座谈会，《当代中国的广播电视》编写工作启动。1985年，《中国广播电视年鉴》首届年会在北京召开，《年鉴》编纂工作启动。1986年，广播学院、广电部政研室先后在北京、庐山分别召开解放区广播史讨论会和首次广播电视学研讨会。

1986年10月，中国广播电视学会在北京成立。温济泽在大会发言中建议把广播电视研究从新闻学的框架中分离出来，建立独立的广播电视学，并形象地说，在新闻学母体中孕育的广播电视学已经成熟，欢呼广播电视学婴儿的诞生。

80年代后期，可以说是广播电视研究的第一个"黄金时期"，其标志性事件有：

——中国广播电视学会成立，并组建了第一批专业研究委员会（现已增至30多个），各省、自治区、直辖市均建立了省级学会并组建若干研究委员会（组）；该会主办的《中国广播电视学刊》于1987年创刊，并主持编写《中国广播电视学》；

——根据中共中央宣传部决定，由广电部主持编写的《当代中国的广播电视》（上下册）于1987年3月出版；

——根据国务院决定，由各省级广电厅局主持的本地广播电视志编纂工作启动；

——北京广播学院有关系所主编的第一代原创性广播电视教材（1986年）和第一部广播电视专业辞典（1989年）问世；

——北京广播学院、广电部政研室主编的首卷《中国广播电视年鉴》(1986年版)于1987年出版；

——一些综合大学的新闻院系开始设置了广播电视新闻专业，中央三台和部分省级广电局、台成立研究室或（广电）史志办公室。

第四阶段：走向成熟（20世纪90年代初至今对广播电视的研究）

90年代以来，广播电视学术研究呈现以下几个特点：

一批以中老年为主的具有高中级职称的专兼职的广播电视研究队伍已初步形成；广播电视的研究从分散、个体为主逐步走向有组织、有计划的课题性研究为主；广播电视科研成果已初步构建起广播电视学的框架，学术论著的评奖活动已走向规范化。1992年召开了全国广播电视研究工作会议，2000年国家级高校广播电视研究中心在北京广播学院建立，与此同时，广播电视学作为一门新兴的学科已逐步得到社会的认同：

第一，1992年11月，国家技术监督局颁布的国家标准《学科分类与代码》中把"广播与电视"列为"新闻学与传播学"学科范围内与新闻理论、新闻史、传播学等并列的二级学科。在"广播与电视"范围内列入了"广播电视史""广播电视理论""广播电视业务（包括广播电视采访、写作、编辑等）""广播电视播音"和"广播电视其他学科"等三级学科；同时在"文艺学"学科范围内将"广播电视文艺"与戏剧、戏曲、电影等并列为三级学科。

第二，1997年3月出版的全国哲学社会科学规划办公室主编的《哲学社会科学各学科研究状况与发展趋势》其中《新闻学》章节内论及广播电视研究时称："90年代以来，广播电视已成为一个独立的学科，研究进展迅速，但由于起步较晚，理论方面还比较薄弱。"（见该书第690~691页）

第三，1997年，国务院学位委员会、国家教委颁布的研究生学科、专业目录中，在艺术学一级学科的范围内首次列入"广播电视艺术学"。

第四，1998年，国家教委颁布的本科生专业目录中将"新闻传播学类"内与新闻学专业、广告学专业等并列的"广播电视新闻专业"改称为"广播电视新闻学专业"；同时在艺术类内设有"播音主持艺术""广播电视编导"等专业。

第五，2002年经国务院学位办同意，复旦大学将广播电视学列入"博士学位授权一级学科范围内自主设置的学科、专业"之一，该校徐培汀教授主编的《20世纪的新闻学与传播学》中已将广电学列为独立学科加以评述。

综上所述，本人认为，至此，广播电视有学、无学之争，已告一段落，广播电视学作为一门新兴学科的地位业已确立。

二、广播电视学的界定、对象和学科体系及其特点

广播电视学是研究广播电视传播活动及其规律的一门学科，属于人文社会科学的

范畴。

就广播电视传播活动来讲，大致包括传者（广播电视台）、传什么（宣传、节目、编采播等）、用什么传（技术设备）、怎么传（管理）以及受者（听众、观众）等诸方面的内容。据此，广义的广播电视学应包括广播电视宣传学（广电新闻学、广电文艺学等）、广播电视技术学、广播电视管理学和广播电视受众学等。

狭义的广播电视学指建立在新闻传播学基础上的广播电视学，主要包括广播电视理论研究、广播电视实务研究、广播电视史学研究以及某些交叉性的学科（如广电心理学、广电法学、广电经济学、广电广告学等）。

也有学者将广播电视学的研究分为五大分支学科，即广电节目学、广电受众学、广电传播工程学、广电管理学和广电史学等。

还有学者认为，广播电视学的研究对象应以广电节目为中心，分为五个层次，即：

第一层次：广播电视节目研究——广电节目学（采、编、播、导或广电新闻学、广电评论学、广电文艺学、广电播音学、广电广告学）；

第二层次：节目的制作和接受研究（广电人才学、广电受众学）；

第三层次：广播电视台研究（广电管理学）；

第四层次：广播电视系统研究（内部纵横关系、体制、运行机制等也属广电管理学）；

第五层次：广播电视与外部（国内、国际）环境关系的研究（广电社会学、广电文化学、广电法学等）。

以上五个层次的研究均含有基础理论研究、基础应用研究和历史研究三个方面。

以我从事广电史教学研究工作40多年的经历和体会认为，广电史的研究既是广播电视学的一个重要分支，同时从某种意义上来说也是广电学研究的基础。在一门独立学科的形成和建立过程中，其史学研究往往走在其他分支学科的前列。

衡量一门独立的学科一般来讲应有三个条件，即：

第一，是否有特定的研究对象；

第二，是否构建起相对完整的理论体系；

第三，是否能与其他学科划清界限。

作为一门新兴的独立学科的广播电视学的特点有三：

第一，时代性。我国的广播电视学形成于20世纪和21世纪之交，适逢我国社会由计划经济向市场经济过渡的时期。

第二，实践性。广播电视学应是源于实际，高于实践，而又能指导实践，办好节目，吸引受众，发挥其应有的社会效益和经济效益。

第三，综合性。广播电视学的研究涉及人文社会科学。如新闻学、传播学、社会学、法学、文艺学、经济学、心理学等以及某些自然科学，如传播科技等诸多方面。它的研究过程是多学科的交叉、综合的结果。

三、广播电视研究队伍和主要成果

20多年来，广播电视研究的蓬勃发展，已逐步培养和形成了一支以老中青相结合的、专兼职的具有高中级职称的广播电视研究队伍。这支研究队伍主要由以下三个方面的力量构成：

第一，以中国传媒大学（原北京广播学院）为代表的包括一批综合大学新闻院系中从事广播电视教学研究的人员（含在读的博士生、硕士生）；

第二，以国家广电总局、中央三台的研究机构、史志办为代表的包括一批省级广电厅局、台的研究室和史志办的专兼职的研究人员；

第三，以中国广播电视学会学术部及30多个专业研究委员会为代表的有关广电学术团体的专兼职研究人员。

此外还有中国社会科学院及部分省级社科院新闻研究机构中的专兼职从事广播电视研究的人员等。正在广播电视第一线从事编、采、播、录、导等工作，积累了丰富实践经验的高中级职称人员中具有的潜在研究能力正在逐步显现出来。

2001年，中国广播电视学会在全国广电系统中首次评选出广播电视理论工作者十佳百优100名，2004年第二届评选中从广电系统及部分高校中评选出十佳百优110名。

综合20多年来广电学的研究成果，除广电刊物发表的学术性、业务性文章及研究生论文外，以专著、教材、工具书形式出版的概括起来有以下几种：

第一，广播电视学基础及应用理论类，主要有：

（一）80年代出版的有：康荫著《新闻广播学研究》（1982年）、裴玉章著《荧屏前后》（1983年）、苑子熙著《新闻广播电视学——理论与应用研究》（1985年）、李宜著《怎样做好广播编辑工作》（1985年）、康荫编著《广播学基础》、刘志筠编著《电子新闻——广播与电视》、13所大学新闻系教师编著《应用广播学》、鲍祖安著《广播受众学简说》（以上1988年）、王珏编著《新闻广播电视概论》、广播学院主编《实用广播电视新闻学》、陆锡初著《广播编辑》、张舒著《录音报道》、林兴仁著《实用广播语体学》等（以上1989年）。

90年代出版的有：闫玉主编《中国广播电视学》、周鸿铎《广播电视经济学》、刘树林等主编《电视文艺学》、吴信训著《实用电视传播学》（以上1990年）；刘炘著《电视意识论》、方亢等著《中国电视新闻学》、陈志昂主编《电视艺术通论》（以上1991年）；武子芳等主编《中国广播电视管理学概论》（1992年）；广播学院电视系主编《中国应用电视学》、刘志明著《电视学原理》、杨伟光主编《电视新闻分类与界定》（以上1993年）；张君昌编著《应用电视新闻学》（1995年）；张骏德著《现代广播电视新闻学》（1996年）；杨伟光主编《中国电视专题节目界定》、苗棣等著《电视文化学》、苗棣著《电视艺术哲学》、曹璐等著《卫星电视传播》（以上1997年）；杨伟光主编《中国电视论纲》、宋友权著《中国广播受众学》、涂光晋著《广播电视评论学》等（以上1998年）；朱月昌《广播电视广告学》（2000年）等。

播音学基础及应用理论方面著作有：张颂著《播音基础》、徐恒著《播音发声学》（以上1985年）；吴郁主编《播音学简明教程》（1988年）；陆锡初等著《节目主持艺术通论》（1998年）；祁芃主编《播音心理学》（1992年）；张颂主编《中国播音学》（1994年）等。

21世纪之初出版的有：朱羽君等著《电视采访学》、饶立华等著《电子新闻教程——广播与电视》、周小普著《广播新闻与音响报道》、吴郁等著《广播电视新闻语言与形体传播教程》、周鸿铎著《广播电视经营概论》《广播电视产业集团》、陆地著《中国电视剧市场》《中国电视产业发展模式》、罗霆著《中国电视产业经营与体制创新》、胡正荣著《媒介管理研究——广播电视管理创新体系》、杨伟芬主编《渗透与互动——广播电视与国际关系》、张振华主编《中国广播电视新论》等。

第二，广播电视史志类著作有：赵玉明著《中国现代广播简史》、左漠野主编《当代中国的广播电视》（上、下册）、《梅益谈广播电视》（以上1987年）、《中央人民广播电台简史》（1987年、2000年）郭镇之著《中国电视史》（1991年、1997年）、艾知生等主编《改革开放辉煌成就十四年·广播电影电视卷》、艾知生著《广播影视工作谈》、于广华主编《中央电视台简史》（以上1993年）、陈飞宝等《台湾电视发展史》、赵玉明著《中国广电史文集》（两集）、艾红红著《中国广电史初论》、钟艺兵主编《中国电视艺术发展史》（以上1994年）、康荫著《往事五十年断忆》（1996年）、吴素玲著《中国电视剧发展史纲》、张振东等主编《香港广播电视发展史》、杨正泉著《我与广播》《中国电视报发展简史》（以上1997年）、杨伟光主编《中央电视台发展史》（1998年）、赵玉明主编《中国广播电视通史》（上卷）（以上2000年）、《改革开放中的广播电视（1984—1999）》（2001年）、徐光春主编《中华人民共和国广播电视简史》（2003年）、赵玉明主编《中国广播电视通史》（上下卷，2004年）等。

吉林、湖北、陕西、山东、河南、河北、新疆、云南、青海、黑龙江、四川、湖南、安徽、辽宁、山西、广东、江西、贵州、上海、广西、江苏、福建、内蒙古和天津等23个省、自治区、直辖市的广播电视志（1991—2004）。

近年来先后出版的纪念性文集有：《周新武纪念文集》《永恒的纪念——温济泽纪念文集》《艾知生纪念文集》《怀念吴冷西》和《八十年来家园——梅益同志纪念文集》等。

第三，广播电视工具书：《中国广播电视年鉴》（1986年版为首卷，已出1986—

2004年共18卷)、《中央电视台年鉴》（1994年版为首卷，已出1994—2004年共11卷)、《中国广播电视史料选编》（共8册，1987年）、赵玉明主编《广播电视简明辞典》（1989年）、王云缦等编《电视艺术辞典》（1991年）、赵玉明等主编《中外广播电视百科全书》（1994年）、赵玉明等主编《广播电视辞典》（1999年）和《中国广播电视人物辞典》（2000年）等。

第四，广播电视系列教材、丛书：广播学院电视系《电视节目制作丛书》（共15种，1987年）、中央电视台《电视丛书》（共12种，1993年）、中央电视台《跨世纪电视丛书》（共10种，1998年）、广播学院新闻系《广播电视新闻系列教材》（修订本，共10种）、《中央人民广播电台60年丛书》（共5种，以上2000年）、中国国际广播电台《国际广播丛书》（共10种，2001年）等。

中国广播电视学会从1988年起每两年举行一次全国广电学术论文评选，目前已举办八届。从1990年起每四年举行一次全国广电学术著作评选，目前已举办四届。

概括以上广电研究成果，可以说已经基本上起具有中国特色的广播电视学的框架和学科体系，主要表现在以下几个方面：

第一，在广播电视基础理论研究方面，对我国社会主义广播电视的性质、任务和作用，在认识上突破了过去"左"的错误观念，如"广播是阶级斗争工具"等。根据中央已将广播电视列入第三产业的范围，探讨了广播电视的双重或三重属性的问题，即具有很强的政治属性、喉舌功能，同时又有经济属性、产业功能，还具有文化属性、娱乐功能，并且基本上取得了一致的意见。

第二，在广播电视应用理论研究方面，20多年来广播电视节目的多次重大改革为广电应用研究提供了广阔的天地，研究的热点问题层出不穷。如广电舆论导向、广电舆论监督、各类节目改革、节目主持与播音、热线电话、广电经营管理、广电广告、广电管理体制和运行机制的改革等，都有新的成果不断出现。

第三，在广播电视决策管理研究方面，提出了不少新的课题，如，广电受众调查，已从根本上改变了过去只靠受众来信被动调查的局面，开始运用传播学的调查系统和方法，多次开展全国性的听众、观众调查，并取得了可喜的成果，为广电节目的下一步改革提供了切实可信的依据。又如，广电发展战略的研究，探讨了世纪之交我国广电的发展趋势，应对境外卫星广播电视的挑战等问题，均有了初步的成果。

第四，在广播电视史志研究方面，已在中国现代广播史、中国当代广播电视史、地方广播电视史志等几个领域取得一批代表性的成果，为探讨中国广播电视发展的历史规律和总结广电工作的历史经验做出了贡献。

广电研究可以说是当前社会科学研究中的显学，甚至连新闻传播学的第一个博士后的课题也是电视产业研究。广电行业有一句流行语叫"热运行、冷思考"。广电宣传是以时、分、秒来计算的，以往第一线的人员只管"当天"，不顾"当代"的状况，今天从领导层起已有了很大的改变。原广电部部长孙家正同志在1994年的一次讲话就很有代表性。他说，当前"广播电视事业的迅猛发展与理论建设、队伍建设、法规建设的滞后形成明显的矛盾。作为事业要长远发展，有序地发展、科学地发展，亟须理论的支持……对我们系统来说，就是如何建立有中国特色的广播电视学"。

中国广播电视学会于1999年、2003年先后制定了《1999—2002年广播电视理论研究规划纲要》和《2003—2007年广播电视理论研究规划纲要》。两次《纲要》的制定和实施，对广播电视研究工作的深入开展和推动广播电视学科建设发挥了重要的积极作用。

（本文为2002年5月在南京大学新闻传播系专题讲座的讲课提纲，2004年10月略加补充而成）

参考文献

[1] 左漠野：《广播电视有学》（为杨伟光《怎样办好广播》一书写的前言）（1984年11月5日），原载《广播电视战线》1985年第3期，收入作者《樵苏集》，中国广播电视出版社1993年1月版。

[2] 左漠野：《我们需要广播学、电视学》（给牛印文的一封信，1985年4月2日），原载《北京广播学院学报》1985年第3期，收入《樵苏集》。

[3] 左漠野：《关于建设广播学、电视学的一些想法——在中国广播电视学会第一届理事会上的讲话》（1986年10月18日），原载《广播电视研究》1987年第1期，收入《樵苏集》。

[4] 左漠野：《建设广播电视学构想——写在〈中国广播电视学刊〉创刊的时候》，原载《中国广播电视学刊》1987年第1期。

[5] 温济泽：《关于广播学、电视学的几点思考》，《中国广播电视学》一书的"绪论"，中国广播电视出版社1990年9月版。

[6] 哈艳秋：《简论旧中国对广播的研究》，原载《北京广播学院学报》1993年第3期，已收入作者《中国新闻传播史研究》一书，中国广播电视出版社2005年1月版。

[7] 赵玉明：《中国广播电视史志研究十年概述》，载作者《中国广播电视史文集》一书，中国广播电视出版社1993年10月版。

[8] 赵玉明：《中国广播电视出版事业》，原载《中外广播电视百科全书》，中国广播电视出版社1994年10月版。

[9] 赵玉明：《首届编修广播电视志进展评述》，《中国广播电视学刊》1997年第10期。

[10] 赵水福、罗弘道：《广播电视理论和业务研究的发展》，载《中国广播电视学刊》2001年第7期。

[11] 徐培汀：《温济泽、康荫、赵玉明与广播电视史学研究》《赵玉明与〈中国现代广播简史〉》

《郭镇之与〈中国电视史〉》《张庆、胡星亮、张瑞麟与〈中国电视史〉》《中国广播电视学会史学研究会及其活动》，载《20世纪中国新闻学与传播学·新闻史学史卷》，复旦大学出版社2001年10月版。

[12] 赵玉明：《改革开放以来广播电视编史修志的新进展》，《中国广播电视学刊》，2002年第7期。

[13] 徐培汀：《广播电视新闻学研究》，载《二十世纪中国的新闻学与传播学》，党建读物出版社2003年6月版。

[14] 徐光春主编：《中华人民共和国广播电视简史》之第五章第五节"广播电视研究工作成绩显著"及第六章第三节"广播电视理论研究不断创新"，见该书，中国广播电视出版社2003年6月版。

[15] 赵玉明：《中国广播电视通史·前言》及第九章第三节"（三）广播电视研究工作和广播电视学学科建设"，见该书，北京广播学院出版社2004年1月版。

[16] 张凤铸：《20世纪中国艺术大典·广播电视艺术学·绪言》，载《广播影视艺术论——张凤铸自选集》，北京广播学院出版社2004年8月版。

[17] 张颂：《中国播音学的学科构建与研究态势（论纲）》，载北京广播学院老教授协会论文集，北京广播学院出版社2004年9月版。

（作者系中国传媒大学教授、博士生导师）

（原载于《现代传播（中国传媒大学学报）》2007年第4期，总第147期）

广播电视学学科体系的建构与理论强化

石长顺

内容摘要 广播电视媒介及视听新媒体的持续影响力与广播电视专业的不断发展，呼唤广播电视学学科体系的建构与理论强化。《广播电视学学科体系建设研究》明确将该体系概括为"两大领域、三大模块"，成为广播电视学科体系建构的一个标志性成果。广播电视学学科体系建构以广播电视媒介为中心，围绕广播电视与社会关系这条主线展开研究。其路径可以广播电视理论的历史演进为经，以广播电视理论的研究范畴为纬，并以广播电视批评研究和广播电视实证研究相结合为特色，对广播电视理论在多学科的观照下进行系统的审视。同时，鉴于数字新媒体对广播电视传输格局的影响，广播电视学学科体系的建构应增强对现代传播体系构建的生态环境、传输体系、多元主体、话语体系的构建研究。

关键词 广播电视学　学科体系建构　现代传播体系

广播电视是现代社会的文化摇篮，也是我们日常生活的"最佳伴侣"，它持续不断地为我们提供资讯和娱乐，并透过其写实或故事性的节目，选择性的再现现实，进而建构着我们的社会"常识"。我们通过接受广播电视节目，分享其中的共有文化，同时建立起社会意识框架。

但与广播电视的巨大社会影响相比，其学科体系的建构与广播电视媒介的地位相失衡；广播电视理论的研究与中国特色和经典学说脱节；广播电视的学院派探索与业界的实践相游离。在这种语境下，赵玉明教授等主编的《广播电视学学科体系建设研究》（以下简称"广电学科体系"）问世，成为广播电视学科体系建构的一个标志性成果。

一、广播电视学学科体系建构的衡量标准

广播电视学学科体系的建构，尽管有多种研究视角，但并不排除基本的衡量标准。从形成条件看，有以下几种基本判断：

第一，是否具有特定的学科研究对象；

第二，是否具备形成学科体系的条件，包括系统科群形成条件（理论学科群、方法学科群、历史学科群、应用学科群）、跨科交叉形成条件（学科新领域的开发）；

第三，是否建构起相对完整的理论体系。

基于上述标准判断，该学科体系建构基本成立。

一是明确的研究对象和体系架构。"广电学科体系"明确将广播电视学学科体系概括为"两大领域、三大模块"①，即理论研究和活动（现象）研究两大领域，基础理论、交叉学科和独特内容三大模块。该论断简洁而科学地归纳，清晰而独特地界定，高屋建瓴地阐明了广播电视学科体系的研究范畴。该框架从元理论、科技哲学和学史层面梳理广播电视史论研究成果，从广电交叉学科和广电实务两个方面分别探索广播电视共性和个性活动（现象），既涉及史观视野，又涵盖基础理论和本体研究；既有对现有成果的述评，又为广电学科的发展研究提供了一定空间。

二是明确的理论价值和意义追求。从广电学科体系探索与建构的角度看，"广电学科体系"的研究具有开山之作的价值，其对广播电视交叉学科与对西方广电学科等的研究，将有助于认识广播电视与社会的关系，有助于强化学科的独特性和恒久性。它孕于新闻学，但广播电视不仅限于新闻的传播；它靠近传播学，却不能因此忽视广播电视的文化特征；它追求艺术性，却未能因此抹杀广播电视的主流媒体特征。

二、广播电视学学科体系建构的基本路径

理论体系的建设不过是将纷繁复杂的理论碎片加以整合而已。"成败好坏"已非评价理论体系建构本身的标准，建构的方法与模式才是重点。

广播电视学学科体系建构具有多种思路和理论建构模式，包括政治模式、业务模式、教学模式和学术模式。

研究思路：以广播电视媒介为中心，围绕广播电视与社会关系这条主线展开理性研究。从一般的学科发展看，广播电视理论体系可依三种路径进行探索：

第一，以广播电视理论的历史演进为经，从功能分析、文化研究及广播电视政治经济分析三个主要取向来全面梳理、研究广播电视理论。

第二，以广播电视理论的研究范畴为纬，对广播电视本体、传播过程和模式、广播电视批评、广播电视政治经济学等进行系统的概念化和阐释，甚至对广播电视理论研究者进行传统式的研究。

第三，以广播电视批评研究和广播电视实证研究相结合为特色，采用历史研究、比较研究等方法，对广播电视理论在多学科的观照下进行系统的审视，并以各种理论的代表人物及学说研究为补充，使理论体系更具深度。

研究重点：以建构广播电视理论体系为出发点和归宿，注重对已有研究成果的总结、归纳及提升。特别是要对广播电视研究的三大传统进行求真、求实、求是、求通

---

① 赵玉明、艾红红、庞亮主编：《广播电视学学科体系建设研究》，中国广播影视出版社2015年版。

的分析与研究。对广播电视本体的探讨,要体现中国特色的广播电视理论视角,以对世界广播电视研究提供一套科学的理论体系参照。

研究策略:(1)借鉴传播学的研究框架梳理广播电视理论,有利于简洁、清晰地厘清广播电视研究的发展脉络。缺点是,丧失了广播电视研究的自主性和独特性。

(2)探索广播电视学独特属性的研究框架。其中的本体研究,主要是回答广播电视是什么的问题——广播电视的特性、功能、符号等。交叉学科研究——广播电视与文化学、社会学、政治学、经济学的交叉等。

此外,还要注重广播电视基础业务、广播电视产业经营、广播电视新兴媒体发展研究。

研究方法:理论整合法。即运用一种理论框架构建广播电视理论研究体系。如可根据电视媒体的生产、分配、交换、消费及其权力关系构建广播电视传播政治经济学;也可从媒介产品提供者、消费者以及文本的编码和解码理论建构起电视文化理论。

我国30多年的广播电视理论研究以一种极其零碎的面目出现,因为"思想只要一启动,就会把现实打碎,但马上又会把现实加以重新组合"。从这个意义上来看,理论体系的建设不过是将纷繁复杂的理论碎片加以整合的努力而已。

建构过程:削平,即将不适合政治和文化因素中的部分内容与方法去掉;磨尖,即将想要突出的方式方法突出来,以解释本国的特殊问题,磨尖的过程亦即"特色化"过程;同化,就是"特色化"进一步形成,从而形成系统化的过程。

理论框架的设计,可参照国标分类中的广播电视学类目,它集纳了广播电视史学研究、广播电视基础理论、广播电视应用理论、广播电视管理理论,在一定程度上反映了国内广电学的研究现状。

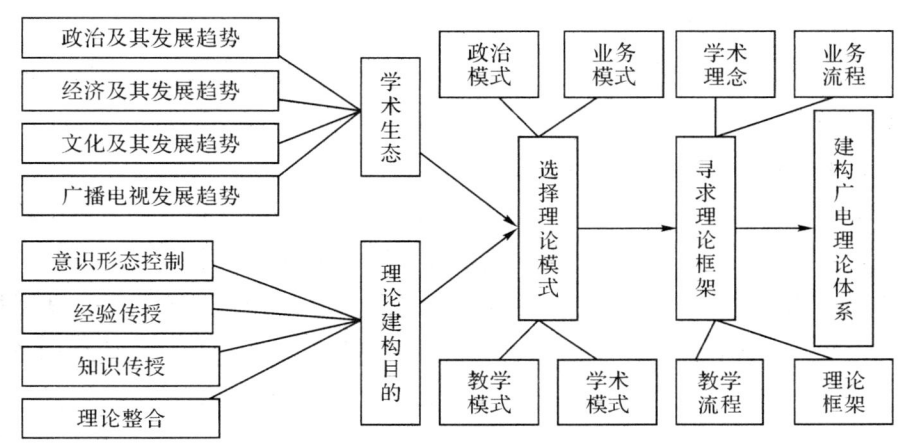

电视理论体系建构路径图

赵玉明教授认为,广义的广播电视学应包括:广播电视宣传学(广电新闻学、文艺学等)、广电技术学、广电管理学和广电受众学。狭义的广播电视学应包括：广播电视理论研究、广电实务研究、广电史学研究和广电交叉学科研究。在他主持的教育部人文社科重点基地重大项目"广播电视学学科体系建设研究"中，以广播电视媒介为中心，将其作为公共信息或文化、娱乐的代理者，力图解释电视传播、电视文化及电视与社会的权力关系。并从整体上观照广播电视理论史，将"经典"与"当代"理论联系在一起，阐明二者在深层主题上的连续性。抓住这一指向，便厘清了广播电视理论的逻辑和描绘出它的衍变。

首先，国内研究体系过于庞杂——从基础理论到实务研究、史学研究、管理研究、技术研究、队伍研究、发展和交叉性学科研究等无所不包，且多为原则性总结和描述性归纳，真正富有学术意义的见解和理论体系较少；其次，致力于中国特色的广播电视学或体系研究，但缺乏对西方经典电视理论的观照；再次，建立一个"既适用于广播学，也适用于电视学"的广播电视学体系，其虽有学科的共同之处，但从符号学的角度看，其差异也是显而易见的，将广播与电视真正融为一体得难度还是相当大的。

在西方广播电视理论研究中，从40～60年代经验学派主导的功能主义分析，到70～80年代批判学派为主导的文化学派研究、90年代至今的传播政治经济学分析，有一个明显的研究分期。但广播电视理论著作的研究仍显庞杂。如：

An Introto Television Studies（《电视学导论》2004）——内容包括电视历史、文化、节目类别、后现代电视、电视上的现实世界、电视如何影响现众和日常生活中的电视等。

A Companion to Television（《电视研究指南》，Wasko，2005；Miller，2003）：内容：包括理论概述、电视美学与制作、电视的国家政策、电视与商业、电视节目内容与类别、公众与观众、国际电视等。

"广电学科体系"研究将西方广播电视理论研究纳入其体系之中，这是值得肯定的，但如何融入"体系""为我所用"还需要深入探讨。

三、广播电视学学科体系建构的发展观念

基于数字新媒体发展对传统传媒格局的影响，探讨现代广播电视与视听新媒体传播体系的内涵与特征，必将推动广播电视学学科体系建构的发展。

数字新媒体时代广播电视传输格局发生了根本变化，应研究现代传播体系构建的生态环境及影响：包括传统媒体的转型、新媒体发展的冲击、全球化传播的竞争、集约化经营的改革等。现代广电体系的研究应立足于媒介业态体系改变、立足于话语形态体系改变研究，主要涵盖以下内容：

现代广播电视传输体系构建研究，包括广播电视原有业态体系的转型升级；广播电视新媒体业态体系的平台体系构建；传统广电、视听新媒体及三网融合覆盖体系等。

总之，研究如何构建协调统一、传输快捷、覆盖广泛、直达受众、影响力强的现代广播电视传输体系。

现代广播电视传播多元主体联动研究，应研究现代传播主体的复式结构、多元主体的联动、融合新闻主体的培育等问题，创建现代广播电视传播主体构建的模式。因为时代与环境在高速变化，传统价值创造模式失去了效率，必须创造不同以往、超越从前的主体形态。无论是从产业的发展、意识形态和舆论阵地的控制力考虑，我们都必须加快与新媒体的深度融合，全面转型，加快成为新型主流媒体。[①]

现代广播电视传播话语体系构建研究，内容包括话语平台多重利用、话语主体的公众延伸、话语方式的开放联动以及话语传播的首发引导、议题设置、深度解读等，创新话语体系的构建，研究完善多层级新闻信息采集和提供网络体系等。

现代广播电视传播体系的发展研究，应加强下一代广播电视网（NGB）的战略规划、发展目标研究以及NGB的传输网络、业务平台和管理系统等；加强广播电视与下一代互联网的研究，侧重研究互联网谱系变化与世界现代传媒格局的重构，研究现代广播电视传播体系语境下的体制重构和制度创新。

同时，通过传统与现代、中国与西方传播体系的比较，研究现代传播体系的基本特征，探索现代广播电视体系的概念、功能及框架。

（作者系华中科技大学广播电视与新媒体研究院院长，教授）

[①] 王建军：《唯转型才有出路，唯创新才有价值》，微信公众号广电独家 2016.08.16.

广播电视学学科建设
>>> 历史、现状与未来

历史、对象与方法——再论广播电视学的学科定位

庞 亮

广播电视学的学科定位,是指广播电视学学科范式所决定的广播电视学存在的意义。从20世纪20年代广播作为一种媒介工具诞生以来,中国的广播电视研究走过了近百年的历程,逐步成长为一门新兴学科,有中国特色的广播电视学科体系正在日益完善。该学科设立之初的主要目的是为广播电视教育教学服务,伴随着改革开放以来广播电视事业的蓬勃发展,与之相关的研究成果可谓汗牛充栋,不胜枚举。但将"广播电视学科"和"广播电视学"列为独立研究主体的内容却相对较少。与此同时,广播电视学作为隶属于"新闻与传播学"的二级学科显示出了与社会学、心理学、语言学、政治学、美学、电影学等多学科相交叉、互融合的鲜明特点。种种现象表明目前学界对广播电视学学科定位的认识还存在一定误区。进一步明晰学科定位,打造科学的学科制度和范式,已成为广播电视学研究领域实现总体突破的关键性步骤。

一、广播电视学合法性的历史考察

学科合法性是学科存在的意义。从历史的角度去观照中国广播电视学,应从两条路径去厘清学科自身积淀、孕育、形成和发展的全过程。一是本学科学术理论研究的历史脉络,二是意识形态及社会所认可的历史过程。学理层面看,比较流行的观点是把延安新华广播电台的开播作为广播电视学术理论研究的开始,代表性文章是白谦诚的《试论广播电视学》[1],代表性著作是阎玉主编的《中国广播电视学》[2]。这一观点遗漏了此前广播在我国发展与研究的历史,稍显不够全面和客观。实际上,早在20世纪20年代,我国就有了最早的广播研究。

在赵玉明教授为其主编的《中国广播电视通史》所写的前言中就明确提出,中国对广播的研究始于对一个地区广播事业发展的描述,目前找到的最早的一篇广播史的专文是曹仲渊写的《三年来上海无线电话之情形》[3]。当时,广播事业尚未形成一种独立事业,因此,早期广播的研究成果无专著,只是分别写入新闻史或交通史著作中。

---

[1] 白谦诚:《试论广播电视学》,《中国广播电视学刊》1987年第1期(创刊号)。
[2] 阎玉主编:《中国广播电视学》,中国广播电视出版社,1990年9月版。该书在绪论部分提出以延安台的开播作为中国广播电视学的启蒙。这部分虽然作者也是白谦诚,但是以最终专著的形式出版,且该书行政色彩浓厚,由此可见其观点的认同度,所以也将此书列出。
[3] 曹仲渊:《三年来上海无线电话之情形》,《东方杂志》第21卷第18期,1924年8月版。

从 20 年代末期到 1937 年抗日战争全面爆发的十年间，随着中国广播事业的较大发展，对中国广播的研究也有了初步进展，除散见于综合性年鉴（如《中国国民党年鉴》《申报年鉴》等）和广播专业期刊（如《广播周报》等）外，具有代表性专文有胡道静于 1936 年发表的《上海与广播事业》和《上海广播无线电台的发展》。抗日战争和解放战争期间，国民党统治区的广播研究工作基本处于停顿状态。40 年代初期，中国共产党领导的人民广播事业创办之后，由于长期处于战争状态，很难有专人从事广播的研究工作。抗战胜利之际，延安新华广播电台恢复播音后，为了向国统区听众介绍解放区的广播事业，延安（陕北）台先后播出的《介绍 XNCR》《大家都来说话——XNCR 周年纪念广播》《陕北台两周年告听众》等以及《XNCR 陕北阶段工作的简单总结》等文章，这些可以看作是对解放区广播史研究的萌芽。应该看到，与中国早期广播事业发展的初级状态一样，上述研究成果也无法用系统、科学来形容，但是，这些留下来的宝贵精神财富，却是中华人民共和国成立后中国广播电视学起步、形成与发展的真正启蒙。

中华人民共和国成立以后到"文革"爆发，应该是中国广播电视学的起步阶段。这一时期，党和国家对广播的性质、任务、地位、作用和功能等做了进一步明确，先后召开的九次全国广播工作会议讨论到诸多的广播理论和业务问题，苏联广播工作经验也对我国广播发展产生了重要影响，中央广播事业局主办《广播业务》的创刊标志着广播研究走上正轨，北京广播学院的成立使得系统开展广播理论研究有了阵地。总之，中华人民共和国成立后的十七年，我国广播事业发展迅速，影响扩大。电视事业也初具规模。广播电视工作者本着"自己走路"的理念，边实践、边研究，取得了一定的研究成果，为广播电视学的形成提供了理论积淀。[1] "文革"十年，广播电视基本上沦为"左倾"错误路线的吹鼓手，理论研究工作一片空白。粉碎"四人帮"之后，伴随着广播电视事业的蓬勃发展，广播电视理论研究工作迅速恢复，成立了一批业务研究机构，建立了一批学术团体，积极创办了一批业务刊物，召开了形式多样的业务研讨会，广泛开展了节目评奖活动，推出了一批广播电视专业著作，还组织编写《当代中国的广播电视》《中国广播电视年鉴》。所有这些活动的开展都表明，一个即将脱离传统新闻学束缚的崭新的广播电视学呼之欲出。

1986 年 7 月，广播电影电视部政策研究室在庐山召开了首次广播电视学研讨会，把广播电视学作为一门独立的学科，从宏观和总体上进行了研究，可以看作是广播电视学形成的转折点。[2] 同年 10 月 15 日，中国广播电视学会宣告成立。《中国广播电视学会章程》把"开展广播电视的学术研究，促进中国广播学、电视学的建设和发展"，

---

[1] 闫玉主编：《中国广播电视学》，中国广播电视出版社 1990 年 9 月版，第 14－16 页。
[2] 同上书，第 19 页。

列为学会的首要任务。它的成立，标志着广播电视界对学术研究的认识产生了一个理论飞跃。此后，为交流广播电视学的研究成果，中国广播电视学会和广播电影电视部政策研究室于1987年7月创办了广播电视学术理论刊物——《中国广播电视学刊》。1990年9月，我国第一部研究广播电视学的专著《中国广播电视学》问世，尽管只是对建构广播电视学学科体系的一次全面尝试，但大体上反映了当时广播电视理论研究进展的整体水平，从这个意义上说，该书的出版标志着中国广播电视学开始形成。

从意识形态及社会认可的历史看，广播电视学学科发展一直隶属新闻学学科。新闻学作为国家规划中的社会科学的系列学科之一，其标志是1978年中国社会科学院新闻研究所的建立。但是，新闻学在一个较长的时间是作为二级学科存在的，受重视的程度有限，尽管似乎并没有特别的考虑，但在中国社会科学院各研究所的排序中，始终排在倒数第一位。新闻学的学科定位长期不明确。到底归到哪个一级学科，也变化了两次，1981年最早归到文学，1982年后归到法学，不久又回归到文学。后来终于作为独立的一级学科了，与新闻学密切相关的传播学也被列为一级学科，由于二者很难完全分开，这就意味着新闻传播学领域实际上拥有两个一级学科。1992年11月，原国家技术监督局颁布了国家标准《学科分类与代码》，将"广播与电视"列为"新闻学与传播学"所属二级学科之一，同时又将"广播电视史"与"广播电视理论""广播电视业务""广播电视播音"等一起列为"广播与电视"所属的三级学科。1997年3月，全国哲学社会科学规划办公室在主编的《哲学社会科学各学科研究状况与发展趋势》中提出，90年代以来广播电视已成为一个独立的学科。2002年，复旦大学将广播电视学列入在新闻传播学一级学科范围内自主设置的二级学科。同年，该校徐培汀教授也在其专著《二十世纪中国的新闻学与传播学》的前言中提出，本书视广播电视学为独立学科。

二、广播电视学研究对象的特殊性

无论是自然科学还是社会科学，都如著名俄罗斯美学家尤·鲍列夫在其名著《美学》中主张的，对每一门学科都应提出两点要求：第一，应该说明研究的对象，第二，找出和指明帮助掌握这一对象的方法。把这两个问题说清楚了，这门学科的定位就明确了。

关于广播电视学的研究对象，比较有代表性的意见就是《中国广播电视学》一书中的观点。该书将广播电视学的研究对象从微观到宏观分为五个层次：即广播电视节目、广播电视节目的制作者和接受者、广播电视台、广播电视系统、广播电视与外部环境的关系，并指出上述五个层次的研究均含有基础理论研究、应用理论研究和历史研究。[①] 按照上述分类，该书又指出，广播电视学有个完整的学科体系，有五大分支学

[①] 闫玉主编：《中国广播电视学》，中国广播电视出版社1990年9月版，第20－21页。

科,即广播电视节目学、广播电视受众学、广播电视传播工程学、广播电视管理学、广播电视史,在这五大分支学科下面还有分支学科。这是我国广播电视理论工作者在明确研究对象的前提下比较系统地对广播电视学学科体系提出的一次设想。这种对广播电视学研究对象的确定,可能受到现代西方传播学的基本理论的影响,即所谓传播中的"5个W"(传讯者、讯息、接受者、媒介、效果),同时也体现了研究者的系统的整体观念和方法,应该讲是有一定科学性的。但是,据此所划分出的广播电视学科体系,受时代和历史的局限,有些分类显得并不是很合适。最明显的就是广播电视学概论的缺失,因为这是广播电视学的基础理论研究,它要解决的是广播电视的性质、任务、地位以及作用等最一般的基本理论问题。还有,把广播电视广告学、广播电视语言学等作为广播电视节目学的分支学科也是不够科学的。

为此,回答广播电视学研究对象这个问题,必须明确两个前提。一是要明确作为媒介的广播电视与报纸、电影、网络等不同传播媒介的关系,明确它们的共性与分野,突出把广播电视作为独立研究对象的重要性。二是应该注意排除不属于广播电视学研究对象的干扰项,使广播电视学的研究对象更集中、更清晰。毕竟,研究对象的专一、分类的精细是现代学科发展的趋势,以此为基础才有相互间的交叉、融合与渗透。[①] 广播电视学研究体系的构成与研究对象密切相关,体系搭建起来,对象会更明确,而不同的立场和角度,必然会提出不同的体系。除去各种不同的意见和建议,我们认为广播电视学学科体系至少应涵盖以下内容。

(一) 广播电视学概论

它是广播电视学的基础理论研究。其研究对象包括广播电视学的性质、任务,广播电视的地位、作用,广播电视学的形成与发展规律,广播电视政策、法规等有关广播电视的最一般的基本理论问题。

(二) 广播电视实务

广播电视较之传统的文、史、哲学科具有特殊的实践性,因此,随着广播电视成为人们日常生活中的一部分,大力开展广播电视实务研究将是构筑广播电视学学科体系中最为丰富的篇章之一。特别是在新技术的影响下,广播电视传播符号的运用也会越来越多彩。此类研究的对象包括广播电视采写编评、广播电视播音主持、广播电视节目策划等。

(三) 广播电视节目类型

节目是广播电视传播中的核心元素,对节目类型的研究理应成为广播电视学的重要内容。一般国际上通行的分法,把广播电视节目分为新闻类、教育类、文化类、宗

[①] 周经:《加强理论研究 建立电视学体系》,《中国广播电视学刊》1991年第2期。

教类等。这种分法只可作为参考依据,因为中国有广播电视节目发展的历史和国情。在上述的节目类型中,每一个都可能是一种或几种研究课题,都可能成为一门独立的学科,如广播电视新闻学、广播电视文艺学等。

(四)广播电视受众

广播电视受众影响着广播电视节目的价值和地位。广播电视受众的研究至少有两项任务:一是调查和了解受众的需求,收集受众的反馈,不断改进广播电视节目的质量;二是充分发挥广播电视传播的优势,在尊重受众意见的同时,担负起引导受众的责任。随着市场经济的深化,广播电视受众研究的地位将会不断得到提升,其内部的学科分类也会得到进一步细化。

(五)广播电视交叉学科

广播电视对社会各系统、各领域影响深刻,交叉学科由此成为广播电视学的一大特色。特别是受到现代自然科学和社会科学的渗透,将生成大量的新的交叉学科。如广播电视艺术学、广播电视管理学、广播电视经济学、广播电视法学、广播电视美学等。这些也都应成为广播电视学重要的研究对象。

(六)广播电视史

对广播电视现状及未来发展战略与趋势的研究都离不开广播电视史。对于任何一门学科来说,历史研究的缺失,将带来其学科体系的不完整。忽视和弱化对广播电视历史的梳理和研究,对广播电视学学科体系建设意味着不只是遗憾。将来能走多远,很大程度上取决于对历史认知的深刻与透彻的程度。

如上所述,广播电视学的体系包含着诸多的内容,也涉及丰富的研究对象。随着社会、经济以及科技的不断进步,广播电视学的体系也会日渐丰富,运动和变化将是学科发展的常态。

三、广播电视学研究方法的科学性

研究对象的确立只是一门学科理论上成熟的初步,要使研究取得预期的成果,掌握正确的研究方法非常重要。一般方法论表明,科学研究方法的选择应该掌握三个原理,即对应性原理、层次性原理和互补性原理。其中对应性原理的基本理念是,不是用方法来为对象设立樊篱,而是由对象决定方法,方法的选择应以是否适应研究对象为根本准则。因此,在广播电视学研究的实际当中,不必局限于一两种研究方法,更不能陷入新学科、新概念的圈圈,而应根据研究对象实事求是地选择研究方法。

陈力丹教授在题为《大力加强新闻学科的理论和体系的建设》的文章中就举什么是"定性研究"方法的例子来说明在新闻学研究中对研究方法的错误运用。[①] 他认为,

---

① 陈力丹:《大力加强新闻学科的理论和体系的建设》,《新闻界》2002年第5期。

"定性研究"这个概念现在就很流行,但常常被解释为逻辑推理式的研究,其实它是一个与"定量研究"相对应的实证研究的概念,指的是访问调查(田野调查)之类的研究。而我们常使用的逻辑推理式的研究不是那个意义上的定性研究,而是指历史的、哲学的、经济学或人文的研究方法,如传播学批判学派的许多著作,便采用的是这类研究方法,当然他们也不排除包括定性研究、定量研究在内的实证研究方法,因此,这类方法不叫"定性研究"。

近年来,被广播电视界学者提到最多的关于广播电视学的研究方法,大体上可以分为三个层次,即哲学方法、一般方法和具体方法,也可以表述为一般方法、特殊方法和个别方法。①

第一层次哲学方法是最高层次的研究方法,它是开展各种研究工作的根本指针。如果在哲学方法上出了偏差,研究工作就会迷失方向。研究广播电视学,就要运用马克思主义的世界观和方法论。辩证唯物主义和历史唯物主义既是研究广播电视学的理论基础,也是研究广播电视学的根本方法。

第二层次是一般方法,它是从各门学科的研究方法中抽象概括出来的,具有一定的通用性。广播电视学是一门多学科交叉融合的综合性学科,它的一般研究方法也带有综合性,许多相关学科的研究方法都可以借用或加以改造,如案例分析法、逻辑推理法、实验调查法等。当然,在一般方法中,还包括"老三论"(系统论、控制论和信息论)、"新三论"(突变论、协同论、耗散结构论)等多年来已经被社会科学所广泛应用的现代研究方法。

第三层次即最低层次的方法是具体研究方法,主要指在具体开展研究的过程中所采用的操作方法。比如资料整理、抽取样本、绘制图表等。这三个层次的研究方法,虽然具体指向有所不同,但在实际研究中都是不可或缺的。而且在工作中,只有三种方法结合起来使用,才能取得更好的研究成果。

应该看到,当前科学发展的一个突出特点,是不同学科间的交叉融合越来越密切。与此相对应,在研究方法上也出现了运用一门或几门学科的研究方法去研究原属另一门学科的对象,使得不同学科的研究方法和研究对象有机地结合起来。科学方法的这种应用是通过研究方法的移植、渗透和融合实现的。跨学科研究的具体方法不少,但面对日益复杂的跨学科研究课题,必须进行多学科理论、研究方法与手段的综合运用。研究方法的科学与否,在很大程度上决定了研究活动能否得出符合规律的成果。在进行广播电视学研究方法选取的时候,不能因循守旧,也不能盲目引进,要在根本方法的指引下,吸收和借鉴一切有利于深化本学科研究的方法,这样才能持续激发广播电

---

① 白谦诚:《试论广播电视学》,《中国广播电视学刊》1987年第1期(创刊号)。

视学的发展活力。

  总体来说，当前媒体融合背景下呈现的复杂变局给广播电视学学科发展带来了新的机遇和挑战。广播电视学科应因势而谋、应势而动、顺势而为，从跨学科、跨媒介、跨文化的多维度实现对新媒体环境的兼容，在深度交叉融合中不断寻求自身新的更大突破。

（作者系中国传媒大学博士、研究员）

广播电视学科研究的话语转型

谢鼎新

内容提要 广播电视学科研究的话语包含言说内容与言说方式,并受到历史因素的制约。广播电视学科研究在中国经历了90余年,期间经历了媒介本位式、宣传工作式、学科建构式的特征话语演变。广播电视学科有其自身的特点并影响其研究的走向。当下考察,这种研究的话语在知识内涵重组、技术介入展变,个体多元表达等方面持续发生转型探索。

关键词 广播电视 研究 话语 转型

学科研究关乎知识的产生、积累以及知识的系统分类整理,广播电视学科研究涉及理论、方法、研究对象、研究主体及时代环境等诸多方面,而研究的外化成型可归结为以话语方式所进行的理论沉思和文本实践。故对研究话语的考察,为把握广播电视学科研究的形态与演变提供了入思路径。

一、广播电视学科研究与话语

广播电视学科研究是主体即广播电视问题关注者对客体即广播电视媒介与传播的认识、探索,它是按照一定理论内容与要求展开,同时也包含对理论本身的沉思和文本实践两种品质。事实上与广播电视研究相关的问题,是个复杂的集合体,它即涉及研究理论、方法的传统与流变,本土的与异域的理论以及研究者自身构成的影响,也受到广播电视的节目本体呈现、文化语境、社会管理等的影响。如何考察这种错综复杂研究的变化,可以从上述所提及的不同方面以不同的视角展开,从而使研究本身产生种种变化与可能性。

从基础的语言学观点出发,无论是研究的过程,还是研究的结果,都是要诉诸语言的,因此,我们可以将研究理解为以话语方式所进行的理论沉思和文本实践,故基于研究策略考虑和入思路劲的选择,本文以研究话语为切入口,考察有关广播电视研究的演变及转型。话语理论认为话语的要义是一种言说,具有动态过程的表达含义,话语包含言说内容与言说方式。人们通过话语表达对事物的认知和看法,并体现其中言说的权力,在相关领域能发出自己的声音并占有一席之地。学术研究话语则应具有一定的逻辑性和阐释力,作为研究存在得到各方的认可或关注。

而在话语中,为什么人们会"这样说"而不是"那样说",为什么会形成如此的言说内容和言说方式，其深层的影响因素是什么？对此，法国结构主义哲学家福柯提出了"认识价"或"知识型"来加以解释，这是他在《词与物》著作中提出其话语理论的一个重要支撑概念，福柯认为：话语的构成或者说话实践受制于一组匿名的历史规则……一种基础的文化代码，决定着语言、观念、交换模式，这个决定经验系统规则就是认识价，或者就知识型。① 它着决定着一个时代的科学话语，并随时代的变化而变化。

广播电视的研究可以理解为以话语方式运思和承载有关对广播电视问题的思考，体现思维与表达同一性，而影响话语的"认识价 知识型"是历史的、动态的，由此产生话语的某种编码关系，当原有的词语不足以说明当下广播电视现象的时候，新的言说方式和新的内容就会注入，原有范式的改变就开始了，研究的转型由此发生。"研究转型"也导致"转型研究"的状况出现，前者表明社会潮流时势使原本的认识、理论进行调整，后者是新的研究实践的尝试，两者在互动中推进广播电视研究的演变。毫无疑问，转型中既有成功的尝试，也有探索的迷惘，是对专业知识状况重新考察，建立未来新的、有效解释体系的未完成的状态，隐含着机遇与挑战。

二、广播电视研究话语演变的阶段考察

从 1923 年广播在中国出现，至今有 90 余年的发展历程，广播电视研究也伴随其中，且不同时期有不同表现，发生着演变，也就是一种研究范式（Paradigm）的酝酿、出现与更替。"范式"是美国科学哲学史学家库恩在《科学革命的结构》提出的核心概念，该书并未对范式作严格的、统一的定义，只是给出范式的多种用法，如"某些实际科学实践的公认的范例——它们包括定律、理论、应用和仪器在一起——为特定的连贯的科学研究的传统提供模型"②，"是一个公认的模型或模式"③，等等。它为人们把握学术研究的发展演变提供了一个很好的分析工具。对于文科性质的学科而言，一种范式的存在与表现，直接体现在话语方式上，因此对研究话语的考察，可成为人们把握其学术研究的发展演变的重要的入口和路径。回溯历史，广播电视研究话语经历了三次转型：以技术为中心的媒介本位时期，以国家为中心的宣传工作时期，以传播为中心的学科建构时期，即本位式、工作式、学科式研究。

本位式研究从广播电视媒介存在身出发，从技术的一般原理出发来把握广播电视的传播，19 世纪末 20 世纪初，中国社会从传统进入现代，现代社会的科学技术的强大发展动力，开始令国人惊叹，科学救国，科学兴国的主张成为时代的呼唤，这一大背景下广播在中国出现。作为一个科技引进的产物被引进，早期广播传入中国时，国人

---

① 参见马新国主编：《西方文论史》（修订版），高等教育出版社 2002 年版，第 477 页。
② 托马斯·库恩著，金吾伦、胡新和译：《科学革命的结构》，北京大学出版社 2003 年版，第 9 页。
③ 同上，第 21 页。

对广播还有一个认识和普及常识的过程，广播机构、广播事业都还处在发端阶段，广播社会功能的发挥也还在逐步显现。这些都决定了广播运行、广播研究还不到由机构、组织来掌控，尤其是广播研究，研究者多为理工科出身，熟悉广播传播技术，在进行个人化及兴趣为主的研究，研究成果集中在20世纪二三十年代，代表性的研究者有吴保丰（1899—1963），毕业于上海交通大学电机科，1929年获美国密歇根大学电机硕士，著有《十年来的中国广播事业》等；曹仲渊（1892—1972），1916年毕业于南京海军雷电学校无线电专科，曾留学英国、德国攻读无线电工程专业，著有《马可尼传》《无线电发明及发展史》；吴道一（1893—2003），上海交通大学电机系毕业，1928年参与筹建"中央广播电台"，后任该台主任、台长，1936年起先后任国民党中央广播事业管理处处长，曾多次出国考察欧美广播事业和参加国际广播会议，著有《我国之广播事业》《八年来的中央广播电台》等。

工作式研究与广播电视体制和强调其社会功能有密切的关系，民族国家建立与危机，要求动员包括媒介在内一切力量，为国家服务。新的政权建立，广播电视作为党和政府工作的一个部门，主要担负宣传报道职能，从人员组织关系到宣传报道内容、目的、要求等都有明确的规定，都纳入广播电视系统内，具有行政性、体制化的特点。广播电视研究也随着国家行为普泛化，与广播电视部门、单位的工作部署、工作报告、经验总结等形成了一体化的联系，其研究主要也是围绕广播电视活动的日常工作展开。工作式研究一般而言比较论述对象具体化，在阶级斗争为纲的年代，政治挂帅的解读方式也较为流行。在改革开放之前相当长的时期里，这种工作式的广播电视研究占据的主导地位，研究者构成也较为单一，基本上都是广播电视传播实际工作的一线人员，他们熟悉本职工作，掌握第一手材料，当然由于时间和空间的过从甚密的因素，其研究话语分析不难看出，在广播电视体系的架构、学理的阐释等方面尚不够充分。《梅益谈广播电视》（中国广播电视出版社，1987年）在这方面具有突出的代表性。梅益（1914—2003）在20世纪五六十年代一直为中央广播事业局负责人，通过报告、讲话、座谈等方式对广播电视展开研讨，内容广泛有广播电视发展规划、农村广播问题、少数民族广播、国际广播，也有文艺节目、播音问题的探讨等。

学科式研究是将广播电视作为一门独立的学科来加以研究，或者说通过研究，广播电视研究的学术价值得到提升，开始走向有特定的外延和内涵，有自己的知识系统的学科发展之路。从时间上考察，中国社会开始改革开放，与世界接轨。广播电视事业大发展，作为现代传播业对社会影响日益广泛而深刻，人们对广播电视的性质的认识有了突破，不再视为单一的舆论工具，广播电视具有政治、经济、文化等多重的社会属性，需要从广播电视传播现象出发，来探讨深层次的问题。在这一过程中，研究话语方式有明显的改变，形成了新的广播电视概念、理论、方法，生成其知识体系。

由于广播电视作为现代传媒影响力的作用，使得不同学科背景的研究者，如经济学、法学、社会学、文化学、广告学，等等，从各自不同的角度切入到广播电视研究中来，在拓展广播电视研究的领域同时，也改变和完善了研究话语的编码与规则，使其学术内涵得到深化，研究水准有了整体的提升。赵玉明的广播电视史学研究、郭镇之的广播电视传播学研究、胡智锋的广播电视文化艺术学研究、孟建的广播电视理论研究等，都是从学者的立场出发，用学术话语营造出一个新的广播电视研究的平台。

三、广播电视学科特点与研究困顿

广播电视研究与广播电视学科是一币双面的关系。广播电视作为大众传播媒介影响广泛，研究日渐深化，成果积累丰富，进而是相关知识及知识系统生成，广播电视学科属性得以确认。所以，考察广播电视研究话语及演变，需对广播电视学科特点有基本了解，主要有三个方面：

一是科技性。广播电视是科学技术发展的产物，从20世纪20年代广播的出现、30年代电视的问世，广播电视从无到有，再到卫星、网络、数字化、多媒体，极大地丰富了广播电视传播手段。科技始终是其中最活跃的因素，它不仅给各个时期的广播电视传播带来种种的变化，也促使广播电视学科研究的内容不断刷新。

二是应用性。广播电视的媒介工具属性，构成其应用性学科的起底。作为大众传播媒介，广播电视要探讨的问题是在传播实践中所面临的、需要解决的问题。现实社会环境中，广播电视学研究与广播电视机构形成紧密关系体，相关研究显示出日常工作探讨与实际业务总结的突出特点。

三是集合性。因媒介的覆盖性和深透性影响，广播电视于其他学科有很大程度的包容性和开放性。一方面广播电视的触角延伸领域广泛，另一方面，不同学科为寻找新的学术生长点，对广播电视活跃表现也有所关注。各方际会产生了集合效应，故广播电视学科性难以用传统的、单一的学科概念来解释，这既是其学科的现实存在，也提醒人们对于学科的概念，需要有个重新的认识和把握。

某种程度上，广播电视的学科特点和问题症结是相互关联，由此也造成广播电视研究存在的困顿，主要表现：

1. 广播电视史论研究的投入少，发展滞后。史论研究属于基础理论研究范畴，客观地讲，广播电视学还是一门新兴的学科，存在着成熟度不高，学术积累薄弱的问题，与文史哲等渊源深厚的学科相比，还没有形成自己的、有着普遍共识的概念范畴、理论体系，对此唯有加强史论方面研究，方能逐步改善。而史论方面的研究是一个长期的、艰辛的探索过程，需要有下坐十年冷板凳的苦功和精神，可面对当下学术界浮躁与功利，又令人踌躇无奈、敬而远之。此外，在广播电视研究中，有大量的政策、对策研究和基础理论研究纠合在一起，其实，两者在研究目的、思维方式、话语表达等方面是有差异的，其价值、功能不能替代。而前者更显热门，基础理论研究一定程度上被淡化消解、转移同化了。

2. 广播电视应用性的强势表现，挤占学理性探寻的空间。广播电视研究与广播电视实体机构关系密切，而媒体技术与传播变化多端，由此产生大量的对策性研究、工作及操作式研究，此类研究往往又是此一时，彼一时，显得繁复而又零散。对此，学术话语与学理建构似乎是远水不解近渴，只能成点缀。尤其是本该做基础理论研究人，又转向去做节目批评，导致原本就不足的理论研究力量的再度削弱。批评和理论应互动，批评有理论支撑，理论在批评中得到检验、完善，而问题在于不少批评，就事论事，说些场面上的话，或仅点到为止，理论与批评都只是简单重复。

3. 广播电视研究泛化，学术整合与凝练层次尚浅。广播电视媒介具有一定的开放性，也因此吸引其他学科的关注，这本应是学科间交叉渗透，形成新的学术生长点。但目前存在"过客"现象，到此一游后又转身而去，留下一堆有花架无结果的嫁接试验，诸多"广播电视某某学"的随意冠名，使广播电视处在博学和杂学之间徘徊。为此，需要建立一个学科灵魂，来统领散落在广播电视研究之中的各其他学科的知识价值与话语谱系，这一学术整合与凝练工作任重道远。

四、当下广播电视的转型研究特点

然而，困顿同时也制造了研究突破的方向和动力，转机和转型蕴含其中。在社会环境的变化、媒介技术的活跃、学术标准的取向、研究手段的多样等合力的作用下，促使广播电视研究有新的元素添加进来，话语的转型在持续进行中，其阐释的效力和引发的问题都值得关注。

（一）知识重组与深化的广播电视研究打造

在广播电视被当作一门学科研究以前，广播电视研究话语表现，明显带有思想性的成分内容，立场、观点、路线等常成为研究的关键词，其知识来源、理论武器都带有的思想特征远大于学理分析。以宣传工作为中心的研究常以宏观全局着眼，话语的生产重在整体和同一方面的内容。随着广播电视研究的深入，研究本身转型发生以后，宏大叙事的合法性、有效性被拆解，外在的思想性开始合理地收缩，知识叙述多自觉回归到专业体系内部，专业学术问题意识突显，有关广播电视专业史研究成果问世，广播电视教科书、工具书等的研究成果系统推出，都是广播电视研究知识性重组的表现和产物。

这种知识性重组还促使了研究文本的形态转化。与西方学术研究那种建立概念体系、论证体系的研究文本不同，中国传统学术研究有"评点妙语"式的传统形态，这在广播电视研究中也有不同的反映，如用警句和排比来表达、表态，这种研究运用精当，三言两语可起到"点穴"之效，但需要灵感迸发，却无逻辑推理、论证可循鉴，而现代学术研究注重从科学的概念出发,进行推理、论证,有明晰逻辑层次和完整论述系统。研究的知识性重组,某种意义上也是把"评点妙语"转换成"理论批评"的现代形态。

此外,知识性重组导致对专业知识的探析与划分的精细化,使得广播电视学科的建构更加明晰。诸如传播、媒体、受众、收视(听)率、节目策划、节目定位、频道、品牌等一系列研究的关键词产生,它们代表学科的成熟与丰满,也代表着学术的演进。知识性重组与广播电视学科影响,是个动态的研究构成,彼此间在互动中深化。

从知识是促进学科建设生产力的关系考察,广播电视学科的建设必须明确其学科理念,建立起基本学理内容和逻辑体系,广播电视学科的核心价值理念是借助科技手段,实现视听信息传播与互动,感知世界,服务社会,以满足人们的信息需求,为此,需加强视听方面的"元理论"的研究,即基础的基础方面的知识探析和积累。一方面,广播电视与新闻学、传播学、文艺学、经济学、广告学等关系密切,其联系之处在于,都是以"视听信息"为共同的研究基质;另一方面,科技进步是无限的,总会有各种视听媒体终端出现,如 M3、M4、智能手机、平板电脑,等等,技术功能方面更强大、更完善,而从"元理论"角度考察,围绕视听信息传播与互动则是万变不离其宗。

各类学科的介入,新媒体层出不穷,令广播电视学研究存有"迷花渐欲乱人眼"之势,然学术研究需要的是清醒和逻辑,视听信息探索是贯穿其中的主线。故视听信息的构成、视听生理心理状况、视听信息对人的行为及社会的影响等领域的知识性整理及体现的话语内容不可或缺。

(二)技术引领下的广播电视研究展变

广播电视是科技发展的产物,随着数字技术,网络技术,通信技术的发展,各种新型的媒介形态和终端设备问世,广播电视研究也有新的变化,如有关高清数字、播控技术、云媒体、客户端、3D、微博、博客等与技术内容、内涵密切的研究纷纷出现,不仅拓展了广播电视的研究领域,同时也借助自然科学的方法,将科学的因子注入研究中来,对研究效能的提升,广播电视学术品质的提升都产生积极影响。

从媒介存在的技术属性出发,宏观层面上,国家已提出了电信、广电、互联网的"三网融合"的发展方向,这对广播电视事业的发展与研究意义重大。较之新技术、新媒体,广播电视学科发展已有了一定的积累,同时自身也有新技术运用及新媒体化的经历,应充分利用好原有学科平台,占领研究制高点,扩大对新媒体的涵盖,为其提供研究养分和范例。另一方面,也应结合新媒体的特点,探讨其信息的生产方式和对人们感知世界的影响,分析把握广播电视学科的可能变化,建立起广播电视自身及对新媒体研究的合理性与合法性以及相应话语方式和样式,实现研究的拓展与变化,形成自己新的研究版图。

再一方面，技术时代推崇工具理性，社会文化的特征可以概括为视像文化流行。由于受到文化生产领域中的技术变革的影响，以及影视和互联网的传播、推广普，造成了社会生活的类像化。这也导致了研究对象与研究话语方式的变化，以文字为载体的信息主要诉诸思维是"感受—思考型"；而以类像为载体的信息迎合感觉官能，满足身体直感、缩短接受时间、弱化欣赏难度、降低思考深度，是"观看—感受型"。在技术主导下一些研究的话语、文本也变得流程化、工艺化，适应技术标准而模式化书写，如关注 PPT 制作、演示，而对研究内容本身即使独出机杼有个性风骨的，也每每会被忽略。

广播电视研究需要对此有清楚的认识，防止沉溺于具象，简单地看图说话式描说，应保持追问图像之后是否还别有深意，取两者之长，避免单一文字读本可能产生的沉闷感，也要警惕单纯读图的可能出现的浅陋。

（三）个体多元的广播电视研究兴起

当今社会的发展已步入所谓信息社会或后工业社会，"后工业社会也被称作消费社会、媒介社会、信息社会、电子社会或'高科技'社会，所遵循的规律已经和古典时期不同了。"① 在社会文化诸多领域的规定、规则被改写，社会思潮呈现"现代""后现代"特点，如排除单一思维观念的真理性，拒绝权威，表现自我，等等。在学术研究领域则是"众声喧哗"的杂语时代到来，它不像之前的时代那样具有明确而又稳定的价值核心，经典学说、传统话语、西方理论，都只能在其认知范围内部分的有效，而破绽与例外屡屡不绝，故难再有一言定乾坤的神威效应，此时个体多元的研究与表达渐成趋势。

检视当下的广播电视研究的文本，已弃除单一固化的形态，与追求同一性和恒定价值，进行宏大叙事不同，而是平和地运用各种知识资源，从自我在场的研究出发，言说自己的思考过程、观点结论，其诉求并非众口一词地赞同，确立某种价值，成为金科玉律，而是希望个体的发言得以参与研究的对话，引发思考，提供选项。在这种去中心、去权威的研究中，意义及价值的多元得到充分实现。如电视研究有关商业价值、快乐原则、娱乐功能等有别于宣传教育的媒介正统功能的内容，都被研究者从不同角度开掘研讨。

当然，这种个体多元的广播电视研究，也存在"无元"失范的歧路。尤其是与网络结合，一些研究落入即时即评的所谓"酷评"，用花哨时尚的语言，对问题表面上的关注，其实是为了吸引眼球，博得收视率、点击率，没有对问题深入的探讨，成果积累的进展，而是不断地切换话题，制造无益的争论泡沫，更谈不上知识的生成、理论

---

① 杰姆逊：《后现代主义或晚期资本主义的文化逻辑》，王岳川编：《后现代主义文化与美学》，北京大学出版社 1992 年版，第 75 页。

的推进，甚至有某种商业运行成分掺杂其中。此外，在个体多元之下也存在自说自话、喃喃呓语、碎片化表达的现象，而缺乏学术共同体间的交集。因此，保持研究的科学性与人文性，以及对精神价值的追求，是广播电视学科发展的源泉和动力，不应戏谑、消解，在个性化、价值及意义多元研究的时代，这份严谨与自觉更显珍贵。

广播电视学科研究转型问题是个较为复杂、矛盾的现象，一些新的解决方案有效地适应了研究的变化，但同时新的问题也不期而至，对此不可简单理解或是毫无作为地任其放逐，需要有足够的认识和耐心，对转型中的研究话语方式加以考察、理解和把握。

（作者系南京财经大学新闻学院教授）

中国广播电视学科体系建设必须处理的三个关系

胡智锋

广播电视是20世纪人类最伟大的发明之一,对人类社会生活的影响之大远远超出人们的想象。伴随着广播电视的诞生与壮大,对其研究也渐次展开。在广播已有80多年历史、电视已有70多年历史的今天,特别是伴随着广播电视研究的深入,中国广播电视学科体系建设也逐步提上了议事日程。从世界范围来看,广播电视学术研究与新闻学、传播学、艺术学、社会学、文化学、教育学等关系密切,形成了若干交叉分支学科,更多的是将广播电视与其他媒体整合在一起进行研究;从国内来看,中国的广播电视的研究除了与世界范围内的研究基本同步以外,也逐渐形成了独立的研究系统。在这一研究系统基础之上的有中国特色的广播电视学科体系建设,尤其成了业界和学界所关注和推动的重要领域。中国广播电视学科体系建设是什么?为什么要进行这一学科体系建设的研究?这些问题尽管存在着很多争论和探讨,但其重要性是不言而喻的,在此不须赘言。本文拟就中国广播电视学科体系建设中的三个关系谈谈自己的几点看法。

一、中国广播电视学科体系建设与中国广播电视实践与实务之间的关系

中国广播电视学科体系建设有其自身的独立性,应当与其他成熟的学科一样拥有自己明确而具内在规定性的研究对象、研究范围、研究方法和研究路径,也应当拥有相对清晰的概念、范畴、逻辑关系等。但由于中国广播电视传媒发展过于迅速,至今依然处于激烈的变动与变化之中,仅仅就事论事谈学科体系建设势必会走向闭门造车的状态,最终的结果是脱离实际,远离中国广播电视实践与实务,无法获得业界和学界的认同。中国广播电视学科体系建设有其相对特殊性,它必须面对剧烈变动的中国广播电视实践与实务,并对中国广播电视实践与实务的发展有足够的阐释力和驾驭能力。因此,紧密跟踪中国广播电视前沿发展脉络,在梳理中国广播电视实践发展的历史进程中,探求其内在发展的规律和规则就成了这门学科体系建设非常重要的特点。尤其是对中国广播电视而言,特殊的国情、特殊的广播电视媒介生态、特殊的广播电视媒介格局构成,都使得欧美新闻学、传播学的一般套路无法直接套用到对实践与实务的直接阐释之中。只有紧密跟随实践与实务进程,对中国广播电视本土实践经验进行创造性地描述、梳理、提炼、概括,才有可能使我们的广播电视学科体系建设不至

于与本土的实践与实务离得过远,也只有在深入解读本土广播电视实践与实务经验的基础上,才有可能锻造出具有中国特色的广播电视学科体系。

二、中国广播电视学科体系建设与高等院校教育之间的关系

中国广播电视学科体系建设尽管得到政府相关部门、媒体及科研机构的充分参与,但主体部分还是在高校,更多的与相关高校的专业教育有关。高等院校的本科、硕士、博士几个层次的教育都与广播电视学科体系建设密不可分,因此,中国广播电视学科体系建设与高等院校教育的实践也应当紧密结合,应当在中国广播电视传媒教育实践基础上逐渐厘清学科关系。目前,中国广播电视传媒教育主要在高等院校展开,而中国高等院校的广播电视传媒教育在近十年间获得了超乎寻常的发展,已经成为高等教育学科专业中发展速度最快、也是最引人注目的新的增长点之一。这种发展一方面显示了广播电视事业发展的需求,高等教育和广播电视事业发展的紧密互动,也带来了高等教育的新的活力;但另一方面,与传统学科数千年、上百年、几十年的积淀不同,广播电视学科体系本身的复杂性和不成熟已经成了广播电视高等教育继续发展的极大障碍。建立较为科学的广播电视学科体系离不开对广播电视高等教育的梳理,从中国广播电视高等教育的现状格局来看,相关学科专业五花八门,从院校性质来分,大体上有以下几种类型:

第一类是专业型,即以广播电视为中心的单科教育,代表性院校是中国传媒大学和浙江传媒学院。这类学校从创办初始就定位于广播电视的专业教育,其宗旨是为广播电视业界输送所需要的专业人才。以中国传媒大学为例,从1954年创办高等专科学校到1959创办本科的北京广播学院,直到2004年改为中国传媒大学,50多年间该校与广播电视业界始终保持着极其密切的关系;在20世纪90年代,各级各类电视台的人员构成中受过高等教育以上的人员60%都来自该校,而该校的毕业生几乎90%以上都分布在广播电视系统之中。这类学校的学科专业设置带有鲜明的行业特点和色彩,即行业中的工种职能划分常常成为学校学科专业设置的依据,如播音主持、新闻采编、电视编导、电视摄影以及各种小语种的对外传播等。

第二类是综合型,即综合性大学依托文学、信息技术等传统优势学科,进行嫁接延伸创办广播电视学科专业,前者如山东大学、四川大学等传统综合性大学大多从文学学科延伸出相关的学科专业,后者如东北师范大学等院校则是在信息技术教育的基础上延伸出相关的学科专业。

第三类是新闻传播型,即新闻传播类院校所创办的广播电视学科专业,如中国人民大学、复旦大学以及在国内从事新闻传播教育较早的南京大学、兰州大学、武汉大学、华中科技大学、厦门大学、暨南大学等院校,基本是以独立的新闻传播学院为基础,延伸出广播电视专业。

第四类是交叉型，即其他各种类型专业院校利用相关学科进行嫁接组合延伸出广播电视学科专业，包括从师范类、理工类、艺术类以及农、林、水、电、交通、医学、外语、军事、教育等各类专业中延伸出来。这些院校借助自己在特定领域里的特色将广播电视与自己已有行业的特色进行嫁接，形成了广播电视教育新的增长点和延伸点，如北京师范大学、南京艺术学院是在音乐、美术等传统艺术学科基础上延伸出来的，中国政法大学、中国农业大学、北京体育大学、北京外国语大学、上海交通大学、南京解放军政治学院分别将政法、农业、体育、外语、交通、艺术等若干特色领域学科与广播电视相嫁接。

如此众多的类型形成了广播电视教育极其复杂的格局，使广播电视学科专业的名称、内涵、外延、内容和专业设置等都很难得到统一。这给广播电视学科体系建立的梳理带来极大的困难，亟须在高速运行中逐渐规范起来。当然这种规范，既需要坚持统一规则，又要考虑到各高校广播电视教育的现实情况，既不能一放就乱，也不能一抓就死，由此可见中国广播电视学科体系建设可谓任重而道远。

三、中国广播电视学科体系建设与其他相关学科之间的关系

广播电视作为大众传媒既牵连着社会生活的各个领域，又牵涉着自然科学、社会科学、人文科学的各个学科领域。作为一个新兴的学科领域，一方面需要从其他已经成型、成熟的传统学科中汲收营养，吸纳资源；另一方面也需要在自身的发展中逐步形成自己独立的知识谱系。一个相对成熟的学科既需要建构与其他学科的共同的规则，即作为学科的一般性规则，如规范的研究对象、研究方法和认知规律，同时又需要在发展与壮大中对其他学科产生积极的辐射与影响。这也就意味着广播电视学科体系建设既不能自我封闭，自说自话，需要找到与其他相关学科统一的对话平台、统一的规格与层次，甚至可以相融通和交汇。如果孤芳自赏、自以为是，对广播电视这种新兴的学科来说就难免会滑入无源之水和边缘化的境地；但又不能简单地套用成熟学科的一般方式和话语系统。我们注意到，新兴的广播电视学科由于牵涉相关学科范围广泛，多少有一些内在的自卑倾向，再加上自身学科的不够成熟，套用乃至滥用传统学科话语系统和理论框架不在少数，如将文学、美学、戏剧学、电影学、语言学乃至经济学、管理学、政治学、教育学等若干学科的理论框架与话语系统进行简单的移植和套用，貌似交叉学科研究并形成了新的交叉学科，但并非从广播电视的内在运行基础上打造出来的，只是传统学科贴上广播电视的标签而已，呈现出传统学科的话语与广播电视的对象之间两张皮的情形。当然，一门新兴学科的发展或许离不开对传统学科蹒跚学步的模仿过程，但从长远来看，模仿只是第一步，只停留和满足于模仿对于广播电视学科自身的发展是不利的。

中国广播电视学科尽管起步很晚，毕竟已有50多年的积累，尽管现状并不令人满意，但作为朝阳学科却有着极大的发展空间和活力，只要我们坚定地依托广播电视的实践，从现实实践中获得充足的、鲜活的、生动的材料，同时灌注于我们的广播电视教育的探索之中，在此基础上充分吸纳相关学科的资源，并逐渐梳理出既具有学理意义又具有现实阐释力的话语与理论框架，这样就可能逐渐使这一学科在动态发展中成长成熟起来。

（作者系北京师范大学艺术与传媒学院院长、《现代传播》主编、教授、博士生导师）

（原载于《现代传播（中国传媒大学学报）》2007年第4期，总第147期）

试析广播电视学科体系的架构

谢鼎新

内容摘要 随着广播电视研究的日趋丰富,其学科建设也备受关注,广播电视学经历了从新闻学下属的一个分支,走向了独立发展的学科之路。广播电视学体现出典型的综合学科的特点,其中的层次、内容关系复杂,对学科体系分类梳理构成了一定的难度。本文在对该领域已有研究的分析基础上,提出"两大领域、三大模块"的架构,某种程度上实现了既把握学科体系的逻辑性,又保持学科必要的张力。

关键词 广播电视 学科 体系 架构

探讨学科体系首先涉及对"学科"的理解问题,学科包括哪些方面的内容?怎样才算是一门学科?对此,研究者作过种种探索,如认为:"学科概念有四个要义:其一,一定科学领域或一门科学的分支;其二,按照学问的性质而划分的门类;其三,学校考试或教学的科目;其四,相对独立的知识体系,"[①] 等等。总之,学科成立与否,有两个指标可以评判:"内化"方面,是否在专门的对象、方法及理论体系有本体意义上的凝聚,如同丰富矿藏一样可供开采;"外化"方面,是否有专业的研究人员、代表著作、教育和研究学术机构组织、学术刊物等。对照这些标准,广播电视成学,基本可得到社会认同。

一

广播电视学是一门正在兴起的学科,并具有三个特点:时代性、实践性和综合性。另一方面,广播电视学科成熟度还有待提高,如学术积累薄弱;应用性的强势表现遮蔽了学理性的探寻;不同学科的介入及随意的冠名,使其处在博学和杂学之间徘徊等。

梳理相关广播电视学科建设探讨的文献,有以下几种代表性观点:

第一种,主张广义的广播电视学应包括广播电视宣传学、广播电视技术学、广播电视管理学和广播电视受众学等。狭义的广播电视学指建立在新闻传播学基础上的广

---

① 李鲁、杨天平:《人文社科研究中"科学"与"学科"之辨析》,《光明日报》2006年7月31日。

播电视学,主要包括广播电视理论研究、广播电视实务研究、广播电视史学研究以及某些交叉性学科。①

第二种,将广播电视学划分为五大分支学科:广播电视节目学、广播电视受众学、广播电视传播工程学、广播电视管理学和广播电视史学等。② 这种分类方法尽管简明扼要,但划分的理论依据不充分,分支学科间及内部的层次关系缺乏必要的阐述,如将广播电视广告学列在广播电视节目学之下,其合理性、说服力不够充分,另外,许多广播电视的重要领域,如广播电视理论研究、广播电视艺术学则缺失。

第三种,范畴的从小到大,将广播电视学的研究对象分为:广播电视节目、广播电视节目制作者和接受者、广播电视系统、广播电视与外部环境关系等四个研究层面,从而构建出广播电视学学科体系。③ 此种划分方法层次之间的关系以及与学科的关系不甚清晰,而将广播电视文化学等分支学科内容都视为外部关系,也不够周延。

第四种,按照宏观(意识与理念)、中观(体制与机制)、微观(运作与技巧)来进行广播电视架构设计和资源配置。并将"广播电视论纲""广播电视史""电视文化的观念"等纳入宏观层面;将"影视法""节目营销""制片管理"等纳入中观层面,将"广播电视实务""评论""播音主持"等纳入微观层面。但正如论者在之后又提到:另一方面将"节目策划""节目形态""纪录片""视听率"等纳入其视野,④ 但并不是没有说明是在哪一"观"上,显然,在论述这些问题过程中遇到归属难题。

上述观点对广播电视学科体系建设提供了思路,但也面临各自的问题。在学科建设上广播电视具有明显的开放性和包容性,而其学理内容在逻辑分析上又很少有独属于自己的东西,而分属于新闻学、传播学、文艺学、经济学、广告学等,容易导致广播电视学自身的"空心化"。所以,广播电视学科体系建设有两个理论问题需要解决:一是要梳理广播电视与其他学科"界限"与"通道";二是要超越这些学科,摆脱简单的学科"1+1"式的无限添列和随意冠名。

二

基于广播电视学科研究现状和存在的问题,本文提出自己的思考,将广播电视学科体系概括为"两大领域、三大模块",即理论研究和活动(现象)研究两大领域,基础理论、交叉学科和独特内容三大模块,试图使有关广播电视学科体系研究有所突

---

① 赵玉明:《谈谈广播电视研究和广播电视学学科建设》,载哈艳秋主编:《新闻传播学前沿2005》,中国传媒大学出版社2006年版,第292页。
② 闫玉主编:《中国广播电视学》,中国广播电视出版社1990年版,第23页。
③ 赵凯、丁法章、黄芝晓主编:《二十世纪中国社会科学·新闻学卷》,上海人民出版社2005年版,第163页。
④ 孟建:《总叙》,参见"当代广播电视教程·新世纪版"丛书,复旦大学出版社2005年版。

破,建立起一个新的认识平台。具体的架构图示如下:

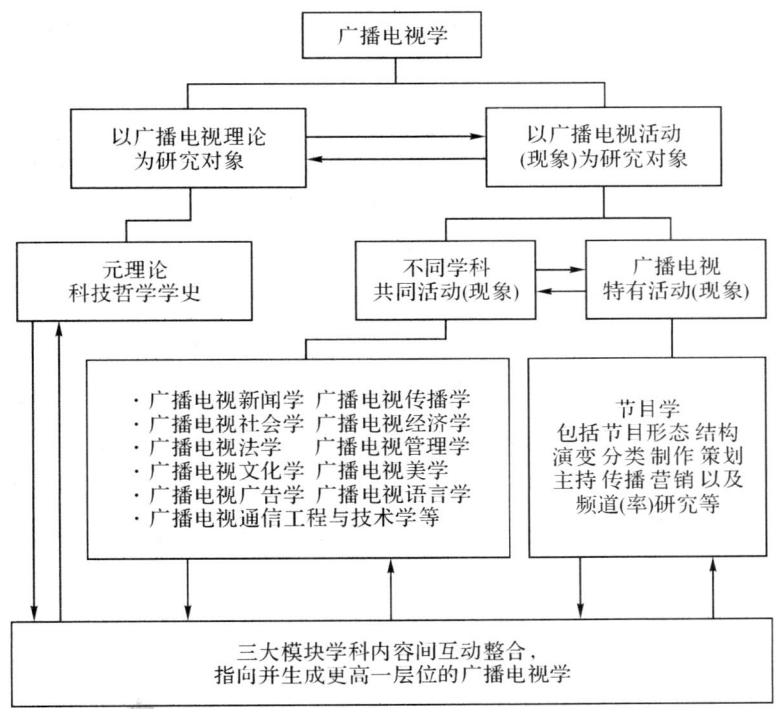

结构图大致描绘了广播电视学科体系的概貌,它综合反映了学科的理论和实践的内容,现将结构图层次和内容阐释如下:

第一,广播电视学科研究对象可分为两大类:即以广播电视活动(现象)为研究对象和以广播电视理论为研究对象。前者研究的重点在于从不同视角了解对象和应用、规范方面,后者重点在于把握事物特点和规律,把事物相关的概念、判断、推理组成一个自洽的逻辑体系。

第二,以广播电视理论为研究对象,反映了学科在发展过程中自我意识的形成和自我反省的需要,这种理论研究包含广播电视元理论、广播电视学史和广播电视科技哲学的内容,它们是建立在广播电视所涉及的各门学科发展的基础上的,或者说对各分支学科具有统摄、涵盖功能。元理论强调整体性、宏观性、同一性,不仅仅是常见的新闻理论、传播理论的范畴,它既有对学科理论高度概括,同时又有理论之理论的奠基石含义;学史重点探讨学科形成与演变的历史,动态地把握学科演进的事实逻辑序列和触发机制因素等;科技哲学也是广播电视学(我们将其视为人文社会科学范畴)的一个核心问题,它重点从传媒科技革命的角度对广播电视传播及所引发对社会、组织系统和人的问题的深层思考,包括信息存在方式,传播生产力与生产关系,社会组织、社会结构的演变以及思维方式变革等。

以广播电视活动（现象）为研究对象，可分不同学科共同关注的和广播电视特有的。因广播电视的学科边界在不断拓展，如涉及经济学、艺术学等问题，而这些问题并非广播电视所独有，它们只是众多研究领域的广播电视方面，用其学科的知识、原理来把握涉及的广播电视的问题。显然，广播电视经济学或广播电视艺术学也不是通过广播电视来专门探讨经济学问题和艺术学问题，而是两者的结合问题。广播电视独有的问题应该是节目论或节目学及相应的频道、频率研究。

第三，不同学科共同关注的广播电视活动（现象），涉及图中所列的广播电视新闻学、广播电视管理学、广播电视工程技术学等诸多的交叉学科，这一领域外延广，学科的生成力强，同时也带来广播电视学科体系分类的复杂性。有三点需要注意：首先，由于不同学科与广播电视风云际会的历史出场的顺序不同，交汇融合的范围和程度也有所差异，交汇融合的影响力因时代的变革也会兴潜起伏。广播电视新闻学、广播电视传播学、广播电视艺术学某种意义上可视为"广播电视学"的开山"元老"和成熟"主业"。20世纪90年代广播电视的产业属性确定，广播电视经济学和管理学呈强势突起，比较而言，广播电视语言学似乎成为一个更加专业的领域。同样因为学科层次的关系，当前广播电视研究中热门的受众研究、产业问题等，因分属于上一级学科传播学、经济学名下，故没将其单列；其次，由于所借鉴的学科特点决定了各自在理论、方法和问题的意识与解决的方式不同，在学科体系中有侧重形而上的，如广播电视美学；有综合的，如广播电视社会学；有具体操作的，如广播电视广告学等，体现出广播电视学研究领域和研究风格的多样性；再者，所借鉴的学科作为"母体"学科本身也有理论、历史、实务等学科方面的内容，它们之间也存在交叉互动的问题，如产生语言艺术、广告文化、传播生态等，反映在广播电视学中又可分出新的学科"子群"，这就提出了一个问题，看是以哪个学科为"基点"展开分支学科的体系建构，本文是立足"广播电视学"，没有就类似"广播电视艺术学"这样的学科体系再铺展开来。

广播电视独有的问题应该是节目论或可以称节目学，主要探讨节目构成要素、节目的策划、节目的分类以及节目的媒介载体频道、频率研究等。在具体的研究中有单项式如"节目策划""评论节目研究"等，有综合式如"应用广播电视新闻学"等，也有就广播电视交叉学科中与节目操作应用性强的那部分内容研究的，如广播电视有声语言问题，节目的市场与营销问题等。

三

本文的学科体系的结构图，大致勾勒出广播电视学的分支与层次，学科内部联系的路径，在一定程度上既体现学科体系的逻辑性，对广播电视学科建设有关的交叉综合问题又保持必要的张力。对照目前广播电视学领域的研究可以发现,对广播电视现象(活动)的研究非常活跃,而对广播电视理论的研究显得薄弱,如同当代诸多新兴的人文社会科学一样,广播电视学科的成熟需要"为它奠定一个坚实的哲学基础,以便超越各门具体人文社会科学在知识与价值上的杂乱与繁多,使自身获得一个可以用来凝聚与整合不同'话语谱系'的'理念'与'灵魂'"。[1] 广播电视学科的核心理念是借助一定的技术手段,实现有效的视听信息传播,有关其理论建设是个基础而又艰巨的任务,对此应给予足够的重视。

(作者系南京财经大学新闻学院教授)
(原载于《现代传播(中国传媒大学学报)》2008年第2期,总第151期)

---

[1] 孙逊:《"都市文化"作为一门独立学科的理论与实践意义》,《光明日报》2005年12月7日。

关于广播电视学的学科体系

郭镇之

广播电视是一个跨学科的交叉性领域，因此，对广播电视体系的研究不能不呈现相互覆盖和层层重叠的现象，建立严格分类的体系框架比较困难。这样一个跨界的领域如果能够成为一个专门的单独的学科，当然比较有利。

目前广播电视主要还是分为新闻传播和文学艺术两大门类。我个人认为，发展广播电视学科，最好区分研究和教学两个层次：研究侧重学术传统（discipline）和方法（methodology），例如新闻学、传播学、历史、理论等；教学则侧重职业和分工（profession），例如广播、电视，制作、采写、拍摄、播音等。这里面可以区分不少层次和方向。

就学术研究而言，广播电视的跨界性决定了学术方法的复杂性，这与无所不包的传播学倒很般配。最近，我在讲课的过程中又重温了美国学者的传播学名著《大众传播效果研究的里程碑》一书，发现十四个里程碑中，与广播电视相关的占了九个，其中专门研究广播的就有两个（"火星人进攻"和"日间肥皂剧"），专门研究电视的就有四个（"早期儿童生活中的电视""暴力与电视""电视与社会行为"和"电视与行为"）。这也不奇怪：传播学这个领域的兴起就是伴随着广播电视的成长的。广播电视新闻虽属新闻学科，却有许多独特之处，是在传统的文字采编的基础上更多采用现场口头表达和图像展示等技术手段的报道方式。

在发达国家，业务性的研究是不入学术"法眼"的，所谓"广播电视研究"，主要指发表在学术期刊上的历史和理论研究。中国虽然不能彻底解决学术独立性的种种具体问题（例如研究经费问题），但应逐步扭转当前业界指挥学术的非正常现象，逐步把业界服务的"谋士类研究"改为面向社会的公共性研究。

而在广播电视教学方面，则应当充分考虑就业市场和职业需求的实际情况。不能再盲目地贪大求全，或者因人设事了。

在教学方面，可以区分博士生、硕士生、本科生等不同的层次，有针对性地进行培养。博士研究生的研究课题应该是具有相当学术创见的，是基础史论性的。硕士生可以更多地以训练思维的方式培养学术敏感，但论文可以面向实际探索专业问题。本科生则最终是为就业市场培养合格的脑力和体力劳动者的，应重在素养，提高能力，注重宽口径、通用性，以便毕业生顺利进入与广播电视整个行业链条相关的各个工作环节，发挥专业性的作用。

具体的学科分类是个复杂的难题。建议调查研究（可以就从中国传媒大学这个最有代表性、最全面的"样本"入手），参考历史经验，建构符合实际、符合逻辑的学科分类框架。

（作者系清华大学新闻与传播学院教授、博士生导师）

广播学科史的重写：民国框架下的研究初探[①]

谢鼎新

内容摘要 1923年中国开始出现广播，至20世纪上半叶，广播事业有了相当的发展，相关的广播史研究也有了一定的积累。现行研究体例基本采用革命史分期，主要以政治话语方式展开，而广播史的专业性、系统性等方面明显不足，故研究的深化和突破，需要有研究视角的调整。中国现代史的考察，这段历史为民国时期，民国不仅是时间的概念，也有实体所指，提出"民国框架"概念，作为考察广播发展史的路径和关节点，可发现和了解更多在以往体例下被遮蔽的内容，有利于中国广播史资料的全面整理和客观评价，进而实现广播史研究范式的转换，提升研究的学术水准。

关键词 民国时期　研究框架　民国框架　广播史

广播电视学研究领域可以分为三大块内容，即史论方面的基础研究，围绕节目、频道（率）专业方面的应用研究和诸如广播电视传播学、广播电视管理学等交叉学科研究，进而形成广播电视的知识系统和学科分类。检视现有研究不难发现，广播电视基础研究薄弱，而后两个领域显得非常活跃，话题不断，成果多多，但也存在着表浅和重复的问题，故史论部分的基础研究亟待强化，以厚实的广播电视学科的学术底蕴，同时可为应用研究、交叉研究提供必要的学术养分，推动其学科建设的整体提升，本文就广播学科史研究的深化进行了相关的思考，提出民国框架下的广播史建构的可行性。

一、广播史研究的现状与问题

1923年作为引进的产物，在上海出现了广播电台。1932年"中央广播电台"发射功率已达75千瓦，信号覆盖至西伯利亚、南洋等地区，系"当时公认为东亚最大之电台"，[②] 1937年，中国的广播电台数量已达91座，仅次于美国，为世界第二。[③] 20世纪上半叶的民国时期，中国社会由传统向现代转型，广播作为一种现代化的新媒体，与

[①] 本文系国家社会科学基金项目"民国广播事业史研究"（项目编号：15BXW027）的研究成果。

[②] 陈果夫：《中央广播电台创办经过》，载台北市新闻记者公会编印：《中华民国新闻年鉴》，1961年版，第47页。

[③] 参见殷增芳：《中国广播无线电事业》，燕京大学学士学位论文，1937年，第一章"中国广播无线电事业史略"和第三表"中国与列强各国广播电台数目比较表"，第4～5页。

中国社会发展紧密关联,伴随着这一进程产生了丰富的历史内容,有关这一时期的广播历史研究也有了一定的积累。

代表性研究成果有赵玉明的《中国现代广播简史:1923—1949》(1987年)、赵玉明主编《中国广播电视通史》(2004年)、温世光著《中国广播电视发展史》(台湾,1983年)、上海市档案馆等合编《旧中国的上海广播事业》(1985年)、陈尔泰的《中国广播发轫史稿》(2008年)、《中国广播史考》(2008年)等,此外,还有专门的电台史研究,如汪学起、是瀚生编著《第四战线——国民党中央广播电台掇实》(1988年),杨兆麟、赵玉明合著的《人民大众的号角——延安(陕北)广播史话》(2000年)等;各地出版的广播电视志,如江苏省地方志编纂委员会《江苏省志·广播电视志》(2000年)等涉及这一时期的广播内容。

上述研究成果在资料、体例等方面对广播(电视)史研究进行了种种探索,建立起一定的研究框架和研究范式。总体上考察《中国现代广播简史:1923—1949》《中国广播电视通史》(2004年)在广播电视史研究领域具有开创性,材料丰富、体系完备,属于广播电视学科史的奠基之作,其基本架构与同时期的新闻史研究相当,从革命史体例和思路出发,以宣传为主轴,建立起与时代体制相适应的广播史叙述方式;《中国广播发轫史稿》《中国广播史考》的专题性、实证性研究特点突出,在资料与考证方面颇具功夫,然而,广播(电视)史学体系建构不是其关注的重点。有关中央广播电台、延安(陕北)台等的研究,从个案出发,属史话类型,具有一定的故事性,可读性强,相比之下学术性略显薄弱;广播电视志旨在编年记事,对广播的细节及专业学理论述不是"志类"文体重点讨论的范围;台湾版的中国广播电视发展史方面的著作,主要论述1949年以后,台湾地区的广播电视发展的内容,大陆方面则对人民广播事业及根据地、解放区的广播研究较为系统,成果丰富。

而具体的研究考察,广播史学科中尚有诸多待深化拓展的领域,一些史实的认识评价需要用更加客观科学的态度重新调整。如1936年奥运会的中国广播直播报道、1946年的广播公司化改制等,现有的研究都没有提及。对于交通部和建设委员会两政府机构之间关于无线电管理权限重叠与调整问题,也只是从国民党派系争斗简单定性评价,缺乏对问题的由来,专业的复杂性和对新媒体认识、管理的时代性等做全面、深入的探讨。而对广播中的"党国思想"宣传,不仅仅是维护政治统治问题,其实,广播超时空的传播特点,在促进各地民众对国家、民族认同,培养国民现代素养方面所起的重要作用,也不可不察。凡此种种,广播电视史专家赵玉明先生曾就广电史研究存在的问题和改进的方向,做过中肯评价:

从对广电属性的认知来看,已出版的广电史著作基本上是将广电作为宣传工具展开评述的,而对广电的技术属性、产业属性则着墨不多,从广电的文化属性来探讨其发展之路，还有待深化。

从广电史的分期来看，基本上是按照革命史分期模式处理的，在如何着眼于专业史、行业史的角度探讨突出广播电视特点的分期模式方面，尚待突破。

对错综复杂的现代广播史来说，解放区部分相对比较充实，而对北洋时期的广播及以后的国民党广播、民营广播、宗教广播，乃至形形色色的外国在华所办广播来说，无论从史料的占有、不同形态广播的叙述和分析都显得比较单薄，缺乏如实、深入的记载和分析。[1]

在此，笔者认为中国广播史研究循着既有的体例补苴罅漏，难免捉襟见肘、不伦不类，要有实质性改变，则需要在研究范式方面有所转变，建立起新研究视角，才能实现有效深化和突破，而广播史范式转变的关键因素是研究框架的调整，需从所涉及的广播史学科时段及其属性的命名环节重新思考、定位。

从学科专业的角度对20世纪上半叶广播史的研究，有用"旧中国"广播来表述，即1949年中华人民共和国成立前的广播，使人自然联想起所谓的暗无天日、百业凋敝，这是一种政治修辞，其指称具有一定的时代色彩、非严谨的学术语言。还有以"中国现代广播史"的命名，这是参照历史学中的"古代""近代""现代""当代"大时段概念的规范表达，其中隐含的历史进化论的思想表达秩序，体现社会发展转换进程中，对现代性的追求。这一学科命名，细究起来也存有"盲点"，一方面这种现代性的概念似乎没有下限；另一方面"现代"提法显得较泛化，缺乏特定时空环境下本土语境特征的支撑。

中国现代史的考察，民国不仅是时间的概念，也是实体概念，对应中国社会发展，这一时期是结束封建专制，走向共和，建立民国的时期，体现中国社会的现代性转型，故民国称谓其"所指"和"能指"的内涵丰富，具有独特性、排他性。鉴于此，本文提出民国广播的概念，可将一般范畴意义的中国现代广播史概念，置入"民国框架"下透视考察，进而实现以国家、社会的现代化进程为线索，以中国特有历史时期内的各要素互联互动为对象的广播史研究范式的转换。

二、民国框架的含义与意义

所谓"民国框架"即指20世纪上半叶特定时代下的中国社会的政治制度、经济系统、文化结构、心理状态、精神氛围等内容的复合体。将广播置于"民国框架"下考察，能起到对其实体的重新拆装，对其理论的还原把握之效。如1940年，国民党"广播管理处"运用中央核拨的英国信用贷款14.1万英镑和美国油锡贷款余额30万美元分别向英美订购强力中波机三座、中型短波机二座、国际台备用真空管、各种测试仪

---

[1] 《中国广播电视史研究的发端与历程》，载赵玉明：《赵玉明文集》（第二卷），中国广播电视出版社2014年版，第434页。

器及其他广播器材，约 700 吨。① 后这批物资经过滇缅公路，千里迢迢运抵昆明、重庆，为中国广播的抗战事业提供了重要物质保障，这其中就涉及外交、经济等多方面的内容，其中的关系和影响从框架出发更能有效把握广播史的内容。

研究需要突破以往单一的政治考察视角，从框架多元要素、立体关系出发，对广播的历史重新梳理、客观评价；需要通过具体的媒介体制、广播技术、节目文本、人物事件、传播影响等来把握广播事业的演变，探讨广播传播规律及学理建构，解析广播与中国现代化进程的关系。而这种"民国框架"的广播史重写的学术意义在于如下几点：

第一，还原历史，梳理广播史研究脉络。1949 年后中国共产党作为执政党，在建立起广播事业体系的同时，也同步建立起相应广播研究的思想秩序和话语体系，形成了现有的广播史研究模式：既着眼于党史、革命史的分期（如抗战前、抗战时期、解放战争时期的广播史阶段划分等），以共产党领导的人民广播事业为研究的主体，同时从政治立场出发，突出广播宣传的意识形态内容，这些研究特点构成了主流方面的广播史观和治史方法，并完成了自身体例（或范式）建构，取得研究系统的成果。然而，它也难免存在着某些局限，在史料选择和评价方面往往是围绕一个政治正确的预设展开，这或多或少遮蔽、淡化了对广播本体发展影响因素的全面考察以及对意识形态冲突的另一方及第三方广播内容的客观介绍与分析评价，如作为广播史存在的民营广播事业与大众文化，广播广告与现代都市生活等内容，相关研究尚未得到应有的关注。

随着观念转变，学术事业的发展，研究视野愈加开阔，各学科对自身历史开始反思，并提出各种重写的主张。而民国史的研究，也越来越成为一门显学，各门学科从自身研究出发，关注其在民国时期的表现。故提出"民国框架"下的广播史研究是广电学术领域对当下学术史这一发展趋势的回应，其用意首先在于能够更加全面地"还原"那个时期广播历史面貌。

媒介发展史考察，广播作为电子媒介具有突出的科技属性，需要有科学技术尤其是无线电技术的基础支撑，广播媒介的实体发展需要一定的投入，广播的传播离不开发射设备和接收装置，这些需要相关制造业及财力的配合，广播的电波资源及管理，涉及相关政策和国家主权的问题等。总之，广播业的发展不是一个简单的、个体自发的问题，而需要有一定的社会环境和条件支撑，需要有强力势力的介入和推动，而这种强力势力来自于政治、经济、文化、科技等不同的组织、团体，直至政府、国家的运作。广播作为现代化的电子传媒可最大限度地突破时空限制，其影响超出国界具有国际性，故需要各国间的参与合作。1927 年，在美国华盛顿召开万国无线电会议，商

---

① 吴道一：《中广四十年》，（台湾）中国广播公司 1968 年版，第 112 页。

讨无线电事业发展、频率资源分配及管理，中国也派员参会。1929年，《中华民国无线电台呼号条例》出台，第一条即规定："根据一九二七年华盛顿国际无线电报会议之规定，中华民国治权所达到之电台之呼号，应当在下列字母范围以内，XGA—XUZ。"① 国内再依照电台地域、属性等细化，当时的"中央广播事业指导委员会"曾将全国广播分十二个区，如苏浙皖为第一区，规定全国广播电台呼号：第一个字母均用X，第二个字母为G，十二个区分别对应I、K、L、M、O、P、Q、T、U、V、W、Y。② 此外，频率资源分配还涉及无线电报、海事、航空等领域，以避免电台间相互干扰，无序发展。显然这些内容规划、实施，难以在点和线层面完成，需要有顶层设计，需要从国家、政府层面统制管理，而这种管理既体现政治功能，又有社会公益的功能，从这个意义上讲，可以说广播是民国时代与民国制度的产物。

专门史研究中有所谓"内史""外史"之分，前者为某一领域专业及技术性、事务性内容；后者涉及专业及技术性事务性与所处社会环境的各方关联。它们彼此相互依托，互动互补，内外结合专门史研究方得信史。广播史研究中，涉及政治、经济、文化等社会环境问题，构成一种广播史的外部研究，而这种外部关系的考察，对应当时的民国社会，或者说统摄在"民国框架"之下，民国社会的组织系统、管理机构、文化心态等，构成所谓的民国影响机制，作用于广播的发生与演变。以往的研究中或因"民国"不是以我为主，这种外部研究并不充分，故仅从广播内部研究了解广播业务有哪些特点、功能，突出意识形态影响的广播史研究样态不尽完整。而将其置身在演变的历史环境中，从民国史的视角出发，建立起内部、外部的各种联系，有助于由表及里触摸、把握广播演变的历史原貌。

第二，拓展内容。现有的广播史研究的体例和成果，重点在根据地、解放区的广播方面，提出民国广播史概念，从这一历史时期和特定的社会环境框架出发，观照广播，探讨广播传播与民国社会政治、经济、军事、文化、科技等方面的互动，梳理媒介生态的变化与传播观念的演进，显然，那些存在民国而又游离现有广播史之外的内容可以得到有效涵盖，所涉及的对象也更丰富多样；此外，超越宣传中心式研究，可以对广播专业性问题进行客观、细致及学理性探讨，由此打开种种问题域的研究空间。

民国时期的广播，在所有属性方面，有官方的，有民营的，有外商的，其主事者办台宗旨及政治立场多样，隶属区域的政权组织不同，又有国民党、共产党和日伪广播之分等，这些在给广播史研究带来复杂性的同时，也丰富了研究的内容。在研究过程中，要了解、分析有关广播节目、编排、人物、听众、广播机构的运行与管理等内

---

① 《中华民国无线电台呼号条例》，《无线电新报》第一卷第一号，第42页。
② 《增订全国广播大纲计划草案请核议案》，南京中国第二历史档案馆档案，全宗号七一八（5），卷宗号24。

容，把握广播媒介传播的专业理论问题等，一旦去触摸、去考察这些文献资料，如同打开一扇扇历史之窗，新的发现、新的认识会一个接着一个扑面而来。其中有大量在某种研究框架下可能被忽视、被遮蔽的内容，诸如有关电台的数量、发射功率、覆盖区域、广播声音机数量、听众基本状况、广播传播效果与反馈、广播设备厂商等内容以往少有涉及故不知了了，而缺乏这些资料、数据的广播史研究，很难说对广播发展史能有完整地把握。如果说在战争环境下，根据地、解放区的广播尚有统计资料方面的困难，但从民国框架考察，这些内容还是有文献资料可供挖掘整理的。

从"民国框架"考察，现有的广播史研究的体例和主要成果，也是其中历史内容构成的一个重要方面，而"民国框架"涵盖的范围，比之前的革命史视角，政治话语的广播史内容应更具体、更广泛。由此出发，广播史研究还有许多工作要做，如梳理提炼各类广播大事记、各类重要广播史料主要有特殊时期、纪念日等的广播稿件（类似报纸的创刊号、改版号社论等内容）；收集整理有关广播研究的文章，有关广播的政策条例、法规等文本；探讨民国广播事业发展不同阶段的时代背景、媒介环境、内容特点、技术设备、事业管理等。通过这些内容的梳理分析，整体把握，以形成更加全面系统、更加专业精深的民国广播史体系。

第三，建构模式"民国框架"下的广播史研究。这在学术品质上有其范式价值，核心在于首先强调建立史事基础，后再有价值、意义、立场、观点的分析和评价。以此视角考察其间广播事业生成与发展演变，探讨作为一种新媒介形态的广播传播，以及不同阶段、不同类型的广播与中国社会各个方面的影响、互动；探讨有关广播在传播专业性方面的认识和积累，以期把握相对丰富完整的中国广播（电视）的历史内容。以往的广播史或传播史研究少有将"民国"作为专门研究对象或考察单位，故也屏蔽了广播发展中存在的一些历史事实，而以"民国"视角建立起的研究框架，可以纳入新内容，产生新发现，有利于全面、准确把握研究对象，使广播史研究成果更加学术化，进而形成某种研究范式品质，其内涵在于：

首先，强调研究的实证性。广播传播"过耳不留"，导致相关史料的散佚问题突出，从民国出发，通过对民国史研究的借鉴，动手动脚查资料，对老报刊、档案文献、回忆录等进行爬梳剔抉，将有关广播史料的碎片串联起来，初步构建民国广播史的内容。在充分掌握材料基础上，以更加专业、客观角度评价民国广播的历史，避免曾经有过的简单化、片面性，最大程度实现论从史出。

其次，注重研究的本土化。"民国框架"本身有具体的时间、空间指向，有强化自我的意蕴，研究借此整理、提炼广播的专业理论问题，使学理属性与本土内容有机结合，深化中国广播研究的问题特质，把握广播演变规律。如"中央广播电台"曾对教育、娱乐节目、主持人都有过专业的探讨，进行过听众调查、公司化改革等，这些至今仍是广播电视研究热点,而通过大时段的贯通对比考察,与广播的中国履历、中国化结合,能对广播史研究产生接地气般的效果,充分体现广播史研究的价值。

  再者,凝练研究的学术性。长期以来,广播电视作为集中统一的宣传工具,在其研究中,形成了对象部门化、思维行政化、表达工作化以及单调重复、缺乏个性等问题,而"民国框架"具有专门史与通史结合的特点,通过探讨媒体与社会各方互动影响,把握民国广播事业的演变、把握广播(电视)事业发展规律与趋势,以强化广播电视研究的历史意识和学科底蕴,在一定程度上可对存在的问题加以调整和改善,使广播电视研究有文献史料的基础支撑,有精当独到的理论阐释,以摆脱研究表浅、空泛的状况,打造一个高水准的广播电视学术研究平台。

  三、新的问题及相关认识

  "民国框架"下的广播史研究,是广播史研究系统视角转换的一种尝试,也体现学术研究多元化的一个方面及新范式的探索。从某种意义上讲,突出"民国"恰是对以往忽略于此研究所指的某种纠补。而其中新老内容、线索,在民国框架中如何结合、如何分配、如何安置又成了一个问题,方汉奇先生在其主编的《民国时期新闻史料汇编》影印本序中,说明其史料的选择范围后,特别指出:"以上列举的,都不包括同时期在北洋政府、民国政府统治地区以及在各苏区、陕甘宁边区、各抗日民主根据地和各解放区公开或秘密出版的党的报刊及相关出版物。这些报刊和出版物不属于本《汇编》的重点编辑出版的范围。"[①] 从字面理解是不包括共产党的报刊及出版物,换句话说,这些内容在以往革命史、政治史体系中,已有较为充分的研究,而潜在的含义,也可以解读为以民国名义所展开的新闻学研究重点应是这些"不包括"内容之外的,事实上,其他学科凡冠以民国头衔如民国通史、民国文学史、民国教育史等,也有大体类似情况,并已有成熟的研究成果可供借鉴参考。

  此外,建立"民国框架"所体现的研究叙事方式的转换,能带来新的发现,但同时也会有自身的局限和盲点。如民国的时间概念问题,在大陆语境下是从1911年结束清朝封建统治至1949年中华人民共和国成立,而在海峡对岸的台湾依然延续民国的称呼,这个问题如何认识、如何解决。还有,民国广播史概念的提出,某种程度是为了试图体现广播演变的内在媒介的特点,避免以往研究按革命史分期研究,导致过于政治化叙事。但民国广播史,又有什么合适的时期划分,来替代之前的划分线索?甚至"民国"含义的本身,也具有一种政治替代另一种政治的意味,等等。其中还有许多理论问题和操作困境有待探讨和解决。

  新的框架难免会产生种种新的问题,但学术研究应是无禁区、无止境的,不可

---

  ① 方汉奇主编:《民国时期新闻史料汇编·序》,国家图书馆出版社2011年版,第3页。

能等这些问题都有共识、都有解决方案,方开始研究,恰恰相反,应在研究中形成某种突破、逐步取得某些共识,以利于问题的解决。所以,应积极尝试"民国框架"下广播史研究,各方面也应给予更多的宽容和鼓励,早日形成前期成果,再以此基础不断完善。

(作者系南京财经大学新闻学院教授)

(原载于《现代传播(中国传媒大学学报)》2017年第5期,总第250期)

中国电视理论研究五十年的发展历程

欧阳宏生　李宜蓬

内容摘要　本文梳理了中国电视理论研究的不同发展阶段，分析了不同发展阶段的特色，论述了各个不同阶段电视理论研究的具体内容，说明了电视理论研究对于电视实践的重要指导作用。

关键词　电视理论　电视实践　发展历程

50年来，中国电视理论伴随着中国电视的发展而不断进步。在这一过程中，它经历了起步阶段、发展阶段、深化阶段、繁荣阶段。本文将对电视理论的四个发展阶段作简要的历史梳理。

一、中国电视理论的起步阶段（1958—1977年）

中国电视理论用了20年的起步时间。1958年，中国开始办电视，在没有任何历史积累的条件下，中国电视进入了一条摸索的道路。与此同时，中国电视理论也开始起步。中国电视起步阶段的主要成果集中在1955年创刊的《广播业务》上。刊物于1965年5月停刊，其间共计出刊102期，共发表电视研究文章400多篇。加上其他报刊发表的电视研究文章，据不完全统计，此间一共发表电视研究文章大约600多篇。起步阶段的中国电视理论研究表现出三个方面的特点：

1. 研究思路沿袭新闻理论和艺术理论的途径

主要运用新闻理论和艺术理论的理论范畴、理论原则、理论观点来审视电视媒体，只要对此间发表的电视研究文章认真看一看就可以得出这样的结论。用新闻理论的基本观点来要求电视新闻，比如1960年第3期《广播业务》刊登的《电视广播宣传中的几种方式方法》、1960年第12期《广播业务》上刊登的《充分利用图片进行电视宣传》、1962年第6期《广播业务》上刊登的裴玉章的《电视经济新闻的出路》等；再者，用戏剧、电影理论来解构电视艺术，比如欧冠云的《电视剧是怎样的?》（《新民晚报》1958年10月11日第2版）、周峰的《漫谈"电视剧"》（《解放日报》1961年7月30日第4版）等都是从戏剧、电影理论本体来分析电视剧艺术。

2. 研究对象集中在电视属性和业务操作方面

电视媒体属性大多是决策性研究，有的是通过文件等体现出来的，比如当时党中央提出，电视台应根据自己的特点，担负起宣传政治、传播知识和充实群众文化生活的任务。这是当时电视台的工作指导方针，是电视传媒的属性所在。根据党中央的要求，一些研究者论述了电视的属性和功能，比如，《抓住特点，创造性地运用电视广播——谈电视广播的宣传工作》（哈尔滨电视台，载《广播业务》1960年第8期）、《举办业余高等教育的有效途径——介绍北京电视大学的成长》（北京电视大学办公室，《广播业务》1961年第1期）、《不断改进教学方法提高电视教学质量》（天津广播函授大学电视班，《广播业务》1960年第12期）等。当时对于电视业务方面的研究最多，涉及面也非常广。比如，关于宣传报道的研究包括电视宣传的方式方法、图片报道的编辑、电视的人物报道、经济新闻的出路、电视报道的构思、电视社教报道方式、电视新闻主题表现等；关于文体节目的研究，包括剧场实况演出转播工作、节目导演工作、表演艺术、电视文艺节目的再加工、音乐节目的电视转播、文艺节目的字幕设计、分镜头剧本研究、体育比赛的实况转播工作等；关于电视语言的研究、关于影片资料利用、电视片解说、播音工作、播前会和播后会的组织等方面的研究，此间代表性的文章有傅懺发表在1961年《广播业务》上的《电视报道的人物选择和刻画》，木木发表在1963年《广播业务》上的《电视剧可否采用象征性的景》等。这些文章大多是电视工作者的工作经验、体会，今天看来还缺乏理论深度，大多停留在描述上，但毕竟是人们认识电视的开始。

3. 研究处于个人自发状态，理论平台少

早期的电视研究基本停留在个人的自发状态，没有相应的组织机构，分散无序。此间，除中央广播事业局办的《广播业务》以外，其他基本没有广播电视方面的刊物，所发表的文章多为广播研究，只有少部分文章是研究电视的。另外，有部分文章发表在各报纸的副刊上，比如党委机关报副刊或晚报上。

值得一提的是，当时的研究者对国外电视发展和研究进行了介绍，其中，既有译文，如苏联的奥·维索茨卡娅的《电视播音员》（《广播业务》1960年第7期），又有对国外情况的介绍，如洪扬的《古巴的广播电视事业》（《广播业务》1963年第6期）。此间电视理论研究没有真正开展起来，原因是多方面的。当时电视没有造成多大影响，在1958年时，全国也只有几十台电视机，后来电视机逐渐多起来，但真正看到电视的也只是少数，本身社会影响不大，也没有引起理论界关注。另外一方面，当时电视还没有形成独立文化，各类节目大多以电影、舞台艺术为主，就电视剧而言，遵循的是"戏剧美学"。这一时期，电视研究仅停留在经验总结、体会之类，缺乏具有普遍意义和学术价值的成果。

另外需要注意的是，从1958年到1977年这一中国电视理论研究起步阶段，实际上后十年的"文革"，中国电视理论研究几乎处于停滞状态。这一时期的研究工作和机构及刊载平台被取消,《广播业务》停刊。原来的研究成果也被认为是修正主义而被加以批判和否定。广播电视作为党和政府的喉舌,被篡改为"全面专政的工具",电视理论研究也就无法进行。

二、中国电视理论的发展阶段（1978—1991年）

随着改革开放,中国电视也开始进入全面改革开放时期。"四级办电视"的决策理论使中国电视事业迅速发展,电视节目从内容到形式、从播出数量到质量都得到了极大的改善与提高。日益丰富的电视实践召唤理论的介入与创新。这个时期电视理论研究的特点主要表现为以下几个方面：

1. 电视研究的刊物和理论文章大幅度增加

在电视研究方面出现了一批刊物,主要有《北京广播学院学报》《新闻广播电视研究》《广播电视战线》《电视文艺》《电视业务》（《电视研究》前身）等；1987年7月,中国广播电视学会创办了《中国广播电视学刊》,这是一份全国性的、层次较高的电视学术刊物。到1990年全国有关电视研究的刊物达60多种。

同时,各种学术刊物发表了一批有影响的论文,如《电视报道的可信性与权威性》（《新闻广播电视研究》1982年第5期）、《电视新闻要讲可视性》（《新闻战线》1982年第8期）、《试论电视片创作中的情感问题》（《北京广播学院学报》1984年第1期）等,这个时期的电视理论具有一定的理论水平,较之起步阶段的观后感和总结有了很大的进步。

2. 电视节目的评奖活动逐步展开

1981年,我国开始举办全国性的电视评奖活动。开始由中央电视台组织,每年一届,1988年转为中国广播电视学会组织。为电视剧而设的"飞天奖"开始于1981年,为电视文艺而设的"星光奖"始于1987年。电视节目评奖本身就是一种电视批评的形式,其既是对电视节目的评价,也是对电视节目创作的经验总结,更是一次理论的提升,评奖过程中产生的评论文章有力地推动了电视理论的发展。

3. 建立电视理论研究机构,开展各种学术活动

随着中国电视事业的飞速发展,从事电视理论的队伍也在壮大。中央电视台1983年成立了研究室,中国电视艺术家协会于1985年成立,中国广播电视学会于1986年成立,各级电视管理部门和媒体也陆续成立研究机构,各级广播电视学术团体也纷纷建立起来。北京广播学院（今中国传媒大学）、中国人民大学、中国社会科学院、复旦大学、四川大学等高校和研究单位也建立了相应的电视研究机构,各种电视研究机构的建立使电视研究队伍壮大起来。这促进了电视理论研究的发展。此间,电视理论研究围绕"四级办电视"理论、"以新闻改革为突破口""电视艺术片""电视文艺片""电视节目栏目化""电视剧创作"等一些理论问题,开展了一系列学术研究活动。"四级

办电视"理论有力推动了中国电视事业的迅猛发展;"以新闻改革为突破口,带动广播电视宣传的全面改革"推动了电视新闻改革的发展,并出现了一批相关的学术成果;"节目栏目化"的研究规范了中国电视节目生产与传播,整体能力水平得到了提高。此间,一些全国性学术研讨会纷纷举办,比如1986年中央电视台召开的"电视新闻改革研讨会",1987年在太原召开的"全国电视剧美学研讨会",1988年中国电视艺术委员会举办的"革命历史题材电视剧研讨会",1990年《当代电视》举办的"胡连翠戏曲电视剧个人研讨会",1991年中央电视台举办的"黄一鹤电视艺术研讨会"等。1988年中国广播电视学会年会就收到80余篇学术论文。1990年中国广播电视学会先后举行了广播电视论文、论著评奖。这些活动的开展推动了电视理论研究的进一步发展。

4. 电视理论研究开始进入全面发展阶段

电视研究机构的成立、电视研究队伍的扩大,促进了我国电视理论的研究,并使相关人员开始重视电视学科建设,电视理论和研究受到普遍关注。此间,1987年出版的《当代中国的广播电视》(上、下)总结了半个多世纪以来中国广播电视的发展经验。1990年出版的《中国广播电视学》是我国第一部全面系统论述广播电视的专著。此外还出版了《中国电视概述》《中国电视史》等史论著作。一些人文学者还从不同角度切入电视研究,1990年出版了我国第一部从文化学角度研究电视的著作《电视文化学》。还有《电视传播艺术》《电视剧探索》《"飞天"与"金鸡"的魅力》《电视剧艺术论》《电视片艺术论》《电视剧美学》等著作的出版,为中国电视的进步奠定了重要的理论基础,推动了中国电视事业的繁荣发展。

从1958年到90年代初,中国电视理论研究经历了从起步到发展的阶段。左漠野、闫玉、何大中、杨寒白、赵水福、白谦诚、方亢、赵玉明、许欢子、韩泽、裴玉章、陆原、孙以森、壮春雨、陶学良、陈尔泰、施旗等一大批电视理论工作者为中国电视理论建设做出了突出的贡献,其中的一些人虽然已经作古,但他们的理论成果对当时的中国电视发展起到重要作用,我们应该记住他们。

三、中国电视理论的深化阶段(1992—2000年)

1992年,邓小平发表南行讲话,理论研究环境大为改善,研究领域拓宽,电视理论研究指导思想更加明确。到20世纪末,我国电视理论研究跃上新的台阶,中国特色社会主义电视理论体系基本形成,较好地指导了中国电视事业的发展。

1. 首次全国广播电视理论研究工作会议召开,部署电视理论研究课题

1992年,中国加大了改革开放力度,广播电视事业得到迅速发展。广播电视如何保持健康有序发展,急需理论给予答复。3月,全国召开广播电视研究工作会议,专门讨论广播电视研究工作。会议探讨了改进研究方式——从个体、分散研究过渡到个体研究与群体研究并举的问题,并规划了115个广播电视的研究课题,其中重点课题22

个。电视类课题占40%，内容涉及电视管理、电视宣传、电视经营等方方面面。

2. 电视理论研究形式多样化、内容丰富化、成果规模化

这一时期电视理论刊物大大发展，刊载了大量有学术理论价值的理论成果，其他相关人文刊物上也成了传播电视理论成果的学术平台。1997年1月，中央电视台开办了"以电视手段研究电视"的栏目——《精品赏析》，这表明一种现代化的电视研究形式诞生。

这一时期的电视研究思路拓宽，围绕当时电视实践中的热点，诸如"电视如何适应市场经济""电视的产业经营""电视深度报道""新闻真实性""纪实观念""舆论监督""电视专题""谈话节目""游戏娱乐""电视直播""纪录片""室内电视剧""受众理论"等一系列理论问题，发表了大量有学术价值的论著和论文，这些成果的创新意识、争鸣意识增强，其内容丰富，涉及电视的各个领域，如钟艺兵的《中国电视艺术发展史》、钟大年的《纪录片创作》、胡智锋的《电视美的探寻》、陈志昂的《中国电视艺术通史》、欧阳宏生的《电视批评论》等。此间，每年大约出版电视理论著作上百种，到2000年时，一年出版相关著作250余部。这些著作的出版使中国电视理论逐步走向学术化、理论化。

3. 研究格局形成，基础理论加强，电视作为一门学科基本形成

到了90年代，电视基础理论的研究得到业界和学界的重视，人们以丰富的电视实践和建立在大量实践基础上的理论来证明电视是一门学科。基础理论是电视理论研究的"原理"部分，主要研究电视本源的一般性和普遍性的规律，是联系和沟通其他学科理论的中介。此间，围绕中国电视的性质、任务、功能及特色，召开了大量研讨会，发表了大量有价值的学术论文，出版了一批理论著作。学者们认为，电视一方面作为党、政府和人民的喉舌，具有导向功能；另一方面作为现代化大众传播媒介，具有很强的娱乐功能和产业属性。这些理论的研究对后来中国电视的发展具有很强的指导作用。

在此期间，中国电视理论研究的突破，还在于1998年国家"九五"重点社科课题——"中国特色社会主义电视理论的研究"。这一课题当时集中了全国十多位知名学者重点攻关，在吸取以往有关电视理论成果的基础上，更加明确了中国特色社会主义电视的特色、性质、任务、功能，围绕电视宣传、技术、管理、产业经营、受众、队伍建设等电视工作的方方面面，进行了深入的论述，建构了一整套具有中国特色的电视理论体系。体现这一课题的成果《中国电视论纲》出版后，引起学术界和业界的很大反响，并在人民大会堂隆重召开了首发式。该成果具有科学性、理论性、应用性、系统性、前瞻性特征，标志着电视作为一门学科基本成立。

4. 全国电视理论研究格局形成，不同载体，特色突出

从80年代起，电视研究逐步发展深化，基本形成了电视基础理论、电视应用理

论、电视决策理论、电视史学的研究格局。其研究群体形成，科研院校中从事电视教育与电视研究的人员构成了电视基础理论研究群体；各媒体从业人员紧密结合实际，形成了电视应用理论研究群体；各电视管理部门、机构和研究院所的从业人员构成了电视决策研究群体；科研院校的人员构成了电视史学研究群体。经过20多年的发展，《现代传播》等成为电视基础理论研究的重要阵地；《电视研究》等成为电视应用理论研究的核心阵地；《中国电视》等成为电视剧研究的主要载体；《当代电视》等成为电视文艺研究的主要阵地。这几类研究群体和不同阵地在更为广阔的理论背景下相互交流、融合，形成合力，共同推进中国电视事业的发展。

四、中国电视理论的繁荣阶段（2001年—现在）

进入21世纪以来，随着中国电视事业的发展，中国电视理论研究进入多热点、多难点的时期。实践呼唤理论，中国电视理论研究也进入繁荣发展时期，主要表现出以下几方面的特点：

1. 电视理论研究队伍扩大，主体身份多元化

随着我国教育和电视事业的发展，中国电视理论研究队伍不断壮大。目前我国有800多所院校办有电视专业，约有1万多名从事电视教育和研究的人员。全国业界包括各级电视台从事电视研究的人员也有近万名，再加上其他人文社会科学研究人员对电视研究的介入，总计有3万人左右。在这一研究队伍中，科研院校大多以基础理论研究和史学研究为主；电视台研究人员大多以应用理论研究为主；从事管理的人员大多以决策理论为主。

2. 国家加大投入，各级各类电视研究课题大大增加

从1983年起，我国设立了国家社科基金研究项目。直到1990年，我国第一个广播电视方面的项目——由赵玉明教授主持的《中国广播电视通史》才列入国家规划项目中，此后10年间，广播电视列入国家社科基金项目的总计仅17项。进入21世纪以来，国家及有关部门加强电视研究的立项工作，每年都有若干项关于电视研究的国家课题立项。国家广电总局每年都设立同电视实践紧密相关的课题，仅2008年，总局就设立部级课题近40项。教育部在影视理论方面也要设立十多项各类研究课题。这些国家层面的课题涉及电视理论研究的方方面面。另外，各省也同样有相应的电视课题研究。

3. 围绕事业发展，深化应用研究，重点特色突出

进入21世纪以来，围绕中国电视事业的发展，出现了许多迫切需要解决的问题，热点难点多，理论研究任重道远。针对电视发展中出现的种种热点难点问题，在这一时期，我国电视研究围绕电视管理，进行了电视体制改革的研究；围绕电视产业，进行了电视产业化、集团化的研究；围绕电视技术的发展，进行了电视数字化、网络化的研究；围绕电视经营，进行了制播分离改革的研究；围绕电视的发展趋势，进行了

电视与新媒体关系、媒介融合的研究；围绕电视改革，进行了频道专业化、品牌化的研究；围绕电视节目质量，进行了节目评估的研究；围绕电视新闻改革，进行了民生新闻的研究；围绕电视文化，进行了电视平民化、娱乐化的研究。另外，对电视新闻、纪录片、电视剧、综艺节目的生产、管理、创作规律等都进行了深入的研究。这些热点问题研究取得了一个又一个突破性进展，解决了我国电视事业发展中的一系列问题。

4. 研究形式多样、范围扩大，成果丰硕，学科建设更加成熟

进入 21 世纪以来，网络为电视研究提供平台。以中央电视台国际网站"电视批判"为代表的理论平台，一开始就受到学界和业界的关注，三年时间，就有 200 多位电视理论学者在这一平台上传播各自理论主张。这些成果从不同角度阐述了电视理念、电视现象、电视节目等。网络电视批评成为大众研究电视的最佳平台，开拓了现代化的电视研究形式。进入 21 世纪以来，我国电视基础理论研究方面，在电视本质理论基础上，对有关电视与政治、与经济、与文化、与社会、与法律、与道德、与科技等方面进行较为深入的研究，在电视传播学、电视美学、电视艺术学、电视文化学、电视批评学、电视语言学、电视心理学等方面也出现了大批成果；应用理论方面，围绕电视创作，对节目、栏目、新闻报道、专题片、纪录片、综艺节目、电视剧等创作规律进行了卓有成效的探索；决策理论方面，围绕电视战略规划，电视政策法规、电视传播制度等内容，取得了一系列有利于中国电视事业发展的成果。

2000 年以后，我国电视类著作的出版数量呈上升趋势。据不完全统计，2007 年我国出版电视类的著作在 650 部左右，发表相关学术论文 8000 篇左右。这些成果推动了中国电视事业的健康发展，加强了电视学科建设，使电视作为一门学科更加成熟。

五、坚持中国电视理论研究的可持续发展

目前中国是一个电视大国，到 2025 年，中国将成为电视强国。此间，电视理论研究任重道远，建立和完善中国电视理论体系，是做好事业发展的重要理论保障。目前我们要进一步加强基础理论研究；深化应用理论研究；强化决策理论研究；重视史学研究。要立足当代中国电视实践，抓住热点、难点问题，强化问题意识，不断提升学术品格，坚持理论创新，服务于中国电视事业的发展。

1. 加强电视基础理论研究

电视基础理论的扎实与厚重，将影响到应用理论和决策理论的研究，进而影响到中国电视事业的发展。中国要建成电视强国，离不开电视基础理论的不断开发和利用。因而加强电视本质理论的研究、加强电视外部关系和内部关系的研究就显得十分重要。目前我国电视基础理论研究还应在学理性和应用性上下功夫。同时我们还应以开放的态度，合理地吸收西方电视基础理论中的有用部分，广泛借助相关学科的理论成果，提倡创造符合电视规律的新模式、新方法和新概念，创造出既有普适性又有合理性、

逻辑上周延的研究范式、方法和新的理念。

2. 深化电视应用理论研究

电视应用理论的深入研究，可以使基础理论的研究拓宽视野，使决策理论的研究更加全面准确，更加符合电视传播实践。它主要对电视传播、电视运行中的各环节进行可操作性、有针对性的研究。我们要深化电视创作的研究，主要包括有新闻报道、专题节目、纪录片、综艺节目、电视剧等类型的创作研究。同时还包括电视传播环节、电视构成要素的研究。根据目前我国电视应用理论研究的现状，我们还应该在电视节目创新上下功夫，要在电视传播的各个环节、要素的相互关系中去开拓研究视野，要在电视传播的动态生存环境中去开拓新的节目样式，以得到更多受众的欢迎。应用理论研究要关心电视实践的发展趋势，要紧密地跟踪世界电视的创作动态和前沿理念，使我们的电视应用理论研究保持一种鲜活的魅力，以更好地为电视创作现实服务。

3. 强化电视决策理论研究

决策理论关系电视事业的发展方向，强化决策理论对基础理论和应用理论的深入开展有重要的启示。电视决策理论从宏观到微观，包括电视战略规划研究、改革法规研究和管理制度研究三个方面。电视决策理论研究是以最直接的方式影响电视事业的管理，它对电视事业发展进程中出现的众多现实问题，给予切实解决。目前我们的电视事业正处在转型时期，正面临着一个重要突破，这个时期可能会长一些，因此，其理论研究任重道远。

在进行决策理论研究时，在方法上，要坚持政策性与科学性相结合、普遍性与特殊性相结合、可操作性与可持续性相结合。在借鉴国外电视发展经验的基础上坚持中国特色的社会主义电视的发展方向。这样我们的理论才能更有科学性。

4. 重视电视史学研究

电视史学研究既是历史的经验总结，同时又能为现实借鉴服务。目前我国已有一批这样的成果，既有像台史、年鉴这样的事业发展史，又有像电视剧史、纪录片史、批评史这样的专业史，此外还有一些阶段史等，但相对其他理论研究还显滞后，这方面研究的空白点还很多。各个媒体、各个专业、各种节目类型都有它的发展过程，这些历史的梳理对今后事业的发展都有十分重要的意义，它也是电视作为一门学科十分重要而不可缺失的内容。因此，为现实服务，是史学研究的一项重要任务。

建立和完善中国电视理论体系，不仅是学科的需要，更重要的是为当下电视事业发展服务。加强中国电视理论建设，可以摆脱电视事业发展中盲目无序的状态，使我国电视事业有一个稳固、坚实、可持续发展的理论依据。中国电视理论的健康协调发展是中国电视事业可持续发展的重要保证，这是我们共同奋斗的目标。

参考文献

[1] 杨伟光主编：《中国电视论纲》，中国广播电视出版社1998年版。
[2] 欧阳宏生：《电视批评论》，中国广播电视出版社2000年版。
[3] 徐光春主编：《中华人民共和国广播电视简史》，中国广播电视出版社2003年版。
[4] 赵玉明：《中国广播电视通史》，中国传媒大学出版社2006年版。
[5] 刘习良：《中国电视史》，中国广播电视出版社2007年版。
[6] 熊国荣：《1958—1980年中国电视剧理论研究》，《现代传播》2008年第5期。
[7] 历年《广播业务》《现代传播》《中国广播电视学刊》《电视研究》。

（作者欧阳宏生系四川大学教授、博士生导师、新闻传播研究所所长；李宜蓬系四川大学新闻传播研究所研究员）

数字化技术视角下的广播电视学学科建设

赵康帅

当前,我国的广播电视事业早已进入数字化媒体时代,广播电视学学科也日益受到数字化技术的影响。与日新月异的广播电视事业乃至新媒体研究相比,对于广播电视技术学科与广播电视学学科本体联系的研究却稍显滞后。

对于广播电视学学科体系的划分,当前学界存在多种观点,我们一般比较认同的是将广播电视学划分为"两大领域、三大模块"的学科体系。其中,广播电视通信工程与技术学属于以广播电视活动为研究对象的与广播电视学交叉学科。① "广播电视交叉学科是在广播电视学正式形成中由广播电视学和其他学科相互渗透而形成的。"② "广播电视学科的核心理念是借助一定的技术手段,实现有效的视听信息传播。"③ 广播电视技术学作为广播电视交叉学科的组成部分,虽然目前无法同广播电视新闻学、广播电视艺术学一样成为一门成熟的独立学科,处在成长阶段的广播电视技术学仍具有学科发展的潜力与空间。因此,思索数字化媒体时代的广播电视学学科建设,有必要对广播电视技术学科的发展历程做出梳理与总结,归纳其发展规律与经验教训,以求完善广播电视学学科体系。

一、广播电视学与广播电视技术学科建设发展历程

1980年,北京广播学院进行学科调整,将原新闻系重新组建为新闻系、播音系、文艺系和电视系,并成立新闻研究所。结合教学需要,广播电视的研究开始突破新闻学的框架,向建立独立的广播电视学学科迈出了第一步。

1992年国家技术监督局颁布的国家标准《学科分类与代码》中,将"广播与电视"列为"新闻学与传播学"学科范围的二级学科,下设"广播电视史""广播电视理论""广播电视业务""广播电视播音"等三级学科。④ 至此广播电视学学科已经初

---

① 参见艾红红:《建议将广播电视学列为一级学科——"广播电视学学科体系建设研究"课题论证会综述》,《现代传播》(中国传媒大学学报)2010年11月,第134~135页。
② 赵玉明、艾红红、庞亮:《广播电视学学科体系建设研究》,中国广播影视出版社2015年10月版,第319页。
③ 谢鼎新:《试析广播电视学科体系的架构》,《现代传播》(中国传媒大学学报)2008年2月,第47~48页。
④ 参见赵玉明:《谈谈广播电视研究和广播电视学学科建设》,《现代传播》(中国传媒大学学报)2007年4月,第104~108页。

具雏形。

在广播电视技术学科建设方面,广播电视技术学科与广播电视学学科的发展历程一直保持着密切的关联。广播电视技术学科在本科阶段主要包括了广播电视工程专业;另外,部分未开设此专业的高校也在电子信息工程或通信工程专业下开设与广播电视相关的专业方向。"目前,在全国高校中开设广播电视工程专业的不多,大部分是广播电视学校升格的职业技术学院,开设全日制本科教育时间较长的是中国传媒大学(原北京广播学院),在其他开设此专业的高校中,基本上属于新增专业,如南京邮电大学、西藏大学、浙江传媒学院等。"①

以中国传媒大学(原北京广播学院)的广播电视技术学科建设为例:1981年北京广播学院将原无线电系调整为三系一部一所(包括电视工程系、微波工程系、无线电工程系、工程基础部、广播技术研究所),电视工程系遂告成立。1986年2月,电视工程系与1980年独立的电视系合并为新的电视系,这种合并有利于机构精简、文理相互渗透以及艺术与技术结合。此种合并形势一直持续到1995年工学院成立,这种将工科与文科联合培养的方式才暂时告一段落。

进入21世纪后,数字电视事业、多媒体事业在全球如日中天地快速发展,国内急需大量数字电视技术、多媒体技术人才。1999年,广播电视工程专业合并到电子信息工程专业。教育部在2002年新增的第一批本科专业中恢复了"广播电视工程专业",广播电视工程系于同年成立,从那时起"广播电视工程专业"又重新恢复招生。

我国以中国传媒大学为代表的高等教育培养单位为广播电视技术人才培养设置了三个专业方向:

数字电视工程方向(原广播电视技术方向):培养数字电视系统工程师,主要课程为数字电视技术、网络制播技术、视频测量技术、数字视频系统设计等。

数字视音频处理技术(原多媒体技术方向):主要课程为多媒体数据库、数据压缩原理与应用、网络制播技术及数字视频处理等。

数字电视节目制作技术方向:在"广播电视工程专业"高年级学生中选拔一批具有一定艺术特长的学生,培养数字技术与艺术结合的复合型人才。主要课程包括电视编辑与数字合成技术、音频工程、数字电视制作技术等。

从专业方向的设置上可以看出,自1995年后,我校广播电视工程专业归属于工学院中的电气信息类专业,但广播电视工程专业教育培养却又有别于同学院的电子信息工程、通信工程等专业,具有属于自己本身的特点。它与广播电视学学科本体的联系仍是十分紧密的,比如,在三个专业方向的课程设置上,均包含了数字电视演播室等

---

① 邓云桂:《广播电视工程专业本科课程体系研究》,《中国市场》2006年第44期,第66~67页。

技术类课程。此类实践操作课程的设置,对于广播电视学学科的不论是应用实践,还是深入研究都很有裨益。数字电视节目制作技术方向开设的电视编辑与数字合成技术专业课程,培养了面向社会就业的人才的基础拍摄、剪辑和编辑能力,扩展了此专业学生的视野,加深了学生对广播电视事业的理解和认识。

二、数字化技术在广播电视学科中的应用

在我国科学技术不断进步与发展的背景之下,广播电视在数字化领域也有了长足的发展。随着人们获取信息的途径的不断增加,人们对所获取信息的质量与速度提出了更高的要求。显而易见,传统的广播电视已经远不能满足人们的需求,数字化技术的应运而生给广播电视的发展带来了新的希望。

(一) 数字化技术概念界定

关于数字化技术的概念,庞淑梅将其定义为:使用数字技术能够对电子数据、信息、图像、表格等数据进行处理和分类工作,对于其下属编码进行设定工作,将编码与数字形式之间进行转换工作[1]。邓伟疆认为:广播电视数字化是一种非常高效的将图像、数据以及声音进行处理、储存、控制、传送以及显示的现代化高科技手段[2]。笔者所理解的广播电视数字化应该包括了在广播电视节目生产与制作中使用的数字传输技术、数字存储技术等一系列技术手段和标准。

(二) 数字化技术的优势

相比于传统电视的模拟信号,数字信号的传送速度、传送质量不易受到环境影响。数字信号的运用很好地将信息进行准确的传递,能在用户接收前进行翻译与执行,受外界环境影响小,更适于复杂地区的播出情况。因此,数字化技术的应用有助于显著提升观众收听广播、观看电视的声音和图像质量。

随着数字技术的广泛应用,数字信号(包括声音信号和图像信号)之间的存储朝向便携化方向发展,更多大容量的存储设备开始在节目制作的流程中使用。数字化技术突破了传统信号输出之间的限制性要求,通过光纤或者无线网络高效地传输声音与图像信号,光纤的使用能够使得信息之间的传输更加方便快捷,数据之间的效率也得到显著的提升,极大地扩展了传输的内容数量以及渠道途径。

谈及数字化技术的优势,除了经常提及的有效提高图像质量和便携性以外,笔者认为还应该包括更高效的频谱利用率。通过应用数字化技术,观众安装数字机顶盒就能够接收丰富的数字信号。数字信号通过机器转换为视音频信号呈现给观众,观众可以自由地选择观看方式。因此,数字化技术极大地提高了频谱利用率,丰富了广播电视节目内容,能够为观众提供更多高质量的信息和节目。

---

[1] 庞淑梅:《广电技术如何实现与互联网技术结合初探》,《科技风》2017 年 1 月,第 47 页。
[2] 邓伟疆:《简述广播电视技术数字化发展进程》,《视听》,2016 年 11 月,第 203~204 页。

（三）数字化技术与广播电视学科的转向

随着科学技术的快速发展，数字化技术越来越多地应用于广播电视学科之中，其中最主要的就是数字音频技术的应用和发展，这对提高广播电视传播效果和质量都起着非常重要的作用。

我们知道，广播电视实务研究经历了从技术出发广播电视本位式研究、以新闻宣传为中心的工作式到以媒介传播为中心的学科式研究的发展历程。从1977年至今，对于广播电视实务的研究已经逐步转向了以媒介传播为中心的学科式研究。在学科式的研究中，数字化技术在广播电视学科中实践应用的研究也仍然存在。

各个广播电台、电视台出版的学术刊物中，不乏对数字化技术应用于广播电视领域的探讨。广播电视行业的从业者从实务的角度出发，积极分析数字化技术给广播电视带来的影响和改变。研究者的关注点多集中于数字化时代下广播电视技术的优化、数字化广播电视技术发展与应用以及新兴技术的特点等，体现了广播电视从业者对于业界新技术手段的密切关注。

作为教学单位的各大高校，也在广播电视学本科及研究生教育的培养计划中设置了数字电视制作技术、非线性编辑技术等相关课程。培养学生对技术发展与应用的感性认识，也让学生更加熟悉当今广播电视业界的发展情况。可以说，广播电视技术学科的学习贯穿于整个广播电视学教育的过程，而数字化技术的发展使得它的重要性日益凸显。

三、广播电视技术学科建设探讨

在数字化媒体时代，广播电视学科的建设绝不可能摆脱技术的支撑，学科本体与广播电视技术学科的密切联系将长期存在。依据目前这一领域的理论体系、学科制度及研究成果，我们知道，广播电视学科体系建设是一个不断创新、发展和完善的过程。

（一）正确看待广播电视技术革新的影响和作用

媒介技术是广播电视新闻产生和发展的物质基础，它的革新为广播电视新闻生产制作提供了有力的、丰富的表达手段，故而广播电视新闻的革新实际上就是广播电视技术的革新的一部分。广播电视技术的每一步小的改良和每一步大的变革都将推动广播电视事业的发展，以至于为整个人类社会带来翻天覆地的变化，伴随着技术手段的不断进步，广播电视的覆盖领域和表现手法得到了很大的扩展，广播电视从业者对先进传播工具的使用与操作也更加得心应手，正因为技术的进步，才能使广播电视媒体的优势得以真正体现，才能够使广播电视作品更快更好地呈现给受众。

当今广播电视的播出环境愈发复杂，多媒介融合时代的新兴技术日新月异。这就要求广播电视研究者必须从真正意义上的各方理论基础出发，结合我国实际情况做出正确判断。既不能抱残守缺不敢涉足新兴技术的研究领域，也不能囿于学科成见切断广播电视学学科与广播电视技术学科的密切联系。

(二) 科学把握广播电视技术实践与理论根基的关系

广播电视技术多应用于广播电视事业的实践，但其理论基础的构建也不可忽视。

在数字化时代的今天，广播电视机构和设备对于广播电视技术的需求是很多的。因此，直接改善广播电视技术手段，使得各种交错复杂的数字信号得以充分运用到广播电视实践的发展中就显得尤为重要。只有紧密跟随实践与实务进程，才能可能使广播电视技术学科不至于与实践与实务相隔太远，以至于沦为纸上谈兵。

同时，我们还需要特别关注广播电视技术理论基础的研究和广播电视技术发展过程中各项理论的内涵。只有以扎实的理论研究为基础，才能更好地将技术手段应用于实践，才能促进广播电视事业和我国社会经济的不断进步和可持续发展。

(三) 注重互联网技术与广播电视技术学科的融合

随着互联网在生活中各个方面的渗透，"三网融合"的大潮已经势不可当。"三网融合"的水平代表了一个国家信息化水平的发展程度。受众群体的分化以及媒体内部的融合趋势促进了"三网融合"的发展，新兴技术的进步使得"三网融合"成为可能。

广播电视事业的发展离不开技术的革新，而新技术支撑下的"三网融合"使广播电视内容生产发生了新变化，有关广播电视技术转型发展的讨论甚嚣尘上。互联网技术特别是移动互联网技术，对传统的广播电视技术是一次巨大的冲击。移动互联网对于广播电视受众的分流作用极为明显，但是同时这又给广播电视技术带来了一次重大的革新机会。

在媒体内容领域，互联网技术与广播电视技术得到了重要应用。移动端在与广播电视不断争夺用户群体，而广播电视利用与互联网技术紧密结合促进了视音频资源的共享使用。"三网融合"后的广播电视网络开始逐步产生与互联网相似的性能倾向，由原有的单纯的视频资源播出平台转变为提供文本、图像、视频等多种媒体资源的用户需求定制服务。网络电视台如雨后春笋，网络电视开始走进千家万户，用户在网络电视上可以自由地选择自己需要的资源。

随着互联网技术与广播电视技术的融合，将推动广播电视技术的进一步发展，带给广播电视技术学科新的生机与发展机遇。如何确定网络与新媒体在广播电视技术学科研究中的位置成为新的研究议题。吸纳了互联网技术的广播电视技术学科内涵和外延都将得到拓展。

(四) 注重交叉学科融合发展，建立多种形式的交叉学科研究机构

从世界一流大学的学科体系建设的基本经验来看，世界一流大学一般都拥有数量庞大的跨学科、交叉学科研究机构。交叉学科的发展是高等教育未来的活力源泉所在，更是支撑我们国家在与世界各国综合国力竞争中获胜的重要保证。不同学术领域的教

师和学生跨越了传统院系的界限，对不能用单一学科知识解决的复杂问题开展合作研究，建立各种各样的跨学科中心、实验室以及跨学科计划或课题组等跨学科组织。这些研究机构形式多样、运作灵活、成果丰富。①

对于广播电视技术学科而言，构建其与广播电视学学科之间的跨学科研究机构和协同创新组织很有必要。在广播电视学科本体的引领驱动下，大力发展广播电视技术学科研究中心等新兴交叉学科建设模式。建立交叉学科交流沟通机制，鼓励研究者共同探索感兴趣的研究话题，拓展交叉学科研究领域，逐渐形成长期有效的研究讨论机制；以课题及项目为牵引，汇集跨学科人才，形成广播电视学学科独特的研究领域或研究视角，开辟广播电视学学科新的生长点。

要在扎根理论的同时面向应用实践，同时注重与广播电视学其他交叉学科的合作，逐渐梳理出本学科特有的学科话语与理论框架，努力提升学科品位，着眼于拔尖创新人才综合素质培养和提升国家软实力。

四、结语

"随着广播电视事业的突飞猛进，视听工具经历了革命性的发展与变化。从信息传播的角度看，视听工具的革新属于传播技术的演进，在物质资料生产方式的范畴之内。因此，传播技术的进步归根结底取决于社会物质资料生产方式的进步。科技的进步是视听工具得以不断推陈出新的强大动力。"②

当代数字化技术的进步呈现出高速发展的大趋势，广播电视技术学科的研究可能将会成为本学科创新的力量和源泉。因此，更应重视并发展广播电视技术学科。在构建广播电视学学科体系时，要加大对广播电视技术学科的支持和资金投入力度，强化政策引导，鼓励研究者在广播电视技术学科中广泛开展创造性研究、培养创新型人才，促进新兴的学科特色和优势的形成。

广播电视学学科体系建设应以学科的交叉融合为依托，以学科本体建设为龙头，以新兴技术为特色，形成优势学科与融合交叉学科相统一、传统学科与新兴学科相促进的多学科协调发展的格局，进一步深化、拓展广播电视学的研究领域。

（作者系中国传媒大学新闻传播学部2016级硕士研究生）

---

① 参见晏湘涛：《世界一流大学学科体系建设的基本经验》，《研究生教育研究》2011年2月，第47~50页。
② 庞亮：《寻找声音和图像的足迹——新中国成立60年来视听工具的发展与变化》，《中国广播》2009年10月，第38~41页。

（三）

中国播音学发展简史

张 颂

内容摘要 本文将中国播音学发展历史进行了简单梳理，认为中国播音学的发展经过了以下四个时期：萌芽期（1923—1961 年）、草创期（1962—1981 年）、形成期（1982—1994 年）、发展期（1995 年—现在）。本文认为，中国播音学研究的主要方向及其内容主要包括：播音主持艺术基础理论，语言传播发声学和广播电视播音主持语体研究。文章还列举了中国播音学研究的主要著作。

关键词 中国播音学 分期 研究主要方向及内容

一、中国播音学研究的基本历程

谈到播音学发展，我们不妨以已故播音艺术家、原中国广播电视学会播音学研究会会长夏青先生在为张颂撰《研究播音理论是一项紧迫的任务》一文所作评述中的一段文字来开始，夏青说："播音具有极强的实践性……但是，实践不能没有理论，实践性再强，也需要理论的概括和理论的正确指导。由于一开始认识播音，只限于工作性质，尚缺少学科性质的认识条件，于是就产生某种偏颇，即'播音重要，但无独立理'。从苏联播音经验中，又认识到播音同表演的相同之处，以表演理论解决播音实践问题就行了。因此，长期以来，播音队伍中形成播音理论体系的独立学科意识相当淡漠。"而"直到播音和教学两方面实践都提出了研究理论的问题之后，才开始起步，脱离经验总结阶段，向建立体系阶段进展"。[①] 夏青的话简单而准确地概括了播音学研究发展的基本历程。

（一）萌芽期（1923—1961 年）

萌芽期还可以 1949 年中华人民共和国成立为界，分为两个阶段：中华人民共和国

---

① 见张颂、乔石著：《论播音艺术》，北京广播学院出版社 1992 年第 2 版，第 28 页。

成立前与中华人民共和国成立后。

1. 中华人民共和国成立前

中华人民共和国成立前的播音研究，又可以分为国统区与解放区两个部分。

国统区关于播音或涉及播音的文献较少，多散存于一些知名学者或作家的文章之中。

叶圣陶于1932年12月23日的《申报·自由谈》上发表的《文明利器》一文，较为集中地论述了当时广播的传播状况，提出应正确利用现代广播"团结大众""传授知识""报告消息"，以发展其正面价值，认为"一切所谓'文明利器'，其价值都不存在于本身，而存在于对于社会的影响。这可以从两方面看：一，它被操持在谁的手里；二，它被怎样的利用着"，这些看法讲的是媒体的存在价值和社会影响的问题，虽然没有直接谈及播音，却对播音的性质和任务有宏观的指导意义。

鲁迅曾于1934年发表了多篇杂文，如《偶感》《知了世界》《儒术》和《奇怪》等，评述了当年上海民营广播电台的节目，这些评论揭示了旧中国广播为剥削阶级服务的本质，批判了广播迎合低级趣味的现状，播音应也在其中。

茅盾在1937年8月28日的《救亡日报》上发表《对于时事播音的一点意见》一文，对当时的时事播音进行了评述，曾经建议，时事播音不必都只是死板地讲读报纸，应该"变换作风"，并以自己将报纸报道转换成说书的方式为例，提出了抗战文艺深入民间和文艺的通俗化、大众化问题，已经涉及播音再创作和播报样态的问题。①

在解放区，广播是有力的宣传武器，播音也被作为重要的一环，受到较多的重视，因此，有一些专门论述，所存文献也相对较多。

陕北新华广播时期，1948年5月至9月，当时负责新华社语言广播工作的梅益、徐迈进、温济泽。尤其是温济泽，经常写信给播音组，提示宣传要点，指出播音时的注意事项、对播音工作进行鼓励或批评。这些指导或建议，对于形成播音传统极为重要（如语言规范、播读正确、立场鲜明），个别方面发展成了播音理论的重要命题（如工作性质、编播兼顾、工作态度等），但大多数还只是在纠正错讹、安排工作的层面，并没有上升到系统的理论观照的层面，尤其是还没有更多地注意到播音的独立价值。

1948年下半年，陕北新华广播电台制定了《播音手续》《编播发稿工作细则》《口播清样送审办法》等，其中，《播音手续》规定了陕北台播音员每天工作的程序，要求播音员"播音时必须严格依照稿件，不得错漏或更改一字""如发现错播，应立即重播""若系重大错误，应请示编辑部负责人，正式发表更正"，这些制度的制定和实施，使陕北台和其他解放区广播电台的编播工作更加具体化、责任化、规范化，培养了一

---

① 以上见赵玉明著：《中国广播电视史文集》（续集），北京广播学院出版社2000年版，第126~142页。

批政治立场坚定、业务训练有素、工作认真负责、作风一丝不苟的广播工作者。①

播音员的个人工作总结。孟启予1948年9月的一份《十天播音工作个人总结》，其中详细地记录了播错、播漏的每个字，断得不得当的字句，以及播得好的稿件和改进的办法思路等。齐越在他的《十天播音工作个人总结》中，总结了播音的缺点和错误，分析了出现错误的原因，提出了改进办法。涉及字音错误、语句错漏、语气把握等方面，认识到了责任承担、认真备稿、心态调控的重要性。这些个人总结是最早涉及播音本体的研究，虽然以个人经验总结的形式出现，但鉴于其一方面具有普遍性，另一方面以传授的方式对年轻播音员所产生的普遍影响，仍然具有理论研究的意涵。②

2. 中华人民共和国成立后

中华人民共和国成立以后，为了适应和促进广播更大范围、更加规范的形势发展，出台了相关政策，进行了业务交流，促进了播音研究的发展。

1949年3月，陕北台迁进北平，改名为北平新华广播电台。电台制定的《北平新华广播电台训练播音方法》详细指出了选择播音员的标准以及播音应注意的事项，如怎样准备稿件，如何掌握抑、扬、顿、挫、快、慢、轻、重，如何表达语气情感，规定了播音手续，播音员应遵守的制度等。③ 较早也较系统地勾画出了播音所应注意的诸多方面。

1952年12月2日，在北京召开了第一次全国广播工作会议。在这次会议期间，由中央人民广播电台主持召开了播音工作座谈会，讨论了播音工作的性质、任务、作用、重要性以及对播音员的要求和应学习的内容。指出播音工作常常影响工作的全部效果，提出"播音员不是传声筒"，是"有丰富政治情感和艺术修养的宣传鼓动家""……应是人民的喉舌，要使自己的声音真正表现出伟大的中华民族的气魄，他要使自己广播的一言一句都深深打动人心"。在学习内容方面，业务部分包括了练声。④

1954年7月，齐越作为中国广播代表团成员去苏联学习，回国后先后在中央台传达了苏联播音工作经验，并翻译了苏联播音员撰写的一些文章。当时，中央台播音组在学习借鉴苏联播音经验的同时，开始总结自己的播音经验，经过全体播音员讨论，共写出五篇文章：《播音员和播音工作》，徐恒执笔；《克服报告新闻的八股腔》，夏青执笔；《播社论的体会》，李兵执笔；《把现实中的情景鲜明地再现在听众面前》，张洛执笔；《播音员和实况广播》，齐越执笔。这五篇文章是总结我国播音工作经验的最早的文章，总结了几种主要新闻体裁的播音以及播音工作管理和培训播音员的办法。

---

① 参见赵玉明主编：《中国解放区广播史》，中国广播电视出版社1992年版，第93~94页。
② 齐越：《献给祖国的声音》，中国广播电视出版社1989年版，第182页。
③ 中央人民广播电台研究室、北京广播学院新闻系：《解放区广播历史资料选编》，中国广播电视出版社1985年版，第189页。
④ 转引自张颂主编：《中国播音学》（修订版），北京广播学院出版社2003年版，第19页。

1955年3月在北京召开的"全国播音业务学习会",是中华人民共和国成立后召开的第一次全国性的播音会,中央广播事业局局长梅益、副局长温济泽、地播处处长左荧到会讲话,齐越介绍了苏联播音经验,被邀请的一些专家、学者、著名演员做了专题报告。

其中,梅益的讲话涉及播音创作的方向、播音工作的态度以及创作手段、情感、技巧和修养等多方面的问题。左荧也作了重要发言,我们将在后面对他的讲话加以较为详细的介绍。专题报告内容丰富,包括台词、朗诵、语音学知识、发声机理与方法、嗓音锻炼与保护、戏剧表演体系及演员修养等。

这次大会,明确了对播音的性质、地位、作用的认识,博采众长,对苏联播音经验和相关学科知识进行了学习、讨论,丰富了播音表达方法,促进了各地播音组和播音员总结经验,这些讲话、讲座的内容及形成的认识,基本上形成了播音创作的基本架构,为构筑中国播音学打下了坚实的基础。

左荧在1951年3月1日编印的《广播通报》第2卷第1期上,发表了《从"编播合一"谈到播音应该专业化》一文,对当时试行"编播合一"的背景、目的、得失进行了阐述,认为"作为培养播音员的办法提出来的'编播合一',显然不但没有提高播音水平,相反倒降低了",之所以如此,是因为"否定了播音工作独立发展的前途",指出"播音工作应该专业化",并对播音提出了较高的要求,说"好的播音应是亲切而有诱惑力的。使人们一打开机子就不能不听我们的播音,听就不能不听完,听完则久久不能忘怀"。①

1955年3月左荧在"业务学习会"上做了发言,并以《播音是一种语言艺术活动》为题发表于《广播业务》试刊号二。文章首先论述了播音在广播工作中的重要性,指出播音是广播工作程序中的最后一个环节。播音员是语言广播的集中体现者,肩负着重大的责任,应成为党的出色的宣传员,走在全国语言规范化的前列。并对轻视播音工作和片面强调播音工作重要性的两种错误认识进行了辨析。文章指出,播音工作是一种语言表现艺术,分析了播音艺术的特点。文章还认为,"播音工作是一种创造性的艺术活动",要达到吸引听众的目的,必须研究"播给谁听——播音的对象""播些什么——广播内容""为什么播讲——播音的最高目的性""怎样播讲——播音技术"的问题。其中,"播音技术"其实就是播音的"艺术",这一看法的提出正是他重视播音专业化和艺术性的体现,对于播音此后的理论研究具有重要的意义。在论述"怎样播讲"问题时,左荧还明确提出,"播音是一种艺术创作。任何艺术创作都有其独特的个性。因此,我们反对两种倾向:一种是单纯自我表现,一种是机械模仿",这些论述,在半个世纪后,仍然具有鲜明的现实意义和振聋发聩的力量。②

---

① 见《风范长存——左荧纪念文集》,中国传媒大学出版社2005年9月版,第15~18页。
② 同上,第84~96页。

张颂认为,"这篇文献是左荧同志对播音理论的重要贡献,尤其是他对于播音的第四个要素的阐释,凸显了他的真知灼见,具有深远的理论价值和实践意义","并成为中国播音学进入草创时期的前奏,为《中国播音学》专著的诞生,奠定了重要的学术基础。"①

1956年,齐越和崔玉陵节译了苏联功勋演员符·阿克肖诺夫所撰的《朗诵艺术》②,连载于《广播爱好者》,包括呼吸方式、发声吐字、重音停顿、语调、节奏、手势和创作想象、内心视像、内在语以及创作交流等内容,虽然较为简单,但是其语言表达艺术的理论框架比较全面,为播音基础理论研究打下了基础。

在这个阶段,主要是学习苏联的播音经验,研究"大文章"的播法,播音理论初见端倪。理论成果以《苏联播音经验汇编》《全国播音经验汇辑》《播音业务》等论文集为标志。

这一时期,理论成果以黄皮书《苏联播音经验汇编》、白皮书《播音业务》、蓝皮书《全国播音经验汇辑》为代表,这三本书分别总结了国外(苏联)、中央台和地方台(主要是省台)的播音经验,是对当时播音经验的一次总结和推广,也为播音理论的建立提供了基本的思路,具有重要的理论与实践意义。但是,"虽然有不少真知灼见,但明显地带有零散的经验色彩和斯坦尼斯拉夫斯基表演体系的印记"③。

(二) 草创期(1962—1981)

1962年,齐越在上海播音组的讲话成为播音理论的奠基之作。以此为标志,开始了中国播音学的探索。

1963年9月,北京广播学院正式招收中文播音专业。教学需要进行教材建设,在借鉴姊妹艺术经验的基础上,开设了"发声教学""基本表达"(时称"语言逻辑")等课程,印发了有关教材和资料。虽然比较简单,但是播音理论的主体已经比较明确了,一些基础理论如播音的性质和任务、播音创作的目的、用气发声以及感情、停顿、重音、节奏等内外部技巧等都得到了阐述,播音理论体系开始建立一定的格局和基本观点间架,播音研究由此开始走向体系化。④

"十年动乱"期间,播音理论和业务建设遭到破坏,中华人民共和国成立以后建立起来的播音理论和积累起来的播音经验,统统被诬蔑为"修正主义黑货",由政治代替一切,所有播音理论学习、播音业务培训、播音基本语言训练都被迫停止,优良传统被抛弃,播音风格遭扭曲,"高、平、空"的大喊大叫充斥广播。

---

① 见《风范长存——左荧纪念文集》,中国传媒大学出版社2005年9月版,第323页。
② 以《朗诵艺术》为书名正式出版是在1984年2月,此前于1956年连载于《广播爱好者》。
③ 张颂:《播音语言通论》,北京广播学院出版社2002年1月第2版,第33页。
④ 参见张颂:《中国播音学发展论》,载《播音主持教学法十二讲》,中国传媒大学出版社2005年版,第5页。

1979年召开了全国的播音基础教材研讨会，由张颂编写的《播音创作基础》（尚未正式出版）得到了大会的认可。书中已经出现了"正确的创作道路""新中国播音风格""播音表达规律"等内容。

1981年8月，在北京召开了全国第二次播音经验交流会，着重讨论了新闻播音特点和当时新闻播音存在的主要问题。会议提出了播音工作必须根据改革需要，勇于创新，探索新的播音方法。大会提出"大胆创新、百花齐放"的口号。会后，全国各地播音员贯彻会议精神，认真学习和实践，在播音业务和理论建设方面，都取得了可喜的成绩。出版了《话筒前的工作》一书。

（三）形成期（1982—1994）

1982年1月，张颂发表了《研究播音理论是一项紧迫的任务》一文，构筑了播音理论研究的框架，并由此拉开了播音学研究全面发展的序幕。夏青对此文的评价是"……研究理论却显得无足轻重，鲜有问津者。本文在这方面，提出了体系的构想，呼吁同行作为一项紧迫的任务，向理论的深度和广度进军，不久便得到了认同。现在（所评述书籍出版时间为1990年——作者注）播音理论研究已经进入了新的层次，研究者的队伍正不断扩大"[①]。

1983年，张颂出版了专著《朗读学》，主要内容包括朗读规律、具体感受、态度情感、目的对象、朗读状态以及停连、重音、语气、节奏等朗读技巧。这些内容涉及有声语言再创作的基本要求、基本流程、基本规律，虽然是针对朗读进行的，却也构筑了播音创作基础理论的基本框架。尤其是，此书立足于朗读的独特性所进行的建立学科体系的理论努力，实际上成为中国播音学学科建设的前奏。

"中国播音学丛书"为中国播音学理论体系的形成做了前期准备，其中主要有：张颂著《播音基础》（1985年，后改为《播音创作基础》）、徐恒著《播音发声学》（1985年）、吴郁主编《播音学简明教程》（1988年）、毕征主编《播音文体业务理论》（1989年）、张颂等著《论播音艺术》（1990年）、姚喜双著《播音风格探》（1992年）等。

1986年在银川召开了全国播音学术研讨会，1987年在北京成立了中国广播电视学会播音学研究会（后改为播音学研究委员会）。学会的成立对于播音理论研究全面、深入地开展，起到了极大的推动作用。1994年2月，张颂出版《播音语言通论》，对播音学科的地位与作用、播音语言的性质与特点等问题，进行了全面、充分的论证。针对广播电视事业发展过程中出现的无视语言规范、轻蔑语言功力的观点和理论，着重从语言文化的视角，以播音主持艺术为重点，论述了播音语言的内涵与外延，确立了

---

① 见张颂、乔石著：《论播音艺术》，北京广播学院出版社1992年第2版，第28页。

"语言是精妙的"中心论点，阐述了广播电视语言传播的继承传统、当下状况、未来走向。同时，将播音创作主体置于中外语言传播的广泛观照之中，并从受众、队伍、竞争、前景等宏观层面进行了论证。书中驳斥了有导向性错误的诸种偏颇见解，并针对广播电视语言传播存在的危机，提出了相应的对策。这本书是继《中国播音学》之后，在语言传播理论研究方面的又一力作，具有较高的理论价值。

1994年10月，《中国播音学》出版，它是中国播音学理论体系形成并开始走向成熟的重要标志，也宣告了一个新学科的诞生。

《中国播音学》由张颂主编，汇集了我国播音学研究领域的专家、学者的研究成果。该书规模宏大，包括"导论""发音""创作""表达""业务"四编共40章66万字，不仅明确了本身的学科定位，而且在理论、方法、指导思想和实践性等方面都具有较高的起点，初步建立起了中国播音学理论的严整体系。

(四) 发展期：从1995年至现在

这一时期，播音理论的研究进一步深化，并拓展了研究的领域。

对节目主持艺术理论的研究，是这一时期人们关注较多的方面。一些研究者对80年代中期就开始的节目主持人和主持人节目研究中的语言表达艺术，开始进行梳理和总结，初步形成了理论的框架。1999年，吴郁出版《主持人的语言艺术》，对节目主持艺术进行了更为系统、深入的研究，书中对节目主持人的语境、语用规则、语言功力、语言风格和主持人节目的语体特征等问题做了比较全面的阐述，对不同类型主持人节目的语言表达艺术也进行了分类研究。

1998年，姚喜双出版《播音学概论》，从理论上对播音学科的独立性作了全面的阐述，并对播音学科给予了美学理想的观照，在宏观与微观的结合上体现了学科的前沿性。

李晓华的《广播电视语言传播发声艺术概要》(1999年)从理论和实践两个层面对广播电视语言传播发声进行了拓展性、深入性研究，一方面对播音发声进行了历史梳理和理论阐释，另一方面结合一线实践和教学实践，进行了有针对性的内容设置和病例诊断。

祁芃的《播音主持心理学》(1999年)、陈京生的《电视播音与主持》(2000年)、鲁景超的《广播电视即兴口语表达》等著作，都在不同角度对播音学研究进行了一定程度的拓展。

从1999年开始，由中国传媒大学播音主持艺术学院与中国广播电视学会播音学研究委员会编辑出版的《播音主持艺术》，每年一部，截至2006年已出版7辑，文集的内容包括历年的获奖论文，涉及基础理论研究、教学研讨、人物访谈、一线实践等诸多内容。文集的出版，丰富和推动了中国播音学研究。

2003年，修订后的《中国播音学》再版，将业务部分分为广播播音与主持、电视播音与主持。

2003年，张颂出版《朗读美学》，把对有声语言表达的要求提高到了审美的高度。

从1997年开始，张颂在各种刊物上发表了数十篇论文，这些论文被收入《语言传播文论》（1999年）、《语言传播文论》（续集）（2002年）、《语言传播文论》（第3集）（2006年）。在这些论文中，张颂对中国播音学进行了深入和拓展，使得中国播音学的研究以播音为核心，涉及语言学及应用语言学、新闻传播学、哲学美学等诸多学科和领域，涵盖了三个子系统，分别是：广播电视语言传播系统、播音主持理论系统、大众传播和人际传播的关系系统。

二、中国播音学研究的主要方向及其内容

（一）播音主持艺术基础理论

播音主持艺术基础理论是中国播音学的重要组成部分。它是播音主持语言表达的基础理论，着重研究从稿件（或话题内容）准备到实际播出这个过程中基础性的理论问题，如播音主持语言创作的基本规律、原则、方法；传播主体的业务序列等。

播音主持是一种有声语言的创作活动，需要把稿件（或话题内容）变为有目的、有感情、有对象的有声语言作品，及于受众之耳，入于受众之心。该方向把播音主持作为一个过程来研究，探寻其表达特点和规律，主要解决创造道路、分析理解和具体感受稿件的方法、语言表达的内外部技巧以及话筒前状态诸问题。其基点在于正确处理"稿件（或话题内容）—传播主体—受众"这三者的关系，从理论与实践的结合上，对问题做出回答。

该方向在有稿播音（朗读学为主）、无稿播音（口语表达为主）的范围内，以信息传播为核心，研究以有声语言为主干或主线表情达意、言志传神的艺术规律以及声情并茂、悦耳动听的广播特点和声画和谐、赏心悦目的电视特点。

我国人民广播电视的播音主持艺术，几经曲折逐渐成熟，形成了独特的风格与气派。该方向还研究中国广播电视播音主持艺术发生、发展的过程，探求其发展规律，其中包括发展史研究，各个时期主要代表人物、重点作品、不同风格流派的研究，以及中外广播电视播音主持艺术的比较研究等。

上述研究的成果对于广播电视播音主持艺术其他方面的研究和实践具有直接指导作用；对传播主体加深语言造诣，强化语言功力，完善传播主体与接受主体的感应系统，构建语言美感、语言鉴赏、创作风格，体系都有重要的理论价值和实践意义。

（二）语言传播发声学

语言传播发声学是中国播音学的一个基础性分支。它以广播电视语言传播中的发音和用声为主要研究对象。

广播电视语言传播，是传播主体（如播音员、节目主持人）在特定的环境中通过电声系统运用有声语言进行的传播活动。语言传播发声学是从物理（声学）、生理（器官、机理）和心理（感受、感情）等方面，在理论与实践结合的基础上，阐释用气发声、吐字归音、声音弹性的规律与个体训练难点和方法的一门科学。这个研究方向有两个领域，一个是语言传播主体在话筒前应用和日常训练体系，主要解决处理情、声、气的关系，以达到自如地因情用气、以气托声、以声传情的目的；另一个是对语言传播主体的声音运用进行科学的主客观评价的体系，特别是解决"口耳之学"长期以来只有主观评价而缺乏客观评价的问题，通过使用现代科学技术手段对语言传播主体给以静态恒量和动态变量的监测，以建立各项指标体系、形成客观标准。

进入20世纪90年代以来，我国广播电视的节目样式发生了很大变化，如主持人节目、现场报道、晚会直播等，给语言传播发声研究与教学，提出了许多新的课题和更高的要求。该方向将通过深入探讨对之做出新的理论概括。

该方向的理论体系及研究成果，对于提高广播电视语言传播质量，具有一定的理论指导作用；在帮助专业人员掌握科学的用声方法，防治嗓音疾病等方面，显示出较高的实用价值。对于"人机对话"中语音识别与合成的研究，也有积极的意义。

（三）广播电视播音主持语体研究

广播电视播音与主持是一门综合性、实践性很强的边缘性学科，它涉及传播学、新闻学、语言学、播音学、社会心理学和美学等多种学科。它的任务是，系统研究各类广播电视节目播音主持的语体特征，以及与之相适应的教学训练方法；分析不同言语形式与心理机制、生理机制的关系，研究创作心态差异和肌体反应差异对言语表达模式的影响。它以辩证唯物主义为指导思想，以调查研究、个案研究、系统研究、比较研究为主要研究方法。该方向将立足于总结我国广播电视播音与主持的丰富实践经验，吸收相关学科的理论研究成果，构建中国广播电视播音与主持语体的理论体系。

广播是运用有声语言进行传播的，它与声画结合的电视传播方式相比，具有自身明显的特点。广播播音主持语体的研究，着重从广播播音主持语体的特征、功能、内容、结构、形式、创作心理、受众心理、语言表达特点、语体美学特征等方面来进行探讨。同时，对广播播音主持语体进行分类研究，根据不同体裁（包括文字稿和腹稿）、不同节目类型（如新闻评论类、知识服务类、教育欣赏类、综艺娱乐类等）、不同言语模式（如播报式、宣读式、谈话式、朗诵式、文艺晚会主持、现场报道等），分别探究其创作实践过程中的业务技能和表达规律。

电视播音与主持是电视传媒中不可或缺的重要传播手段和宣传形式，具有声画结合的特点。随着电视业的蓬勃发展，电视播音与主持的语体特点愈益鲜明，样态也渐趋丰富。电视播音与主持语体的研究，着重探讨与电视播音与主持相关的各种因素对语言表达的影响,电视节目语境对播音与主持语体的基本要求;分析各类不同节目播音主持的语体特征和艺术风格;探求提高电视播音主持艺术水平的途径和方法。主要内容包括:电视新闻口播与配音、电视新闻现场报道、电视纪录片解说、电视节目主持艺术、各类电视节目主持的特点、各种不同的电视播音主持风格、电视播音主持的形象造型及体态语的运用等。

三、中国播音学研究的主要著作

序号	著作名称	作者	出版日期	出版单位
1	朗读学	张颂	1983	湖南教育出版社
2	播音发声学	徐恒	1985	北京广播学院出版社
3	播音创作基础	张颂	1985	北京广播学院出版社
4	寄语青年播音员	齐越	1986	北京广播学院出版社
5	新闻播音理论与实践	陆茜	1987	北京广播学院出版社
6	语言发声原理 语言发声练习	李钢等	1988	北京广播学院出版社
7	语言表达艺术	姚喜双等	1988	北京广播学院出版社
8	小说播讲艺术	汪良	1988	北京广播学院出版社
9	播音学简明教程	吴郁主编	1988	北京广播学院出版社
10	播音文体业务理论	毕征主编	1989	北京广播学院出版社
11	献给祖国的声音	齐越	1989	中国广播电视出版社
12	论播音艺术	张颂等	1990	北京广播学院出版社
13	语言艺术发声概论	王璐 白龙	1990	哈尔滨工大出版社
14	播音风格探	姚喜双	1992	中国文联出版公司
15	播音导论	李越	1992	北京广播学院出版社
16	播音心理学	祁凡	1992	北京广播学院出版社
17	播音语言通论	张颂	1994	北京广播学院出版社
18	中国播音学	张颂主编	1994	北京广播学院出版社
19	中国播音大全	张颂主编	1994	广院音像教材出版社
20	走进播音朗诵主持艺术殿堂	姚喜双	1995	广院音像教材出版社
21	广播电视语言文字规范化文集	张颂(1)	1996	北京广播学院出版社
22	文艺作品演播	罗莉	1996	北京广播学院出版社
23	节目主持艺术探	吴郁	1997	北京广播学院出版社
24	播音学概论	姚喜双	1998	北京广播学院出版社
25	播音主持心理学	祁凡	1999	北京广播学院出版社

(续表)

序号	著作名称	作者	出版日期	出版单位
26	主持人的语言艺术	吴郁	1999	北京广播学院出版社
27	语言传播文论	张颂	1999	北京广播学院出版社
28	广播电视语言传播发声艺术概要	李晓华	1999	北京广播学院出版社
29	播音主持艺术（1）	姚喜双主持	1999	北京广播学院出版社
30	电视播音与主持	陈京生	2000	北京广播学院出版社
31	广播电视即兴口语表达	鲁景超	2000	北京广播学院出版社
32	广告播音艺术	曾志华	2000	北京广播学院出版社
33	播音创作观念论	付程	2000	北京广播学院出版社
34	播音主持艺术（2）	姚喜双主持	2000	北京广播学院出版社
35	播音主持艺术（3）	李晓华主持	2001	北京广播学院出版社
36	语言传播文论（续集）	张颂	2002	北京广播学院出版社
37	实用播音教程	付程等	2002	北京广播学院出版社
38	朗读美学	张颂	2003	北京广播学院出版社
39	中国播音学	张颂主编	2003	北京广播学院出版社
40	语言传播文论（第三集）	张颂	2006	中国传媒大学出版社
41	语言传播人文精神的阙失与重构	李凤辉	2006	中国传媒大学出版社
42	有声语言大众传播的生命活力	张政法	2006	中国传媒大学出版社
43	话筒前的工作	广播出版社编	1983	广播出版社
44	怎样做一个优秀播音员	中央人民广播电台播音部、《新闻战线》编辑部	1988	人民日报出版社
45	时代明星——漫谈节目主持人	徐德仁等	1990	复旦大学出版社
46	节目主持人概论	陆锡初	1991	北京广播学院出版社
47	论节目主持人	壮春雨	1991	北京广播学院出版社
48	节目主持人与新闻	陆锡初	1991	北京广播学院出版社
49	怎样当好节目主持人	苏宝华等	1991	黑龙江人民出版社
50	节目主持人的艺术和风采	应天常	1995	广东教育出版社
51	节目主持人通论	俞虹	1996	杭州大学出版社
52	节目主持人语言艺术	曹可凡 王群	1997	上海人民出版社
53	真话实说	鲁景超主编	1998	光明日报出版社

(续表)

序号	著作名称	作者	出版日期	出版单位
54	节目主持艺术通论	陆锡初	1998	中国广播电视出版社
55	声音	敬一丹	1998	华艺出版社
56	话筒前	敬一丹	1999	现代出版社
57	节目主持艺术论	应天常	1999	北京广播学院出版社
58	节目语体主持	李德副主编	1999	中国广播电视出版社

(作者系中国传媒大学播音与主持艺术学院教授)

我国广播电视节目主持理论研究的发展

陆锡初

1980年7月12日,中央电视台的《观察与思考》栏目首次出现"主持人"字样,成为我国"节目主持史上的里程碑"。迄今为止,我国的广播节目主持人历史已有27年。27年来,尤其是1990年6月16日,中国广播电视主持人节目研究会(后更名为节目主持人委员会)成立后,除了举办六届广播电视节目主持人"金话筒奖"评选和六届"金笔奖"论文评选外,还开展了一系列主题鲜明、内容丰富、形式多样的理论研讨会及学术研究活动。

一、我国广播电视主持人理论研究的基本概况

我国广播电视节目主持人理论研究呈现多视角、多方位、多元化的趋势,涉及面广泛,议题多样,贴近实际,具有很强的针对性、指导性。主要集中在以下四方面:

(一)基础理论研究

1991年10月,由三家单位在杭州联合举办主持人节目研讨会。会议在总结节目主持人诞生十年取得的成绩基础上,着重探讨了节目主持人的基本特征、主持人工作与播音工作的区别、如何提高节目主持人素质等。

1992年7月,在辽宁省丹东市召开"全国电视节目主持人研讨会"。会议重点探讨了电视节目主持人的地位、作用,还就主持人的分类、发展趋势、表达技巧、主持人与受众关系以及如何提高主持人素质、如何办好主持人节目等问题展开讨论。

1992年9月,中央电视台举办全国电视节目主持人研讨会。这次会议涉及的研讨课题有如下八方面:

1. 新闻节目主持人与娱乐、服务节目主持人的区别;
2. 节目主持人与记者现场报道,与播音员、演员的区别;
3. 主持人的基本素质有哪些?该不该有表演训练的基础?
4. 在上镜之前,主持人该不该有不露痕迹的表演设计?
5. 如何培养与突出主持人的个性风采?
6. 应该是节目适应主持人还是主持人去适应节目?
7. 怎样才能把主持人训练成采编播合一的全能人才?
8. 主持人在节目制作过程中应如何与摄制组其他成员协调关系,起到节目制作的中心作用？

1999年11月，主持人节目研究会在珠海举办1999年学术会，主要议题有三个：1. 关于节目主持人的界定；2. 探讨中国（大陆）节目主持人诞生日期；3. 确定2000年学术研究思路。

（二）明星主持人研究

1992年3月在上海举行了"时惠贤主持艺术研讨会"，这是我国首次为主持人举办的艺术研讨会，时任上海广播电视局局长的龚学平主持了这次研讨会。会后出版了《叶惠贤主持艺术论集》，时任中共中央办公厅副主任的曾庆红为该书作序，指出"中国广播电视学会主持人节目研究会和上海电视台专门为叶惠贤同志举办研讨会，并出版论集，这在国内尚属首次，我以为是一个良好的开端。实践出理论，理论又指导实践。《叶惠贤主持艺术论集》的出版，希望能够推动我国电视节目主持人整体素质的提高"。

1998年9月，在中央电视台主持人沈力从事播音与主持工作40周年之际，在北京召开了"沈力主持艺术研讨会"。会上，沈力作了题为《40年探寻》的发言。会后由中国广播电视出版社出版了《中国荧屏第一人——沈力》一书。该书编者在"后记"中说："沈力同志是我国第一位电视播音员，也是我国第一代电视节目主持人，在广大电视观众及电视播音界、主持界享有盛誉。""我们谨以本书对沈力40年的辛勤表示崇高的敬意，也给众多爱戴沈力的读者留下一份永久的纪念。"

（三）名台与名节目研究

1993年10月，在上海东方广播电台成立一周年之际，举办"迈向21世纪——现代广播上海研讨会"。会议的中心议题：1. 东方广播电台一年来的实践给我们的启示；2. 世界现代广播的崛起和中国广播的走向。1992年10月28日成立的上海东方电台的开播，把大规模的听众电话参与推向高潮，给广播带来了全新的传播效应，出现了"东方现象"。

1996年9月，在广州召开"中国广播改革回顾与展望研讨会——庆祝珠江经济台开播10周年"。1986年12月15日开播的珠江台一改传统的节目布局，把全天节目改为八大板块，全部由主持人主持，当时在国内是首创先河。"珠江模式"广播，影响深远。

此外，对获得"金话筒奖"的品牌节目，进行个案研究。如中央人民广播电台《午间半小时》《新闻纵横》、中央电视台《焦点访谈》、山西电视台《电视桥》、海峡之声《空中立交桥》等名节目，均分别召开研讨会，总结经验、提升理论认识、积极推广。

（四）专题研究

1996年9月举办"广播新闻评论主持人节目研讨会"，由上海广播电台承办。

1996年11月举办"电视评论主持人节目研讨会"，由深圳电视台承办。

1996年11月举办"中国城市广播的现状与发展趋势研讨会",由广州电台承办。

1999年4月举办"全国城市电台迈向21世纪研讨会",由常州广播电台承办。

二、我国广播电视主持人理论研究的发展

我国主持人的丰富实践给理论研究工作提供了充足的营养,展示了广阔的空间。27年来,节目主持理论园地呈现出一派生机盎然的繁荣景象,探索具有中国特色的主持理论蔚然成风。

(一) 跳出最初"言必称西方"的框框、走上了自主、独创的研究之路,紧密结合我国国情和广播电视改革的实际,总结自己创造性经验,探索具有中国特色的节目主持理论

20世纪80年代初,节目主持人在我国声屏诞生的一段时期,不少研究文章动辄以西方主持人的标准作为参照来衡量、评判中国主持人的优劣,以国外的理论观点来评判中国节目主持人研究的理论是非。

笔者认为:借鉴吸收国外主持人一些好的做法、经验和有益的理论是完全必要的,现在和将来还是要坚持这样做。问题的关键是不能离开中国的国情、民情和节目主持的实际,不能拘泥于外国传播学者怎么讲、外国著名主持人怎么做的套式。令人欣慰的是,我国主持人节目与主持人研究已经从外国传播学者和著名主持人的影子里走出来了。学者们的目光注视着国内主持人队伍素质的构成,研究他们的成长道路以及主持的特色和风格,如:《CCTV节目主持人的艺术和风采》一书,首次对中央电视台著名主持人赵忠祥、倪萍、陈铎、鞠萍、张悦、宋世雄、肖晓琳、董浩、张泽群等的主持艺术逐个进行深层剖析。作者"独具慧眼,勾勒了一个个节目主持人的形象,展示了他们的人品和追求的底蕴,而且直言不讳地道出了某些不足"。这一研究成果对深入了解我国节目主持人现状,促进我国节目主持人的健康成长,尽快提高节目主持人艺术都有着深刻的启迪和丰实的贡献。

尤为可喜的是学者们清醒地意识到主持人理论研究的重任、意义,并明确了研究的指导思想和奋斗目标。为此,陆锡初在《主持人节目学教程》一书中发出了这样的呼声:"新时期广播电视主持人节目的发展,呼唤着具有中国特色的主持人节目理论……希望理论工作者和主持明星们以及在第一线从事主持人节目工作的朋友们,携手奋斗,互相学习,共同努力,积极探索,为发展具有中国特色的主持人节目,为创建具有中国特色的主持人节目理论体系做出新贡献。"

(二) 通过自由平等的讨论、争鸣和各种学术观点、理论的互相碰撞、探讨,寻找理论真谛,推动了主持人理论研究的发展,繁荣了学术园地

27年来对主持人节目与主持人中的诸多学术问题的讨论、争鸣十分活跃,呈现出"百花争放,百家争鸣"的繁荣景象,如关于节目主持人界定讨论。

广播电视学学科建设
>>> 历史、现状与未来

自20世纪80年代初，我国节目主持人诞生的20多年中，理论界有关主持人界定的说法和表述，可谓众说纷纭，莫衷一是，研究者们从各自的认知理解和多种视角进行理论叙述，提出多种思考与观点竞相争鸣。1999年11月，中国广播电视学会节目主持人学术委员会曾在珠海召开了年会，他们讨论了"节目主持人的定义"。尽管未能达成共识，但这样的专题研讨、学术争鸣，给研究者们提供了诸多有益的思考与启示。

现将国内具有代表性的几种主要观点摘录如下：

（1）广播节目主持人：广播中直接面对听众的节目主持者、播讲者。

电视节目主持人：在电视节目中，出场为观众主持各种节目的人。主持人不是表演者，也有别于稿件的播报者。主持人是以他自己的身份、自己的语言借助屏幕面向观众直接进行传播活动。

——摘自《广播电视简明辞典》，中国广播电视出版社1989年8月出版。

（2）主持人作为电视节目直接出面向观众进行传情达意的特定角色，总结一点就是节目的支撑人物。

主持人在节目中所处的支撑地位，决定主持人在节目中起着主导作用，具体讲，其主导作用主要是：组织、串联、引导、沟通、交流、传达、吸引。

——摘自《中国应用电视学》，北京广播学院电视系主编，1993年6月出版。

（3）节目主持人：在广播电视中，出场为听众或观众主持各种节目的人。

——摘自《新闻工作手册》新华出版社，1995年2月出版。

（4）节目主持人是在广播电视中，以个体行为出现，代替着群体观念，用有声语言、形态来操作和把握节目进程，直接进行大众传播活动的人。

——摘自俞虹《节目主持人通论》，杭州大学出版社1996年3月出版。

（5）节目主持人是广播电视中，以真实的个人身份出现，通过交谈性语言主导节目进程，直接与受众平等交流的大众传播者。

——摘自陆锡初《节目主持人概论》（修订本），中国广播电视出版社2006年8月出版。

以上有关节目主持人的界定（定义）均刊载于具有一定社会影响和权威性的辞典书籍中，应该说具有广泛的代表性。笔者不准备逐条分析其优劣与不足，也不去比较彼此间的异同。尽管各自的认知、理解和文字表达有差异，但对我们如何正确理解节目主持人的内涵，为节目主持人做出科学的界定，均有启发和帮助，为理论研究拓宽了思路，提供了重要的理论依据和有益的借鉴。

又如，真实与表演之争。这是一个争论长达十多年而未得其果的问题。持"表演"观点的学者认为：

节目主持人是"非角色的表演"，主持人的工作本身就是"表演创作"。

主持人要表演自己，要逼真、不露痕迹地表演自己，同样需要高超的演技。

主张"真实"观点的学者认为"节目主持人不是表演者"，指出真实性才是节目主持人得以存在的基础。主持人在听众和观众的心目中应当是可靠可信的，言必真、行必真、事必真。主持人如果表演给别人看，就会让廉价的表演把新闻的真实性给拍卖了。持这一观点者认为："任何表演，只能使主持人的形象自我瓦解，而不会是形象的自我完善。"

还有关于"主持人中心制、责任制"与"制作人中心制""编导中心制"之争，"播音式与记者型主持之争"等，这里不再逐一展开。由此可见，主持人学术研究领域思想之活跃。这些问题需要通过不断实践、认识、再实践、再认识的过程，逐渐取得共识。

(三) 理论研究方法的多元化、多视角，手法新颖，思路独特，促进了主持人节目与主持人学术研究发展与繁荣

节目主持学是一门新兴的综合性学科，其实践性、理论性、前瞻性强，内涵丰富。它涉及新闻学、传播学、播音学、社会学、心理学、语言学和美学等诸多学科的领域。囿于多方面的限制，任何个人要想系统全面地进行研究均有相当难度。也许正是基于这个缘由，研究者们从各自专业优劣出发，以其独特的视角，采用诸多方法，从多方位、多侧面去研究，以"他山之石可以攻玉"的精神去攻克、探索，从而改变了理论研究的板结状态，形成了学术研究活跃生动的态势，开创了学术研究的新局面。

就应用理论研究来说，有从语言、语体角度来研究的，如关于主持人的语言表达、语言应用、心理语言以及语言风格、规律的研究。另有从新闻和传播角度研究的。近几年来，具有采编导新闻实践经验的记者型主持人，以其原始的新闻功底和较强的驾驭节目能力，活跃在主持岗位上，赢得了社会公众的认可。还有从节目本体角度研究的。从主持人节目与非主持人节目（播音员节目）的区别入手，探讨主持人与节目的关系以及不同类型主持人的素质构成和培养，探讨主持人节目的策划、定位、结构规律等。

就其目前的研究方法来说，呈现出灵活多样的趋势：有采用个案研究的，重点放在主持人的个案剖析，通过一个个典型个案的研究，总结出具有普遍意义的规律性的东西；有比较研究，通过中外节目主持人的比较，或通过同类主持人及其主持节目的比较，分析异同，寻找突破点；还有从边缘切入进行研究的。总之，研究者们注重独立思考，创造性地加以研究，以求理论研究有新的突破。

(四) 理论队伍的不断壮大，理论水平的提高和人员构成的特色化

节目主持的学术研究能否突破，能否有更大的提高，关键取决于人，取决于这支理论队伍。目前的理论队伍基本上由三部分人员构成：一是新闻院校的师生；二是节

目主持人和广播电视系统的有关编导、领导；三是新闻研究部门和社会上的有关专家、学者。从年龄构成来看，老、中、青都有，尤其是近年来，一批年轻的充满智慧和生机的硕士、博士的加盟，给这支理论队伍注入了新鲜血液，预示着节目主持理论研究的春天即将到来。

这支理论队伍有三个显著特点：一是理论与实践结合紧密，理论工作者和第一线的主持人成为这支理论队伍的核心，他们优势互补，互相融合，是理论研究水平提升的有力保证；二是理论队伍的专业化、年轻化；三是众多相关学科人员的加盟，他们以专业的目光、独特的视角、敏锐的嗅觉，从多方位、多角度探索节目主持理论，大大拓展了节目主持理论研究的内涵和外延，丰富了理论研究的宝库。

尽管27年来节目主持理论研究取得了丰硕成果，但理论研究仍滞后于实践，未起到指导作用，尚有不少问题等待解决，任重道远。诸如，在着重应用理论研究的同时，忽视前瞻性研究；在提倡个人研究的同时，忽视集体力量的整合和有计划的系统计划。尽管近年来，上述情况有所好转，出现了一些好的苗头，但仍需加大力度。

三、我国节目主持人理论研究的主要成果

目前，有关节目主持研究的专著（包括论著、教材、系列丛书、技能训练等）约有近百种。按出版时间先后大致可分为两个阶段：一是80年代末至90年代初出版的，称作前期著作；二是90年代中、后期及进入新世纪出版的，称作后期著作。

现将曾获奖和有影响的部分专著列举如下：

1. 前期著作（按出版时间顺序排列）：

①《时代的明星——漫谈电视节目主持人》

作者：徐德仁、施天权，复旦大学出版社，1990年12月出版。

②《论节目主持人》

作者：壮春雨，北京广播学院出版社，1991年3月出版。

③《节目主持人概论》

作者：陆锡初，中国广播电视出版社，1991年4月出版。

④《怎样当好节目主持人》

作者：苏宝华、冯海燕，黑龙江人民出版社，1991年8月出版。

⑤还有两本论文集《话说电视节目主持人》和《怎样当好节目主持人》。

前期这几本奠基之作，开创了我国主持人理论研究的先河，功不可没。在当时资料缺乏，实践尚少的情况下完成是下了一番功夫的。正如有的学者所说，"他们的功绩在于初步构造了这个学科的理论框架，勾画出主持人节目与节目主持人演化、发展的轨迹"，为此后的理论研究打下了基础，提供了重要参考。

2. 后期著作：

90年代中、后期，伴随着主持人节目普及与改革的升温，理论研究也出现了一个热潮，几乎每年都有新著，有时一年数本，质量也较前期有明显提高，学术研究及学术水平上了一个台阶。其中影响较大的有（以出版时间为序）：

①应天常：《CCTV节目主持人的艺术和风采》；
②陆锡初：《节目主持人与新闻》；
③陆锡初：《主持人节目学教程》；
④俞虹：《节目主持人通论》；
⑤韩泽主编：《节目主持学新论》；
⑥赵淑萍：《电视新闻节目主持艺术》；
⑦曹可凡、王群：《节目主持人语言艺术》；
⑧陆锡初：《节目主持艺术通论》；
⑨吴郁：《主持人的语言艺术》；
⑩任远：《电视节目主持人学初论》等。

透过以上理论专著，不难发现这一阶段学术著作出现的趋势。这些著作的特点，可概括为四个"性"，即理论性、系统性、创造性、学术性。

进入新世纪，有关主持艺术的理论专著数量明显增多，而且出现了鲜明的特征，即理论研究的深化、分化、理化，按照不同类型的主持人与主持人节目，分门别类地深入研究和探讨主持艺术。其中最具代表性的是中国传媒大学张颂教授和武汉大学李元授教授分别主编的两套"节目主持艺术系列丛书"。

张颂教授主编的"应用主持艺术系列丛书"共10册，即《初识主持人》《主持人外部语言基础》《主持人口语表达艺术》《主持人节目策划艺术》《主持人节目驾驭艺术》《主持人形象塑造艺术》《主持人场景应对技巧》《主持人提高与进修指南》《非节目主持艺术》《成功主持典范》。"应用主持艺术系列丛书"是一套具有启蒙性、应用性、探索性、研究性的读物，适合于爱好者、从业者、管理者、研究者了解、体味、借鉴、参考。

李元授教授主编的"节目主持艺术丛书"共分11册，即《节目主持人概论》《主持人审美修养》《主持人策划与创新》《主持人采编实务》《知名主持人妙语评点》（上册）、《知名主持人妙语评点》（下册）、《主持人文化底蕴》《主持人心理素质》《主持人形象塑造》《主持人语言艺术》《网络时代的节目主持》。这是一套具有"大视野、大思路、大手笔"的系列丛书，显现出鲜明的特点，即"全面系统性与理性""开创性与创新性""知识性与可操作性"。

（作者系中国传媒大学教授）

中国广播电视广告学研究综述

刘英华

改革开放近40年来，随着中国广告日趋屹立在世界广告行业发展前列，其增长速度、增长规模以及社会效应也让国内外众多学者为之侧目，其中的广播电视广告携其强大的传统媒体特征迅速成长为广告行业的支柱，尽管在新媒体的冲击下，广播电视广告的生存遭遇了前所未有的困境，但不可否认，广播电视广告依然是当今广告行业发展的主力，也正是基于这样的原因，国内关于广播电视广告学的研究成果层出不穷，不可胜数，这些学术成果不仅总结了广播电视广告已有的成果，也给其以后的发展方向带来了明确的指导，并且丰富了中国广告研究的内容和范畴。

除了以研究成果的数量和研究视野的范围大小来认定广播电视广告学的学科边界之外，按照国际学术界关于一门专业知识成为学科的学术标准来看，广播电视广告学的学科逻辑非常清晰。首先它有成为一门独立学科所必需的学科逻辑，其研究对象、学科归属、学科性质、学科知识架构、学科范畴、学科研究范式、学科研究方法、学科演进规律等明确；其次它的学科建设也是系统的、科学的。从研究对象来看，广播电视广告学的研究对象非常明确，即是广播电视广告的运作规律、发展历史以及在其发展过程中给社会政治、经济、文化带来的影响。从学科归属来看，广播电视广告学属于典型的交叉学科；从突出广播电视广告是一种信息传播的途径来看，广播电视广告学属于新闻传播学科；从突出广播电视广告是一种商品生产和商品交换的手段来看，广播电视广告学属于经济学科；从突出广播电视广告是一种艺术表现形式来看，广播电视广告学属于艺术学科。总之，其在学科性质、学科边界等方面有着区别于其他学科的独有特征。

进入21世纪以后，同广播电视实践的不断成熟一样，包括广播电视广告学研究在内的广播电视理论研究硕果累累。一批中、青年广播电视广告学研究工作者，以极高的学术热情和扎实的学术功力，奉献出一批对广播电视广告改革与发展以及广播电视广告学学科建设都有着重要价值的成果，在赢得了业界与社会的尊重的同时，也丰富了广播电视广告学自身的学科体系建设。

目前，广播电视广告学的学科体系由三大部分内容组成，即理论广播电视广告学、历史广播电视广告学和实用广播电视广告学。其中理论广播电视广告学主要涉及广播电视广告的策划与产业研究等理论内容。历史广播电视广告学主要研究、总结广播电视广告活动发展、演变的历史及发展趋势。它涉及：广播电视广告的起源问题，广播电视广告不同时期的地位、作用与影响问题，不同时期的广播电视广告发展的特点及广播电视广告发展趋势问题。实用广播电视广告学主要涉及广播电视广告的创意、制作、表现等实务操作层面的研究。

一、广播电视广告学研究成果概述

(一) 图书出版

广播电视广告图书出版主要集中在广播电视广告理论、广播电视广告实务、广播电视广告文化、广播电视广告经营四类。据不完全统计，近年来编印出版的各类广播电视广告书刊有上百种。其中有代表性的著作既包括樊志育、朱月昌、路盛章等一批广播电视广告领域资深学者，也有聂艳梅、姚力等一批新生代学者，他们分别从自己的研究领域出发对广播电视广告学科进行了较为深入的研究和探讨，进一步丰富了广播电视广告学的研究成果。

这些学术成果研究视野开阔，研究成果突出，研究领域多样，研究方法灵活，如朱月昌的《广播电视广告学》，这是国内首部阐述广播电视广告原理和方法的图书，全书通过上下篇向读者分别展示了广播电视广告的诞生、要素、创意、制作等内容，既具有理论的前沿性，又具有实践的操作性。中国传媒大学孙会的《电视广告叙事与批评》通过大量的案例分析，对电视广告的叙事主体、叙事情节、叙事内容、叙事话语进行了深入的探讨，并且对电视广告与受众交流的机制体系也做了详细的描述。尽管这部分图书大都属于教材性质，存在理论研究不深入、研究方向不灵活、研究范式不规范等缺憾，但在很大程度上丰富了广播电视广告研究的视野。

(二) 学术期刊

目前登载广播电视广告学理论与实务研究论文的专业期刊主要有《国际品牌观察》(原《国际广告》)、《现代广告》《中国广告》等。《国际品牌观察》作为以研究国际广告为主的杂志，一直扮演国人了解国外广播电视广告和广播电视广告学研究窗口的角色；《现代广告》的研究比较集中于广播电视广告行业、广播电视广告法规，这是基于其植根于中国广告协会的特殊背景，比较重视广播电视广告行业的发展态势，提供了大量的调研报告，并创立了多样性的意见平台，具有很好的学术服务性；《中国广告》的编辑价值取向一直是追求学术性，无论是学术质量还是研究议题，都在同类学术期刊中居于领先地位。

除此之外，刊登广播电视广告学论文的期刊还有《新闻与传播研究》《现代传播》《新闻大学》等一批以新闻传播研究为特色的专业期刊，还有《中国广播电视学刊》《中国广播》《电视研究》等专业性较强的学术期刊也刊载有部分广播电视广告学的学术论文。但是总的来说，目前广播电视广告学界还没有一份为学界所共同认可的学术研究的专业期刊，也没有一份刊物进入"核心期刊"，这与我国的广播电视广告业及学术研究的发展现状不相符。

二、广播电视广告学研究的学术视野

纵观这些成果，研究视野主要集中在以下几方面：

（一）广播电视广告行业

对广播电视广告行业的研究一直是广播电视广告学研究的重头，从早期广播电视广告开始在社会政治经济生活扮演重要角色以来，学者对广播电视广告行业的发展现状及未来趋势的探索就从未停止。从广播电视广告的异军突起，到在传统媒体时代的大行其道，广播电视广告给社会政治经济生活带来了极大的影响，学者们纷纷从各个角度探讨广播电视广告发展的特征、规律以及对广播电视行业的影响。

近年来，随着新媒体的强势崛起，广播电视广告的生存遭到了强势的阻击，一些研究广播电视广告如何应对新媒体冲击的学术成果纷纷呈现。如樊颖婵《关于影视广告与数字电视的一些思考》、冯小花《浅谈我国广播电视新媒体发展现状及未来趋势》、赵晴《数字时代电视广告的机遇与挑战》等。学者们普遍认为，面对传统媒体人才流失、受众流失和权威性流失的传播困境，广播电视广告流失不可避免，但新媒体的冲击并不是传统媒体的末日，如果通过媒体融合、调整媒体经营发展方向、提高广播电视节目质量是可以将受众吸引到广播电视行业中来的。

另外，还有总结整个广播电视行业发展方向的一些学术成果，如黄升民、周滢《应对NGB时代的内容战略——对传统电视业未来发展的构想》中提到了NGB打破了现在广播电视行业的内容供需平衡，因此开放广播电视内容制作环节势在必行。在对广播电视广告行业的研究中，还有一部分成果是从媒体和产业经营的角度考察广播电视广告运营中出现的问题及解决的思路，如姚爽的《广播广告经营的发展特征》一文通过分析受众、资本和制度的变化，得出使广播广告更加规范化和专业化的解决办法。另外徐蓉的《推进广播广告规范化经营》一文则从宏观层面探讨了推进广播广告规范经营的必要性和紧迫性。

（二）广播电视广告监管

广播电视广告虽然在很大程度上促进了社会的发展和进步，也给人们的社会生活带来了极大的便利，但其传播信息的方式和频率一直饱受诟病，因此，对广播电视广告的监管一直是政府和学者关注的重点，金山江在其论文《我国广播电视广告监管的现状及建议》中分析了广播电视广告传播的现状，指出了广播电视广告存在的问题和负面现象，结合国外的广告监管机制，给我国广播电视广告监管提出了切实可行的建议。

除了广告播放时间长、插播现象严重、公益广告偏少之外，对广播电视广告的指责还主要集中在其虚假宣传上，因此，虚假广告的治理也一直是广播电视广告学研究的重点，学者们从虚假广告的现象、成因及法律规制等方面做出了丰富而又深入的研究，这类成果也为数不少。如周灵美的《我国虚假广告成因分析及治理对策研究》、徐小平的《广播电视负面广告产生的原因及控制》等。主要学术观点包括从法律监管、媒体自律、行业自律、公众监督等方面着手，杜绝广播电视广告行业的虚假宣传。另外，在广播电视广告监管领域还包括对医疗广告的治理，此类广告一直是广告监管面临的顽疾，对于这种现象，学者们认为从源头入手，加强对媒体的约束，同时提倡结构化升级，真正回归广播电视行业的传播本质。

（三）广播电视广告实务

鉴于广播电视广告强大的传播效果和经济效果，学者们对广播电视广告实务的研究向来最为重视，从策划、创意、制作、发布、效果测定和评估等方面给出了自己的建议。

广播电视广告虽属于广告行业，但其独特的媒体特征要求广播电视广告的制作必须要契合媒体特征和消费者心理，其生产方式也要完全符合广电媒体的传播要求。大量的学术成果纷纷从创意、配音、音乐、画面、剪辑技巧等方面上探讨提高广播电视广告效果的可行性，如杨茜的《电视广告音乐在品牌塑造中的功能研究》等。

另外在受众媒体接触习惯变化，消费者的消费心理日益成熟以及受众市场日趋细化的当下，广播电视广告的创意必须要积极调整，创意的针对性和灵活性必须要强，而不是一味地以一成不变的手法去应对当今的传播状况。如包汗青的《现代西方美学视野下的广播广告功能研究》和唐英的《电视广告中的审美与消费互动》等学术成果认为，当代消费者不仅消费产品，也消费产品带来的美感体验，因此，广播电视广告必须赋予受众独特的审美体验才能俘获受众的心理。

此外，由于广播电视广告的制作相对于其他媒体来说也较为特殊，制作设备的精良、制作手法的巧妙都要求从业人员要具备高超的创作技巧才能应对日益复杂的行业要求。而在新媒体日趋强势的今天，广播电视广告的创作不仅要遵循其媒体导向，而且还要迎合消费者日益提高的审美趣味。

（四）广播电视广告教育

众所周知，中国广播电视广告学科建设获得了三个方面新的突破：一是专业设置和学科建设获得历史性与标志性的突破；二是广播电视广告理论和专业教材获得本土化与系统化的突破；三是权威教材和优秀教材获得科学性与前瞻性的突破。除此之外，越来越多的广播电视广告教育者认识到，不应满足于只提供单纯的广播电视广告前沿实务知识，还要教授充实的理论、研究、管理、创意和分析能力，使学生更有效地筹划、整合和推广成功的广播电视广告活动。面对着广告行业的飞跃式发展，广播电视广告学科的学科定位和发展方向也发生了巨大的变化，学科教育如何应对如此复杂而又多变的局面也是学者们关注的重点，厦门大学陈培爱教授的论文《数字化时代中国广告教育改革的思考》通过分析中国广告教育的现状和广告行业的要求，提出了"两个转变、两个面向"的发展思路，即转变教育理念、转变学科定位和课程设置，面向市场和面向国际化。另外还有武汉大学廖秉宜的《数字时代的广告教育变革》也提出了广告教育要转变发展思路，改革课程体系，更新师资队伍师资结构等解决路径。

（五）广播电视广告的中外比较研究

2005年以后，中国全面放开广告市场，部分专家学者纷纷开始就广播电视广告的国际化展开讨论，使得中国广播电视广告在国际化的道路上阔步向前。伴随着改革开放的深入和中国广告走向世界的步伐，中国广播电视广告的研究也渐渐地走上了国际化的道路，在学科规范和研究范式上逐步向国外看齐，研究内容也多点开花，有的研究国外广播电视广告行业的发展，包括广播电视广告流通过程、收费制度、运营制度等。如刘晓丹《解构韩国广播电视广告审议体系》；还有的研究者将视角转向了国外广播电视广告监管体系，研究国外广播电视监管体系给我国带来的启示，当然也不乏有人以国外的广告教育作为研究对象，对国外广播电视广告人才的培养方式、培养计划和培养体系做了详细的介绍，这些研究成果对于国内学者了解国外广播电视广告行业全貌起着重要的参考作用。

国内学者在研究国外广播电视广告行业时，不但对经济发达国家，如美国、日本、韩国的广告业做了非常详细深入的分析，对一些经济不发达但是广告业却独树一帜的国家也进行了深入的研究，如泰国、巴西、墨西哥等。特别是泰国近年来在广告行业的进步引起了国内学者的重视，一大批关于泰国广告行业的研究成果纷纷呈现在国人面前，这些成果对泰国的广播电视广告的监管体系、创意制度、叙事策略和发展趋势进行了较为完整的探索。其中韦京求的硕士论文《泰国电视广告监督与管理浅析》从分析泰国文化传统入手，全景展现了泰国广告的监管体系、监管历史、监管制度、监管过程等内容，给我国的广播电视广告监管体系带来了丰富的参考价值。

（六）广播电视广告文化批判研究

广告自诞生以来就以其强烈的功利性受到世人的关注，而对于和受众息息相关的广播电视广告的批判更是从未停止。目前学界对广播电视广告的批判主要集中在以下几方面：

首先是宣传方式，广播电视广告以其生动活泼的媒体特征突破了平面媒体的限制，将产品和品牌的特征表现得淋漓尽致，但却有意或无意地忽略了夸大和夸张的区别，由此造成了消费者的误解，对广播电视广告虚假宣传的指责不绝于耳。

其次是对广播电视广告对未成年人的影响,因为未成年人的年龄和心理原因,部分广告中出现的消费场景和提倡的消费心理容易误导未成年人形成不良的消费习惯,还会导致他们产生攀比心理,而且广告当中的一些场景容易诱导儿童产生危险的模仿行为,这些都不利于未成年人的成长,也受到了很多学者的批评。这些观点可以体现在韩璐的《分析电视广告对儿童的消极影响》等论文中。

对广播电视广告的文化批判还集中在其对女性形象的使用上,这些成果通过分析广告作品中的女性形象类型,探讨形成女性形象刻板印象化的成因,并且从各个角度分析了解决此类现象的办法。这类的研究成果也比较多,如浙江师范大学应莹的硕士论文《电视广告中女性形象塑造及问题对策的研究》等。

另外,对广播电视广告的文化批判还集中认为广播电视广告的盛行在一定程度上消解了文化的严肃性,使得大众文化渐渐取代了精英文化,最后会导致文化的传承面临困境,如曾欢欢的《电视广告符号与消费主义神话》一文就有如此的反映。

(七)广播电视公益广告研究

从1987年中央电视台开办《广而告之》栏目以来,中国公益广告就走进了研究者的视野。目前的一些学术成果也基本上以此为起点,将公益广告的发展划分为了三个阶段,从发轫,到初步繁荣,再到现在的稳步发展。另外对广播电视公益广告发展的特点也做了有针对性的概述,如刊播主体的多元化、广告主题的系列化、刊播标准的常态化、融资渠道的多元化等,广播电视公益广告的社会教育作用也得到了学者的一致认可,他们通过对公益广告的说服机制和受众基础的分析,指出了现在广播电视公益广告发展过程中的一些问题,如主体不明确,创意不独特,说服效果不到位等,这些观点对指导广播电视公益广告进一步发展有着强烈的参考价值。

总之,中国广播电视广告学研究取得了较大的成果,这些成果的取得,一方面归功于迅猛推进的广播电视广告改革与发展的业界实践大大激发了研究者的学术热情,为广播电视广告研究工作提供了坚实的现实基础;另一方面是大量的广播电视广告研究成果引起了广播电视广告行业内外的重视,产生了良好的社会效益,促使对研究工作的投入不断加大。

三、广播电视广告学研究的不足

总的看来,目前的广播电视广告学研究中至少还有以下几点不足:

(一)研究方法陈旧,缺乏理论创新。表现在研究实践中,缺乏科学的定量研究,大多还是一般的定性归纳与总结;对当前中外新的广播电视广告学理论学习和吸收不够,研究中的理论指导稍显苍白。方法与理论都急需由单一、经验向多元、科学演进。

(二)研究视野还不够宽广,研究的水平、成果还不均衡,对广播电视广告学学科自身的地位、性质及建设关注不足等。还有就是对广播电视广告自身发展的规律探讨较少，特别是对广播广告的研究成果更是乏善可陈，现有的一些学术成果普遍缺乏高度，这些都是今后研究中应予以重点突破的。

（三）交叉、比较研究开展的不够。未能从传播学、文化学、历史学等多学科、多角度对广播电视广告学进行全方位的整体研究，缺乏同其他门类广播电视学科的比较研究。新实践和理论的发展都要求我们从更广阔的社会科学、人文学科背景出发开拓和深化中国广播电视广告学研究。

四、未来广播电视广告学研究的展望

对于今后的广播电视广告学研究，还须在以下方面继续努力：

（一）注重实用性与学术性的结合研究。研究者应该特别注意广播电视广告运作的动态过程，着力解决广播电视广告传播活动中遇到的实际问题，使广播电视广告理论源于实践又能反过来指导实践。

（二）注重本土化与国际化的结合研究。当前，中国广播电视广告业的生存和发展策略就是做好本土化、国际化的工作，而本土化、国际化的问题研究目前还没有成为研究重点之一。我们应该集中火力对如何本土化、如何国际化以及它们的互动问题进行深入的探讨，把它作为今后一段时间的关注焦点、研究重点。

（三）推进融合化与分支化的结合研究。所谓融合化就是吸收其他学科的知识，如结合传播学、社会学、心理学、人类学、法学、哲学、经济学、管理学的知识进行深入研究。所谓分支化就是进行交叉研究，如通过广播电视广告与传播、审美、休闲、政治、文化、舆论、科技、生态、法律、伦理等领域的交叉研究来拓展广播电视广告学研究。

同时也寄希望于广告业界在与广播电视广告教育、研究界的联姻方面发挥更大的作用。

（作者刘英华系中国传媒大学广告学院教授、博士生导师；苏颜军系中国传媒大学广告学院2016级博士研究生）

广播电视语体研究回顾

李佐丰　赵　均　张武江

内容摘要　本文以广播语体、电视语体两大分类为纲，以系统研究和专题研究为目，回顾广电语体半个世纪的研究历程，梳理该领域的学术发展脉络，总结之前的研究成果，以利于广电语体研究的进一步深入。

关键词　广播语体　电视语体　系统研究　专题研究

广播电视语体学研究走过了半个多世纪，回顾其研究历程，首先要面对的问题是广播电视语体的定义和定位。广播电视语体的上位概念——"语体"虽然早已被广泛运用，但是关于广播电视语体的定义和定位，目前学界尚没有取得一致的意见。在我们看来，广播电视语体是一种借助于电子技术而实现的大众传媒的语言变体，也就是说，是在广播电视传播渠道的条件下，所表述的范围、内容相对确定的一种大众传媒语言。虽然广播和电视语体有它们的共性，但我们认为，广播语体和电视语体是两种很不同的语体。基于电波传送声音的广播语体，跟自然语言中的有备性的口语语体表现出较多的共性，它主要是诉诸受众的听觉；而电视节目则包含图像和语言等多种要素，图像和语言等符号同时作用于受众的视觉和听觉，所以电视语体是多种符号系统综合作用后产生的一种语言变体。电视语体与纯粹在自然语言的基础上形成的口语体或书面语体相比较，似乎更像是一种独立的特殊语体。这种语体跟画面等密切相关，相应在用词造句和篇章结构上都有其特性，所以本文把广播电视语体的回顾分为广播语体和电视语体两大类来叙述。

在对广播电视语体研究回顾之前，有以下两点需要说明：

1. 广播电视语言是一种播出语言，对于广播电视语体的研究必定要涉及播音主持的创作理论、表达规律、播音风格等方面的内容。主要是考虑到本文的篇幅，跟播音主持有关的内容，本文暂不涉及，希望能在另外的文章中再来讨论这方面的问题，这里主要讨论跟语体中的文本有关的内容。

2. 有些著作或论文的内容涉及广播语体和电视语体两个方面，如果内容主要是谈其中某一个方面的，我们就只在这个方面的研究中列出；内容在两个方面都涉及较多的，我们会在广播语体研究和电视语体研究中分别列出其相关内容。

一、广播语体研究

早期的广播语体研究着重探索广播语言运用的基本要求,有关内容主要存在于主管部门的行政命令或业务部门的工作总结中。广播语言的运用也引起了许多著名学者的注意,叶圣陶先生曾多次谈到对广播语言的看法,老舍、吕叔湘、朱德熙、高名凯、石安石、徐通锵、叶蜚声等先生也都曾谈过这个问题。广播工作者对语体的研究,起始于对广播稿件内容的把握、语言特点的探索、修辞方式的使用等,这些研究紧密联系工作实际。以下我们从系统研究和专题研究两个方面来介绍广播语体的研究情况。

（一）广播语体的系统研究

广播语体的系统研究,始于20世纪70年代末,著述从无到有,逐渐深入和细化。前期（1978—1988年）侧重于广播语体的实用性研究,尤其集中于思考广播宣传中的语言运用,代表性学者有施旗、牛印文等。他们在展开论述时,重视列宁、斯大林、毛泽东以及高尔基、鲁迅、叶圣陶、陈望道等人的理论观点。后期（1989—2005年）的著作重视语言学、符号学和语体学等相关领域的理论,林兴仁、吴为章、李佐丰等人的研究成果较有代表性。

1. 北京广播学院新闻系写作教研组1978年为《天津广播》的通讯员编写的内部资料——《广播宣传与语言运用》是目前可见的最早的一本专门研究广播语言的著述,是创立较为系统的广播语言研究体系的首次尝试。该书重视应用性和针对性,主要强调在广播稿写作中要改进文风、说明广播宣传对于语言的要求和广播稿的基础写作方法。本书主要是在写作知识、现代汉语等的理论基础上来展开研究。

2. 国内第一部研究广播语言的专著是由施旗、时煜华、徐丹晖、殷志敏编写的《广播语言的运用》（河北人民出版社,1980年）。这本书基本上可以看作是1978年《广播宣传与语言运用》这一内部资料的改写,除对语句行文的调整之外,主要改动是抽去了广播稿基础写作方法的大部分,保留了这一部分的修辞、标点符号使用和容易出现的语病。这一改动也可以看出研究者对于广播语言的语体学已经有了方向性的思考。

3. 施旗的《广播语言研究》（1983年）是江苏省广播事业局宣传处编印的内部资料,该书吸收学界对广播特点的研究成果,对于广播语言的交际方式和语言环境特点作了进一步拓展研究。从语体学的角度看,该书对广播语言的语境论述对于后来建构广播语体学的研究是有重要意义的。本书认为广播语言是经过加工的口头语言,广播语言要具体形象、简洁明快、声感优美。该书收集了大量例句,从语言应用方面对广播语言的规范化、广播稿的遣词造句、长短句使用以及数目字和标点符号的使用做了细致地剖析,实用性较强。

4. 施旗的《广播电视语言》（中国广播电视出版社,1988年）是第一本兼论广播和电视语言应用的专著。本书总结了以前广播语言的研究成果，并认为广播语言应具有口语化、立体化、规范化、感知性、简明性、质朴性的特点，本书对于广播语言特点的总结更为凝练、准确。该书还从写作和播讲两方面论述了音韵美、语言结构和语音停顿、句子类型和语气语调、长短句使用、数目字的使用等问题。

5. 黎运汉主编的《现代汉语语体修辞学》（广西教育出版社，1989年）将口语体划分为三个次类：日常谈语体、演讲体、实况广播体。实况广播体包括体坛比赛的实况解说，各种娱乐庆典活动中节目主持人的即兴串播，记者采访时的实地口头直播等。它的语言特点是简明性和生动性。该书对演讲体和实况广播体的研究可以说是填补了口头语体的一块空白。

6. 林兴仁的《实用广播语体学》（中国广播电视出版社，1989年）是第一部以广播语体学命名的专著，它的出版是广播语言研究进入偏重语体研究的标志。该书共分二十章：第一章"广播语体学的研究对象和任务"，第三章"广播的语境、广播的模拟语境和广播的语体"基本上是作者之前所写有关论文的再编辑（下文介绍），第五章"广播语体对语言因素的总要求"，第六章"广播语体与修辞"总结了之前的广播语体应用的研究成果。本书对广播语体研究的拓展在于：（1）第二章"汉语广播语体的形成与演变"对汉语广播语体的形成和演变做了分期梳理，划分为：开始从报刊体中分离出来的汉语广播语体（1940—1949年），逐步走向独立道路的汉语广播语体（1949—1966年），汉语广播语体的倒退（1966—1976年），百花争艳、特色鲜明的汉语广播语体（1976—1988年）。（2）第四章"广播的对象与广播的语体"对广播的对象与广播语体的关系做了初步研究，认为广播的对象影响着广播的语体，不同的广播分语体适合不同的广播对象。（3）第八章"广播语体的定格、变格、排斥、渗透与创新"是从一个新的角度来研究语体。（4）第九章"汉语广播语体的类型"对广播语体进行了分层次研究，首先将广播语体定位为加工过的口语语体，而后划分出广播地域方言、广播交际领域、广播体裁、广播表现风格、广播时代特征等五类范畴，再后则将划分出的广播新闻、广播新闻性专稿、广播评论、广播对话、广播书信、广播讲座、广播广告、文艺性广播体等分别以专章进行介绍。（5）第十七章"主持人形式"和第十八章"板块形式"把主持人形式和节目编排纳入广播语体研究。此外，林兴仁认为，广播语体学不能不谈音响和音乐这两个因素。

林兴仁的《广播的语言艺术》（语文出版社，1994年）一书是作者的论文《广播稿中比喻的运用》《广播的模拟语境和广播的语体》《建立广播语体学的初步设想》的改写，这三篇论文将在下文涉及。林兴仁的《广播语言教程》（陕西人民教育出版社，1998年）认为广播语体是一个总概念，可以分为广播公文事务口语体、广播通俗科技语体、广播政论谈话体、广播新闻信息传播体、广播文艺语体等五类分语体。

7. 牛印文、吴为章、姚喜双的《广播电视语言应用》（四川辞书出版社，1990年）更像是一本广播电视语言应用的辞书，全书按照条目编写，涵盖了广播电视语言应用的各个方面，着重于一般性原则的归纳。全书分为广播电视语言的特征和基本要求、广播节目的语言运用、电视节目的语言运用、播音语言三大块，内容的细致是空前的。对于广播节目语言的运用也做了十分细化的研究与分析。尤其值得注意的是，本书所谈的广播语言应用包括了音响效果和配乐。作者将播音语言作为一个重要组成部分纳入广播电视语言应用研究中来，这是之前的研究者所没有做过的。

8. 谭细心的《广播电视语言分析》（中国物资出版社，1990年）扎根于作者在中央人民广播电台长期的工作经验和研究体会，通过大量分析广播电视节目实例，总结了广播电视语言的特点和运用规律。该书也注意到了广播电视语体内部的下位区分，深入研究了广播电视语言的运用特点。

9. 吴为章的《广播电视话语研究选集》（北京广播学院出版社，1997年）是作者一段时间以来广播电视语体研究成果的汇编，书中收录了作者多篇有影响的论文，这些论文对于广播语体的研究有指导性的意义，我们将在下文对本选集中的论文进行摘要介绍。

10. 李佐丰的《广播电视语言》（北京广播学院出版社，1998年）认为："广播电视语言是一种借助于电子传播技术创造语境、面对广大的个别听众而又无及时反馈的有备性谈话语体。"本书对广播电视语体从词语系统和选用原则、句子成分和造句要求、复句类型和相关联系、句群构成和逻辑照应、篇章结构和衔接手段等五个方面做了分析研究，对标题的作用、种类等也做了梳整。

11. 李元授、白丁合著的《新闻语言学》（新华出版社，2001年）运用新闻学与语言学的原理，探讨了新闻语言学中一些带有规律性的问题。书中的第十二章讨论了与广播新闻语言有关的几个问题。

12. 高歌东的《广播语体修辞学》（天津教育出版社，2005年）比较全面地总结了广播语体中修辞方式的运用规律，从而填补了这方面研究的空白。该书第一大部分探讨了广播修辞的理论，其余五大部分是将二十八种修辞方式归结在声音类、结构类、描绘类、替代类、引导类等五大类里面展开讨论。

（二）广播语体的专题研究

"文革"前，与广播语言有关的论文一般汇集在中央电视台的《广播业务》中，它们主要强调广播语言要听得懂，通俗化。从80年代初期开始，学者们对广播语言进行了逐渐深入的研究。这种研究主要集中在应用、修辞、语体以及回顾、介绍等几个方面。

1. 应用性的论文，大多侧重于从正面讨论广播语言的特点，如孔凡文《谈谈广播新闻语言的基本特色》(《北京广播学院学报》1981年第2期),王治安《浅谈对农村广播语言问题的可听性》(《湖北广播电视研究》1987年第4期),杨格君、姜志国《农村广播的语言特色例谈》(《莱阳农学院学报》1988年第2期),滕越《也谈广播语言的通俗化》(《广播电视天地》1988年第1期),沈国寅《广播稿应当写出"听"味来》(《视听纵横》1988年第4期),王杰《可听性初探》(《天津广播电视》1988年《广播学论文集》),朱林达《略谈广播稿的口语化》(《广播业务》1988年第10期),曹进《关于广播语言的口语化》(《山东视听》1989年第10期),田斌《浅谈广播新闻语言的应用》(《大庆社会科学》1988年增刊),慧子《语体转换——从书面语到广电语言》(《绍兴文理学院学报》1997年9月),梁东洪《关于实用口语的辩证思考》(《洛阳师专学报》1999年第5期),林兴仁《浅析"文革"广播体》(《北京广播学院学报》1989年第3、4期),陆锡初《谈广播新闻的可听性》(《北京广播学院学报》1984年第1期)。有的侧重于讨论稿件的修改与加工,如陆锡初《修改稿件浅谈》(《北京广播学院学报》1982年第1期),林兴仁《广播电视中的语言污染》(《语文建设》1996年第2期),彭宗平《广播电视语言请慎用简缩形式》(《语文建设》2000年第1期),应天常《论"废话"的语用功能》(《现代传播》2002年第4期);此外还有:黄汉充《大脑功能和广播语言》(《北京广播学院学报》1984年第2期),陆原《运用信息方法促进报道优化》(《新闻界》1986年第5期),梁新学《广播新闻中的数据处理》(《广播业务》1988年第7期)。

2. 修辞方面的论文有:陆锡初《试论科技广播稿的形象化手法》(《北京广播学院学报》),徐丹晖《广播语言的、立体感刍议》(《修辞学论文集》第二集,福建人民出版社,1984年),林兴仁《广播稿中比喻的运用》(《北京广播学院学报》1985年第3期),徐丹晖《通感在广播语言中的修辞作用》(《修辞丛谈》,河北人民出版社,1986年),谢绍秋《通感在广播新闻中的位置》(《广播电视天地》1988年第3期),郭荣生《把数字用得生动些》(《视听月刊》1988年第10期),梁玉泉《广播语言重复的必要性及其分类》(《辽宁广播电视》1988年增刊),王胜《浅议数字在广播稿中的运用》(《江西视听》1989年第1期),林兴仁《汉语修辞格在广播语言中的适应与局限》(《中国广播电视学刊》1989年第2期),齐芳《语言冗余现象及其在广播中的合理运用》(《北国视听研究》1989年第2期),方胜中《模糊语言在新闻中的运用》(《视听纵横》1989年第5期),楚之江《论广播用语应有的和谐美》(《西北第二民族学院学报》1993年第3期)。

3. 从语体的角度来思考的文章有林兴仁《广播的模拟语境和广播的语体》(《北京广播学院学报》1987年第1期),本文认为广播的模拟语境是广播的说方和听方所设想的现实中交谈的一种言语环境。此文的主要成就是第一个提出从"语体"的角度来研究广播语言的思想,在广播语言研究上有开拓性的作用。林兴仁的《建立广播语体学的初步设想》(《北京广播学院学报》1988年第2期),则第一次提出了建立广播电视语体学的设想。在说明广播语体学研究的价值和意义的同时,认为广播语体学研究的具体项目应包括:(1)广播语体的形成和发展;(2)广播语体表达手段的特点;(3)广播语体的表现形式和所表达内容的关系;(4)广播语体中的各种体裁形式的结构和表现手法;(5)广播语体的写作要求和特点;(6)广播语体的分类;(7)广播语体规范及创新。

吴为章《关于广播电视语体研究的几点思考》(《现代传播》1998年第2、3期)一文认为广播电视语体是一项综合性研究,需要多学科的知识、多方面的通力合作。在具体研究过程中,需要汲取现代语言学和相关学科的理论成果,增强理论兼容意识,同时也要增强方法更新意识。本文最值得称道的是作者俯视广播电视语体研究全貌,宏观梳理研究脉络,为之后的研究者指出了许多前沿方向的课题。

有些学者则深入思考了广播语体的整体特征。刘玉峻《广播言语的根本特征》(《北京广播学院学报》1987年第2期)认为广播言语的根本特征是广播言语活动的单向性。刘大为在《语体是言语行为的类型》(《修辞学习》1994年第3期)中认为,广播电视媒体的特殊性"完全不表现在话语上而在说者与听者的时空关系、数量关系等方面以及话语的传播介质上","它采用口语体的形式却又将人与他的受众半分隔在不同的时空环境里(现场直播则仅是不同的空间环境)"。李文明《语体是言语的风格类型——兼与刘大为先生商榷》(《修辞学习》1994年第6期)是针对刘文的观点进行反驳,本文认为:"广播语体特殊性的表现自然是多种多样的,但话语上的表现却是首要的。无论说者与听者的时空关系、数量关系以及话语的传播介质怎样,广播媒体语言都会呈现出一组形式上的特点,也就是说,都有自己的言语风格类型。"赵雪《关于广播电视语体的思考》(《现代传播》2000年第3期):认为广播电视语体不应简单地属于口头语体或是书面语体,认为袁晖提出的广播电视语体归入"融合语体"更为合适。此外,赵雪《刍议广播电视语言中的长短句》(《现代传播》1996年第2期)认为"长句可以分为紧张型长句和舒缓型长句两种","舒缓型的长句并不难读","难于播讲和收听的长句是紧张型的长句"。"在广播电视语言中,长短句是并存的,我们可以根据实际需要,灵活使用长句和短句,当长则长,当短则短。"

有关的论文还有李文明《广播学与语体学在实用基础上的首次结合》(《北京广播学院学报》1990年第4期),杨盛忠等《广播体初探》(《新闻广播电视研究》1983年第2期),左漠野《广播语言和普通话》(《广播电视战线》1984年第1期),刘静新《广播新闻的特点》(《新闻广播电视研究》1983年第1期),陶皆良《理论广播文体初探》(《新闻广播电视》1983年第1期),杨兆麟《关于广播语言的几个问题》(《新闻战线》1984年第4期),钟毓林《"假如我是听者"——漫谈"口语化"及其他》

(《编播业务》1985 年第 1 期)，杨伟光《谈谈广播语言的特点》(《编播业务》1985 年第 1 期)，曹洪彬《广播语言特色初探》(《广播电视战线》1985 年第 5 期)，赵东生《广播稿要适合听的要求》(《广播电视战线》1985 年第 6 期)，苟在坪《试论广播语言的重复特征》(《新闻窗》1988 年第 3 期)，马德《广播语言学概论》(《新闻广播电视研究》1988 年第 3 期)，方文琳《浅谈广播语言的根本特点》(《甘肃视听》1988 年第 4 期)，苏建敏《谈科普广播的语言问题》(《广播业务》1989 年第 4 期)，胡向南《试析语境制约下的广播传播》(《宁夏广播电视》1989 年第 4 期) 等。

4. 回顾性的文章有吴为章的《广播语言研究述评——为纪念人民广播事业诞生 50 周年而作》(北京市语言学会应用语言学研究会 1990 年学术研讨会论文，后收入《广播电视话语研究选集》)，本文把广播语言研究分为萌芽时期 (1940—1949 年) (提出广播要适合"听"的起码要求)、探索时期 (1950—1965 年) (肯定了广播语言运用的几项基本原则，探讨了播音的感情问题、读音问题，讨论了广播和推广普通话的关系)、停滞时期 (1966—1976 年)、复苏时期 (1977—1979 年) 和发展时期 (1980—现在)。在发展时期，主要采用了比较法、归纳法和系统工程法，从成果的内容上看主要概括为：(一) 原有课题的不断深化：(1) 总结了广播语言的根本特点和基本要求；(2) 提出了"适听化"的一套方法；(3) 探讨了某些重要的专题；(4) 总结了播音的创作理论和表达规律。(二) 新兴课题的积极开辟：(1) 提出建立广播电视语言学的倡议；(2) 开展广播分语体的研究；(3) 讨论播音多样化和播音风格问题；(4) 探索节目主持人的语言运用。(三) 相关理论的大力引进：(1) 语境理论与广播语言；(2) 文学意境和广播语言；(3) 信息论与广播语言。

此外还有吴为章《语言学家对广播语言研究的贡献》(《语文建设》1992 年第 5 期)，林兴仁《略论叶圣陶的广播语言思想》(《北京广播学院学报》1984 年第 3 期)。

5. 路宝君、王漫宇《阐明广播语言特点和规律的一本好书——简介〈广播语言的运用〉》(《北京广播学院学报》1982 年第 1 期) 是一篇介绍性的文章。

二、电视语体研究

对电视语体的研究，起初是跟广播语体的研究同时进行的。后来出现了对电视语体的独立研究。以下也从系统研究和专题研究两个方面来介绍。

(一) 电视语体的系统研究

在电视语体的研究工作中，学者们从不同的角度对它进行了探索。有的学者侧重于对电视语体做一般性的思考，有的学者则侧重于对某种下位语体的思考，如对解说词等的研究，有的学者则侧重于从写作的角度来思考。在电视语体研究工作中，施旗、李佐丰、黄匡宇、徐舫州、黄昌林等的工作比较引人注意。

第一，有几部著作侧重于对电视语体作一般性的思考。

1. 施旗在《广播电视语言》（中国广播电视出版社，1988年）中说："电视语言，主要指电视片的解说词，节目主持人的讲话以及其他电视广播中的有声语言，也包括在荧光屏上打出的字幕。"作者将语言在电视中的构成划分为四类：（1）听是辅助看的，以画面为主；（2）听是指导看的，帮助观众更好地了解画面的内容；（3）内容主要以画面来显示，语言起配合作用；（4）语言起主导作用，画面是报道内容的形象显示。作者认为，电视语言在电视广播中的功能和作用主要有：（1）揭示主题阐明意义；（2）弥补画面形象之不足；（3）揭示人物的内心活动；（4）提高画面内容的意境；（5）对画面形象起显影和放大作用；（6）对转场起纽带作用。以上认识对于电视语言的类别和作用有较全面的归纳。

2. 牛印文、吴为章、姚喜双《广播电视语言应用》（四川辞书出版社，1990年）将电视解说词分为五类：声画合一、声画对位、补充画面事实、补充与画面有关知识和增强画面艺术感染力。

3. 李佐丰《广播电视语言》（北京广播学院出版社，1998年）对电视语体的语境和特点做了剖析，在分析问题时大量采用了电视语言的例句。

4. 齐沪扬《传播语言学》（河南人民出版社，2000年）认为广播电视传播形式或以听觉为主或以视觉听觉等结合为主，是以电子设备和软件去传播声音和图像信号的大众传播。传播媒介的差异在语言学上的反映，是语体的研究内容。传播媒介差异引起的语体差异在语法研究中、语用研究中也会有所反映。

5. 黄昌林《电视叙事学》（电子科技大学出版社，2003年）认为：电视声画关系整合表述为：电视传播的声画关系是以语言为基础，以叙事为本质，主要通过声音叙述和表现、画面描写与再现，声画功能互补的声画一体的关系。

第二，从具体的语体来看，研究电视解说词的著作比较多，另外还有些则是研究新闻语言、广告语言。

1. 温化平《电视节目解说词写作》（北京广播学院出版社，1988年）着重探讨了声画整体构思中解说词的地位、布局、与画面语言的关系以及写作特点等内容。解说词与一般性的写作的主要区别是，解说词写作构思是参与到电视节目多项语言的统一立体结构中，以达成电视节目的统一与和谐。解说词主要有帮助完善形象报道，补充画面无法回答的问题，引导思考、诱发想象和联想，语言转场等功能。

2. 高鑫《电视专题片创作》（中国广播电视出版社，1997年）专章谈了电视专题片解说词的创作，认为电视文字语言在专题节目中有交代环境、创造意境、抒发感情、刻画形象、介绍知识、传递信息、深化主题等作用，有引申表现、升华表现、拓宽表现、放大表现、联想表现等表现形态，在实际创作中应特别注重配合性、准确性、艺术性、联结性等。

3. 李佐丰《电视专题片声画语言结构》（北京广播学院出版社，1999 年）主要讨论语言和画面之间的结构关系，改变了过去脱离画面孤立研究语言特点的方法，这是本书的特点。该书的理论建立在符号学、话语语言学等学科基础之上，其研究思想为电视语体的研究提供了一个新的理论框架。"当画面与自然语言组合在一起，实现视听结合时，在画面和解说词之间表现出某种带有规律性的关系，我们称之为'声画结构'"。为了分析声画结构，作者建立了"声画中心"这个概念。

4. 黄匡宇《电视新闻语言学》（中国广播电视出版社，2001 年）以电视新闻语言必须追寻科学的规范为引论，把符号学理论引入电视新闻的研究。作者阐明了现代符号学理论与电视新闻语言研究的关联，并指出电视传播符号能指形态的发展历程。全书从第三章开始从电视新闻语言符号系统构成论等七个方面对电视新闻语体展开了深入的论述。

5. 李元授、白丁《新闻语言学》（新华出版社，2001 年）的第十三章从电视新闻语言的符号系统（非语言符号系统、语言符号系统）出发，论述了电视对语言的基本要求。

6. 刘艳春《电视广告语言：类型与创作》（中国经济出版社，2004 年）从类型与创作的角度讨论了电视广告语体。该书把电视广告语言分为目治语和耳治语两大部分，目治语指字幕，耳治语指有声语言。

第三，还有些学者是从写作的角度来思考电视语体。

1. 王东河、王朝东的《电视写作》（中国广播电视出版社，1999 年）介绍了电视写作的分类、作用、特点、基本要求等基本知识，把电视写作分为电视新闻写作、电视评论写作、电视专题片写作、电视文艺写作、电视客串说写和电视广告写作等。

2. 何日丹《电视文字语言写作》（中国广播电视出版社，2001 年）对电视新闻稿和电视专题文稿、电视广告词、电视频道包装的文字语言的写作做了重点介绍。将文字语言在新闻和专题节目中的作用归纳简化为贯穿内容、勾勒主线（线的作用），交代背景、拓展时空（面的作用），明确思想、深化主题（立体的作用）。

3. 徐舫州《电视解说词写作》（北京师范大学出版社，2002 年）阐述了电视解说词创作的基本规律，对电视解说词的语言特点做了深入的理论分析。并结合大量的创作经验和创作实践，详细介绍了解说词同其他电视手段的配合关系、解说词在形式上和艺术上的特殊要求、具体的创作步骤和过程以及创作各种类别电视节目解说词时需要注意的问题。

4. 孔德明《电视文体写作》（北京广播学院出版社，2002 年）是一本为成人教育编写的教材，概括了电视文体写作的性质、范围以及必要性、总要求等，把电视文体写作分为电视消息类节目文体、电视专题类节目文体、电视言论类节目文体、电视综艺性节目文体、电视教育性节目文体来分别介绍，对各类电视文体写作的概念、特点、写作要求、写作技巧做了进一步详述。

5. 宋家玲、张宗伟的《电视片写作》（中国广播电视出版社，2003年）把解说词的写作分为纪录片、人物片、政论片、风光片、民俗片、新闻片、文学片等类来介绍，认为解说词不是一种独立的文体，它只是电视片构成中的一个成分，解说是一种对画面起着解释、说明、强化作用的言语形式。解说词具有确定画面含义、叙事、转场过渡、引导观众关注画面的潜在意义、表现细节、营造环境、抒发感情、升华画面意味等功能。对其写作主要有配合性、真实性、通俗性、精练性、艺术性等基本要求。

（二）电视语体的专题研究

对于电视语体专题研究的一个重点是（广播）电视语体的定位，其他方面的研究则涉及解说词、语境等内容。

1. 广播电视语体兼有应用电子技术和大众传媒这两个方面的特性，应该说这二者缺一不可。学者们的研究有两种不同的思路：一种是把广播电视语体归入电信语体，另一种是把广播电视语体归入媒体语言。

最早注意到电子技术这个特性，并提出电信语体这个概念的是郑颐寿的《鼎立：电信体的崛起》〔张静等主编《修辞学论文集》（第六集），河南大学出版社，1992〕。作者认为通过电报、电话、广播、电视等"电"的传播的电信体和口语体、书面语体有同有异，介于两者之间并与两者构成了鼎足之势，形成了三大语体群。电语体以传递媒介、交际方式分为电声、电声电码、电码等下位语体，按照领域可分为家常电语、文化电语、经济电语、政治电语等下位语体。作者认为"传播媒介、交际方式"与"交际领域、交际目的"一样重要，是形成语体风格的主要因素。

盛永生《电信语体及其特征》〔《暨南学报》（哲学社会科学版），2000年第3期〕一文认为广播电视语体是电信语体的下位语体，"电信语体的定义中需注意三点：一是电波这一媒介；二是通过语音播送的方式；三是传递、交流的信息必须是真实的、有关现实社会生活方面的，而不是虚构的。"还认为"电波这一媒介把电信语体与口头语体相区别，传真、电报、电码、网络语言等都不应纳入电信语体，它们应可归入书面语体之中，因为它们传递的主要是文字信息"。

郭龙生、张桦的《媒体语言研究刍议》（《语言文字应用》2003年第4期）是姚喜双、郭龙生主编的《媒体与语言》一书的读后感，该文对媒体语言的研究，区分为不同的专题进行了归纳，比如，媒体语言与媒体的关系、媒体从业者与语言应用之间的关系，广播电视语言有无语体等问题。

郭龙生的《媒体语言研究的新思路》〔《江汉大学学报》（人文科学版）2004年第2期〕认为报刊、广播、电视、网络等媒体可以作为一个统一的范畴来进行研究。

2. 研究解说词的有：陈安发表在《北京广播学院学报》1979 年第 2 期的《电视纪录片解说词写作漫谈》，任远《怎样编写新闻纪录影片解说词》（《北京广播学院学报》1980 年第 2 期），齐彦洵《电视片解说词语体特点探略》（《北京广播学院学报》1991 年第 3 期）。齐文认为电视片解说词的语体特征主要是：（1）选用词语材料的规范性、广泛性、通俗性、简洁性、生动性；（2）使用短句和常式句、语气多变的句法特点；（3）主要使用形象修辞手法和服务于画面变化的辞格的修辞特点。

3. 谈语境的有：林兴仁的《论电视新闻主持人之"说"的理论基础》（《语言文字应用》2001 年第 2 期），任俊英《节目主持人话语语境分析》（《现代传播——北京广播学院学报》2004 年第 4 期）。此外还有：章伟秋《"口语化"还是"明朗化"——电视新闻稿风格论》（《北京广播学院学报》1992 年第 1 期）提出用口语化作为电视新闻的基本风格并不恰当，应该用明朗化替代，构成明朗化的要素是通俗、畅达和悦耳。屈哨兵《音色音量语速——对 110 条电视广告的语音评析》（《语言文字应用》1996 年第 6 期），刘洁《电视语体初论》（《新闻前哨》1997 年第 2 期），黄昌林《电视叙事声画一体论》（《西南民族学院学报》2001 年第 9 期），赵雪《电视中的外来词语分析》《现代传播》，王群、张弘《体育解说的语言》（《现代传播》2004 年第 5 期）等。

（作者李佐丰系中国传媒大学文学院教授；赵均系《现代传播》编辑部副主编、副编审；张武江系中国传媒大学博士生）

参考文献

[1] 叶圣陶：《一些简单的意见》，《中国语文》1953 年第 1 期。
[2] 林兴仁：《实用广播语体学》，中国广播电视出版社 1989 年版。
[3] 牛印文、吴为章、姚喜双：《广播电视语言应用》，四川辞书出版社 1990 年版。
[4] 吴为章：《广播电视话语研究选集》，北京广播学院出版社 1997 年版。
[5] 李佐丰：《广播电视语言》，北京广播学院出版社 1998 年版。
[6] 李佐丰：《电视专题片声画语言结构》，北京广播学院出版社 1999 年版。
[7] 倪荫林、吕红俊：《从系统论的观点看归纳问题》，《河南师范大学学报》2005 年第 3 期。

（原载于《现代传播（中国传媒大学学报）》2007 年第 1 期，总第 144 期）

广播电视新闻学研究概述

王文利

内容摘要 论文梳理了中国广播电视学术研究的历史脉络,总结了不同发展阶段在研究上的特点及代表性研究成果。

关键词 广播电视新闻 研究历史 概述

按照赵玉明教授的观点,随着广播电视事业的不断发展和广播电视研究的日益深入,广播电视学已经发展成为一门独立的学科。它不仅拥有了自己的研究对象和研究方法,而且产生了一批具有标志性意义的成果。广播电视学的学科体系主要由三大部分组成:广播电视史论研究、广播电视实务研究和广播电视交叉学科研究。

一般来说,任何学科在研究对象上,都会有与其他学科相交叉的部分。当对这部分内容的研究发展到一定程度时,一门新兴的交叉学科便形成了。广播电视学是研究广播电视传播活动和传播现象的科学。广播电视学的研究对象中,有许多部分是与其他学科相交叉的。它们既是广播电视学的研究对象,又是另一学科的研究对象。如广播电视新闻是广播电视学与新闻学相交叉的部分,广播电视广告是广播电视学与广告学相交叉的部分,广播电视艺术是广播电视学与艺术学相交叉的部分,等等。

按照研究对象的交叉性和研究发展的状况两个标准,[①] 我们认为广播电视交叉学科目前比较成熟的主要有:广播电视新闻学、广播电视艺术学、广播电视广告学、广播电视文化学、广播电视社会学、广播电视经济学、广播电视管理学。[②]

这些交叉学科的发展,具有这样一些共同的特点:

1. 由于电视是在广播技术的基础上进一步发展而来,因此,广播电视各交叉学科的发展,都经历了先有广播研究后有电视研究的历程。

2. 随着电视媒体在社会生活中的影响越来越大,广播电视各交叉学科发展到后来,都出现了电视研究越来越繁荣,而广播研究却相对衰落的现象。

---

① "研究发展的状况"指的现有研究成果的数量,本文以七部专著为划分标准。如果某一广播电视交叉学科产生了七部以上的专著,就说明该交叉学科已经成熟,否则,还不算成熟。

② 广播电视法学、广播电视心理学尽管目前已经产生了一些有影响的研究成果,但由于专著数量不够,所以暂不划为成熟的广播电视交叉学科。

3. 广播电视各交叉学科的产生和发展，都与特定的时代背景密切相关。

广播电视新闻学是广播电视诸多交叉学科中发展最早也最为重要的学科之一，本文拟勾勒出广播电视新闻学研究发展的大致脉络。

在我国，广播电视新闻学的研究可以分为五个时期：萌芽期、起步期、休眠期、发展期和繁荣期。

一、萌芽期（20世纪20年代—1949年）

民国时期，开始出现了一些零星的对广播电视新闻研究的成果。这些研究成果既不系统，也比较肤浅。1937年，时任中央广播事业管理处负责人吴保丰在《十年来的中国广播事业》中，论述了宣传、讲演、教育、新闻和娱乐五类广播节目。其中，他认为，"新闻节目，则内容包括甚广，自气象商情，以至时事报告，一周大事等皆属之。"[1] 对广播新闻节目进行了定义。1924年，曹仲渊在《三年来上海无线电话之情形》中就提到：《申报》用上海土音"报告新闻及行市，晚间并演唱各种音乐，以飨当地居民。其结果之佳，虽以大连离沪二千余里之远亦能收听"[2]。描述了广播新闻传递范围之广远的情形。传播新闻信息是广播电台主要的功能之一，因此，民国时期许多电台中，新闻节目所占比例都较大，当时的研究者已经注意到这一现象。当时有资料统计表明：中央台每日播音19小时25分，其中新闻节目占24%，国际台每日播音6小时35分，其中新闻节目占43%。[3]

民国时期，由于我国的电视事业还没有诞生，因此，人们对电视新闻只处于朦胧的认知状态，还谈不上什么研究。当时的学者胡道静在1946年就预言人类将进入一个"电视新闻的时代"："一般谈新闻事业史的，都习惯于'口头新闻''手写新闻''印刷新闻'的三个进化阶段的说法。但自第一次世界大战以后，新闻事业已跃进到另一个新阶段，即入于'广播新闻'时代；而自第二次世界大战以后，又探向再一个新世纪，要成为'电视新闻的时代了'。"[4] 并且，他还在《新闻史上的新时代》一书中阐述了电视新闻与口头新闻、广播新闻、新闻照片、新闻电影之间的区别，指出了电视新闻的传播优势和缺陷。

二、起步期（1949年—20世纪60年代中期）

中华人民共和国成立后，广播电视新闻研究进入了一个新的阶段。这个时期的研究以广播新闻为主，对电视新闻已经开始涉及，但成果有限。人们对广播电视新闻的

---

[1] 吴保丰：《十年来的中国广播事业》，中国文化建设协会编：《十年来的中国》，商务印书馆1937年版，转引赵玉明：《中国现代广播史料选编》（内部资料，待出版）。

[2] 曹仲渊：《三年来上海无线电话之情形》，《东方杂志》第21卷第18号，1924年8月15日出版。

[3] 参见行政院新闻局编：《广播事业》，附表八："现有各台每日播音时间节目成分及语言种类统计表"，1947年。

[4] 胡道静：《新闻史上的新时代》，世界书局1946年版，第1页。

研究还处在感性认识的阶段，谈不上深度和广度。在研究的思路上，大都运用阶级斗争理论和新闻学原理来观照、审视广播电视新闻；在研究的层次上，理论、业务和历史三个层面都有所涉及；在研究的组织上，处于个体自发研究阶段，没有统一的研究机构和组织，广播电视理论刊物也非常少。尽管这个时期，党在指导思想上曾经出现过"左"倾错误，如1957年反右扩大化，但广播电视学术界仍然非常活跃，学术上百家争鸣、平等探讨的现象非常普遍。

这一时期广播电视新闻研究的成果主要发表在全国性的广播电视理论刊物《广播业务》上。《广播业务》是"文革"前中央广播事业局编印的唯一全国性业务刊物。1955年6月试刊，同年10月创刊，至1958年共出15期。1959年1月起改为月刊，至1966年5月停刊，共出102期。

（一）广播新闻研究

《广播业务》上刊登了大量的有关广播新闻研究方面的文章，涉及广播新闻理论、业务和历史三个方面。

在广播新闻理论方面，人们主要探讨了广播的性质、广播新闻的指导作用和广播新闻的特点等问题。

（1）广播的性质

对于广播的性质，人们普遍认为广播是"阶级专政"或"阶级斗争"的工具。围绕广播是"阶级专政的工具"还是"阶级斗争的工具"，当时的一些学者展开了争论。由于广播的性质问题是与广播新闻的作用问题紧密联系在一起的，因此，这场争论也是在探讨广播新闻的作用时触发的。

持"广播是阶级专政工具"论者，以周新武和康荫为代表。周新武在《人民广播——无产阶级专政的工具》[①] 一文中认为："在阶级社会中，一切新闻事业都是阶级斗争的工具。在我国进行社会主义革命和社会主义建设时期，人民广播事业就是社会主义事业的一部分，就是无产阶级专政的一种工具。"

1962年康荫在《谈新闻作用问题》[②] 一文中，在论及广播新闻的指导作用时认为"人们对新闻指导作用的理解，是同对广播报纸的范畴、性质、任务的理解直接关联着的。"他认为"广播、报纸既不能和国家机关相互混淆，又不能相互割裂。广播、报纸和国家、军队、法庭一样，都是阶级对阶级实行专政的工具，是进行阶级斗争的武器，目的都是为了教育团结人民、打击消灭敌人；但是它们在阶级斗争中所起的作用是根本不相同的。这是因为暴力机关和专政工具并不是一回事情。暴力机关都是专政工具，而专政工具并不都是暴力机关。国家是暴力机关，是阶级对阶级压迫的工具……作为

---

① 该文发表于《广播业务》1957年第10期。
② 该文发表于《广播业务》1962年第7期。

阶级斗争工具的广播、报纸，却不是国家的实体，而是属于上层建筑的意识形态的范畴，只能在意识形态的范围内起作用，不应该也不可能起国家权力机关的作用，不应该、也不可能像上层建筑中的社会政治、法律制度那样起到强制的作用。不但新闻报道对人民不起指挥作用，对敌人也不起强制作用。广播和报纸只能用说服、教育的方法去动员、激励和组织群众，也只能用揭露、批判的方法去打击'压迫'敌人"。

持"广播是阶级斗争的工具"论者以黄予为代表。1963年他在《广播不是阶级专政的工具——复康荫同志》①一文中，批驳了康荫的观点。他认为，"阶级斗争比阶级专政的含义更为广泛……阶级斗争，在我国的具体条件下，在某些范围内表现为敌我矛盾，在其他范围内表现为人民内部矛盾，而且大量的、经常的表现为人民内部矛盾"。而"阶级专政是对人民的敌人实行专政，是为了解决敌我之间的矛盾，而不是对人民内部实行专政，不是为了解决人民内部的矛盾。既然阶级斗争在无产阶级掌握政权的条件下包括敌我矛盾和人民内部矛盾这两种性质完全不同的矛盾，那么，阶级专政就不是阶级斗争的全部，阶级斗争和阶级专政就不是'一个意思'"，因此，他认为广播应该是"阶级斗争的工具"。

（2）广播新闻的作用

和风雨在《新闻性广播的作用》②一文中指出，新闻性广播主要起两种作用，一是给人们提供情况和知识，二是鼓舞人民、教育人民。

在探讨广播新闻的作用的过程中，人们注意到广播新闻的指导作用。对于如何理解广播新闻的指导作用，学者们发表了不同的见解。

康荫认为："报纸和广播从来是人民革命运动的'喉舌'，是党联系广大人民群众的'纽带'和'渠道'。它的最终目的，就是通过宣传党的纲领路线、方针政策在政治思想上影响群众，把群众组织起来，引导群众前进。""那种把新闻的指导作用看成是对实际工作的指挥作用或看成仅是起传播知识的作用的观点，都有极大的表面性和片面性。"③ 他还对新闻的指导性和指导作用进行了区分。在他看来，"新闻的指导性和指导作用是两个相互区别而又相互联系的概念。指导性是指新闻的基本性质或基本原则而言，指导作用则是指新闻的基本功能而言。指导性和党性、阶级性一样，都是新闻报道所固有的，人们不能回避它，只能正确地掌握它、应用它；而指导作用正是由广播报纸的基本性质所规定、为指导实际工作和推动群众运动所必需，人们不能不求，也不能强求，只能正确地发挥它。"④

---

① 该文载《广播业务》1963年第2、第3期合刊。
② 该文载《广播业务》1962年第11、第12期合刊。
③ 康荫：《谈新闻作用问题》，《广播业务》1962年第7期。
④ 康荫：《关于指导性和指导作用的几个问题》，《广播业务》1962年第11、12期合刊。

温济泽对如何正确理解新闻性广播对实际工作的指导作用发表了自己的看法，他认为，"新闻对实际工作的具体指导：是有限度的。新闻主要是以事实进行政治鼓动，为实际工作指出前进的方向，它不可能解决实际工作中的具体问题。新闻只能从政治意义和经济意义上着眼来介绍。新闻所报道的经验、措施、方法等，都是在一定的时间、地点、条件下发生的，它可以提供有关部门或者行业参考，但是不能机械搬用。新闻可以最迅速、最广泛地宣传政策和沟通情况。推动整个事业，起着其他业务部门所不能起的作用，但是它不能代替各业务部门对各项工作进行具体的业务指导。"[①]

(3) 广播新闻的特点

对于广播新闻的特点，一些学者提出了自己的看法。有人认为广播新闻的特点有两个：一是真实，要选择最重要，最新鲜的事实；二是精练，要逻辑清晰。[②] 学者向集在《对新闻广播中几个关系问题的探索》一文中，将新闻广播和文艺广播、新闻广播和报纸新闻进行了比较，指出了它们之间存在的区别。并且认为真实性是人民广播的重要原则之一，广播新闻中不允许有虚构的人物。[③] 矛陋室认为，真实准确、迅速及时、简洁而又明白是对报纸新闻和广播新闻的共同要求，或者说是两者的共同特点。但由于它们传播新闻所用的工具不同，受众接受新闻的方式不同，报纸新闻和广播新闻就各有自身的特点。一般来说，广播新闻更加简短，更加明确，更加容易了解。[④]

对于广播新闻是否应该简短这一问题，一些学者曾经进行过争论。《广播业务》1963年第4期刊登了林杉的《短就是短处吗？——从广播新闻要短谈起》、莫念祖的《"短"必然带来一定的限制》、周民的《也谈短新闻》，1963年第6期刊登了张弋的《广播新闻强调"短"大有必要》、阮仕清的《"短"应当是广播新闻的基调》等文章，对这个问题进行了讨论。

在广播新闻业务方面，人们主要探讨了录音报道、广播新闻采访、广播新闻写作、广播新闻编排等问题。如刊登了纪卓如《让被采访者谈出知心话》、冰华《对在新闻里面发表议论的看法》（1957年第8期），李守芝《漫谈广播新闻写作》（1957年第10期），向军《杂谈新闻次序的排列》（1964年第4期）等文章。

在广播新闻史研究方面也出现了一些成果，如于明的《毛主席的〈目前的形势和我们的任务〉是怎样播送的？》（1963年第一期），季泽的《一篇珍贵的新闻广播稿》（1963年第2、第3期合刊），凉山的《根据毛主席的评论写的消息》（1963年第4期），等等。

---

① 温济泽：《正确理解新闻对实际工作的指导作用》，《广播业务》1962年第11、12期合刊。
② 陈英南：《谈广播新闻》，《广播业务》1957年第8期。
③ 向集：《对新闻广播中几个关系问题的探索》，《广播业务》1961年第11、12期合刊。
④ 矛陋室：《试谈广播新闻的部分特点》，《广播业务》1957年第10期。

（二）电视新闻研究

1958年5月，随着我国的电视事业的诞生，人们开始将关注的目光投向新兴的电视新闻传播。这个时期在《广播业务》上出现了一批电视新闻研究成果，这些成果大都聚焦于电视新闻实务方面的问题，理论色彩不强，多是实践经验和体会。

主要文章有：广州电视台《电视广播宣传的几种方式方法》（1960年第11期），天津电视台《组织电视广播节目的尝试》《充分运用图片进行电视宣传》（1960年第12期），南京电视台《探索图片报道特点，发挥图片报道作用》、哈尔滨电视台政治组《图片报道的编辑工作》（1961年第2期），傅暾《电视报道的构思——实习笔记之一》、梁兴尧《利用影片增强电视的表现能力》（1961年第4期），傅暾《电视报道的人物选择和刻画——实习笔记之二》（1961年第6期），裴玉章《采访摄影浅议》（1962年第4期），裴玉章《再谈采访摄影》（1962年第5、第6期合刊），裴玉章《三谈采访摄影》、李子先《电视新闻片的性能》（1962年第八、第9期合刊），裴玉章《电视经济新闻的出路》（1962年第10期），王世俊《从不同角度突出电视新闻的主题》（1963年第6期），叶惠《杂谈电视新闻片》（1963年第12期），李子先《电视新闻不能表现过去，怎么办？——探讨电视报道的特点与方法的札记》（1964年第1期），叶惠《一次传达友谊的采访——拍摄刘主席访朝电视新闻片的回忆》、尤木《转播当中近景和特写的运用》、达稼、贡劳《难忘的日子——第一届新兴力量运动会电视片拍摄札记》（1964年第4期），李子先《电视新闻片如何表现新人新事》（1964年第5、第6期合刊），裴玉章《凝练——从两条电视片谈起》（1964年第7期），王世俊《电视摄影记者要有饱满的革命热情——〈辽源煤矿今昔〉拍摄的感受》（1964年第8期），铁石《主题、材料、报道思想——看一些电视新闻片后的感想》（1964年第10、第11期合刊），杨长《电视新闻和电视记者》（1965年第5期），刘天湘《采访摄影与思想斗争》（1965年第10、第11期合刊）。

三、休眠期（20世纪60年代中期—1976年）

1966年5月，"文化大革命"开始，持续十年的动乱不仅使新中国各项事业遭受中华人民共和国成立以来最严重的挫折和损失，而且给广播电视事业带来了灭顶之灾。由于经济困难，许多省市的电视台不得不停办。同时，政治上的极"左"思潮泛滥，使广播电视学术研究受到严重干扰，陷入停滞状态。

四、发展期（1976年10月—20世纪90年代初期）

党的十一届三中全会以后，随着广播电视事业的大发展，包括广播电视新闻研究工作在内的广播电视研究工作迅速恢复，并从复兴走向繁荣。具体表现如下：

1. 涌现出一批广播电视新闻研究机构和学术团体，建立了一支专业研究队伍。如北京广播学院、中央人民广播电台、中央电视台以及部分地方广播电视厅（局）陆续成立了研究室（所）。到1986年5月，广播电视系统的研究机构已发展到15家（不包括技术方面的研究机构），专职研究人员近百人。1980年以后，首都和各地相继成立了新闻学会，广播电视系统的部分新闻工作者加入了当地的新闻学会。1986年中国广播电视学会成立。

2. 创办了一批业务和理论研究刊物。广播电视部于1984年创办了《广播电视战线》，北京广播学院于1979年创办了《北京广播学院学报》，该院新闻研究所于1984年创办了《新闻广播电视研究》。中央三台和地方广播电视厅（局）也先后创办了自己的业务研究刊物。据1984年统计，仅地方办的公开和内部业务刊物即达50多种。这些刊物大都成为广播电视新闻研究的阵地。

3. 广播电视新闻学术研讨活动非常活跃。广播电视新闻学术研讨活动主要有两种形式：一是研讨会，一是节目评奖活动。据《中国广播电视年鉴》1986年版记载，1981年至1985年召开的广播电视理论和业务研讨会达95次之多，其中有许多是广播电视新闻研究方面的研讨会。如1981年4月，"全国电视新闻工作座谈会"在山东青岛召开，会议对《新闻联播》等新闻节目进行了研讨。1984年12月，"全国广播电视新闻改革座谈会"在西安召开，与会者探讨了广播电视新闻节目的改革问题。

从1980年起，广播电视系统参加了新闻界的好新闻作品评选活动。从1983年起，广播电视系统举办了优秀广播电视节目的评选活动。在评奖过程中，众多专家学者从不同角度对广播电视节目进行评价分析，这既是对节目本身的评判，更是对广播电视新闻实践经验的总结和理论上的提升，因此，极大地促进了广播电视新闻研究工作。

4. 出版了一批广播电视新闻著作。这个时期，公开或内部出版发行的广播电视新闻专著、文集主要有以下一些：

（1）广播新闻研究

代表性的成果有：康荫著《新闻广播学研究》，广播出版社1982年1月第1版。概括了新闻广播的某些经验，探索新闻广播工作的规律性问题。全书除绪论外分为13章；论述了广播的历史、本源、特征、路线、性质、作用、形式、风格、传统、队伍、领导和规律等有关问题。苑子熙著《新闻广播电视学——理论与应用研究》，四川省广播电视厅新闻研究所编，北京广播学院出版社1985年12月第1版。该书共分9篇17章，深入浅出地探讨了新闻广播的特性、录音报道及其发展趋势、理论广播与效果分析、记者工作的性质与道德情操、广播节目与新闻意境和提高广播电视节目的关键等问题。北京广播学院新闻系编选《新闻广播论集》第1~3辑，北京广播学院出版社出版。该书收入了该系教师1981~1986年间撰写和发表的论文、文章、译文、调查报告等40多篇。王珏著《新闻广播学论集》，北京广播学院出版社1987年11月第1版。该书收入作者80年代以来发表的新闻广播理论和业务文章20多篇以及部分新闻理论讲课提纲、日本新闻广播电视教育考察报告和《中国广播电视年鉴》年会上的发言等。[苏] Э.Г. 巴基罗夫、B.H. 鲁日尼科夫主编，许恒声、赵水福译《广播新闻学基础》，中国国际广播出版社1989年2月出版。该书是苏联莫斯科大学出版社出版的一本比较权威的教学参考书和新闻理论著作。它系统地论述了广播在社会主义新闻传播媒介中的作用和地位，通过例证分析了广播的种类和体裁，全面地阐述了广播听众工作，深入地研究了苏联、美国、英国和联邦德国的对外广播，并用不少篇幅探讨了广播语言。本书由广播在社会主义社会大众传播工具体系中的作用和地位、广播的种类、中央广播电台各套节目简介、广播体裁、广播听众及其研究、国际广播、广播语言七章组成。程道才著《广播新闻写作》，中国广播电视出版社1989年4月第1版。本书根据声音传播规律和听觉的接受规律，分为9章叙述了广播的传播特点、宣传特点、广播稿件的语言特点、结构特点以及广播新闻、广播通讯、特写、专访、深度报道、录音报道等各类稿件的写作特点和要求以及广播新闻工作者的能力和知识结构等问题。丁文奎著《新闻广播谈艺录》，中国广播电视出版社1990年1月第1版。本书收入作者从事新闻广播工作多年来探讨新闻广播业务的文章60多篇，大部分文章以具体稿件为例展开分析。潘梦阳著《应用广播新闻学》，中国广播电视出版社1991年5月第1版。本书是根据作者在大学新闻专业讲授广播新闻学讲义整理而成。全书分为8章，依次讲述了广播新闻学概论、广播史、新闻广播、新闻采访、广播编辑工作、广播节目、播音和听众工作以及对台对外稿的采写等问题。

（2）电视新闻研究

代表性的成果有：北京广播学院新闻系编《实用广播电视新闻学》，上下两册，北京广播学院出版社1989年9月第1版。全书分为《中国广播电视事业简史》《外国广播电视事业简史》《新闻学概论》《新闻采访》《消息写作》《通讯写作》《电视新闻》《录音报道》《新闻评论》《编辑工作》和《节目主持人概论》等11个部分，书末附有对近几年来获奖的部分广播电视新闻作品的评述。傅桃生编著《电视新闻采编技巧》，湖北人民出版社1990年1月第1版。本书主要介绍电视新闻节目创作的过程，重点探讨电视新闻的采访、拍摄、撰稿、编辑制作等几个环节的知识和技巧。杨伟光著《电视新闻论集》，太原书海出版社1990年8月第1版。本书收入作者80年代后期1986~1990年参与电视新闻改革实践过程中撰写的文章33篇，其中涉及电视的性质与任务、电视传播方式的特点、电视新闻改革、电视新闻采访、电视记者的提问艺术等方面的问题。

五、繁荣期（20世纪90年代初至今）

进入20世纪90年代，随着我国广播电视事业的飞速发展，广播电视新闻研究工作进入繁荣时期。主要表现在广播电视新闻研究机构增加，如许多高校纷纷创办新闻学或广播电视新闻学专业，广播电视新闻学硕士点和博士点不断涌现；广播电视研究人员数量增加、质量提高，由于广播电视新闻在社会上的影响日益扩大，吸引了各种不同学科背景的学者关注广播电视、研究广播电视，极大地提升了广播电视新闻研究的水平。

这个时期，由于电视新闻传播在社会生活中的影响远超过广播新闻传播，因此，人们更加重视对电视新闻的研究。

（一）电视新闻研究代表性的成果

理论方面：

杨伟光主编，周经副主编《电视新闻分类与界定》，中国广播电视出版社1994年7月出版。本书是电视新闻理论书籍。根据我国电视新闻的实践，对狭义的电视新闻、新闻性节目、电视评论、电视新闻以及新闻性节目外延的界定等问题进行了深入的研究和探讨。

杨伟光主编，臧树清副主编《中国电视专题节目界定——研讨论文集锦》，东方出版社1996年1月出版。本书是我国电视专题节目界定研讨会的论文集。本书收进了中国电视专题节目界定研讨会成员名单、界定分类条目简表、界定分类条目，还收集了这次研讨会上的重要讲话摘要、1992年至1993年三次研讨会的会议纪要及研讨会前后有关的重要论文等35篇。书中所收的专题节目的界定是丰富实践经验的总结，对电视工作的实践有着重要的指导意义。

王永利著《电视新闻学》，北京广播学院出版社1990年出版。作者立足于电视新闻实践，运用新闻学、传播学相关原理阐述实践中提出来的问题，与同时期的其他著作相比，该书在一些问题上，如电视新闻解说词的写作、电视新闻的特性以及连续报道的特性等，见解独到。

陈富清著《电视新闻——困惑与超越》，中国广播电视出版社1994年2月出版。王甫著《电视新闻的视觉传播优势》，中国广播电视出版社1996年出版。全书从电视新闻的现场感、观众的参与感、新闻的真实性和电视新闻的形式美与内在成分美的辩证关系等各方面进行论述，突出了电视新闻真与美的必要性和重要性。

黄匡宇著《理论电视新闻学》，中山大学出版社1996年1月出版。本书对电视新闻传播特性、电视新闻语言的符号构成、电视新闻画面构成、电视新闻节目系统等问题进行了深入的探讨。

杨伟光主编，章壮沂副主编《电视新闻论集》，人民出版社1997年第1版。中央电视台《电视丛书》之一。本书收入60多篇文章，分别论述了电视新闻的性质和任务，电视传播的方式和特点，电视新闻改革的方向和实践，电视新闻的采编、制作、编排和播音，电视记者的素质和修养以及电视新闻的发展趋势和电视新闻的理论研究等问题。

叶子著《电视新闻学》，北京广播学院出版社1997年出版。本书探讨了电视新闻的性质、任务、职能、传播规律、个性特征及电视新闻的改革、发展历程。

庞啸著《实用电视新闻理论》，中国广播电视出版社1999年6月出版。本书是电视新闻理论专著，用对比的方法讲述了电视新闻在众多媒体新闻中崛起的历史，阐释了电视新闻的特性，具体分析了中国电视新闻的实际，揭示了中国电视新闻走过的独特的道路，并以此为背景，以中央电视台进行的两次新闻改革为主体，探讨了中国电视新闻工作面临的任务。

黄匡宇著《电视新闻学》，华东师范大学出版社1990年3月出版。该书运用新闻学、传播学、图像符号学、语言学、心理学、接受美学等学科知识，对电视新闻理论和实践中的诸多问题进行了探讨。

黄匡宇著《电视新闻语言学》，中国广播电视出版社2000年6月出版。本书以现代语言学、神经语言学、心理学等基础学科为平台，针对中外电视新闻的传播现象以及业内、业外人士对电视新闻语言构成的诸多认识，进行了深刻而系统的分析与整合，科学地理顺了电视新闻理论与实践，填补了我国在电视新闻语言的理论研究与实践方面的空白。

张骏德主编《当代广播电视新闻学》，复旦大学出版社2001年3月出版。

王振业、方毅华、张晓红著《广播电视新闻性节目规范研究》，中国广播电视出版社2002年6月出版。"新世纪广播电视新闻学系列教程"之一。包括新闻广播节目规范的前提、新闻广播节目系统的建构、新闻广播节目的规范三部分。

李岩、黄匡宇、张联编著《广播电视新闻学》，高等教育出版社2002年7月出版。在体例上，该书改变以前将广播、电视分著的惯例，在理论和实务上将二者有机融合。在内容上，提出了许多有现实指导性和前瞻性的见解，如新闻意义的发生与符号的关系、广播电视符号系统的描述、镜头的人文关怀问题等。

高有详著《电视新闻的理论与实践》，中国社会科学出版社2002年5月出版。该著作探讨了电视新闻本质、特征、视听构成以及不同类型的电视新闻节目报道、编辑等理论和实践问题。

吕正标、王嘉著《电视新闻节目理念、形态与实务》——"中国电视前沿书系"之一，中国广播电视出版社2004年1月出版。本书从中国电视新闻节目的发展历程谈到节目的现时形态，列举了大量事实分析了电视新闻节目的共性和个性，甚至还分析介绍了美国电视新闻的理念和做法。

叶子（叶凤英）著《电视新闻节目研究》——"电视学系列教程"，北京师范大学出版社2004年4月出版。本书立足于新闻规律和电视语言两者的结合，对电视新闻性节目作深入探讨、研究。在理论体系对电视新闻做宏观、全面阐述的基础上，侧重对各类新闻性节目的个性、采摄报道特点、要求及报道形式与技巧等做具体探讨。

殷乐著《电视新闻改革的现代视角》，西苑出版社2004年11月出版。

实务方面：

张君昌编著《应用电视新闻学》，中国广播电视出版社1995年1月出版。本书是一部全景式描写电视采拍技巧的书，书中对国内大量获奖电视作品进行了解析，并对电视节目制作的完整过程做了介绍。

张君昌编著《电视新闻摄制》，中国广播电视出版社1997年出版。该书针对我国电视改革与发展出现的新情况、新问题，围绕当代电视新闻意识、传播策略、节目策划以及采访、写作、播音、主持、制作诸多技术性环节层层剖析，寓理性思维于生动的讲解之中。书中举例多取自《新闻联播》《东方时空》《焦点访谈》《新闻调查》等名牌栏目。

傅俊卿著《电视新闻实务》，北京广播学院出版社1997年出版。本书系统介绍了电视新闻采编各个环节的有关知识，总结了我国电视新闻迅猛发展的实践经验。对新闻业务中常常遇到的各种问题发表了精辟的见解。

苏新生著《电视新闻采编播初论》，广西教育出版社1998年出版。该书运用辩证唯物主义观点总结电视新闻采编播实践经验，全面系统地论述电视新闻采编播的辩证观、优势观、质量观、艺术观、节目主持人的素质观等。

张宁主编《电视新闻采访的理论与实践》，中国广播电视出版社1998年出版。本书由中央电视台新闻采访部记者集体撰写，分为"理论篇""采访篇""直播篇"和"札记篇"四个部分。文章凝聚了长期在一线采访的电视记者们的理性思考，真实地反映了电视记者采访中的酸甜苦辣，详尽地披露了"香港回归""长江三峡大江截流""美国总统克林顿访华"等重大直播报道的屏前幕后，记录了在异地他乡采访的特殊经历。

叶家铮、袁东亮、王忠玲主编《城市台电视新闻研究》，北京广播学院出版社1998年出版。该书全方位地探讨了城市电视台乃至整个电视新闻改革的热点与难点，涉及电视新闻栏目、新闻宣传、新闻包装、新闻改革、新闻制作等诸多方面的内容。

朱羽君、雷蔚真著《电视采访学》，中国人民大学出版社1999年12月出版。该著作对电视新闻采访过程中主体、策划、现场取材纪实摄像等环节特点、规律进行了深入的探讨。

吴郁、侯寄南著《广播电视新闻语言与形体传播教程》，中国人民大学出版社2001年9月出版。广播电视是声音与图像传播的媒介，广播电视传播者的有声语言和形体表现是信息传播的重要载体。本书借鉴了表演与播音学的理论和实践经验，论述了播音的基础知识、电视新闻评论类节目的主持艺术、新闻工作者的形象与形体语言、体态信息等问题。

胡立德著《电视新闻与纪录片摄影》，中国广播电视出版社 2002 年 5 月出版。本书分十章阐述电视新闻与纪录片摄影的有关问题。

孟建、祁林著《广播电视新闻写作》，中国广播电视出版社 2002 年 11 月出版。

周勇著《电视新闻编辑教程》，中国人民大学出版社 2002 年 12 月出版。全书分为两个部分，分别从内容层面和技术层面对电视新闻节目编辑的各个环节做了剖析。内容部分包括电视新闻稿件的处理、栏目的编排、节目的策划、现场直播、新闻频道等，还论述了电视新闻工作者的职业准则。技术部分包括电视画面剪辑、电视节目中的声音以及节目制作等。

雷跃捷、张彩主编《电视新闻频道研究》，中国广播电视出版社 2003 年 8 月出版。本书对美、英、日三国的电视新闻频道及中国台湾、香港、福建等地的电视新闻频道作了初步的分析研究，涉及了各家新闻频道开办的背景、发展过程、组织结构、经费来源、频道特点、节目编排手法等内容。

郭艳民著《电视新闻摄影理论及应用》，中国广播电视出版社 2005 年 1 月出版。本书由"理论"和"应用"两个部分构成，根据电视新闻实践近几年的发展变化，针对一些传统电视新闻体裁拍摄中出现的新问题与一些前沿性的课题，比如，纪录片拍摄中的再现问题、DV 在电视新闻摄影中的运用等，提出了自己的看法。

柯春海著《电视新闻演播室的设计与制作》，中国广播电视出版社 2005 年 1 月出版。

王振业著《广播电视新闻评论》，中国传媒大学出版社 2005 年 8 月出版。这是一部关于广播电视新闻评论方面的著作。主要论述了新闻评论的体裁特征、要素、基本类型和广播电视评论的个性、独特形式及广播电视评论的写作和制作等问题。

朱羽君、高传智等著《进退之间——中国电视新闻从业人员心态录》，中国传媒大学出版社 2005 年 8 月出版。本书是对承受着各方压力的广播电视第一线新闻工作者心态所做的实地调查、采访，其中有主管新闻的台级领导、新闻频道总监、新闻栏目制片人、记者、编辑。内容涉及改革思路、改革方案、社会效果、改革瓶颈以及他们内心的激情和焦虑，对体制不顺，不能自如地按新闻规律办事的矛盾心境，在媒体竞争和收视率压力下的躁动不安，在政策缝隙中寻找生存空间的尴尬，等等。这些"口述历史"中的许多细节和实例，正是研究中国广播电视改革的最好注脚，是从多个侧面来剖析中国新闻改革的途径。

任金洲、马莉著《电视新闻摄影》——"电视学系列教程"，北京师范大学出版社出版。

童宁著《即兴采访》，中国广播电视出版社出版。本书阐述了即兴采访的特性、表现力和表现方法、技巧以及实践中如何具体运作等问题。

历史方面：

陆晔著《电视时代——中国电视新闻传播》，复旦大学出版社1997年出版。本书对新中国电视新闻传播的历程进行了系统的勾勒，对电视新闻传播中的若干理论问题和现实矛盾进行了细致深入的剖析。

（二）广播新闻研究代表性成果

潘梦阳著《应用广播新闻学》，中国广播电视出版社1991年5月出版。全书分为8章，依次讲述了广播新闻学概论、广播史、新闻广播、新闻采访、广播编辑工作、广播节目、播音和听众工作以及对台对外稿的采写等问题。

苑子熙、安岚著《漫谈广播电视新闻》，新华出版社1992年3月出版。全书共两部分：广播新闻和电视新闻。广播新闻部分有5节：广播事业、广播记者、广播编辑、播音员和节目主持人、广播与听众。电视新闻部分有6节：电视的社会地位、电视新闻节目、电视记者、电视新闻编辑、电视新闻播音员和节目主持人、电视和观众。

曹璐著《广播新闻业务》，中国传媒大学出版社2005年7月出版。本书主要针对新闻性广播专稿、节目系统以及对广播新闻采访、写作进行艺术探讨，对新闻广播的传播方式和传播特点进行理论研究。

王宇、金梦玉著《广播新闻报道与节目创新研究》，中国传媒大学出版社2006年11月出版。本书结合国内外广播新闻理论与实务的创新实践，从全球化视角和国情化视角架构我国广播新闻的理念框架，将我国广播新闻改革的新鲜经验提升到理论的高度认识。

（作者系湖南师范大学新闻与传播学院教授）

关于广播电视艺术学学科体系建设的思考[①]

张凤铸 肖 庆

内容摘要 广播电视与多种艺术形式结缘,形成了丰富多彩的广播电视艺术。在此基础上构建并发展起来的广播电视艺术学科体系已初具规模。本文结合广播电视艺术学科体系的发展实践,对其存在的问题应呈现的特征,以及构建该学科体系应遵循的原则,进行了分析与思考。

关键词 广播电视艺术学 学科体系

广播电视艺术学是艺术学学科下属的二级学科,是艺术与电子技术结合而产生的新兴学科。国际上广播媒介出现于20世纪20年代,电视媒介出现于20世纪30年代。20世纪50年代以来,广播与电视迅速发展,成为20世纪后半叶影响社会各个领域的强大的视听媒介。在传播新闻信息的同时,广播电视与源远流长的中西文化和多种艺术形式结缘,形成丰富多彩的广播电视艺术,如广播剧、电视剧、广播音乐、电视音乐,广播戏曲、电视戏曲、广播文学、电视文学、综合文艺以及各种晚会、各种选秀活动、益智类、情感类、竞技类、游戏类文艺节目等,显现出独特的艺术个性和美学风貌,被称作是继诗歌、音乐、绘画、雕塑、建筑、舞蹈、戏剧、电影之后的一种受众面最广、影响力最大的新的艺术形态。作为社会文艺形态的重要组成部分,广播电视艺术在精神文明建设中起着难以替代的重要作用,在此基础上构建并发展起来的我国广播电视艺术学学科体系经过初建、探索和发展阶段已初具规模,形成了类型多样、互相渗透、动态发展的学科发展格局。学科体系建设和发展的根本在于其解释、指导实践的功能和预测未来发展趋势功能等的充分发挥。我国广播电视艺术学学科体系的建设和发展,不仅指导了广播电视艺术创作实践,而且也起到了一定的理论预测作用,促进了我国广播电视事业的繁荣和发展。

一、目前我国广播电视艺术学学科体系存在的问题

综观我国广播电视艺术学学科体系的建设和发展,尽管取得了显著成就,但尚存

[①] 《广播电视艺术学学科体系研究》系中国传媒大学影视艺术学院张凤铸教授担任总负责人申报立项的211工程重点科研项目。项目完成包括《广播电视艺术理论(总论)》《广播电视艺术叙事研究》《中国五十年电视戏曲》《电视文艺传播研究》《电视文艺生态批评论》等9部著作。

在以下不足：

（一）在广播电视艺术学学科体系中，各学科的发展存在着不平衡现象

其中有些学科起步较早，已初步形成了较完整的体系；有些本身叉分为若干个分支，学科研究向着更加深入的层次、更加广阔的领域发展，处于成熟或继续发展期；有些学科正处于初创阶段，趋于形成。广播电视艺术学科领域中的空白点较多，一些分支学科研究者甚少。这种不平衡性在一定程度上反映出我国广播电视艺术学科体系尚不完善。究其原因是多方面的，但重要原因之一在于对广播电视艺术学学科体系作宏观思考不够，缺少对学科体系发展的宏观调控能力，在一定程度上仅仅是从各自所在分支学科出发并局限于自己所熟悉的学科去进行学科建设，以单科拓进和学科的局部开发替代学科整体格局的系统运筹，缺乏对学科体系发展的整体视野和整体规划。

（二）广播电视艺术学学科体系的建设尚未与新时期传媒业改革问题的研究建立起互动机制，尚未走上同改革实践同步发展、相互促进的轨道

从我国广播电视艺术学科体系的建设来看，我们实际上遵循了一种"体系先行"的学科建设模式，即仅仅从学科的内在逻辑关系关注学科的建设，往往从学科的知识体系考察学科的发展，对体系做了片面的追求。这种"体系先行"的模式在一定程度上导致了学科建设上的封闭性和狭隘性，使作为广播电视艺术学科发展客观前提和现实土壤的活生生的广播电视业的改革实践得不到应有的重视，进而对发展变革中产生的新的艺术形式、艺术手段没有予以足够的关注并开展全面、深入和系统的研究。因而从总体上看，在"体系先行"模式下所建立起来的广播电视艺术学科缺乏鲜活的时代气息，有偏于"纯"理论研究之嫌。这使一些学科的分析跳不出陈旧的框架，无法吸引并得到广大电视工作者的认同和参与，在改革大潮中难以确立应有的地位。这样，就不可避免地在实践问题上显得苍白无力，既缺乏解释力，又缺乏指导力和预测力。

（三）广播电视艺术学学科体系的建设和发展模式有待进一步完善

一般来讲，学科体系的确认标准有三方面：其一，有明确的研究对象和研究范围，有相对独立的概念、范畴、原理，并正在或已经形成学科结构体系；其二，有专门的研究者、研究活动、学术团体、传播活动、代表作等；其三，该学科的思想、方法已经在实践中被应用、被检验，并发挥特有的功能。以这三方面标准来衡量，我国广播电视艺术学学科体系并不成熟和完善，虽然确立起了应有的门类和框架，但还应当从深度和广度上积极拓展各门学科的建设。

二、文化全球化背景下我国广播电视艺术学学科体系应呈现的特征

（一）时代性

在新媒介技术不断涌现，冲击整合传统媒介的今天，必须以一种超前意识和战略眼光去审视21世纪的社会发展和广播电视业的变革，在此基础上构建并发展的广播电

视艺术学学科体系应当能够准确地把握时代的脉搏，按照艺术创新发展的要求，充分体现文化全球化进程中中国广播电视艺术的时代精神，并以这种时代精神为主导思想，去推进广播电视艺术学学科向纵深发展。

（二）整体性

广播电视艺术学学科体系是由系统化、专门化且具有内在逻辑联系的体系化的分支学科构成的，绝不是若干分立学科的松散结合或简单叠加。建设广播电视艺术学科体系从根本上说就是要按照学科的内部关系、结构来从整体上研究和发展广播电视艺术学科，自觉促进广播电视艺术学科体系的高度分化和高度综合，进而以整体的功能作用于广播电视艺术实践的各个方面、各个领域。在高度分化的基础上，构成各门学科相互联系的一个整体，把各门学科之间的空白地带——填补和建设起来，使各学科处于自己应有的位置，以"共振"的方式，而不是以"分类"的方式协调发展。增强学科体系从自身到各门分支学科强有力的内聚力，并且重视学科战略的实施。在对广播电视艺术学学科体系进行宏观思考的基础上，进一步自觉调整学科的局部构思，使本学科的发展置于整体学科体系发展的背景下，不断拓展学科新的发展空间。

（三）实践性

广播电视创作的艺术实践是广播电视艺术学学科体系的重要生长点之一。学科的生长点，不仅是学科产生的源泉，而且也决定着学科发展的前途。如何全面而又正确地认识并处理广播电视艺术学学科体系的建设和发展与实践的关系，使广播电视艺术学科体系建设和发展牢牢扎根于广播电视业改革实践，具有显著的实践性特征，就成为本项目研究亟待解决的问题之一。不能为体系而体系，偏好体系的建构，也不能否认体系的形成是一门学科成熟的重要标志。体系建构和问题研究并不截然对立，而是相辅相成的。我们应在继续重视学科体系建构的同时，对现实问题具有一定的感悟和洞察能力，把注意的焦点更多移向广播电视实践中亟待解决的问题上来，进行跨学科的研究，把对实际问题的解决与学科体系的建构紧密结合起来。我们只有紧紧围绕中国广播电视业现实的艺术实践活动及理论探讨来进行学科建设，才能找准学科的生长点，整合出我国广播电视艺术学科的科学体系，使学科具有旺盛的生命力。

（四）开放性

我国广播电视艺术学学科体系的建设应不断追求超越自我，又依据不断变化的现实灵活调整自我，给自我注入新的活力。这种开放性将主要表现在两方面：第一，学科建设中对国外相关学科成果的开放、交流。文化全球化的进程在传播媒介的迅速发展中不断加快，学科建设应该纳入到国际相关学科发展的总潮流中，高瞻远瞩，通览全局，才可能在比较中找到自己合理的起点和战略目标。第二，广播电视艺术学科对其他学科的开放与交流。作为一门成熟而先进的学科，它应能自觉吸收邻近学科的成果并能主动地去影响邻近学科的发展。在新媒介的冲击下，数字技术、网络技术的发展加快了传统媒介之间的融合渗透，新的媒介形式不断涌现，艺术创作的方式、手段也在不断更新，与传播技术、社会和传媒产业有关的其他学科的发展也制约着广播电视艺术学科的发展，规定着广播电视艺术学科的最大发展程度，因而要吸取其他相关学科的研究成果，克服狭隘的思维模式，把学科建设置于广阔的人类科学文化发展的背景下，全方位地去建设和发展，从而，与相关学科建立起动态的、良性循环的对话和交流机制。

（五）独立性

广播电视艺术学科的建设在广泛吸收其他学科成果的同时，还应当在与其他学科进行平等对话和交流的同时，保持其独立性。任何一门学科的独立存在都必须有自己独特的研究范畴和体系，更要有自己研究的基本问题。只有确立起研究的基本问题，并进而确定出独特的研究对象，学科的独立性和稳定性才能体现出来。我国广播电视艺术学科的建设也应当进一步提高学科建设的水准，加强其独立性。为此，我们要进一步确立起各学科的基本问题，确定出特有的研究对象，逐步形成独特的概念系统，构建起严谨的理论体系，逐步提高学科的专业化水平，在不断完成解释、指导艺术创作实践的历史使命过程中，不断增强其独立性。广播电视艺术学科如何不仅吸收其他学科成果，而且能保持其独有的风格，并对其他学科的发展做出其特有的贡献，应当成为值得关注的问题之一。

（六）民族性

任何一个学科体系，都应从本民族的实际出发，总结本民族的经验，具有本民族的特点。只有这样才能在本国扎根并得到建设和发展。自广播电视艺术学被正式确立为艺术学下面的二级学科以来，一直遭到部分保守的学者的质疑。这部分学者的主要观点是，广播电视只是一种传播媒介，各种传统的艺术形式只不过借用这种媒介达到传播的目的而已。根本不存在什么广播电视艺术。这部分学者还有一个核心观点是，全世界除了中国外，其他国家都没有广播电视艺术这一说，这完全是中国人自己的发明，必然招致外国研究者的嘲笑。这些保守学者的观点也是值得质疑的。中国是全世界拥有广播听众和电视观众最多的国家，一些传统的艺术形式与广播电视相结合产生的新的艺术样式如电视综艺节目、电视小品、电视音乐、广播剧、电视剧在价值观、道德观和审美文化上已经深刻影响着社会大众。广播电视艺术在社会主义精神文明建设中产生了重要作用，这一功绩有目共睹。为什么一定要外国已有的艺术学科，我们才能设立呢？一门学科的设立是基于研究对象是否存在和是否有必要对其进行研究。人文学科的设立又与研究对象的民族性、本土性有关。我国广播电视丰富的创作实践中，已经积累了众多具有民族特色的艺术创作经验和模式，这一切为我国广播电视艺术学科的民族性或中国化特征奠定了坚实的理论基础和实践基础。在文化全球化的进程中，抵制西方文化产品对我国的倾销，更加需要广播电视创作体现出具有独特文化意蕴的中国艺术传统。

三、科学构建我国广播电视艺术学学科体系

学科的发展必须站在理论思维的基础上，明确学科的体系和研究范围，因为学科体系的庞杂和混乱只能导致对实践指导的盲目。学科发展的历史表明，在开放的环境中，学科必须按社会发展的要求调整自身的目标与价值尺度，一个学科的成熟将要引发这个学科与相关学科的集成。因而广播电视艺术学学科在媒介环境变化的情况下，必须进行集成才能达到更大规模的优化，而这个更大规模的范围就是广播电视艺术学学科的研究范围。在构建适应我国文化产业发展和精神文明建设需要的广播电视艺术学学科体系的过程中，我们遵循了如下原则：

（一）继承性原则

媒介环境的巨大变化，使得广播、电视媒介的生态环境有了巨大的变化，但广播电视仍在我国占据很大比例，发挥着重要作用，因此在当前环境下构建广播电视艺术学学科体系仍不能摒弃以往的内容另起炉灶，这是必须遵循的重要原则。

（二）发展性原则

虽然在构建广播电视艺术学学科体系时必须坚持继承性原则，保持该学科发展的相对稳定性和延续性，但时代的前进促使广播电视艺术创作发生重大变革，与此相对应，广播电视艺术学也应当得到进一步的发展。广播电视艺术学学科体系只有不断地进行自我调整和完善才能顺应历史潮流，更好地指导广播电视艺术创作实践在新技术层出不穷的时代中展现新的风貌。

（三）现实性原则

数字技术和网络技术的兴起，对广播电视艺术的形态、特征都产生了革命性的影响。但是受到我国的网络覆盖率、人们的知识更新程度、对网络的认识观念以及网络自身的负面作用等多种因素的影响，互联网还没有走入每个人的生活，社会还处于从印刷秩序向数字秩序的转变和过渡阶段。因此，构建广播电视艺术学学科体系应考虑到这些现实因素的存在，一切从实际出发，要兼顾媒介技术发展的现状，将现实和未来有机地结合起来，使所构建的广播电视艺术学学科体系能够指导当前的广播电视艺术创作工作实践和广播电视艺术学研究活动。

（四）预见性原则

21世纪科学呈现出加速发展的态势，新的媒介技术不断涌现，作为与技术发展紧密相关的媒介，广播电视艺术学势必随之发展，但是作为学科发展的结果，广播电视艺术学学科体系框架却不应当随着广播电视艺术学的不断发展而经常变动。因此在构

建广播电视艺术学学科体系时,必须具有预见性地为广播电视艺术学的发展预留出适当的空间,当然这种预留是建立在科学预测基础上的,而不是毫无根据地猜测。

基于这种思路,纵观当代研究的最新发展,广播电视艺术学的学科体系可以概括为如下图表所示的具有四个层次的框架图。各层次之间存在着分支关系,各种关系构成了一个完整的体系(见下面广播电视艺术学学科体系框架图)。

广播电视艺术学学科体系框架图

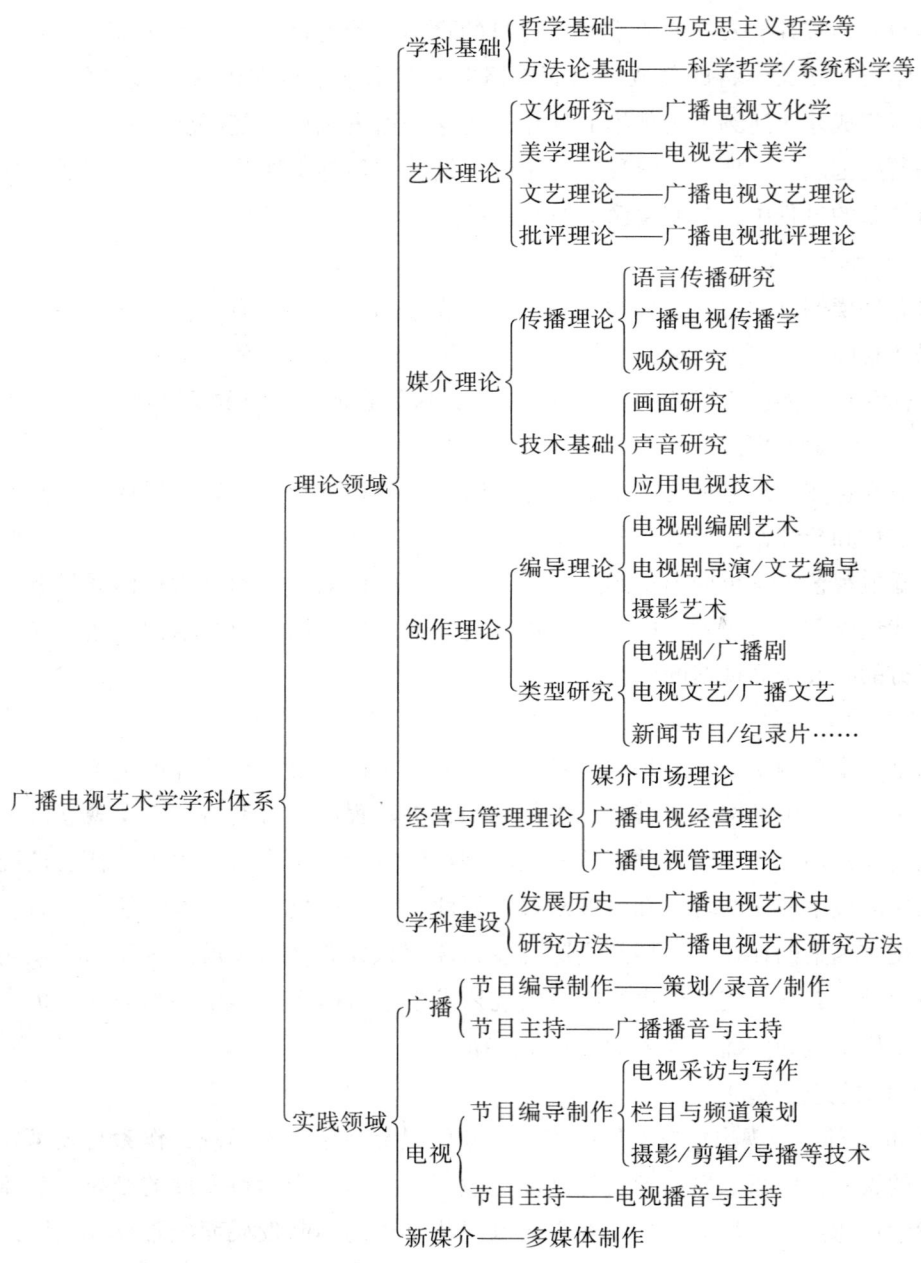

（1）研究的方面——学科体系的第一层次

广播电视艺术学的学科体系包括"理论"和"实践"两个方面，它们既互相独立，又有密切的联系。

（2）研究的内容——学科体系的第二层次

广播电视艺术学研究的内容是广播电视艺术理论与创作。艺术理论、媒介理论、创作理论以及经营管理理论是理论研究的核心内容，为了有效地对广播电视艺术理论与艺术创作过程进行深入研究，需要依据一定的理论、方法以及优化的组织结构。所以，学科的基础和学科本身的建设同样是理论方面研究的对象。

广播电视艺术学的实践领域包括广播、电视以及网络等新媒介。

（3）研究的范畴——学科体系的第三层次

不同的研究内容包括不同的研究范畴。艺术理论包括对文化、美学以及文艺理论的研究，媒介理论包括传播研究和媒介技术研究，创作理论包括编导艺术和类型研究。另外，广播电视艺术学的学科基础包括哲学基础、方法论基础，广播电视艺术学的学科建设包括对广播电视艺术发展史的研究以及艺术研究方法的探讨。

在实践方面，广播电视艺术在广播、电视、新媒介中的应用研究包括节目策划、编导、制作、主持等环节。

（4）课程设置——学科体系的第四层次

广播电视艺术学学科体系研究关系到该学科的发展方向以及对艺术创作实践的指导范围。随着我国文化产业的繁荣发展以及传媒全球化的进程，广播电视艺术学学科体系蕴含着进一步发展的巨大潜力，将向成熟和完备的方向不断发展。希望本文所做的探讨和研究能够为今后和国广播电视艺术学学科体系的建设和发展提供借鉴和基础。我国广播电视艺术学学科建设离体系完善还有很长的距离，任重而道远，中国的广播电视理论研究工作者应有广阔胸襟、恢宏气度、大家风范和严谨的治学精神，把中国的广播电视艺术学学科体系建设不断向前推进，达到日臻完善、完美的程度！

（作者张凤铸系中国传媒大学影视艺术学院教授、博士生导师；肖庆系中国传媒大学博士后）

（原载于《现代传播（中国传媒大学学报）》2006年第6期，总第143期）

广播电视经济学研究

周鸿铎　曹　宇

内容摘要　广播电视经济学是一门新兴学科。本学科从改革开放以来广播电视媒介在产业化、市场化进程中出现的新问题入手,系统地分析了广播电视经济学产生的必然性以及形成的最基本的理论体系,在此基础上,分析了广播经济、电视经济、广播电视产品流通等理论。同时还研究了地方广播电视经济和广播电视经济管理体制两个专题。

关键词　广播电视经济　广播电视产品　产品流通　电视节目成本经营　制播分营　广播电视产业制度

第一部分　总　论

一、广播电视与经济学

(一) 广播和广播史

1. 广播

广播是通过无线电波或导线定时向广大公众传送声音、图像符号的媒介。从传播媒介的角度分析,广播一般是指声音广播,它具有三个基本要素,即声音、电波、发送和接收设备。广播媒介具有迅速及时、覆盖面广、声情并茂、功能多样、信息量大、技术含量高、投资少等特点。

2. 广播史

研究广播史应从19世纪中叶英国物理学家麦克斯韦提出的电磁波论断开始。世界上的第一座广播电台是1920年10月由美国威斯汀豪斯电器公司建立起的。中国的广播应该从1905年袁世凯在天津举办无线电训练班为北洋海军培养无线电报务员算起,已有一百多年的历史。

1926年10月1日,哈尔滨广播电台开始正式播音,这是我国自办的第一座广播电台。

1940年12月30日,中国共产党领导的我国第一座人民广播电台——延安新华广播电台开始播音,它标志着人民广播事业的诞生。

自 1949 年 10 月 1 日，中华人民共和国成立以来，我国广播事业得到了迅速发展。从 20 世纪 70 年代末 80 年代初开始，人们在"电视热"的冲击下，企图用电视代替广播，严重地影响了广播的发展。1999 年，当全国出现"网络热"时。人们又想用网络代替广播，其实这同以前人们企图用电视代替广播一样宣告失败。

一百多年来，广播在电子媒介的发展过程中，曾出现过辉煌和曲折，正因为这样，广播媒介是电子媒介中最具有经验、最成熟、最具有竞争力的一种电子媒介。

(二) 电视和电视史

1. 电视

电视是运用电子技术传输图像和声音的一种现代化的传播媒介。它通过光电变换系统使图像、声音、色彩即时重现在覆盖范围内的接收机上，进而实现传输信息的目的。

2. 电视史

研究电视应从硒元素和硒元素光电效应的发现入手。但是，真正"用电来看东西"还是 1884 年德国科学家保罗·尼普柯夫发明了机械扫描圆盘以后才打开了研究电视的大门。世界上第一座电视台是 1936 年 11 月 2 日由英国广播公司在伦敦建立起来的。中国的电视起步较晚，1958 年 5 月 1 日，我国的第一座电视台——北京电视台（中央电视台的前身）开始试播，同年 9 月 2 日正式广播。50 年来，我国电视的发展速度和规模超过了世界上任何一个国家。

中国电视的发展状况表明了党和国家的重视，也是我国经济发展的需要、信息经济发展的一种标志。我国电视自 1958 年以来的 50 年间，可分为七个阶段：

第一阶段，从 1958 年到 1966 年的八年间，这是中国电视的起步阶段。

第二阶段，从 1966 年到 1976 年的十年间，这是中国电视的停滞阶段。

第三阶段，从 1976 年 10 月粉碎"四人帮"以后到 1983 年第十一次全国广播电视工作会议以前的七年间，这是中国电视业的复苏阶段。

第四阶段，从 1983 年第十一次全国广播电视工作会议到 1992 年党的十四大召开的十年间，这是电视业迅猛发展的时期。

第五阶段，从 1992 年党的十四大以来到 1997 年的五年间，这既是电视继续高速发展的时期，也是我国广播电视如何为社会主义市场经济服务的转轨期。

第六阶段，1998 年到 2004 年的七年间，在治理"乱、滥、散"的思想指导下，一方面，压减电视台；另一方面，又积极地组建事业性广播电视集团。

第七阶段，2005 年以后，我国电视媒介加快了市场化的步伐，真正开始了产业化运营。

(三) 经济学

1. 经济学总论

经济学是研究经济活动及其发展规律的科学。由于经济活动是一个宽概念，它含括的内容相当广,因此,人们又可以从某一个方面去研究经济活动。正因为这样,对于什么是经济学,人们的解释是不相同的,进而使经济学又区分为许多分支学科。从总体上分析,它可区分为两个分支,即微观经济学和宏观经济学。

2. 微观经济学

微观经济是指国民经济活动中各个经济行为主体的经济活动。所谓微观经济学("小经济学")也就是研究各个经济行为主体的经济活动规律的科学。比如研究消费者的消费行为的经济学可称谓"消费经济学";研究投资者的投资行为的经济学可称谓"投资经济学";研究工业企业的经济活动方式和规律的经济学可称谓"工业经济学";研究市场或交易者的行为的经济学可称谓"市场经济学"等。

3. 宏观经济学

宏观经济是指国民经济的总体活动,是一种带有全局性的经济活动,它涉及经济生活的一切方面,所谓宏观经济学是研究经济整体的经济活动和运行规律的科学。通过对宏观经济的研究,实现由上而下地认识经济活动的规律性,在总体经济活动的环境中促进微观经济的有序发展。在宏观经济学研究过程中应注意以下几个主要问题:

(1)宏观经济行为是以构成经济总体的微观经济行为为基础的;(2)宏观经济运行是国民经济总体的运行,其实质是指企业、居民户和政府这三大类经济活动主体的行为以及它们之间相互联系的过程;(3)关键的宏观经济变量,即总供给和总需求之间的关系;(4)宏观经济行为涉及财政、货币、银行、就业、失业、通货膨胀、经济增长率、要素增长率、社会保障等范畴的内容。

4. 中观经济学

中观经济是介于宏观经济和微观经济之间的一种经济,其边缘是不确定的,在实践上,中观经济与微观经济、宏观经济的界定是很困难的。由于中观经济范围的不确定性,所谓中观经济学是研究中观经济活动规律的科学,不过这里所说的中观经济既是宏观经济的组成部分,又是各个微观经济主体经济活动的小环境,因此,加强对中观经济的研究,对于宏观经济的调控和搞活微观经济都具有重要意义。

二、对广播电视的经济学思考

(一)经济学思考的基本问题

现在人们对于经济活动的研究虽然涉及的面很宽,但是最基本的问题主要有三个,即生产者行为、消费者行为以及生产者和消费者相互发生作用的市场和市场行为。

所谓生产者行为现在主要是指那些为获取盈利而从事各类生产活动的个人或组织机构的购买、生产和销售行为。生产者的购买行为大致可分为三种类型,即直接重购、修正重购和新购。由于生产者的购买类型不同,生产者购买决策也就不同。生产者的购买决策并不完全受个人偏好的影响,而主要受环境、组织、机构、人际关系等因素的影响。而且影响购买决策的不仅仅是生产者方面的因素,还有供应者方面的因素。这些因素既影响着生产者的购买行为,同时也影响着生产者的生产行为和销售行为。

所谓消费者行为可从两个角度研究,即生产消费和生活消费。这里所讲的消费是专指生活消费,其消费者是指为取得生活消费品的个人及家庭。在市场经济条件下,消费者行为可集中表现在消费者的购买行为上。正因为这样,研究消费者行为模式的重点应该是消费者的购买行为,消费者的购买行为实际上是消费者对营销者所采取的各种营销手段做出的反应。可见,把握营销手段与消费者反映的关系是研究消费者购买行为模式的关键。

所谓生产者和消费者相互发生作用的市场和市场行为是通过市场机制的作用来实现的,更具体一点分析,是通过市场机制协调社会供给和需求之间的关系来实现的。在市场经济条件下,市场是生产者和消费者相互作用的桥梁。生产者的行为应该从顾客的观点出发,而不是从自己的观点出发,只有这样,生产者的经营目标才能真正得到实现。

(二) 经济学思考的广播电视问题

1. 广播电视经济

广播电视经济又称广播电视传媒经济。根据传播媒介二重性的特点,广播电视经济活动往往是同它的政治活动相联系的。正因为这样,在当今世界上还没有纯经济性的广播电视经济活动,因为在广播电视经济活动中融化着大量的政治元素,同时在广播电视政治活动中又融化着大量的经济元素。广播电视经济的这种特殊性决定了广播电视经济学不能作为一门纯经济类学科存在;又根据传播媒介的特点,决定了广播电视经济学同整体传媒经济学一样,只能是应用传播学体系中的一门独立的学科。但是,从现象上看,由于广播电视经济活动可以量化、可以计量,人们在习惯上常常使用广播电视经济这个概念来表述广播电视媒介的运营,其实在广播电视媒介运营过程中包括着大量的政治活动,即人们常说的宣传活动。

那么,应该如何表述广播电视经济呢?所谓广播电视经济是指利用电子技术和设备从事某些物质产品和精神产品生产、销售以及服务的活动。广播电视经济有五层含义:

(1) 广播电视系统内部的经济活动;(2) 广播电视部门,特别是电台、电视台的参与性经济活动; (3) 运用广播电视媒介的信息传播导向经济活动的协调发展;(4) 广播电视产品的直接生产和销售活动;(5) 广播电视网络经营和直接的信息经营。

广播电视经济是现代信息经济的一个重要部门,广播电视经济的发展表明我国信息经济领域的扩大,表明人们对信息经济认知程度的提高。广播电视经济活动是一切广播电视活动的基础。要充分发挥广播电视经济的基础作用,必须充分重视广播电的政治活动，这是一切广播电视活动的保证。广播电视经济活动、政治活动都是以文化活动的形式表现出来的。

2. 广播电视经营机会

在我国市场经济条件下，许多广播电视产品已走向市场。广播电视营销机会实际上是广播电视产品生产或制作经营机会。根据我国的实际和目前国际市场的状况，我国的广播电视产品的经营机会主要来自以下几个方面，即中国是世界上公认的最大的国内市场；中国经济持续30年高速发展；中国正处在改制阶段；中国已是世贸组织成员，国际交往越来越频繁，国际视听贸易的范围不断扩大；中国的市场经济已逐步走向成熟，市场竞争机制的作用已在更广泛的领域内发挥作用；随着改革开放国际化程度的提高，中国赢得快速发展的时间机会越来越多；随着小康社会的实现，人们的生活水平的提高和消费方式的改变，受众对高水平、高质量的广播电视节目的需求量越来越大；好听、好看既是对广播电视产品生产者的要求，也是广播电视产品经营的一种机会；广播电视二重性理论被社会的认可，为广播电视产品生产者科学规范自己的行为提供了理论标准，保证了广播电视经营方向的正确性；中国是一个大国，各地的习俗差异很大。这种习俗的差异性既是广播电视产品的经营机会，又是广播电视产品生产的一种题材。

3. 广播电视产品成本

（1）广播电视产品成本

从理论意义上讲，广播电视产品成本是由物化劳动和活劳动中必要劳动的价值所组成，但是在实际上二者是有区别的。广播电视产品是信息产品或文化产品，它的价值同劳动者生产这类产品时所付出的劳动是不成比例的，而是同使用这类产品的劳动者的素质成正比的。所以，对于广播电视产品生产者来说，要树立成本意识应注意从生产和应用两个角度去把握。从生产的角度分析，所谓成本意识主要是指：①注意控制成本，使成本不超出限额；②在生产经营活动中，经常保持成本的最低水平；③努力使成本降低到最低数。从应用的角度分析，所谓树立成本意识就是要提高广播电视产品的有用性、可用性、可开发性以及产品的衍生性。

目前在我国，人们对于广播电视产品成本的认知度还不高，因此，树立牢固的成本意识，即"成本警觉"，对于广播电视产业的发展以及广播电视事业的发展都具有重要意义。

根据广播电视活动的特点和运行规律，所谓广播电视产品成本主要包括以下几种类型：其一，制作（生产）成本；其二，播放成本；其三，销售成本。对于每一种类型的广播电视产品成本还可以细分。

作为一个合格的传媒人，不仅懂得广播电视产品成本，而且还应学会成本经营，并把成本经营与成本管理科学地结合起来。

（2）广播电视产品成本经营管理

经营和管理是两个不同的概念。成本管理一般是指成本的行政管理，侧重于财政和成本立法、制度方面。成本经营指的是成本的经济管理方法，侧重于如何降低成本的一系列问题，主要包括：①从技术经济的角度研究成本；②从供销的角度研究成本；③从生产力组织的角度研究成本。

根据我国广播电视媒介的特点和现状，加强对广播电视产品的成本经营管理应做好以下各项工作：

其一，深化广播电视传媒体制改革，实行产业化经营。

其二，引入竞争机制。

其三，加强对广播电视经营管理人员的培训。

其四，在理论上和实践上弄清楚成本经营管理同成本管理的区别与联系以及加强成本经营管理的意义。

其五，纠正成本行政管理单一化、绝对化的成本管理办法，自觉地运用成本经营管理的办法实现对成本的控制。

（三）广播电视经济学

1. 广播电视经济学的科学含义

所谓广播电视经济学就是研究广播电视传媒机构利用现代电子技术和设备从事某些物质产品和精神产品的生产、传播、营销等活动规律的学问，它属于信息经济学的范畴，但又是信息经济学的深化，具有鲜明的应用传播学的特点。

2. 广播电视经济学的研究对象

由于广播电视经济学是研究广播电视经济自身运动的特点以及同其他经济活动之间的相互关系的科学，因此它的主要任务是研究：①广播电视同经济发展的关系；②广播电视对智力开发所起的作用；③广播电视产品及其生产的特点；④广播电视的经济效益（包括广播电视宣传的经济效益和投资的经济效益）；⑤广播电视经济的管理体系；⑥广播电视生产力功能等。

3. 广播电视经济学的性质

就广播电视经济学本身来讲，它是由经济学、传播学、新闻学、政治学、信息学、广播电视学、文化学、教育学等许多学科元素相融合而形成的一门新学科，是社会科学和自然科学相互交叉、相互渗透所产生的边缘学科，更确切一些说，它是广播电视学、传播学、新闻学、文化学、信息学、经济学相互交叉、相互渗透所产生的一种中间性学科。正是这种中间性，使它成为应用传播学的分支学科。

三、广播电视经济学的创立

在我国改革开放的大环境条件下，人们对于报业经济的研究是从1978年开始起步的，而对广播电视经济的研究却是从 1982 年开始的。但是作为传媒经济学中的一个完整概念——"广播电视经济"的提出又先于"报业经济"。正因为这样，广播电视经济学体系的形成又先于报业经济学。具体来说，1984 年我国理论界率先提出了"广播电视经济"这个新概念，并于 1990 年 12 月公开出版了我国第一本《广播电视经济学》（中国经济出版社出版），它标志着中国广播电视经济理论体系的雏形已初步形成。

（一）"广播电视经济"概念的形成

1. "广播电视经济"概念形成的环境

（1）社会环境（宏观环境）

1978 年党的十一届三中全会以后，我们党断然抛弃了"以阶级斗争为纲"这个不适合社会主义社会的"左"的错误方针，把党和国家的工作重心转移到经济建设上来。在这种大环境条件下，广播电视应该怎么办？上海电视台科学地回答了这个问题，于 1979 年 1 月 28 日宣告："即日起受理广告业务"，并播出了中国大陆第一条电视广告；12 月中央电视台开办了"商业信息"栏目；1980 年 1 月 1 日，中央人民广播电台播出了该台有史以来的第一条广告；20 世纪 70 年代末 80 年代初，中国大陆广播电台、电视台均先后开办或恢复播出广告节目；1983 年 3 月 13 日至 4 月 10 日，第十一次全国广播电视工作会议在北京召开，提出了要"以经济建设为中心"、要"以新闻改革为突破口"、要"四级办节目、四级混合覆盖"、要"开展多种经营，广开财源"；1984 年，党的十二届三中全会明确指出：要突破把计划经济同商品经济对立起来的传统观念，发展在公有制基础上的有计划的商品经济；1986 年，珠江经济台开播，之后，许多经济电台、电视台成立；……在这个大环境下促进了广播电视经济的发展，催生了中国的广播电视经济学的形成。

（2）微观环境

党的十二大以后，中央强调高校的理论教学必须联系实际。根据中央的要求，当时的北京广播学院（现改为中国传媒大学）的一些教师经过认真的调查研究，认为创造"广播电视经济"这个概念的时机已经成熟，并于 1984 年 5 月首次提出"广播电视经济"这个概念。之后，随着我国改革开放的深入发展和环境条件的形成，又提出了"广播电视也是生产力""广播电视二重性"等理论，为广播电视经济的形成做出了一定的理论元素方面的准备。

2. 相关概念的产生

一种新理论体系的形成，往往始源于新概念或新概念群的形成和发展。这既是一种新理论体系产生的规律，也是人们把握某种理论应该遵循的规律。伴随着广播电视经济概念的提出，也提出了一些其他相关概念：（1）有偿服务；（2）经济效益；（3）节目商品化；（4）广播电视信息产业；（5）信息经济；（6）广播电视资本运营；……

（二）广播电视经济学创立的必然性及其条件

1. 广播电视经济学创立的客观必然性

广播电视经济学作为一门独立的经济学科，其产生和发展都是同社会经济的发展相联系的。

第二次世界大战以后，特别是进入50年代，广播电视经济在许多发达国家已成为国民经济的重要组成部分，包括广播电视产业在内的信息产业已逐渐成为国民经济的支柱。同广播电视经济发展相联系，人们开始重视对广播电视经济的研究。广播电视经济学就是在这种条件下缓慢地发展着，逐步形成了自己独有体系，并被人们所认识。

现在，我国的广播电视经济学尽管已基本确立，但是要真正被人们所认知，关键在于发展社会生产力，充分发挥信息产业、文化创意产业在国民经济中的作用。一旦信息社会在大多数国家实现的时候，完整的广播电视经济学体系才能最后建立起来。

2. 创立广播电视经济学的国内条件

根据科学理论形成和发展的历史，任何一门独立的新学科的建立，首要的依据是这门学科的创立国家的社会经济条件。

（1）党的十一届三中全会以后，经济体制的改革和对外开放政策的实施为我国新技术的应用和发展提供了有利的经济条件。

（2）我国一些广播电台、电视台正反两个方面的经验教训，为广播电视经济的建立提供了可靠的实践方面的依据。

（3）新技术的广泛应用，一方面提高了劳动生产率，推动了社会生产力的发展；另一方面提高了劳动者对信息在国民经济中的地位和作用的认识。人们对信息认识水平的提高，为研究信息产业部门的一个重要部门——广播电视信息产业解决了思想认识方面的问题。

（4）新技术的应用，生产部门高度自动化、电子计算机化为各行各业，特别是信息产业部门提供高水平的工作人员。

总之，现在在我国，无论是从科学技术的发达程度，还是从广播电视媒介自身的发展状况以及劳动者的基本素质分析，都已具备了建立广播电视经济学的基本条件。

3. 创立广播电视经济学的国际条件

科学理论是没有国界的。这是因为：任何一种科学理论的创立不仅要建立在本国本民族所提供的基本条件的基础上，而且还必须充分地重视国际上所提供的基本条件。

（1）当前我们所处的时代是信息时代。信息时代是基础科学和应用科学迅猛发展的时代，在这个时代所出现的新学科超过了历史上任何一个时期。

（2）几个已进入信息社会的发达国家的实践证明，建立广播电视经济学的条件已经成熟。

(3)由于新科学技术的广泛应用，改变着人们的某些观念形态，促使了世界经济的发展，加强了各国之间的联系，这在客观上必然促使信息经济的发展，促使广播电视经济的发展，以便适应世界经济发展的要求。

(三)广播电视经济理论体系的形成过程

1. 对广播电视经济理论的各种看法

任何一种理论的形成都需要有一个过程。由于人们的地位不同，所处的社会环境不同，对一种新理论体系的态度也就不同。广播电视经济学作为一门新兴理论，仅仅只有18年的历史（从1990年中国第一本《广播电视经济学》公开出版算起），刚刚进入成人期，还有很多不完善的地方，人们对它产生某些不同的看法也是可以理解的，是一种很正常的现象。

当前，对于广播电视经济理论大致有以下几种不同观点：(1)所谓广播电视没有经济问题的观点；(2)所谓承认广播电视节目的商品性就是西化的观点；(3)所谓社会不承认问题；(4)所谓马克思、恩格斯从来没有论述广播电视经济的观点；(5)所谓广播电视经济就是指广播电视财务的观点；……

2. 广播电视经济理论体系的形成和发展

凡是科学的理论都是发展的理论，这种发展有两层含义：一是科学技术的进步和社会生产力的发展，促使人们认识世界水平的提高，进而促进科学理论的发展和创造新理论；二是由于人们的素质不同，观察问题的角度不同，因而就可以形成不同的理论观点。广播电视经济理论就是在新环境条件下形成的新理论，具有很大的发展空间。

一种新理论的创立，不仅表现在它的基本理论框架的形成方面，而且还表现在这种理论能够不断地丰富和发展。如果说1989年关于《探讨广播电视事业的经济属性》一文的公开发表是广播电视经济理论体系形成的最初标志的话，那么，1990年我国第一本《广播电视经济学》的出版发行、1994年《中国广播电视经济管理概论》的公开出版、1996年《市场经济呼唤制片人制》一文的发表、1997年《传媒经济》一书的出版发行等都是广播电视经济理论大发展的重要标志。

广播电视经济理论快速发展的事实告诉我们这样几个问题：

第一，广播电视经济学是一门年轻的学科；第二，广播电视经济具有鲜明的独立性；第三，广播电视经济理论的形成过程是从微观到宏观，再从宏观到微观，自下而上和自上而下的形成过程。

现在，广播电视经济理论的基本框架虽然已经形成，但它还年轻，还在发展。从现在的发展状况来看，广播电视经济理论应包括以下内容：广播电视经济学、广播电视商品学、广播经济学、电视经济学、广播电视经济管理学、电视剧制片经营学、电视节目营销策略、电视节目市场学等。

第二部分 广播经济

四、广播经济总论

(一) 广播经济

广播经济有狭义和广义之分。狭义的广播经济专指对广播节目的经营活动；广义的广播经济不仅包括对广播节目的经营活动，而且还包括对广播资源的开发、利用以及开展其他辅助性的经营活动。可见，所谓广播经济，主要包括广播节目的经营、系列台的经营、广播资源的开发和利用等范围内的经济活动。

(二) 广播经济活动

1. 广播产品制作（生产）和传输过程

广播节目从制作到受众接收，大致要经过采录、编辑、播录、放送、传输、接收等过程。可见，广播节目制作和传输是一项系统工程，各个环节质量的好坏直接影响到广播质量。广播节目制作和传输过程可用下图表示：

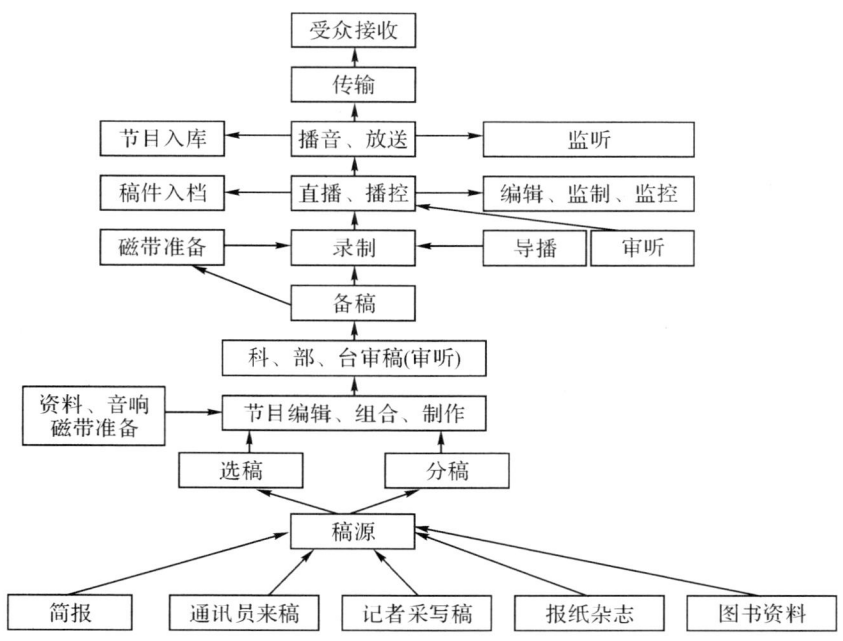

2. 广播经济活动管理

广播经济管理是指对广播经济活动的指导、监督和调控的全过程，它包括节目经营管理、资金管理、物资器材管理、财务管理、成本管理、劳动工资管理、资源管理、人员培训、国有资产管理等。其主要的广播经济管理应包括：广播资金管理、广播产业财务管理、生产性资产管理、广播电台（站）内部的经济管理等。

（三）广播广告活动

1. 广播广告及其特点

广播广告活动是广播经济活动的重要组成部分。广播广告的发展经历了由优势转化为劣势，又从劣势逐渐转向优势的螺旋式上升的发展历程。

一个成功的广播广告，就是广播广告特点表现充分的广告。广播广告的基本特点是：（1）时效性强；（2）传播面广；（3）声情并茂，吸引力强；（4）生动灵活，方便选用。

广播广告也有它的局限性，其表现主要有：（1）有声无形；（2）声音转瞬即逝，难以存查；（3）选择性差。

2. 广播广告制作过程

广播广告的制作就是根据客户的广告目标，依据市场调查结果和广播收听率的调查分析，确立广告的市场定位，精心创意设计，用多种多样的表现方式充分表现客户的目的要求和意向的过程。

3. 广告发布时机的确定

广播广告发布时机的确定一定要注意科学性，认真研究目标市场和商品的消费时令性特点，同时还要把握消费者群体的特性。对于热线直播广告时机的选择一定要注意同广告商的重大活动结合起来。如果广告商为了达到轰动性销售效果，也可采用创造性广告形式来确定广告发布时机。

4. 广播广告发展趋势

广播广告的发展趋势是同整体广告发展趋势相一致的，其决定因素是经济的发达程度。所以，要把握广播广告的趋势，一是在观念上应明确经济是广播广告发展的基础，市场竞争是广播广告发展的动力，经营管理者是广播广告发展的保证；二是在行为上要制定科学的广播广告经营措施，并保证其实施；三是对广播广告未来的发展模式进行科学规划。

五、广播产品及其经营

（一）广播产品过程管理

广播产品既然是一种信息产品，具有特定的生产程序和销售方式，是众人劳动生产物，因此，在广播产品经营过程中就需要管理。

（二）新闻性节目及其"经营"

1. 新闻性节目不是商品

新闻这类信息产品从来都不是商品，这是由新闻产品生产的特殊性决定的。承认新闻不是商品，并不是否认市场机制对新闻活动的调节作用。市场机制对新闻活动的调节作用并不是表现在对新闻内容的选择上和新闻活动方向的确定上，而是表现在对新闻活动经费的作用上。

2. 新闻性节目"经营"

新闻节目"经营"并不是以盈利为目的。但是，从广播产业的整体来看，其经济效益是同新闻节目"经营"状况相联系的。如果没有新闻节目"经营"的社会效益，广播产业经营活动的经济效益就要受到影响。从这个意义上讲，新闻节目"经营"是其他节目经营的基础、前提和保证。

(三) 教育性节目及其经营

1. 教育性节目及其商品性

教育性节目是以传播科学文化知识、进行社会教育为主要任务的广播节目的总称，是广播产业（也包括电视产业）部门的一种重要的产品，它的商品性质是由以下条件决定的：第一，教育节目的自身特点决定的。第二，教育性节目的生产特点决定的。第三，市场经济体制要求的。

2. 教育性节目经营策略

目前，教育性广播节目是一种商品，其经营策略应从我国的实际出发。首先，要逐步实现教育节目的社会化；其次，不断提高教育节目的实用性；再次，采用新技术调控有特色的教育节目；最后，还要努力办好公益教育节目。

(四) 文艺性节目及其经营

1. 文艺性节目及其商品性

文艺性节目是以传播和介绍文学、艺术作品为主要内容的各类广播（电视）节目的总称。广播（电视）文艺节目在广播（电视）市场中的市场占有率是最高的，因此，它是现代文化市场上最有生命力的文化产品，具有很大的开发潜力。

2. 文艺性节目经营

文艺节目经营是当前发展文化创意产业必须弄清楚的问题。根据我国文化创意产业发展的要求，文艺节目经营的首要任务是树立大经营观念和实行多样化经营。比如联合举办各种形式的文艺晚会；协助地方、部门编排文艺节目；有偿点播文艺节目；开发文艺性节目的衍生产品；……

为了提高文艺节目的经营效益，其经营方式可采用栏目承包式；教育节目艺术化；文艺活动社会化（多部门合作）；文艺节目市场化和开展国际性文艺节目贸易活动。

(五) 服务性节目及其经营

1. 服务性节目及其商品性

服务性节目主要是指直接为受众的生产活动、生活活动、工作提供服务的各类广播（电视）节目。服务性节目中的主体是有偿服务，无偿服务的节目也存在着一些，但比较少，随着市场经济的发展将会越来越少。

>>> 历史、现状与未来

2. 服务性节目经营

近年来，服务性节目经营虽然效益比较理想，但它经营的深度和广度远远不能适应我国经济建设发展的要求，许多服务项目还没有开发出来，需要进一步拓宽服务性节目的经营范围。

第三部分　电视经济

六、电视经济总论

（一）电视经济

1. 电视经济范畴

电视经济是广播电视经济的一种重要的经济形式，它同广播经济一样同属于信息经济范畴。从电视媒介本身来说，电视经济是电视媒介实体根据市场需求和自身实力科学地处理投入与产出的活动。

2. 电视经济活动

电视经济部门具有双重任务，即宣传任务和经营任务。电视经济部门的宣传任务是由电视媒介的政治属性和电视新闻的党性原则决定的。电视经济部门的经营任务是由电视媒介的经济属性和产业功能决定的。所谓电视经济活动也就是电视媒介人充分运用现代电子技术进行电视产品生产、传输和销售以及与其相适应的各类经济活动的总称。

（二）电视产品的生产过程

1. 电视产品及其分类

电视产品是电视产业部门劳动者的劳动生产物，其表现形态可以分为物质产品和知识产品。物质形态的电视产品主要包括各类发射机、播控设备、天线、摄录像设备、电视节目传送设备以及电视机等；电视知识产品主要是指以电视节目形式表现出来的各类电视产品。电视知识产品的种类很多，综合起来可分为新闻、教育、文艺、体育、服务等五大类。

2. 电视产品的生产

生产是指以一定的生产关系联系起来的人们通过改造自然，创造社会财富或国民财富的过程。电视产品生产包括物质产品生产和知识产品生产两个方面。电视物质产品生产同其他物质产品的生产一样，都是劳动者按照预定的目的，使用劳动资料作用于劳动对象的过程。这个过程包括基本生产、辅助生产和生产服务；电视知识产品生产同物质产品生产没有本质的区别。但由于知识产品是多种知识的凝结物，是借助于某种载体而存在的产品。因此，它的生产过程同物质产品的生产相比较，又具有自己的特点。

（三）电视产品营销过程

1. 电视产品营销活动的特殊性

电视产品营销是经营者通过市场机制的作用实现电视产品经营者经营销售活动的全过程。在市场经济条件下，电视产业部门的产品基本上都是商品或具有商品性质。由于电视产品的复杂性，整合营销对于电视产品营销更有意义。

在电视产品营销活动需要特别指出的问题有两个：一是以新闻节目的形式表现出来的电视知识产品不具有商品属性，不是电视产品营销活动所要解决的问题，但是在市场经济条件下，新闻节目的生产活动也离不开市场；二是电视知识产品的特点决定了电视知识产品的营销活动既要重视其经济效益，又要重视其社会效益。

2. 电视产品价格

电视产品的价值是社会必要劳动时间决定的，因此，在确定电视产品的价格时一定要考虑其制作成本及费用，同时还要考虑投资回报率、国家税金等要素。为保证电视产品价格的合理性，可采用以下定价策略：（1）价格调整机会策略；（2）折扣价格策略；（3）声望价格策略；（4）投资回报率取向价格策略等。

3. 电视产品的销售

电视产品中除新闻节目外，基本上都是商业性产品，因此销售就成为必然。电视产品的销售渠道大致分为两类：一是直接销售渠道，二是间接销售渠道。

在目标市场多变的环境中，为了保证电视产品在市场竞争中的有利地位，必须制定相应的市场营销策略。根据现在我国电视媒介市场的实际可采用以下基本策略：可采用"大包围市场推广"策略，为消费者提供目标市场预测服务、提供电视产品周期策略咨询服务、提供整体广告策划服务；采用"准""稳""快""灵""查"的"五字经"策略；采用动态市场定位策略；采用"形象策略"，充分发挥"形象""信誉"的优势。

4. 电视产品营销活动的影响力

电视产品营销活动的主体调节机制也就是市场。市场是连接电视台与受众的纽带，是电视产业实体得以发展的必要条件，是调节电视产品供需的杠杆。市场竞争有利于电视产业部门管理水平、产品质量和服务质量的不断提高。

（四）电视经济管理

1. 电视经济管理的地位

电视经济管理是电视产业发展的生命线，其目的是保证各种经济关系的协调，保证从业人员积极性的不断提高，保证生产关系的不断完善和生产力水平的不断提高，从而保证电视媒介活动的社会效益和经济效益的实现。

2. 电视产业的资金管理

资金是组织电视产品生产和流通活动的起点和前提。资金管理是电视经济管理的主要目标。资金的数量和增长幅度决定着电视产业的规模及发展速度。资金管理的最终目标，应体现资金的本质特征。

3. 电视产品成本控制

成本是技术和经济的综合体现，它在一定程度上制约着电视产业的发展。开展成本控制，是推进电视产业现代化管理、提高经济效益的重要措施。电视产品的成本控制是一项复杂的综合性工作。开源和节流要双管齐下，即成本控制应包括绝对成本控制和相对成本控制。

4. 电视经济预算控制

预算控制是预算的事前管理。要监督、控制资金使用部门把钱用在刀刃上，就要定期编制预算。一旦做出预算，就要以预算作为行为准则。财务部门应担负起事前管理，平衡资金的流入量和流出量，严格控制现金流转。

5. 电视产业的经营方针

电视产业是一个复杂的产业部门，其经营方针应该灵活多样，以保证电视产业各部门积极性的发挥。在电视产业内部，可根据各职能部门的职能、特点及经营方式制定相应的制度和具体实施办法。

6. 坚持物质利益原则

物质利益原则是正确处理国家、集体、劳动者个人三者利益关系的原则。物质利益原则在经营过程中主要通过财务分配来实现。财务管理要运用财务分配杠杆和财务动力机制，建立"激励—效率型"收入分配制度，并运用工资杠杆调动劳动者的积极性。

七、电视节目及其经营

（一）电视节目及其经营范围

1. 电视节目及其特点

电视节目是电视产品群中的一种重要的知识产品形式，是广播电视节目的重要组成部分，它是由电视台以及电视节目经营实体根据一定的经营方针和计划生产（制作）出来的供传输和受众消费的整体产品，它具有特定的名称、内容、主题、形式和播出时间。电视节目经营的特点是：

第一，电视节目经营活动必须借助于艺术和现代电子技术才能实现其最佳效益。

第二，电视节目经营活动必须把提高社会效益放在首位，其成本经营管理必须具有很高的水平。

第三，电视节目经营活动具有很大的复杂性和电视节目单位成本的不确定性，其成本经营管理必须具有很高的水平。

第四，电视节目的经营范围和经营水平不仅受地域的影响，而且受民族文化的特点、受众的知识层次的影响。

2. 电视节目的经营内容

从形式上看，电视节目经营的内容同广播节目经营的内容基本上是一样的，但是由于电视节目制作、传播、销售等环节较广播节目复杂，因此在其经营策略方面同广播节目经营又具有很大的差异性。

3. 电视节目经营总过程

电视节目作为一个完整的电视产品，从其生产过程到其销售过程的完结，大致要经历以下五个阶段，即（1）电视节目构思阶段；（2）电视节目制作阶段；（3）电视节目播出阶段；（4）电视节目的销售阶段；（5）电视节目的评价阶段。

4. 电视节目经营原则

为保证电视节目经营活动的顺利进行，在其经营过程中应坚持以下几个原则，即坚持经济效益与社会效益相结合的原则，并把社会效益放在首位；坚持竞争的原则；坚持适应受众需要的原则；坚持电视节目编排的"动态"性原则；坚持电视节目编排创新的原则；坚持电视节目资源连续开发的原则。

（二）电视节目成本经营

1. 电视节目成本

在市场经济条件下，任何一种劳动生产物都有成本问题。作为商品性劳动生产物的成本是由生产中消耗掉的生产资料的价值、劳动者为自己的劳动所创造的价值构成；作为非商品性的劳动生产物的成本是由生产该产品所必需的生产资料和劳动力的价值形式表现出来。根据这一基本理论的要求，不管是商品性的电视节目，还是非商品性的电视节目，都要计算成本。对于商品性的电视节目，计算成本的目的是为了节约开支，取得较多的盈利；对于非商品性的电视节目，计算成本的目的是为了提高有限资金的利用率，做到少投入、多产出，科学地使用资金。要加强电视节目成本管理，不能采用一种固定的方式，必须充分注意到不同节目的不同特点，搞好不同类型电视节目的成本管理。在加强产品成本行政管理的同时，还必须搞好产品成本经营管理。

2. 电视节目成本经营管理

电视产业部门是重装备、高技术的知识产品（精神产品）生产部门，它的成本经营管理要比其他生产部门的成本经营管理复杂得多，困难得多，需要做认真研究。

电视节目成本经营管理可区分为两个层次，即成本行政管理和成本经营管理。所谓成本行政管理是指对电视节目成本实施财政和成本立法、制度方面的管理；所谓成本经营管理是根据电视节目制作、播出、销售等每一个环节的运营过程的管理，它针对性强，有利于解决实践过程中的问题。电视节目的经营者，不仅需要从理论上搞清楚电视节目运营的行政管理的关系，而且要在实践上把二者科学地结合起来。

3. 电视节目成本经营的对策

根据电视节目生产经营状况和我国电视产业的实际，要加强电视节目成本经营管理，应做好下列各项工作：（1）深化电视媒介经营体制改革；（2）健全成本管理的规章制度；（3）确定电视节目生产成本项目的定额；（4）缩短生产周期；（5）加强对制片人、编导等从业人员的业务培训，不断提高他们的业务素质。

（三）电视广告及其经营

由于电视传媒的特点决定了电视广告与其他媒介的广告相比覆盖面广，收视率高；具有强烈的艺术感染力；表现形式多种多样，而且具有重复性。

根据电视广告的特点，电视广告经营者可以从不同的方面和角度制定出一系列与电视广告经营相适应的方针、政策和措施，以保证电视广告经营活动能够取得最理想的广告经营效益。

（四）电视剧及其经营

我国电视剧生产虽然起步较晚，但发展很快。但是目前我国的电视剧经营还存在许多有待解决的问题。根据电视剧存在的问题和现代受众对电视剧的需求特点，在电视剧的经营上应采取以下主要策略：

第一，在制度上应实施制播分营制（又称制播分离制）。

第二，在理论上，电视剧经营者应科学地把握电视二重性和两种功能的理论。

第三，在经营活动中，经营者必须树立成本意识，正确处理投入和产出的关系；必须树立质量意识，全方位地提高电视剧的质量；必须树立受众意识，全心全意为受众服务；必须树立市场意识，把市场作为电视剧的一种"检验器"。

第四，电视剧经营应注意正确处理质量和速度的关系；正确处理社会效益和经济效益的关系；正确处理领导满意与群众满意的关系；正确处理阳春白雪与下里巴人的关系，即提高与普及的关系；正确处理引进与生产的关系；正确处理有偿服务和无偿服务的关系；正确处理借鉴和创造的关系；正确处理政治性和艺术性的关系；正确处理历史题材和现代题材的关系；正确处理重大题材和一般题材的关系。

第五，建立同电视产业相适应的经营管理体制。

第四部分　电视产品流通

八、电视产品流通过程

（一）电视产品生产（制作）过程

1. 对电视产品生产过程的新认识

在我国，许多电视人习惯性地把电视节目生产过程区分为"三阶段"和"两阶段"。从现象看这种区分并没有错误，从其本质上分析，却忘记了一个十分重要的问题，即资本。这种"忘记"在计划经济体制下是允许的，因为国家会给电视人提供足够使用的资本；在市场经济体制下，这种"忘记"是绝对不能允许的，因为失去了资本电视节目是无法生产出来的，当然，播出和销售就无从谈起。

2. 电视产业的简单再生产和扩大再生产

(1) 电视产业的再生产

电视产业的再生产过程包括两层含义：一是对于其知识产品的再生产。这种再生产只是从形式上表现出一种再生产过程，而对于产品的内容来说，每次再生产都是一种具有新内容的生产，根本不存在同质性的再生产；二是对于知识产品的衍生产品或延续产品的再生产。前者是宣传、是趋势，后者是收回成本和获取盈利。

(2) 电视产业的简单再生产

任何一种社会条件下的简单再生产都是一种假设，或者说是为了弄清楚扩大再生产而进行的一种理论上的分析。但是在我国，电视产业的再生产在一个相当长的时间内一直处于被人们假设的简单再生产阶段，有相当多的电视知识产品只播出一次，其尚未播出的制成品就变成了库存产品。现在，这种简单再生产的状况虽然有一定的变化，但是还没有实现假设型的"再生产"。

(3) 电视产业的扩大再生产

扩大再生产是一切社会生产活动的本质，当然，电视产业也必须进行扩大再生产，它才能生存、发展和壮大。要把我国的电视产业做强做大，就必须进行扩大再生产。根据我国电视产业的实际，要进行扩大再生产之前应弄清楚三个问题：第一，电视产业部门现在有哪些资本，并对其进行科学的评估；第二，电视产业扩大再生产是靠自身的资本积累还是靠政府的政策；第三，如何进行扩大再生产，是通过市场，还是通过行政手段。这三个方面的问题，既是研究我国电视产业扩大再生产必须弄清楚的问题，又是经营者必须弄清楚的问题。

(二) 电视产业利润

在市场经济条件下，任何一个产业部门，不管采用什么样的经营方式都必须获得相应的利润。当然，电视产业经营者必须得到相应的利润，不然的话，电视产业经营者就失去了开展经营活动的意义。

电视产业利润率是电视产业经营者投入资本总额与其纯收入总额的比率，用公式表示：利润率＝纯收入总额/投入资本总额。电视产业经营者不仅要记住这个公式，而且要学会运用这个公式来计算电视产业利润。

(三) 电视产品销售

电视产品销售是电视产业经营者获取盈利的关键性环节。因此，电视产品经营者要获得比较理想的社会效益和经济效益，不仅要重视电视产品的生产，而且还要重视电视产品的销售。就电视节目销售来说，重点抓好三项工作：其一，选择电视节目销售渠道；其二，确定电视节目目标市场；其三，采用科学的电视节目销售手段。

（四）电视节目消费

消费是社会再生产总过程中一个重要环节，它区分为生产消费和生活消费。大众传播消费属于消费资料中的发展资料消费，人们对其消费的范围和数量是社会生产力发展水平的一种尺度。大众传播消费是包括传播者、受众等在内的全方位的消费，其实质是精神产品的生产性消费和应用性消费的总和。电视节目消费属于大众传播消费，它区分为两类：一类是生产性消费；另一类是应用或享受性消费。所谓电视节目生产性的消费不是对节目本身的消费，而是对生产节目所需要的各种设备、服务以及采集到的各种未加工的信息资源的消费。他们消费的结果，形成能满足受众需要的各类大众传播产品或信息产品。所谓电视节目的应用或享受性消费主要是指一个个独立的社会人或群体、组织、机构等对电视节目的消费。

九、电视栏目和栏目市场

（一）电视栏目

电视栏目是从报刊专栏引出来的一个概念，是电视节目内容的组织形式。栏目的内容比较专一，形式可以灵活多样。栏目是电视产业经营者关注的重点，因为它的服务对象明确，市场定位比较容易确定，是电视产业实施招商或采用其他形式进行节目经营的基础，现在我们所讲的电视节目经营，其实质是电视栏目经营。栏目是电视经营活动的基础，也是电视产业实体生存和发展的前提。

（二）栏目策划

策划是一种以现实为基础对未来所从事活动的筹划或谋划。策划既然是对未来活动所进行的筹划，必须有一定的预见性或超前性。

策划是一门科学，而且是同社会经济发展联系极为密切的科学。现在，人类已进入信息社会，知识经济已在我国初露端倪，这样，策划不仅逐渐深入到社会各界和人们的思想中去，而且策划活动也日益多样化。根据对策划的理论分析和实践分析，策划的主要功能有：第一，预测功能；第二，创新功能；第三，决策功能；第四，管理功能；第五，效益功能。

电视栏目策划是根据栏目宣传宗旨和制片人确定的实施方案和目标，在对栏目市场进行调查分析的基础上，制订出的一个与栏目市场（栏目受众群）相适应的、既有社会效益又有经济效益的栏目实施方案，并实施之，检验之，进而实现栏目的宗旨。栏目策划是电视节目走向市场的必然产物，是栏目科学化、规范化的标志之一，应引起栏目经营者的高度重视。

电视栏目本身就是一个系统，是众多同类或相同内容节目的集合体；它需要栏目经营各环节、各部门的配合。栏目市场化以后，其效益（社会效益和经济效益）的实现是一个过程。正因为这样，栏目策划通常指的就是栏目整体策划。

就栏目本身策划来讲，其内容大致包括以下几个方面：栏目目标；栏目的服务对象；栏目时机；栏目空间；栏目创意；栏目策略。当实施制播分离制度，栏目策划也应包括对电视媒介的选择。

（三）栏目市场

"栏目市场"这个概念很少使用。这是因为：栏目市场是电视市场的分市场，而把握栏目市场的运营只要弄清楚电视节目市场就可以了。正因为这样，栏目市场是一种常常被人们"遗忘"的市场。

栏目市场是电视产业市场的分市场，也是电视产业特有的一个市场，因此，栏目市场的特点是同电视产业凝密联系在一起的。根据电视产业的特点，栏目市场具有以下主要特点：（1）具有较强的时效性；（2）栏目播出的准时性；（3）具有空间的广泛性；（4）栏目市场经营的经济效益受社会效益的制约较强；（5）多样性和多变性；（6）电视栏目市场经营的多变性是由受众需求的多变性决定的；（7）栏目市场经营活动具有参与性。

第五部分　地方广播电视经济

十、省（市、自治区）广播电视经济

（一）省（市、自治区）广播电视经济概况

我国省（市、自治区）广播产业的起步早于电视产业，大多数广播电台建于中华人民共和国成立初期的1949年和1950年。经过半个多世纪的发展，广播产业的从业人员、发射功率、技术装备以及经济实力均有大幅度的增长。在宣传方面，早在20世纪80年代中后期就开始由传统的综合台改变成专业台，有人称为系列台，人口覆盖率在95%以上，基本上实现了百分之百的覆盖。在经营方面，由于受电视产业和网络产业的影响，发展速度比较慢，但是就其自身来讲，经济效益还是相当理想的。

我国省（市、自治区）电视产业的起步比广播产业晚了近20年，大多数的电视台是从广播电台中分离出来的。但是自从电视台诞生以来，无论从发展速度、规模，还是从技术装备、经济实力上看均超过了广播电台，各省（市、自治区）在投资上明显向电视台倾斜。

（二）省（市、自治区）广播电视经济的特点

与国家广播电视产业相比．省（市、自治区）广播电视产业部门的经营状况由于受地区经济发展水平的制约，经济发达的东部等沿海地区，广播电视产业发展的较快，经济实力较强；经济落后的西北部地区，广播电视产业的发展较慢，经济实力较弱。

1983年第十一次全国广播电视工作会议以后，我国的省（市、自治区）广播电视产业部门已具备了一定的经济实力，且有较稳定的收入渠道，保证了电台、电视台的稳定发展。

随着我国广播电视产业管理体制改革的进一步深化，各省（市、自治区）电台、电视台的改革也有了新的突破，并取得了显著成绩。这些成绩集中表现在三个方面：(1) 广播电视产业经营；(2) 广播电视产业集团的雏形已经出现；(3) 民营广播电视产业得到了一定程度的发展。

（三）省（市、自治区）广播电视经济活动范围

1. 科学地解释省（市、自治区）广播电视经济

省（市、自治区）广播电视经济不是区域经济，企图用管理区域经济的办法管理省（市、自治区）广播电视经济是有碍广播电视经济发展的，是一种十分不科学的办法，是不了解信息经济和广播电视经济的一种表现。这里使用省（市、自治区）广播电视经济这个概念完全是从目前我国现行的行政区划管理体制出发来分析这个问题的，是我国广播电视产业发展过程中的一个过渡性概念，随着广播电视产业的发展和信息社会在我国的实现，这种概念将会消失。

2. 省（市、自治区）广播电视经济管理

根据我国的行政区划，对于广播电视经济管理曾区分为四级管理。这种管理模式可用下图表示：

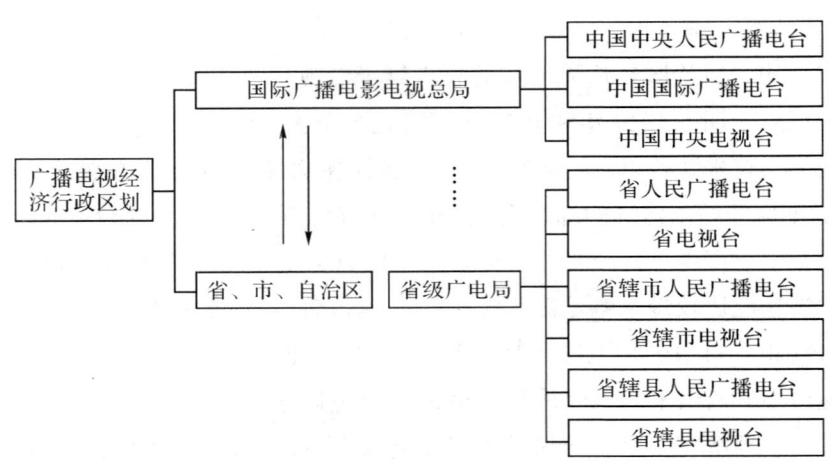

说明：① "⇌" 表示行政区划的级别和权限范围是相等的。

(2) "…" 表示具有一定的业务领导关系，不具有行政领导关系。

从广播电视经济的行政区划可以看出这样几个问题：(1) 广播电视产业在全国范围内并没有形成一个系统；(2) 全国的广播电视资源不能共享，也不能进行有效地开发；(3) 各地广播电视经济发展的基础差异很大。

3. 省（市、自治区）广播电视经济范围

关于省（市、自治区）广播电视经济活动的范围，可从两个方面去考查，即理论的角度和行政管理体制的角度。

所谓理论的角度也就是根据广播电视产业发展规律的要求开展广播电视经济活动。从这个意义上讲，省（市、自治区）广播电视经济的活动范围是不受省（市、自治区）界限制的，这是广播电视产业先进性的表现。

所谓行政手段管理体制的角度只是考虑到我国的现状，不能过急，要使广播电视产业的经营者逐步明白广播电视经济的特点，并在此基础上改变对广播电视经济的一切传统看法，从信息产业的角度去认识广播电视经济。

（四）省（市、自治区）广播电视经济的走势

根据广播电视经济发展规律的要求和我国的实际，省（市、自治区）广播电视经济的基本走势应该是：以本地广播电视资源开发利用为基础，用请进来走出去的办法和开展多种经营的手段充分发挥市场机制的作用，努力把本地区的广播电视做强做大。根据省（市、自治区）广播电视经济这一走势，其经营者应采取以下策略：1. 发展省（市、自治区）广播电视产业策略；2. 分发挥市（地）、县（市）广播电视产业作用的策略；3. 科学整合全省（市、自治区）广播电视资源策略；4. 引进策略；5. 走出去策略；6. 开展多种经营策略。

十一、市（地）、县（市）广播电视经济

（一）市（地）、县（市）广播电视经济概况

我国市（地）、县（市）广播电视经济这个概念也是根据行政区划而确定的概念，是指由市（地）（包括省会城市）和县（市）政府管辖内的广播电视产业部门，目前主要是指电台、电视台以及部分市（地）、县（市）所建立的有线电视网络公司，它们构成了一个庞大的广播电视产业基层产业系统，是我国广播电视经济发展的基础，或者说是我国广播电视经济的基层产业组织。

市（地）、县（市）广播电视经济的发展，自1983年以来，全国所有的市（地）、县（市）都建立了由本地政府管辖的电台、电视台。由于各地区的经济发达程度不同和管理水平的不同，其差别很大。

（二）市（地）、县（市）广播电视经济的地位

确立市（地）、县（市）广播电视经济的地位，应该明确这样几个问题，即：广播电视是一种信息产业；市（地）、县（市）广播电视机构是一种经济组织；市（地）、县（市）是广播电视经济的重要组成部分。

从信息产业的角度看，市（地）、县（市）广播电视产业部门是广播电视产业链中的一个重要环节，而广播电视产业又是整体信息产业中的重要环节，是不能或缺的。

(三) 市（地）、县（市）广播电视经济的走势

市（地）、县（市）广播电视经济应该如何发展？其走势应该是怎样的？要解决这两个问题，必须从中国的实际出发，有针对性地去解决这些问题。从市（地）、县（市）广播电视经济的角度把握中国的实际，应注意这样几个问题：（1）中国仍然是一个农民占多数的国家；（2）中国市（地）、县（市）的规模都比较大；（3）中国各市（地）、县（市）之间的不平衡性。但是从总体上分析，市（地）、县（市）广播电视经济应沿着本土化、协作化、一体化、产业化的方向发展。

十二、我国西部广播电视经济

(一) 我国西部广播电视经济现状

我国西部广播电视经济同全国广播电视经济一样，真正的大发展应该是1983年以后，即第十一次全国广播电视工作会议以后。但是，由于西部地区经济和文化不发达，特别是商品经济不发达以及管理体制方面的原因，比起我国东部地区的广播电视经济的发展还是迟缓的，甚至是落后的。为了解决这个问题，我国各级政府曾做了许多工作，财政上也给予了很大支持。尽管如此，西部地区广播电视经济的落后局面并没有得到根本性改变。在实施西部开发战略过程中，要促进西部广播电视经济的发展，真正发挥"输血"的作用，当务之急就是要认真研究我国西部广播电视经济发展较慢的原因，进而有针对性地采取措施，使其适应现代社会发展的要求。

(二) 我国西部广播电视经济发展机遇

从宏观的角度分析，当前我国西部广播电视经济发展的机遇已经到来。这些机遇是：（1）30年来，我国改革开放所取得的成就给西部广播电视经济发展带来的机遇；（2）我国西部开发战略的全面实施给西部广播电视经济发展带来的机遇；（3）我国广播电视产业化已在全国形成共识，为西部广播电视经济的发展提供了理论依据和实践经验。

(三) 我国西部广播电视经济发展对策

根据我国西部广播电视经济的现状和当前可捕获到的发展机遇，其发展对策应该是：（1）树立科学的经营理念；（2）建立具有西部特色的广播电视管理体制；（3）实施更加开放的政策；（4）强化人才培养；（5）推行广播电视资本运营策略。

(四) 我国西部广播电视经济发展战略

根据西部开发应实施"富民为本"追赶战略的基本要求，西部广播电视经济的发展战略可区分为两大部分，即广播电视经济自身发展的追赶战略和广播电视产业为实现西部开发战略的服务战略。

所谓西部广播电视经济自身发展的追赶战略包括三个方面的内容：（1）追赶战略目标；（2）追赶战略目标的重点；（3）追赶战略实施的步骤。

所谓西部广播电视产业的服务战略，其实质就是为保证西部经济的发展，缩小与东部沿海地区的差距，广播电视产业部门应采取的相应战略。

（五）我国西部广播电视经济发展方针

要保证我国西部广播电视经济发展策略和发展战略的实施永远沿着正确的方向，目前我国西部广播电视经济发展应采取以下三十二字的方针，即转变观念、创造机会、联合东部、吸引外资、突出特点、开发资源、多种经营、自我发展。

十三、我国企业广播电视经济

（一）企业广播电视经济概念

在我国，企业广播电视经济通常是指由企业直接投资兴建的各类广播电视产业部门的总称。由于国家不允许企业办无线广播和无线电视，所谓企业广播电视经济主要是指企业电视经济。

对于"企业电视"的解释大概有这样几种：

1. 在习惯上。人们常常把企业电视解释为通过有线电视系统或技术设备传播电视信号的方式。

2. 企业电视是企业宣传部门利用电视手段向职工传递（或传达）企业的重大决策、宣传好人好事的一种宣传工具。

3. 企业电视是现代企业的一个重要的经营部门。

4. 企业电视是我国电视产业群中的重要组成部分。

（二）企业电视发展过程及其教训

在我国，整个电视产业大致经过了复苏、起飞、狂奔、发展四个阶段。

1. 所谓复苏阶段是指1976年粉碎"四人帮"以后到1978年十一届三中全会的召开，决定把全党工作的着重点转移到社会主义现代化建设上来的两年多的时间。

2. 所谓起飞阶段是指1979年到1983年第十一次全国广播电视工作会议的召开。

3. 所谓狂奔阶段是指1983年10月26日中共中央批转的广播电视部党组就第十一次全国广播电视工作会议向中央写的《关于广播电视工作的汇报提纲》的通知（中发1983年37号文件）以后到1996年中央办公厅、国务院办公厅《关于加强新闻出版广播电视管理的通知》（厅字1996年37号文件）的14年间。

4. 所谓发展阶段是指1997年以后的时间。

从我国电视产业走过的历程可以看出，企业电视是我国电视产业群中不可缺少的一支力量，应该有个大发展。但是，近年来，无论从宏观的角度分析，还是从企业电视自身的角度分析，存在着许多影响企业电视发展的因素。这些因素的形成并产生作用，既有外部原因，也有内部原因，应引起企业电视人的高度重视。

从企业电视产业外部来分析，主要是指导思想上否认企业电视产业部门是企业的一个经济组织，是电视产业群中的一个重要组成部分，甚至把企业电视的存在和发展与电视产业"狂奔"阶段的"乱、滥、散"联系起来，于是提出了取消企业电视台，并把"台"改成"站"。这是一种在错误思想指导下所作出的一种错误决策。

从企业电视内部来分析，主要存在着这样几个问题：（1）不会包装自己，"皇帝女儿"的思想比较突出；（2）对企业电视理论缺乏研究；（3）公关意识淡薄，缺乏与外界的联系；（4）企业电视的作用范围不明确，影响着企业电视作用的发挥；（5）企业电视人缺乏规范化的培训，多是一些经验型人才；（6）企业电视的管理体制照抄照搬城市电视的管理体制，没有企业电视的特色。

（三）企业电视的地位和作用

从我国电视产业的发展过程来看，企业电视在我国电视产业发展过程中，它是我国有线电视体系的重要组成部分；是信息产业的分支产业；是信息转化为生产力的"桥梁"；是企业文明建设的最佳组织形式；是发展企业文化，树立企业形象的最佳组织者和宣传者。

（四）企业电视的性质和功能

企业电视既然是电视产业群的一个分支产业，其性质和功能同整体电视行业是没有什么区别的。因此，只有把握了整体电视的性质和功能，也就明白了企业电视的性质和功能。

传播媒介二重性决定了企业电视也具有两种功能，即产业功能和宣传功能。对企业电视性质和功能的这种概括，是把企业电视作为电视产业整体的一部分而得出的结论。在这种基本属性不变的情况下，企业电视的具体功能应具有企业的突出特点。

（五）企业电视的走势

企业电视虽然有自己的特点，但是我国电视产业发展的总趋势是不会改变的，只能是在这种总的发展趋势的大潮中选择适合企业电视发展的模式。

根据企业电视的特点和现状，我国企业电视发展的基本模式应该是：深化体制改革，坚持正确的舆论导向，明确既定的服务宗旨，沿着"市场化、信息化、国际化、专业化、产业化、集团化"的发展方向，自主地发展企业电视。

第六部分　广播电视经济管理体制

十四、广播电视经济机构

（一）广播电视经济体制

1. 体制的科学含义

所谓体制，从宏观的角度分析，一般是指国家、事业单位、各经营实体为实现其活动目的所采用的各项制度的总称。对于广播电视来说，长期以来一直把它视为事业单位，因此，有关广播电视行业的制度都是为适应其事业性而建立起来的制度。之所以这样其关键原因还是思想认识问题，没有科学地把握广播电视的性质和功能。

2. 广播电视经济管理体制

（1）对广播电视经济管理的认识

长期以来，由于我国高度集中的计划经济管理体制和广播电台、电视台开播时期的特殊环境以及长期的"以阶级斗争为纲"路线的指引，使人们习惯了运用计划经济的管理手段。为了加强对广播电视经济活动的管理，当前亟待解决的是思想认识问题，这是建立和健全广播电视经济管理体制的重要条件。

（2）广播电视经济管理的范围

根据广播电视经济的特点，整个广播电视经济由四大子系统构成，即行政系统、生产系统、财务系统、人事系统。每一大的子系统又有若干个小系统。

所谓广播电视经济管理体系就是指各个子系统的管理及其相互关系的总和。从宏观的角度来讲，广播电视经济管理体系是由行政管理体系、生产管理体系、财务管理体系和人事管理体系构成。这四大管理体系是相互联系的，其表现就是四大管理体系的交叉性和相互渗透性。

（3）广播电视经济管理的目标

根据广播电视经济的特点，其管理目标是：在充分重视社会效益目标的基础上，实现经济效益目标的最佳化。

广播电视经济管理的社会效益目标就是要用生动活泼、丰富多彩、格调高雅的各类广播电视节目来满足人们对精神文化生活的需要。

广播电视产业既然是重要的信息产业部门，在经营活动中就应该突出经济效益，并把它作为经济管理的一项重要目标。根据广播电视产业的实际情况，其经济效益可以用覆盖率指标、收视率指标和投入产出目标来表示。

（二）广播电视经济管理原则

广播电视经济管理和其他经济管理一样，具有自然属性和社会属性。其自然属性表现为广播电视技术设备的配置、节目制作、播出和销售的管理；其社会属性表现为对人的管理。根据广播电视经济管理性质的要求，其管理必须坚持唯物论，尊重辩证法，一切从实际出发，按照客观规律的要求办事，使之建立在科学的基础上。

（三）广播电视经济机构

"广播电视经济机构"这个概念是随着广播电视经济属性的被认识和产业功能的被开发而产生的一种新概念，它是为保证广播电视经济活动的开展而设立的一种组织。根据我国广播电视的发展状况，现在广播电视经济机构主要有广播电视产业集团、广播电视产品生产组织、广播电视产品营销组织、广播电视节目播出组织、广播电视产业经营相关的独立经济实体等。

这些广播电视经济组织都是根据市场经济的要求和广播电视产业运营原则在国家宏观政策的指导下开展其经济活动的。

十五、广播电视经济制度

（一）广播电视产业制度

广播电视产业制度一般是指具有一定约束的财产关系，是产权界定、产权经营和产权转让的总称。在计划经济条件下，根本不存在广播电视产业制度问题。现在，尽管承认广播电视是一种产业，但是，事业型管理制度还影响着整个广播电视产业系统。

从理论角度分析，在市场经济条件下，广播电视产业制度主要有三种基本形式，即国有制广播电视产业公司、民营制广播电视产业公司、合伙制广播电视产业公司。从现行的广播电视产业制度来看，公司制是市场经济条件下我国广播电视产业应该普遍采用的产业组织形式。

（二）电视产业"制播分营"制度

电视产业建立"制播分营"制度是 21 世纪中国电视产业发展的必然，也是深化广播电视体制改革必须建立的一项广播电视经济制度。

"制播分营"制是市场经济条件下电视产业经营的一种管理制度，它是在党和国家政策的统一指导下把除新闻节目以外的其他电视节目的生产和播出分别由不同的单位（或机构）负责经营管理的制度。"制播分营"制的实施意味着电视产业已走向市场，意味着商品交换原则对电视产业经营者已起作用，意味着电视产业经营者危机意识的增强。

实施"制播分营"制以后，不管是电视节目生产者，还是电视节目播出者，其电视节目生产投资已由电视台转向了民营电视产业机构或其他电视节目生产机构，从某种意义上讲，电视台已实现了风险投资转移。

根据我国电视产业经营管理的现状，要实施"制播分营"制，在策略上应注意六个问题：（1）转变观念，科学地认识电视产业的性质和功能；（2）搞好电视产业资本运营；（3）科学处理电视产业的社会效益和经济效益的关系；（4）要重视市场机制的作用；（5）科学地确定电视节目的成本体系；（6）科学地认识"制播分营"制的意义和在电视产业发展中的地位。

（三）电视产品民营制作制度

电视产品民营制作制度是市场经济条件下电视产品走向市场、走向社会化制作的一个重要标志，也是电视产业实施"制播分营"制度之后的一种必然现象。

民营电视产业机构的出现是有条件的，其基本条件是：（1）市场经济有了很大发展；（2）电视产业内部真正实施"制播分营"体制；（3）建立健全电视节目制作法规和播出法规；（4）用法律的形式明确受众对电视节目的监督权；（5）用法律的形式明确规定电视节目制作公司视为播出服务的公司。

根据目前我国已出现的民营电视产业公司来看，主要有五种类型：（1）综合性民营电视产业经营公司；（2）生产性民营电视产业经营公司；（3）电视网络经营；（4）商业性（在流通领域）电视产业经营；（5）承包式电视产业经营。

市场经济是竞争经济，这么多的民营电视产业公司的产生，必然会带来激烈的市场竞争。在竞争中，最后就会形成几个大型的民营电视产业集团，从不同的领域控制着电视节目的生产和流通，这就是我国民营电视产业的基本走势。

（四）电视频道专业化制度

1. 电视频道专业化的必然性

所谓电视频道专业化，指的是电视传媒经营单位或管理部门按照电视市场的内在规律和电视观众的特定需求，在现有电视频道资源的条件下，按内容类别优先的原则，用合并同类项的方法，以整个频道为单位进行内容定位划分，从而使其节目内容与频道风格能够较为集中地反映某些特定领域的需求。按专业化原则对电视频道进行改造的过程，实质上也是对电视市场的细分过程与资金、资源合理化配置的过程。

可以说，引发电视频道专业化改造的基本动力是电视市场的激烈竞争与频道资源利益的再分配，其过程标志着电视市场整体向买方市场的转变，电视消费者即观众将最终受益。

2. 电视频道专业化的经营模式

现在在我国电视媒介系统的经营模式是只销售广告播出时间而不销售电视频道。这种单一的广告盈利模式对于综合电视频道是适位的，而对于专业化电视频道却是错位的，这是一个误区。只有走出这个误区并建立完整的有线电视及卫星电视的付费管理系统之后，中国电视频道专业化的进程才能加快，才能出现真正专业化、对象化、个性化的电视频道。

（作者周鸿铎系中国传媒大学经济研究所所长、教授、博士生导师；曹宇系中国传媒大学出版社博士）

广播电视学学科建设

>>> 历史、现状与未来

正面人物的想象与政治标准的桎梏

——广播电视志里的早期广播人物

刘书峰

内容摘要 新中国首轮修志基本已经完成,许多广播电视志对民国时期情况记载不足。尤其对早期广播人物的记载,首轮广播电视志存在"入志人物数量太少""国民党官营及民营电台人物所占比例太小""人物记述手法较为单一"等问题,而这些问题的出现缘于人们认为只有"政治正确"的"正面人物"才能入志,导致许多真正为我国广播发展的早期人物并未得到恰如其分的记载。在新一轮修志中,人们应解放思想,尽快补救,以多种方式记述早期对中国广播事业做出贡献的人物。

关键词 地方志 广播电视志 人物 政治标准

The Imagination of Positive Figures and the Restrictions of Political Standards
——Early figures in radio& TV gazetteers

Abstracts: Many Radio& TV gazetteers record too little things before 1949, especially the figures. Maybe the reason is people believed gazetteers record only political-right people and heroes. People should emancipate the mind and explore more ways to record more figures that contribute to early Radio industry.

Key words: Figures; Radio& TV gazetteers; Positive Figures; Political Standards.

20世纪80年代初,在中央有关领导的倡导和支持下,全国掀起新修地方志的热潮。由于编修地方志的目的是反映成就、教化育人,作为官修史书,在思想上政治上尤其要"同中央保持一致",广播电视志普遍存在对民国时期的情况记载不足的问题。以入志人物为例,虽然广播在民国时期得到较大程度的发展,一度拥有全亚洲发射功率最强的广播电台,数量也曾为亚洲之冠,一大批专业人士为广播的引进、传播、发展、组织等付出了心血,然而这一点却未在首轮广播电视志中得到应有的体现,仅有极少数人在地方志中得到记载,这是很遗憾的。本文以全国已出版的所有28部省级广播电视志及35部地市级广播电视志为对象,就地方志中早期广播人物的记载问题进行探讨。

一、广播电视志记载人物的一般方式

"古今方志半人物。"人物是地方志的重要组成部分。除了以事系人的写作方法，新修地方志一般以"传""简介""表"等三种形式专门记述人物。首轮编修的广播电视志中，各地对入志人物的处理方式大概可以分为三类。

第一类是"传""简介""表"俱全，共四部省级志书和一部市县级志书。《天津通志·广播电视电影志》第九篇为"人物"，下设四章："人物传""人物简介""专业技术人员名表""党代会代表、人大代表、政协委员及先进、模范人物名录"；《上海广播电视志》第十编为"人物"，下设三章："人物传记""人物简介""人物表"；《西藏自治区志·广播电影电视志》最后一部分为"人物"，下设"传""简介""表"三部分；另外，《江西省广播电视志》第十五章为"人物、先进集体"，下设"人物传略""人物简介""人物表"；市县级广播电视志当中，《萧山市广播电视志》第六章"队伍建设和人物"的第四节是"人物"，下设"人物略传""人物简介"二目，并附"表"和"名录"。

第二类是设置"人物简介"或"表（名录）"，未设"人物传"，共6部省级志书和3部市县级志书。如《内蒙古自治区志·广播电视志》《四川省志·广播电视志》《湖南省志·广播电视志》《福建省志·广播电视志》《云南省志·广播电视志》《新疆通志·广播电视志》，市县级的《自贡市广播电视志》《兰州市志·广播电视志》《南京市广播电视志》等。

第三类最多，即未设立专门的"人物"章节，而是以"以事系人"的记述方式涉及有关的广播电视人物。这包括北京市、江苏省、广东省、辽宁省、河南省、湖北省、青海省、山东省、黑龙江省、广西壮族自治区、吉林省、陕西省、贵州省等省级广播电视志和大多数地市级广播电视志。

除此之外，在《佳木斯市志下卷·第三十四编人物》中，第一章人物传里记载了曾在国民政府军事委员会政治部第三厅国际宣传处从事对日广播工作的日本人绿川英子。

根据以上的粗略统计，可以看出首轮广播电视志中对人物的记载是比较少的。虽然许多地方对广播电视志如何记人进行了较为深入的思考，但这种思考也主要限于对中华人民共和国成立之后的广播电视人物。如江西省首轮编修广播电视志的"人物简介"一节时拟定的标准是："1. 由省委、省政府、广播电影电视部和全国性其他组织颁证的全国和全省劳模、优秀（先进）工作者。2. 获正高级专业技术职务者和1983年以前获副高级专业技术职务者。3. 在全国节目、播音、社科类论文专业评比中获特等奖（如未获特等奖的评比取一等奖）者；技术论文、科技发明等理工科类专业评比中获二等奖以上者。4. 本系统内有所发明创作并被省级有关部门认定和推广有较大效益者。5. 在全省系统内有很大影响并对广播电视工作有特殊贡献者，包括跨省重大宣传活动、大型重点工程项目的主要负责人（含各级领导干部）、设计者、主笔。"①

二、广播电视志中的早期广播人物

首先需要说明的是，本文所指的早期广播人物，指的是在中华人民共和国成立之前即已投身广播事业并为广播事业做出较大贡献的人物，不以其政治立场如共产党广播、国民党广播、民营广播为标准，更不以是否在新中国任职，官职大小为标准。

（一）入志人物数量太少

截至 2013 年，首轮全国省级广播电视志已经全部出版完毕，除西藏自治区外，所有省级广播电视志均记述了中华人民共和国成立前广播的情况。但遗憾的是，仅有天津、上海、浙江、江西等四部省级广播电视志书及佳木斯市一部地市级广播电视志书中以传或简介的方式记述了中华人民共和国成立之前即参加广播工作的早期广播人物。经统计，总共记述 27 人，分别是：

人物传：天津鲁荻，上海吴保丰、陈浩天、周行、李介夫、苏新、杨伯枢、苏祖国、唐霞辉、华坚，浙江陈泽凤、郑浩天，江西汤一鹗，佳木斯绿川英子。以上共 14 人。

人物简介：天津赵树垣，上海苗力沉、周新武、何允、山文葆、林琳、钟沛璋、张之、钟期志，浙江袁凤举，江西张仲智、曹自明、王族光。以上共 13 人。

广播从 1923 年传入中国到中华人民共和国成立，20 多年间有国民党官办电台、民营电台、共产党所办人民广播以及形形色色的外国人所办各种性质的几百座电台，许多电台更因历经抗日战争、解放战争而导致多次迁址、关张、重新开播等，相对于这段时期各种广播事业波澜壮阔地曲折发展，这 27 人显得实在太微不足道。更为关键的是，许多中国广播史上的重要人物并未收录其中。以广播事业的角度看，国民党官办电台数量最多、力量最强，为广播做出贡献的人物也多，比如国民党中央电台历任主要负责人徐恩曾、吴道一（1893—1996）等，国民党国际广播电台主要负责人王慎铭、冯简等；除此之外，开中国人自办广播先河的刘瀚，在上海等发达城市广受百姓欢迎的民营广播电台的负责人和播音员等，这些为早期中国广播事业的开拓、发展有巨大贡献的人，在各地的广播电视志编纂中均未给予应有的重视和相应的记述。

（二）国民党官营及民营电台人物所占比例太小

中华人民共和国成立之前，国民党官营广播是实力最为强大的，据《中国广播电视通史》记载，国民党党政军机关创办的各类广播电台累计有 150 座以上，发射功率

---

① 上官辉：《江西省广播电视志的总体设计汇报》，载《第二次中国广播电视史志研讨会专辑》，中国广播电视学会史学研究委员会、江苏省广播电视学会、中国广播电视学会北京广播学院分会、江苏广播电视报社。1991年5月，第120页。

最强达几十千瓦,国民党的中央广播事业指导委员会是负责全国广播事业的决策机构,掌控着全国的广播事业。民营广播虽然实力较弱,无论发射功率还是经济实力都与国民党官营广播相差甚远,但数量较多,且更为贴近百姓生活,据《中国现代各类广播电台统计资料》估计,"自 1927 年 3 月,上海新新公司开办第一座民营广播电台以来……民国时期各类民营台累计约在 300 座左右。"① 而"自 1940 年中国共产党在延安创办解放区第一座广播电台以来,截至中华人民共和国成立之前,先后建立人民广播电台 46 座"②。

然而,上述广播电视志中记载的 27 位早期广播人物,仅有 5 位曾在国民党官营广播电台工作、5 位曾在民营广播电台工作,另外 17 位则自始至终参与的是中国共产党的广播工作。相对于中华人民共和国成立之前全国广播的发展情况而言,这种收录比例是失衡的,可以说并未真实全面反映当时广播发展的情况。编修地方志过程中,重视中国共产党广播人物当然无可厚非,但如前文所述,许多重要国民党官营广播人物及社会上著名的民营广播人物未能得到应有的反映,是比较大的遗憾,无法反映中华人民共和国成立前早期广播的全貌。尤其国民党中央电台长期设立于江苏南京,有关人员的主要活动和贡献也是在南京进行和产生的,然而首轮江苏省广播电视志及南京市广播电视志中均未有专门记述有关广播人物,实在遗憾。如在南京广播电视志中,虽设"人物"与"概况"等并列,但仅列了中华人民共和国成立之后的南京市广播电视局历任负责人、南京人民广播电台历任负责人、南京电视台历任负责人、受表彰人员四个表格,篇幅仅三页。记载内容之不足显而易见。

(三) 人物记述手法较为单一

文章乃"经国之大业,不朽之盛事"。广播电视志也要求真、求善、求美。虽然一般来说,人们不会抱着审美的目的来阅读广播电视志,但这并不影响志书对美的追求。提到人物,人们首先想到的往往是西汉司马迁《史记》中塑造的一系列栩栩如生的人物,如《项羽本纪》等,志书中对人物的记述能够充分体现一部志书的语言特色和编纂水平,但首轮广播电视志对人物的记载总体较为平淡,只有上海的写作水平较高。

《上海广播电视志》的"李介夫"和"唐霞辉",可谓广播人物传写作的佼佼者,人物有血有肉,个性突出。前者记述了有"播音皇帝"美誉的传主在淞沪战争中的贡献;后者则通过几个典型事例"唐小姐秘书处""上海唐小姐收""上海之莺"等,充分反映了传主大受听众欢迎的盛况。两个人物传字数不多,在充分介绍履历的基础上对人物闪光之处进行记述,避免了公式化的写法,而且不用任何的文学加工,仅通过对史实的客观记述,使人物形象丰满、个性鲜明,令人过目不忘。

---

① 转引自赵玉明主编:《现代中国广播史料选编》,汕头大学出版社 2007 年 6 月版,第 413 页。
② 转引自赵玉明主编:《现代中国广播史料选编》,汕头大学出版社 2007 年 6 月版,第 415 页。

然而，这样优秀的人物传记毕竟是少数，在以上27位人物的传记及简介中，除上海广播电视志记载的早期广播人物外，其他大多数均采取的是履历式的写法，即从头至尾均为"某某年任某某职，某某年做某某事"等，记载的比较平淡，看不出人物特点，千人一面。

三、英雄人物的想象与政治标准的桎梏——早期广播人物入志不足的原因

（一）对于正面人物的想象

方志起源于两汉的地记。刘向所做《列士传》《列女传》，开人物传记之先河，后世更是因循此道，创造了一系列人物传记如先贤传、良吏传、文士传、忠臣传、高僧传等，内容都是记载符合当时正统思想和利益的正面人物，目的为了宣扬某种正统的价值观，获彰显某地之人杰地灵。地方志中的人物，也是为了彰显传主之贡献，自然人们首先想到的是只有正面人物才能作传。

新修方志中有关人物传标准的讨论经久不息。1983年4月，南开大学历史系教授来新夏在《中国地方志通讯》第2期发表文章《关于地方志编纂工作中的问题》，认为"一个人物的特点，就是他对社会的作用是什么。顺潮流而动，促进社会发展的要立传，目的是流芳百世；反之，逆潮流而动，阻碍社会发展的也要立传，目的是让他遗臭万年"①。显然这时候的文章还带有非此即彼、阶级对立的文风和思想，但这代表了只要影响大、有贡献，正反两方面的人物都可以入志的观点。

随着社会的进步，人们已经意识到，所谓正面人物、反面人物这种非此即彼的划分方式本身就是立不住脚的，不符合辩证唯物主义和历史唯物主义。地方志的作用是"存史、资治、教化"，而随着各种新媒体、新技术的发展，"存史"已经成为地方志的首要任务。以这种观点看，广播电视志首先应当实事求是地记述广播电视发展过程中的经验和教训，而不是急于划分"正面人物"和"反面人物"。因此，广播电视志应破除必须记述正面人物的想象，转而树立以对广播电视是否有贡献作为入志标准的观念。地方志研究专家仓修良认为，"凡是写入列传者要以其对国家、对民族、对人民有否贡献为标准，贡献大的立大传，贡献小的立小传，无贡献的一律不立传。"② 这种以"有否贡献"为标准确定人物能否立传的做法，应是广播电视志编纂值得借鉴的。

（二）有关政治标准的桎梏

在破除了正面人物的想象之后，仍然有一个更为关键的问题，即政治标准。有清一代以来，地方志成为官书，反映的是执政者的利益。在首轮修志之初，由于经过十

---

① 转引自诸葛计《中国方志五十年史事录》，方志出版社2002年12月版，第111页。
② 仓修良著：《方志学通论（修订本）》，方志出版社，2003年10月版，第613页。

年"文化大革命"及之前的一系列政治运动，知识分子仍然心有余悸，"左"倾思想一度几乎成为人们的"护身符"。尤其修志中涉及人物传的问题时，更是十分敏感。首轮省级广播电视志有近一半是在20世纪90年代正式出版，而编修时间有的长达近十年，当时编修者如果仍未完全破除"以阶级斗争为纲"的思想也属正常，这是当时的社会普遍状态。在阶级斗争思想仍未完全退出历史舞台的时候，许多1949年以前广播发展有所贡献的人可能在当时仍然属于被批判的对象，因此这些人物不能入志立传也就是自然而然的了。尤其在20世纪80年代初期开始的史志编纂工作中，在面对某些敏感问题、敏感人物时，始终存有"宜粗不宜细"的指导思想。因此在广播电视志的人物记载方面，存在早期人物不足，尤其国民党官营和民营广播人物较少的问题，也就不足为奇了。

在前述以"传"和"简介"方式入广播电视志的这27位早期广播人物中，有17位自始至终为共产党工作，另外10位曾为国民党官营广播电台和民营广播电台工作，而他们当中，有8位在1949年之后留在了新中国工作，只有两位于1949年去了香港或台湾。新修地方志的具体编纂是各地分别组织进行的，无论篇章设置还是内容取舍都无具体统一要求，所以这27位广播人物是全国各地广播电视志编纂者各自选择的最终结果。最终呈现出这样的面貌，可以认为是各地地方志编纂者自觉进行的"把关"，政治标准虽未明示，各地地方志编纂者却不约而同地进行着"自我审查"。

另外值得一提的是，许多省市以人物志会单独成书为理由，决定在各专业志中不再设立人物篇章，但由于人物志由专门的人事组织部门负责成书，且设立标准往往并不能符合所有行业人物情况，因此人物志的撰写与专业志中保留人物篇章实际上并不矛盾。而以此为理由在广播电视专业志中不设人物志，其实也是编纂者"怕惹麻烦"心态的表现。

四、如何改进

（一）提高认识，尽快补救

进入21世纪，第二轮修志工作陆续展开。2006年5月18日，国务院总理温家宝签署了第467号国务院令公布《地方志工作条例》，为新一轮修志工作指明了方向。在二轮修志的过程中，应当注重对首轮修志的错误进行修正、纠错、补充，尤其有关早期广播人物的记述不足问题，由于不是明显的错误，往往不会得到新一轮志书编纂者的重视。

中国地方志指导小组副组长、中国地方志协会会长王忍之在全国续志篇目设置理论研讨会上的讲话中提出："'修'也是新一轮修志重要的、不应该忽视的任务，不能只讲'续'，不讲'修'。'修'的工作量很大，开拓工作难度固然大，要在百尺竿头更进一步也不容易,也要付出大量劳动,要做很多考订、补充、修正等等的工作。好的保留,错的纠正,漏的补上,长的精简,如果这些工作做好了,再加上时间上把它延伸,新的续上,新一轮的修志工作就完成得更全面。摆在我们面前的,将是一部新的、更好的志书,既有最新一段历史的新的史料,又有对上一部志书的提高、修正。这次修志应做到既续又修,不能偏废。"① 中国地方志指导小组办公室原主任、《中国地方志》原主编诸葛计也认为,"所谓志书续修,实际上就是在前志基础上的续、补、纠、创。这四个字的含义是:续记前志下限后的史事;补上前志所当有而实缺少的内容;纠正前志存在的谬误;在前志基础上的创新。"②

(二) 多种方式结合进行记述

本文开篇对现有广播电视志对人物的记述方式进行了总结,以传、简介和表为主,在正文中还可以采取以事系人的写法。除此之外,其实还有更多的方式可以运用,如事略的写法,可以集中写某人与广播之间发生的几件事,不必完整记述人物的生平,弹性大,更为灵活。如《佳木斯市志》中的一篇附录就十分有特色,活灵活现地记载了作家萧军在电台演讲时发生的一段故事。这种类似于"专记"的处理方式,对于既与广播电视有关,又不以广播电视为主业的人物和事件的记载,提供了借鉴。

附:萧军在电台的一次演讲

1946年6月,东北新华广播电台于佳木斯开办,向东北解放区播音。当时有一个节目叫《名人演讲》,主要邀请社会各界知名人士谈对解放区的认识及揭发国民党反动派发动内战、祸国殃民的罪行。11月中旬,电台请东北大学鲁迅艺术学院院长萧军发表演讲。当时,他的著名小说《八月的乡村》已开始流传,颇受欢迎。为邀请萧军演讲,电台做了精心安排。时间虽然安排在下午7点,但下午4点即派马车将萧军接到电台。

按电台规定,播音时间须准时无误,播音稿要经电台审阅。经商定,萧军的演讲时间为20分钟,萧亦同意,但未出示讲稿。播音时间将到,萧军忽然从上衣口袋中掏出一张约2寸见方的纸片,上面只写有4行小标题。萧交给电台领导后,微笑着等候答复。这使电台的领导十分为难:这4行小标题,既看不明白要讲的具体内容,又不知道所需时间。但播音计划已定,难以更改,又要顾及礼貌,只好对主持人员说:"此公就是这么个脾气,由他去吧。"

萧军准时进入直播间端坐在话筒前,从衣袋中拿出一只怀表放在讲桌上,看了一

---

① 王忍之:《在全国续志篇目设置理论研讨会上的讲话》,载《中国地方志》2000年第5期,第3页。
② 诸葛计:《续修志书中的"纠"字说》,载《中国地方志》2001年第1~2期,第48页。

眼演讲提纲便从容地讲起来。他的演讲内容集中、凝练，语言生动，铿锵有力又带有几分幽默，很有感染力。演讲结束，包括他留给播音员做结束语用的10秒钟，恰好是20分钟。

萧军演讲结束后，电台工作人员十分敬佩。萧从直播间走出来时，大家不约而同地起立鼓掌，表示祝贺，热烈欢送。

——佳木斯市志下卷·第二十四编报刊广播电视（中华书局，1996年11月）

（作者系中国传媒大学中国广播电视年鉴编辑部 副编审）

参考文献

[1]《吉林省志·新闻事业志·广播电视》，吉林人民出版社1991年10月版。

[2]《湖北省志·新闻出版·广播电视部分》，湖北人民出版社1993年4月版。

[3]《陕西省志·广播电视志》，中国广播电视出版社1993年5月版。

[4]《山东省志·广播电视志》，山东人民出版社1993年12月版。

[5]《河南省志·广播电视志》，河南人民出版社1994年8月版。

[6]《河北省志·新闻志第二篇广播电视事业》，中华书局1995年8月版。

[7]《新疆通志·广播电视志》，新疆人民出版社1995年1月版。

[8]《云南省志·广播电视志》，云南人民出版社1996年1月版。

[9]《青海省志·广播电视志》，黄山书社1996年1月版。

[10]《黑龙江省志·广播电视志》，黑龙江人民出版社1996年6月版。

[11]《四川省志·广播电视志》，四川科技出版社1996年7月版。

[12]《湖南省志·广播电视志》，湖南人民出版社1997年1月版。

[13]《安徽省志·广播电视志》，方志出版社1997年6月版。

[14]《辽宁省志·广播电视志》，辽宁科技出版社1998年11月版。

[15]《山西通志·新闻出版志·广播电视篇》，中华书局1998年12月版。

[16]《广东省志·广播电视志》，广东人民出版社1999年1月版。

[17]《江西省志·广播电视志》，方志出版社1999年4月版。

[18]《贵州省志·广播电视志》，贵州人民出版社1999年5月版。

[19]《上海广播电视志》，上海社会科学院出版社1999年11月版。

[20]《广西通志·广播电视志》，广西人民出版社2000年6月版。

[21]《江苏省志·广播电视志》，江苏古籍出版社2000年12月版。

[22]《福建省志·广播电视志》，方志出版社2002年10月版。

[23]《内蒙古自治区志·广播电视志》，内蒙古人民出版社2003年5月版。

[24]《天津通志·广播电视电影志》，天津社会科学院出版社2004年版。

[25]《西藏自治区志·广播电影电视志》，中国藏学出版社2005年7月版。

［26］《北京志·新闻出版广播电视卷·广播电视志》，北京出版社 2006 年 6 月版。
［27］《重修台湾省通志》，台湾省文献委员会 1938 年 7 月版。
［28］《四川省自贡市广播电视志》，四川辞书出版社 1990 年 2 月版。
［29］《辽宁省大连市志·广播电视志》，大连出版社 1996 年 10 月版。
［30］《甘肃省兰州市志·广播电视志》，兰州大学出版社 1999 年 1 月版。
［31］《江苏省镇江市广播电视志》，方志出版社 1999 年 4 月版。
［32］《浙江省萧山市广播电视志》，方志出版社 2002 年 10 月版。
［33］《北京志·新闻出版广播电视卷·出版志》，北京出版社 2005 年 10 月版。
［34］《上海新闻志》，上海社会科学院出版社 2000 年 12 月版。
［35］《佳木斯市志》，中华书局 1996 年 11 月版。

（四）

民国时期（1920—1949）国人对广播的认知

谢鼎新

内容摘要 广播是20世纪人类文明的重要成果之一，它出现不久便被引进到中国，并在传播观念和传播实践上产生了种种影响。本文突破以往党派及意识形态纷争的广播史研究模式，从广播是什么、做什么、怎样做出发，分别对应着：1. 本体方面的科学技术和有声语言传播；2. 节目方面的宣传、教育、新闻、娱乐等；3. 管理方面的机构和法规问题，及广播企业化和听众调查问题，据史分析了1920—1949年间民国时期国人的对广播认知。有关广播文献史料方面的梳理可以发现，民国时期人们对广播把握和研究已达到较高水准，具有应用性强、专业化程度高、领域广泛等特点，对今天的广播电视事业发展和学科建设不无启示，为此，应树立起相关研究的历史意识。

关键词 民国　广播　认知　研究

　　广播是20世纪人类文明的重要成果之一。1906年，加拿大科学家费辛登（Fessenden）首次成功进行了通过电波远距离地传送语言的实验，标志着广播技术的成熟，随后，广播机构陆续出现，1920年，世界上第一家正式的广播电台——美国的KDKA电台诞生，广播作为一种新媒体，掀开了人类社会传播革命的新篇章。

　　广播在它曙光初露之际就引起国人的关注并被引进到中国来。1920年，《东方杂志》的"科学杂俎"栏目以"用无线电传达音乐及新闻"为题，介绍广播，文中提到："最近美国Burean of Standards发明一种特别受音器，名曰Portaphone。其外表与蓄音器相似，装有一匣，极便携带，无论何地，均可放置。此器能接受中央无线电发音机所发之声浪而扩大之，使其声自喇叭中传出，以布于全室。因有此种发明，故将来可有许多新用途。例如晚间8时半，为人民音乐跳舞之时间，此后可由中央无线电局于此时自无线电传出音乐，则跳舞之家，但将受音器开动，音乐立时大作。跳舞者可以应声而舞，不必更雇音乐班矣。又于晨间，由中央无线电局将是日所得新闻，发出报告，则家家仅需开动受音机，即可亲聆新闻。且可于早餐时，且食且听之。较诸披阅报章，便利多矣。"值得注意的是文中特别提到广播在新闻和音乐方面的功能和潜力，它从人们日常生活出发，所描述的愿景，实在是令一直还处在印刷媒体时代的人们所向往，但是即使在美国"现在 Burean of Standards 正在实验。大都会中利用此种受音器以传布新闻及音乐，殆不久即可以实现"。① 而对当时的国人来说不啻为一个科幻故事。

然而，技术的引进无疑大大缩短了它走入中国现实社会的历史进程。与报章本土化生长不同，无线电所涉及的电磁学方面的自然科学知识，具有客观真理性，没必要从头再来，广播的工具属性便可以直接借鉴过来为我所用。1923年年初，在中国第一家电台便出现了，即美国人奥斯邦（Osborn）在上海办的"大陆报—中国无线电公司广播电台"，它被视为"在吾国公然以无线电播送音乐之嚆失"。② 考察世界广播史，美英法等发达国家最早的广播机构也都是在20世纪20年代早期陆续出现，从某种意义上讲，中国广播事业开篇基本上与世界同步。1928年，中央广播电台，全称"中国国民党中央执行委员会广播无线电台"，呼号XGOA，③ 在南京创办，1932年，其发射功率达75千瓦，为当时亚洲最大的广播电台，从此，广播开始走进国人的生活，也更新了国人传播的时空观念，同时也引起人们的关注和研究。

本文探讨的是从1920年广播介绍到中国至1949年，这一时期国人对广播的有关认识和研究，围绕着广播是什么、做什么和怎样做这么一种逻辑顺序展开，具体对应着广播本体、广播节目和广播管理三个方面的内容。

一、对广播本体的认识

广播是科学技术的产物，国人对广播的认识及最早的接触首先是从科技的角度来把握广播存在的本体，这里涉及自然科学知识的传播。晚清时期，西学开始介绍到中国，通过传教士与中国学者的共同努力：不少基础性的学科知识已经较为系统地被介绍，并经由新式学校或传播媒介，渐渐地为国人所接受，从而为日后自然科学在中国的学术性发展奠定基础。有学者认为："在物理学方面，最早向中国介绍电报知识的书可能是在宁波由美国长老会传教士创办的华花圣经书房，1851年出版的玛高温所著《博物通书》，书中介绍电报知识、磁电知识、化学电能知识。④ 而当进入民国时期，留学欧美和在国内接受新式教育的人员大批成长起来之后，西方的学科体系和学术内容

---

① 《用无线电传达音乐及新闻》，《东方杂志》第17卷第15号，1920年8月10日出版。
② 曹仲渊：《三年来上海无线电话之情形》，《东方杂志》第21卷第18号，1924年8月15日出版。
③ 依照1927年华盛顿国际无线电报会议的规定，中国的电台呼号，应在XGA至XUZ字母范围以内，如1940年延安新华广播电台，呼号XNCR。
④ 张国刚、乔治忠等著：《中国学术史》，上海：东方出版中心2002年版，第593页。

已在中国立稳根基，有关无线电内容从启蒙或普及性读物，到学术性较强的研究都已进入了国人的日常生活中来。

广播传播的技术基础是无线电学原理及应用。在广播现身于中国之前，国人对"电报""电话"作为交通联络手段已有所认知。"我国电报，以1881年12月24日津沪线初通为嚆矢，上海的《申报》自次年1月16日起即刊载天津发来的新闻电。"而它们各自传播表现为"电报是利用符号来传达语言；电话则是直接传达语言，使嘴巴里吐出来的声音能够直接传达到本能力量范围以外的地方。但是藉电话传达的声音，可以接通到极远的地方，而不能使极多的人都听到。这一缺憾，终于由'无线电广播'来弥补了。它能够传达得'快'，传达得'远'，又能够传达得'广'"。[①]

广播的出现是无线电科技发展的一个必然的逻辑，是一代接一代科学家艰辛探索，造福人类的结果。对此，吴道一于1929年曾撰文，阐述了"有线电与无线电之分别""有线电话与无线电话之比较""广播无线电之定义及其效用"，提到"自马克史威尔及赫芝之发明，马可尼之实验。而无线电三字，而震耀于世，遂有有线电与无线电之分别。就字面观察，本极明显。如学理上作探讨，则前者系电能之藉导体以传送，后者则为电能之藉电波以推进。而电波之产生，全基于电流之振荡。凭藉'以太'（基本含义为空气，本文作者注）为媒介，挟每秒18.6万英里之速度，远及八方，无坚不进，无孔不入；遇有特别装置之收音机械，则贴然就范，故无线电之长于有线电者，在于引用轻便，既无植杆架线之劳，更属管理简易；即遇损坏，亦限于一台，而且发于一地，达于全球。公共消息之传播，可称尽善尽美。"[②] 国人刚开始接触广播，都为其"无远勿届"的"千里耳"的传播技术而感到神奇，进行探讨，并建立起以无线电知识为基础的广播传播新观念。

对除了广播科技之外，对广播有别于报章印刷文字传播的有声语言传播的认识是对广播本体性问题把握的另一个重要方面。

语言学家赵元任先生在《广播须知》（1937）中，从广播的播音方式及语言学原理的角度，阐述了广播传播基本特点。文章分为：机械、声音、语言、讲稿、材料、礼貌等六个方面，研究了广播的字音、语速、语调等问题，如在声音方面提出了"说什么声音做什么样的脸"的观点，并从人的语言活动生理学出发分析："语言本是行为的一种，所以语言中各种表情的声音与全身的动作，特别是与面部的状态，有分不开的密切关系……不要以为听众看不见就可以从头至尾板着脸说话，因为脸部肌肉的状态

[①] 胡道静：《新闻史上的新时代》，第24页、第4页，世界书局1946年版。
[②] 吴道一：《我国之广播事业》，中央执行委员会编：《中国国民党中央执行委员会广播无线电台年刊》，1929年12月编印，转引赵玉明：《中国现代广播史料选编》（内部资料，待出版）。

对于所发的声音有极大的影响的。"① 多年来该文在广播实务和广播学研究中一直为人们所关注。

在广播最基本的运用语言传播方式方面，现在有"播新闻"和"说新闻"的研究。其实，茅盾先生在1937年发表了《对于时事播音的一点意见》一文，就抗战时期的广播报道，进行了"说新闻"的探讨，认为："重要新闻既有中央电台和交通部上海电台在负责报告也就够了，上海其他民营电台很可以不必死板地讲读报纸，很应该把作风变换一变换。"并提到自己一次听广播的经历和引发的思考："一次曾经听到有将报纸上一段记载（述士兵的英勇的）用说书的方式在 retold（复述义，本文作者译），觉得既能通俗，又热情横溢，比之死板板的逐句讲读实在好多了。"提出广播和其他艺术领域的学习借鉴问题，与"游艺界同人（特别是说书人）联合……把当天重要的新闻编成故事式"，认为"在不背事实的原则下加一点想象和渲染是必要的；而为了使故事生动加一点环境描写也是必要的"。同时结合几篇抗战的报道进行分析如何使"硬性的新闻变为生动的故事"。②

二、对广播节目的认识

广播的节目如同报刊的版面，它是在一定的时段、依据一定的编排方式组成的播出单元，节目是广播内容的软载体，能使广播内容有序化，和听众建立起稳定联系，并实现其传播的社会功能，某种意义上讲，广播传播的各个环节都是围绕节目来进行的。

通过广播传播的实践及与听众需求的磨合，民国时期的广播节目设置渐趋稳定，从内容方面分析主要有五大类型，即宣传、讲演、教育、新闻和娱乐。1937年，时任中央广播事业管理处负责人吴保丰在《十年来的中国广播事业》中，论述了这五类节目："凡关于阐扬主义、报告政治及警策语等，均属于宣传类。关于常识科学及其他各种社会问题之讲述，则属于讲演类。至教育节目，其内容多属于有连续性之教材，而须逐字逐句讲解者。新闻节目，则内容包括甚广，自气象商情，以至时事报告，一周大事等皆属之。……至于娱乐节目，大别之可分戏剧和乐曲两种；而戏剧又分平剧与话剧，乐曲除音乐歌咏之外，则有昆曲、打鼓、弹词等，种类繁多，每日于杂曲节目中轮流唱之。"③ 鉴于讲演类节目可归入宣传和教育类，本文重点从宣传、教育、新闻和娱乐等四个方面来分析人们的认知及研究状况。

---

① 赵元任：《广播须知》，《广播周报》第135期，1937年5月1日出版。
② 茅盾：《对于时事播音的一点意见》，《救亡日报》1937年8月28日，转引上海市档案馆、北京广播学院、上海市广播电视局：《旧中国的上海广播事业》，档案出版社、中国广播电视出版社，第460、461页，1985年。
③ 吴保丰：《十年来的中国广播事业》，中国文化建设协会编：《十年来的中国》，商务印书馆，1937年；转引赵玉明：《中国现代广播史料选编》（内部资料，待出版）。

（一）宣传方面

这里的宣传内涵为政治意义上的宣传。近代以来中国屡遭列强凌辱，有识之士也指出民众一盘散沙的问题，政党在宣扬主义、思想、信仰方面则是极力鼓吹，试图凝聚民众的意志，产生强大的力量来救国强民，振兴中华。广播的迅速普及的传播力，在宣传上承担起时代赋予的历史使命。

国民党及广播界元老陈果夫先生在《中央广播电台创办经过》一文中提到："中央为阐扬党义，宣传政令，及促进文化，传递消息起见"，于1928年秋开始创办广播，并认为广播在"理论之阐扬，时事之报告，使国际明了我国之真情，俾正谊得伸于世界，尤非任何宣传工具所可比拟"。①

在中国，广播与宣传开始就结下不解之缘，广播史上首家电台"大陆报—中国无线电公司广播电台"于1923年1月23日开播，而三天后的26日，就播出了孙中山先生在上海发表的《和平统一宣言》。事后他表示："余之宣言，亦被宣传。余尤欣慰。余切望中国人人能读或听余只之宣言。今得广为传布，被置有无线电话接受器之数百人所听闻，且远达天津及香港。诚可惊可喜之事。吾人以统一中国为职志者，极欢迎如无线电话之大进步。此物不但可于言语上使全中国与全世界密切联络，并能联络国内之各省、各镇，使益加团结也。"②

民国时期，中国经历了八年艰苦卓绝的抗战，在战争环境中，军事斗争异常激烈，造成地域的控制与限制的复杂性，广播的时空超越的能力，使其在宣传战中尽显传播英雄本色，所以，广播被国人视为是陆海空武装力量之外的"第四战线"。1942年，国民党中央宣传部编印《无线电宣传战》，认为广播是"战时机构中不可缺少的部门"，并规划无线电宣传从三个方面进行："第一，在国内激励兵士和人民精诚团结和勇于牺牲；第二，对中立国家播送言简意赅的短评、专题讲演和新闻报道；第三，对敌人的前后方则大量放送许多驳斥性的谈话和事实证据以达到消沉士气，摧毁斗志的目的。"③ 抗战时期中国的广播界出色地完成了宣传任务，这既是国人对广播的认识结果，又使对广播的认识进一步得到深化。

在抗战烽火中诞生的中国共产党"延安新华广播电台"，也是为了根据地的宣传协调一致，为了大后方和沦陷区能够听到共产党的声音而创办的。1940年春，中共中央广播委员会成立，由周恩来任主任，领导筹建广播电台工作，并于1940年12月30日开始播音。1941年，《中共中央宣传部关于党的宣传鼓动工作提纲》中提到："必须善

---

① 陈果夫：《中央广播电台创办经过》，台北市新闻记者工会编印：《中华民国新闻年鉴》，1961年版，第46页。
② 《无电话传布孙先生统一宣言》，《国民日报》1923年1月28日，转引赵玉明主编：《中国广播电视通史》，北京广播学院出版社2004年版，第9页。
③ 国民党中央宣传部编印：《无线电宣传战》，1942年版，第2页。

于使用一切宣传鼓动的工具,熟知它们一切的性能。在近代科学和技术发达的条件之下,许多科学上的成就,都应该运用到宣传鼓动上来,尤其是近代的印刷业、无线电及电影等,成为近代宣传鼓动的有力工具……在现代无线电业发展的情形下,以及在中国交通工具困难的情形下,发展通讯社事业,无线电广播事业,是非常重要的。应当在党的统一的宣传政策之下,改进现有的通讯社及广播事业工作。"①

在这一历史阶段中,国共两党虽然存在意识形态方面的分歧,以至发生军事上的冲突,而政党的使命感、国家的利益和媒介自身的规律等共同作用,使得两党对广播宣传功能的认识和把握是一致的,处在同一个平台上。

(二)教育方面

民国时期面对国家的内忧外患,有识之士提出了"教育救国"的主张,人们也认识并指出:"20世纪的竞争是用智力,不是用体力。"②此时的教育观念也发生了变化,教育不再是仅限于学生在学校读书识字。1936年,就有教育界人士将教育的新趋势概括为"教育的对象是全体民众,教育的内容是一切生活,教育的场所是整个社会"。同时也提出"经济而有效的新的教育工具的发明和利用,便成为一种必然的要求"。③

广播作为大众传播媒介其迅速、普及的传播特点,突破了传统教育的限制,自然成为"教育的利器"。在这一过程中,广播的功能也进行了改造和挖掘,使得人们从开始将其和电影一般视为娱乐工具,逐渐也发现和接受了其教育的功能。不仅如此,广播教育一直为中国广播界、教育界所重视,当时就有研究者分析:"我国文化落后,民智未开,文盲既极众多;交通又甚阻滞,故藉印刷品传播知识之缺点,在我国尤为明显,播音教育之推行,在我国尤感需要。"④当时所谓的"播音教育"类似于今天的"广播教育"及"电化教育"的概念,是广播事业和教育事业的结合而产生的,简而言之,"播音教育则藉无线电机以传播各种知识"。⑤其特点有三:"不受人数的限制""不受空间的限制""不受时间的限制"(其含义教育是终身的,民众可以随时获得教育的机会)。⑥

当时民众文化程度普遍不高,文盲半文盲占有相当比重,知识启蒙的历史任务远没有完成,所以无论是公营电台还是民营电台,教育都是不容回避的现实问题,成为各家电台播出的内容之一。另外,教育节目的播出还缺乏系统和规范,鉴于此,1935

---

① 《中共中央宣传部关于党的宣传鼓动工作提纲》,中央人民广播电台研究室、北京广播学院新闻系编:《解放区广播历史资料选编》,中国广播电视出版社1985年版,第10页。
② 祝星辉:《播音教育之检讨》,《播音教育月刊》第一卷第三期,1937年1月出版。
③ 陈礼江:《播音教育的本质及其使命》,《播音教育月刊》创刊号,1936年11月出版。
④ 詹行煦:《一年来我国之播音教育》,《播音教育月刊》创刊号,1936年11月出版。
⑤ 同上。
⑥ 陈礼江:《播音教育的本质及其使命》,《播音教育月刊》创刊号,1936年11月出版。

年 5 月教育部和国民党中央党部商定，制订了中央广播电台（为中央党部所辖）的播送教育节目的计划，并于 1936 年 7 月设立了教育部"播音教育委员会"，出版了《播音教育月刊》，其内容"以讲稿为主体，此外还载有关于国内外播音教育消息和播音教育的法令"①。于是"党国先进""学术专家"纷纷惠临主讲，据《播音教育月刊》所载内容有：孙本文的"我国民族的特性与其他民族的比较"、马星野的"如何研究国际新闻"、竺可桢的"气象与人生及其他生物之间的关系"、顾颉刚的"清代汉学家治学精神与方法"、邵元冲的"中华民国开国史"、苏步青的"研究数学的基本工作"，等等。名家汇集，话题广泛。不仅如此，还制定了"教育部教育播音讲师注意事项"共 18 条，内容包括讲题讲稿要求、播音时间、酬金标准与发放，就演讲效果问题，还特别提到了"播讲之语句，以深入浅出，富有情趣为主"，"播音语调请勿过平过直，以能分出抑扬顿挫，轻重疾徐并可表达情感者为佳"等。②

此外，积极借鉴国外广播教育。1936 年 7 月，中华书局出版了《无线电广播的文化教育作用》（国际联盟世界文化合作院编、曾觉之译），内容为英国、法国、意大利等国的无线电和文学、历史、政治与社会科学等领域的专家，关于广播教育方面的研究文章。1936 年 12 月，政府还派代表出席有 30 个国家人员参加的美国"第一届全国教育播音会议"，发表了有关会议报告，翻译美国教育局局长、联邦播音教育委员会主席司徒柏克（J. W. Studebark）在会上所做的"美国之播音教育"的长篇演讲。③ 对美国播音教育的历史、成绩、问题和趋势等有了近距离的接触和认识把握。

（三）新闻方面

新闻是新近发生的事实报道，考察新闻事业史，在广播出现之前，它经历了"口头新闻""手抄新闻""印刷新闻"，这种媒介时代变迁的价值核心理念是使新闻传播的更快、更广、更好。所以，广播一出现，较之手抄、印刷媒体，将人类传播又带入一个新的境界，为此，各国都顺理成章地将其纳入新闻传播的体系中来。世界上第一家正式的广播电台是美国的 KDKA 电台，1920 年 11 月 2 日开始播音，当天播放的内容就有共和党候选人哈定战胜民主党候选人考克斯的美国总统竞选结果的消息。广播的出现大大提高了新闻传播的效率，也标志着新闻传播事业进入了"广播新闻"的新时代。

广播与新闻事业关系，新闻史学家胡道静在 20 世纪 40 年代做过这样的分析：新闻事业"最基本的结构，或者说是它的最基本的服务……（一）搜集；（二）放送"消息，并认为搜集消息靠眼睛和耳朵，传送靠嘴巴和脚。可是人类的天赋器官的能力总

---

① 《发刊词》，《播音教育月刊》创刊号，1936 年 11 月出版。
② 《教育部教育播音讲师注意事项》，《播音教育月刊》创刊号，1936 年 11 月出版。
③ 参见《播音教育月刊》第一卷第六期，1937 年 4 月出版。

是有限制的，而人类传播的愿望是无止境的，于就有了"千里眼""顺风耳""大喇叭""风火轮"的幻想和追求。"职业新闻工作者，日夜在想用什么方法可以迅速地获得新闻，又迅速地把新闻传达出来；不但传达得'快'，而且要传达得'远'，传达得'广'。嘴巴和双脚的本能限制了效率。于是一待'复述'和'交通'的工具有了任何的新发明，足以扩张口与足之效能者，立即会影响到新闻事业而使报坛发生一种革命运动。"①

初期的广播设立多是商家、公司所为，以冀无线电器材之推销，但报馆同时也关注到其新闻传播的功能。早在1924年，曹仲渊在《三年来上海无线电话之情形》中就提到：《申报》用上海土音"报告新闻及行市，晚间并演唱各种音乐，以飨当地居民。其结果之佳，虽以大连离沪二千余里之远亦能收听"。此外，《大晚报》用英语报告汇兑及市场消息，而在上海的"巴黎饭店"也用英语报告新闻。②

尤其是在当时国家处在战乱和多事时期，广播为人们提供了一个温暖而有力的信息渠道，与外界保持联系，维持社会的运转和人们的生活。所以，尽管广播的功能是多方面的，而听众往往总是凭借其新闻内容来选择和评价电台，新闻报道都是各家电台精心打造的重点，当时有资料统计表明：中央台每日播音19小时25分，其中新闻节目占24%，国际台每日播音6小时35分，其中新闻节目占43%。③ 新闻节目的比例是一个方面，更重要的是它满足人们信息生存的基本需求，使人更加耳聪目明。

（四）娱乐方面

广播作为大众传播媒介，通过声音进行传播，和音乐、曲艺、地方戏等艺术形式在听觉上有着直接的联系，所以，广播的出现为人们提供了一种新的娱乐渠道。广播的娱乐节目满足了人们的消遣和调剂的需要，同时对不同类型电台，无论是政党、官方的，还是商业、民营的都具有广泛的适应性，当时尤其是商办电台由于"其机械设备，多半因陋就简，节目偏重于娱乐方面，彼等大半赖广播收入，以资维持"④。

各国广播发展情形都有一个共同点，即当人们对从广播那里接受到来自远方信息的新鲜感渐渐消退后，希望从广播中得到娱乐的需求，成为刺激广播业发展的一种持久动力。20世纪三四十年代，是美国无线电广播的大发展时期，广播成为主要的娱乐媒介，因为广播免费给听众带来音乐、戏剧等种种乐趣。当时中国的广播节目也存在

---

① 胡道静著：《新闻史上的新时代》，世界书局1946年版，第1、2页。
② 曹仲渊：《三年来上海无线电话之情形》，《东方杂志》第21卷第18号，1924年8月15日出版。
③ 参见行政院新闻局编：《广播事业》，附表八："现有各台每日播音时间节目成分及语言种类统计表"，1947年。
④ 吴保丰：《十年来的中国广播事业》，中国文化建设协会编：《十年来的中国》，商务印书馆1937年版，转引赵玉明：《中国现代广播史料选编》（内部资料，待出版）。

这种倾向："大都趋向于娱乐一途，争奇斗胜，收罗一切，固可称之为盛极一时。"①1934年，俞子夷在《谈广播节目》一文中，就娱乐节目太多、学术与教育节目太少做了研究。作者以上海28家电台节目为样本进行统计分析，其中设定"数目是指档数，每档约三刻或一点钟，每星期五次或六次者作一档算，不过二三次者作半档论"。统计结果："弹词90、评话17、开篇7、歌唱19、其他娱乐10、讲演问答12、儿童节目1.5、申曲26、苏州文书9、四明文书7、播音剧、话剧等9、教国语、英语等13、其他教授6.5、苏滩7、宣卷5、南方歌剧陶情4、故事7.5、新闻6、娱乐的共217.5、非娱乐的共39。"作者还将总档数与28家分解，"非娱乐的，每家平均不过1.3档罢了。娱乐的每家平均有7.75档。每日每家平均播送七八时的娱乐，娱乐的机会真多。娱乐中弹词占第一，私订终身后花园，落难公子中状元，可以说是大众最欢迎的了。"据此比例推算，非娱乐类的节目只是娱乐节目的六分之一，每日每家平均播送约1.5小时。作者进一步分析："播送娱乐节目本来无可非议，因为无线电原来是公余休闲用的，一定要勉强人家在休闲时收听严正的演讲，或者似乎有些不近人情。寓教育于休闲娱乐，本来是民众教育的妙法，借播送娱乐而施民众教育，的确是将来值得研究的问题。就上海而论，电台要靠商店广告来维持，当然不能拿民众教育作唯一的目标。我们唯一的希望，在文艺家艺术家多创作写新作品，如新弹词、新评话等等，把封建思想渐渐淘汰，因此使大众的趣味换换方向。"② 文中作者对当时上海广播节目内容状况的客观描述，具有独特的史料价值和认识功能，而作者的研究方法，以及对问题的把握和分析等，也都达到了较高的研究水准。

三、对广播管理的认识

广播如何有效地发挥其传播功能，涉及广播管理的问题，广播的特性和功能是多元的，有技术的、有业务的、有宣传的、有经营的等，都有相应的管理问题。本文关注的是有关广播体制及运作方式的认识和把握，涉及有关广播政策、法规、所有权、经营权以及传播内容与对象确定等。

广播的出现，并逐步形成自己的事业，成为整个社会系统的一部分，任何一个国家都会面临对这个新生事物的管理问题，诸如什么机构负责、如何规范等。如美国最早的电台KDKA，是在美国商务部备案，领取营业执照，由于广播事业的迅猛发展，需要有所谓的组织创新和管理创新与之相适应。1927年，美国成立了"联邦无线电委员会"（FRC），颁布了《无线电法案》，在此基础上，到1934年又升级成立了"联邦通讯委员会"（FCC），通过了《通讯法案》，为美国广播及电子传播业的管理奠立了基础。

---

① 苏祖国:《广播节目之趋向》,《中国无线电》第1卷第5期,1933年3月5日出版。
② 俞子夷:《谈广播节目》,《中国无线电》第2卷第9期,1934年5月5日出版。

广播电视学学科建设
>>> 历史、现状与未来

关于广播事业的管理，行政院新闻局在1947年的《广播事业》中曾提到："各国对于广播事业的态度不同，因此对于广播事业的管理也各不相同。有的采取自由放任政策，有的由国家统筹办理，也有把广播看作政府的一个机构，而采取完全统制态度的。我国的情形，最初对于广播事业原没有多大限制"①，后因各地电台丛起，导致呼号、周率和节目等问题多多，便出台一些法规、设立机构来进行协调管理。民国时期，主管交通联络的交通部，内置电政司，负责掌管有线电报和无线电报在内的电政事宜，所以，在这一架构下，中国的无线电广播业的管理由交通部负责。1924年，交通部公布了《装用广播无线电接收机暂行规则》，这是中国历史上第一个关于无线电广播的法令。1928年，国民政府建设委员会设立了无线电管理处，公布《广播无线电台条例》，建设委员会是从无线电器材生产的角度介入其管理，与交通部的管理存在重叠，故引发争议，后有关部门明确规定，从1929年8月1日起无线电事业归交通部管理。1936年2月，成立了"国民党中央执行委员会广播事业指导委员会"，该会由中央广播事业管理处（1936年1月成立，前身为中央广播无线电台管理处）、宣传部、交通部、教育部、内政部等有关部门组成，负责监督并指导广播事业的发展。

这一时期，由于战争的原因，中国社会存在不同的政权管辖区域，广播的管理与运作也存在不同情况。中国共产党方面，于1940年设立广播委员会，负责筹建延安广播电台，新华社先后设立了广播科、口播组以及语言广播部等，负责广播的报道内容。1949年6月，新华社语言广播部扩充为中央广播事业管理处，1949年10月，成立了中央广播事业局，负责管理全国的广播事业。

世界广播电台的体制基本上可分三种类型：即国营、公营和民营（或私营），这些不同结构方式的广播在中国都存在。1946年，国民政府交通部在《广播无线电台设置规则》中，对其有所界定，"凡中华民国政府机关所办广播电台除交通部所办者系国营电台外其余均称为公营广播电台""凡中华民国公民或正式立案完全华人组织设置之公司厂商学校团体所设广播电台均称为民营广播电台。"②不同电台的节目内容有不同的要求，1936年12月，交通部有指导性规定："关于教育演讲及新闻报告方面，公营广播电台应占多数，民营广播电台亦不得少于20%，但以转播中央广播事业处所属各电台之节目为限，其娱乐及广告节目至多不得超过80%。"③

民国时期与广播管理相关的两件事值得一提：一个是广播公司化改革；另一个是

---

① 参见行政院新闻局编：《广播事业》，附表八："现有各台每日播音时间节目成分及语言种类统计表"第38页，1947年。

② 交通部电信总局编印：《电信法令汇编》，上册第二类，转引赵玉明：《中国现代广播史料选编》（内部资料，待出版）。

③ 《指导全国广播电台播送节目办法》（1936年），（南京）中国第二历史档案馆档案，全宗号二0（21），案卷号496。

广播的听众调查。

当时无线电环境相对开放，尤其是有诸多的民营电台的存在，收听市场竞争不可避免，所以，在保障政治宣传的前提下，国民党中央广播电台，也面临着必须讲求经营之道的选择，来改变党营电台的困境，广播开始向仿效所谓欧美先进，实行企业化。广播机构的企业化经营管理体制的确立，所有权与经营权分离，有利于改变以往体制中的衙门化的作风，使广播在做好宣传报道的同时面对市场能够自我发展，符合现代媒介发展趋势，从单纯的媒介经营管理的视角分析，这种意识和架构是科学的也是超前的。

1943 年。国民党中央广播事业管理处在拟订战后发展广播事业的方案时，提出以管理处所辖电台为基础，成立中国广播公司，实行企业化经营。1947 年 1 月，陈果夫代表中国广播公司与行政院签订合约，制定了《中国广播股份有限公司章程》，其内容有总则、业务、资本及股份、股东会、组织、决算及盈余分配和附则等，共 8 章 27 条。如第 2 章"业务"规定，公司业务种类如下（一）播音；（二）广播机、收音机、扩音机之敷设；（三）播音器材配件成品及唱片产销或代理推销；（四）播送新闻性之电视；（五）播送商业性之广告。同时成立了根据《公司法》成立了董事会和组成监察人员。① 后因人事和时局原因，公司未能运作起来，直到 1949 年 11 月，中国广播公司完成改组，在台湾地区正式成立。

在管理中，如何使广播发挥最大效益，广播与听众的关系都是各广播机构所格外关注的。延安新华广播电台，1946 发表公开信，广泛征求全国及南洋各地听众意见，内容有："在目前播送的新闻、评论、通讯、时事讲话、解放区介绍、故事、歌谣中，有那些是你喜欢听的，那些不喜欢听？你还希望增加些什么项目？各报馆及各通讯社对于记录新闻有何意见？你们那里收听情况怎样？播音时间是否恰当？对播音技术有何意见？如何改进？均请提出具体意见。解放区听众之意见，可迳寄各该地或附近地区的新华分社电转总社。国民党统治区及南洋听众的意见，可寄重庆新华日报馆，或南京新华分社转交，或迳寄延安新华广播电台"等。②

1946 年 9 月《广播周报》③，曾做过一次听众调查，发放"征求听众意见"表格，内容有：性别、年龄、地址、职业（其中有党、政、军、学、农、工、商和持家等八

---

① 《中国广播股份有限公司章程》（1946 年），（南京）中国第二历史档案馆档案，全宗号二 0（2），案卷号 2079。

② 晋冀鲁豫《人民日报》，1946 年 7 月 29 日，转引中央人民广播电台研究室、北京广播学院新闻系编：《解放区广播历史资料选编》，中国广播电视出版社，1985 年版，第 70 页。

③ 《广播周报》由国民党中央广播无线电台管理处及中央电台主办的广播专业期刊，从 1934 年 9 月至 1948 年 12 月，前后共刊行 14 年，因抗战原因，该刊经历了南京、重庆、南京三个出版阶段，中间有过停刊，共出版 312 期。

个选项）、平日收听最多电台、我所最喜爱听节目（其中有西乐、国乐、平剧、话剧、流行歌曲、地方剧、新闻、一般性演讲、教育性演讲等九个选项）、所最爱报告员和建议等内容。① 三个月后公布了《听众意见汇集统计报告》，内容分两个方面，一是算术统计各调查项的人数，如就职业而言收听人数最多的是学界、最喜欢收听的节目是新闻等；二是分析说明统计情况，如最受欢迎的报告员，都是填中央台，分析这或许与之前《广播周报》发表《广播人物素描》（复刊第七期，1946年10月13日出版）介绍中央台三位播音员有关，认为其他的电台也有很多好的报告员，等等。② 从广播史角度考察，这次听众调查所迈出的第一步和所体现出来的办广播现代意识值得肯定，而调查中在组织、程序、操作等方面的问题以及如何实现调查的规范化、制度化值得研究和反思。

四、民国时期广播研究的特点与启示

（一）广播研究的性质以应用为主

与哲学、文学等人文科学研究的抽象性、思辨性强的特点不同，传播媒介研究有着具体对象和实体机构相对应，广播认知是从具体问题和操作出发，或者说是有具体对象为依托，与广播传播的互动性强，当时就认识到："广播为一新兴事业，无成例可援，即在各国，也都以经验换取知识。"③ 这既是广播自身特点决定的，也为以后的广播研究打下了底色，形成了广播研究的风格和传统。

这种研究不仅表现在与广播传播的业务互动，还体现在与广播设备、器材制造企业、商家互动。当年美国人奥斯邦（Osborn）办的"大陆报—中国无线电公司广播电台"，"每日于一定时间递送音乐，并出售收音机，上海居民耳目为之一新。声气所届，宁、杭、甬各地亦有购去私装者。"④ 中国早期的广播机构尤其是民营电台多为无线电机及电气材料商行、公司所开办，如开洛公司、新新公司、亚美公司等通过办广播来促销、拓展起经营的业务。所以，广播文献史料每每涉及的无线电广播相关的商行、公司等容纳，显示它们也都为广播研究对象的一个方面，这种互动格局对今天的市场化背景下的广播生存和传播也不无启示。

（二）研究主体人员的专业化程度高

比较报章而言广播的技术含量较高，而这一时期的广播研究者，是该领域的先行者和开拓者，这也就决定了研究人员专业化程度高及少而精的特点。如带有研讨性质的"中国无线电俱乐部""上海无线电话艺术会""中国播音协会"等组织，人数虽仅

---

① 参见《广播周报》复刊第二期（总期198），1946年9月8日出版。
② 参见《广播周报》复刊第十七期（总期213），1946年12月22日出版。
③ 参见行政院新闻局编：《广播事业》，附表八："现有各台每日播音时间节目成分及语言种类统计表"，第68页，1947年。
④ 曹仲渊：《三年来上海无线电话之情形》，《东方杂志》第21卷第18号，1924年8月15日出版。

为一二十人，但却有博士添列其间。比较有影响的研究者多为无线电高级人才，如曹仲渊1916年毕业于南京海军雷电学校无线电专科，曾留学英国、德国攻读无线电工程专业，著有《马可尼传》《无线电发明及发展史》。吴道一毕业于上海交通大学电机系，1928年参与筹建"中央广播电台"，后任该台主任、台长，1936年起先后任国民党中央广播事业管理处处长，曾多次出国考察欧美广播事业和参加国际广播会议，著有《我国之广播事业》《八年来的中央广播电台》等。吴保丰毕业于上海交通大学电机科，1929年获美国密歇根大学电机硕士，著有《十年来的中国广播事业》等。

与专业化程度高相联系的是研究主体人员与外界的联系密切，换句话说，研究的对外开放达到较高的水准。除研究人员拥有高学历和留学经历之外，国外无线电方面的专家也来到中国。特别是1933年12月，意大利无线电发明家、1909年诺贝尔物理奖获得者马可尼来华，先后访问了北平、南京和上海，期间到中央广播电台参观讲演，在交大容闳堂，马可尼出席了由中央研究院蔡元培院长主持的沪上十四学术团体茶话欢迎会，并为交大电台树基。《申报》于1933年12月9日编发"欢迎马可尼专号"，希望"吾国民众得共瞻发明家的风采，提高研究无线电兴趣，藉以促进中国无线电事业的进步"。①

（三）研究领域涉及面广，体系有待建立

这一时期有关广播研究的专著有资料统计大约十本左右②，主要是侧重与无线电常识与普及教育。有关广播的研究文章内容丰富，尤其是广播专业期刊如《中国无线电》（苏祖国主编，亚美无线电公司编印，1933年创刊）、《播音二周刊》（上海市公用局广播无线电管理处印行，1936年创刊）、《播音教育月刊》（教育部社会教育司编辑，商务印书馆出版，1936年创刊）等。特别是《广播周报》的出版，为广播研究一个专业平台，发表了诸多的文章，该刊第188期在"编后"（封二）提出："今后本刊以介绍世界广播理论、广播动态为主要的特征，由此我们可以供给从事国内广播事业者之参与。"③表明了办刊的方针从刊登介绍广播内容到与广播研究方面的调整。此后，《广播周报》发表了诸多研究性的文章。如赵炳良翻译的"播的政治作用"（第188期）、徐学铠翻译的"播音节目之建立"（第188、189、190期）、"播音讲话的形式问题"（第193期）等（在此基础上，国民图书出版社于1947年出版了徐学铠编译的《广播常识》）、陈立夫的"广播与教育"（第190期）、海涛的"提倡广播批判与提高广播文化"（第191期）、潘公展的"广播与文化"（第192期），此外，还有潘启元"广播人物素描"（复刊第7期）、林华的"广播内容与播音技巧"（复刊第12期）等。内容涉

---

① 《欢迎马可尼来华》，《申报》1933年12月9日"无线电"专栏。
② 参见北京图书馆编《民国时期总书目》（1911—1949）（文化科学艺术卷），书目文献出版社1994年版。
③ 《广播周报》第188期，1940年4月或5月（原刊没有明确时间标注）在重庆出版。

及广播史论、广播实务的各个方面,在研究方法上,有些是自用有感而发的、有调查统计实证分析的,还有翻译介绍中外比较的等。

  存在决定意识。对广播的认知和研究状况,决定于广播作为大众传播媒介对社会和国民的影响程度。总体上,本文所论述的民国时期有关广播的认知已达到了和当时世界的水准基本同步,有关广播研究的领域业已铺开,但在学理的探索和体系的建构上,仍然还有许多工作要做,这些对今天的广播电视学科建设不无启示。而诸如"说新闻"的探讨、教育演讲节目设立与管理、广播公司化运作等,都可为当今广播电视事业的发展提供有益的参照,同时表明学术研究需要建立起一种历史意识,这也是研究历史、研究广播电视史的生命价值和魅力所在。

(作者系南京财经大学新闻传播学院教授、博士)

中国早期广播著作初探

艾红红

一般认为，1920年11月美国第一家申领政府执照的KDKA电台开播，标志着世界广播事业的起步。中国人对于这一崭新的社会行业同样高度关注：早在这一年的8月，上海的《东方杂志》就刊载《用无线电传达音乐及新闻》一文①，向读者介绍了广播事业在传播新闻与音乐方面的诸多优点。这是迄今发现的国内对广播的最早报道。

据现有材料，民国时期出版的涉及无线电广播的著述中，若以时间为序，1927年10月发行的《实验无线电话收音机制造法》当为我国最早出版的普及无线电广播常识的著作。该书介绍了简易无线电话及收音机的制造、装置等。该书作者林履彬，时任职于商务印书馆编译所，还出版过《儿童的无线电》②以及《实用电的常识》③等著作。而编写上述书籍的主要意图，显然是普及无线电收音机技术的常识。

其次，1928年7月由上海苏氏兄弟公司出版，胡润桐、苏祖国合写的《无线电收音须知》也是较早论述无线电广播的专业著作。该书介绍了无线电收音机的一些基本常识，包括"无线电收音须知；收音机之选择；无线电收音机之附件；无线装置；地线装置；收音机接线法；收音机使用法；广播无线电之情形；收音机收听远近之商榷；收音机之弊病；用收音机者应有之常识；图说及中西文之对照表"等几部分。同年，苏祖国个人撰写的《矿石收音机制造法》出版。④

由苏氏兄弟——苏祖圭、苏祖修、苏祖国、苏祖尧等人合资创建的亚美无线电股份有限公司是中国最早的民族无线电企业之一，主要产销无线电零件及矿石收音机，还编印、出版无线电普及丛书和广播业余电台收听制作丛书，并从事无线电修理业务。1929年9月（1929年），该公司建成一座发射功率50瓦的广播电台，于12月23日开始播音。节目内容除报告新闻、商情及播送中国播音协会点播的节目外，还设有《学术讲演》《无线电问答》等知识性专题，积极在听众中开展无线电传播实验，吸引社会公众对这一新兴科技的兴趣与支持。1929年，亚美公司独家编辑出版《无线电问答汇

---

① 参见《东方杂志》第17卷第15号，1920年8月10日出版。
② 林履彬：《儿童的无线电——小学生文库第一集物理类》，1933年版。
③ 上海华通书局1933年版。
④ 苏氏兄弟公司出版。

刊》半月刊（有合订本一册，共 24 期）。除刊载一般的无线电知识问答外，还发表过《中国播音协会之兴替》（金康候）、《北平广播无线电台概况》（沈宗汉）、《交通部天津广播无线电台小史及进行状况》等文章。

与《实验无线电话收音机制造法》的写作初衷一样，苏氏兄弟公司出版的上述著作和刊物，都主要是从技术层面阐述广播和广播收音工作，也即偏重于从"术"的角度切入问题。按照学科的分类，这类书籍还只能归入物理学通俗读本范畴，无法上升到学理的层面。

最早从"学"的角度认知广播事业，并把广播初步纳入学术研究范畴的，应该算是戈公振先生的《中国报学史》。《中国报学史》1927 年 11 月由商务印书馆出版，此书分"官报独占时期、外报创始时期、民报勃兴时期，民国成立以后、报界之现状"等六章。在第六章"报界之现状"中作者写道："此外，尚有无线电话，电浪较无线电（电报）为弱。近申报已购置一具，于演奏音乐歌曲之外，亦常用以报告新闻。"尽管此书更多是在介绍我国报纸产生和发展的状况，但作为我国著名的新闻史学者，戈公振最先把广播事业列入了新闻学研究的范畴。从学术上对广播发起研究，这本书也是开了历史的先河。不过正如其名字所标注的，《中国报学史》的关注点在于报纸刊物，广播只是顺带一提，因此还不能算是真正意义上的广播学专著。

另外，"20 年代中期成书的《交通史·电政编》及其他一些交通史著作，对上海、北京、天津等地的广播事业的兴办情况做了记载。"① 如袁德宣的《交通史略》② 就是含有部分广播历史内容的著作。

民国时期最早出版，比较全面系统地叙述我国广播事业发展历史的著作，应为 1931 年 9 月由文瑞印书馆出版③，王崇植和恽震所著的《无线电与中国》。此书近 20 万字，分十章叙述了无线电技术的源起、近 20 年来的发展以及英美在无线电事业上的竞争等，并着重介绍我国无线电事业发展史，提出今后国内无线电事业的整理及建设意见以及有关建造国际无线电台、收回通讯主权等问题。结论部分阐述了废止大东公司水线登陆合同的必要性。附录中则有"中国全国商用及专用电台调查表"等统计资料。

在该书第三章《近十年来之无线电》中，开篇即谈"广播事业之发展"，指出，"今试执一城市之小工而问以无线电，则彼必以为汝所指者广播而已，电报电话非所愿知也，此可以知其入人之深矣。"④ 第六章的《中国无线电过去之纠纷》中，则专辟

---

① 赵玉明、庞亮：《中国广播电视史学研究的历史与现状》。
② 和记印字馆 1927 年版；参见陈尔泰《中国广播史考》，中国广播电视出版社 2008 年版，第 20 页。
③ 以前均为"文瑞图书馆"，应为"文瑞印书馆"。
④ 王崇植、恽震：《无线电与中国》，文瑞印书馆 1931 年版，第 30 页。

"广播政策"一节,阐述中外广播事业的发展情况及彼此存在的差距,认为"无线电广播之为用于政治宣传及普及教育,既已甚明。吾人即应设法尽量利用"。① 因而此书该是当时较为全面地介绍我国广播情况的著作。由于其所述有关我国早期广播事业的全面和可信性,该著成为现今研究我国早期广播事业的一部必要参考书。赵玉明教授主编的《中国广播电视通史》在勾勒我国早期的广播事业时,就多次引用了此书中所述事实。哈艳秋教授的《中国新闻传播史研究》一书中也多次提到了《无线电与中国》这本书。陈尔泰所著《中国广播史考》一书也多次援引了《无线电与中国》的大量史实。因此,作为全面介绍我国早期广播基本情况的著作,这本书可能是有关广播的第一著作。

民国时期最早出版的广播播音著作是1937年6月由商务印书馆出版,徐卓呆编著的《无线电播音》。

徐卓呆是中国现代体育和新剧的创始人,他早年留学日本,回国后翻译和撰写了大量的滑稽剧和小说。他在电影上也颇有建树,不仅编写了《影戏学》这一中国第一部电影理论著作,也参与导演了一些电影。他在剧目创作这一领域最成功,被称为"滑稽大师"。据北京大学博士田炳锡2000年撰写的《徐卓呆与中国现代大众文化》一文中,我们可以看到徐卓呆对于无线电台具备非常熟练的运用能力。从内容上看,《无线电播音》分十节,分别说明了无线电播音的特长;如何利用;目前的状况;听众的心理;什么材料不适合使用;电台播音的检查方法;如何改善娱乐材料以及电台播音如何活用教育这一功能。涉及当时广播的情况分析、受众分析,更有对于如何改善广播功能的理性分析,同时由于本身的兴趣和职业所在,他还进一步关注了广播的娱乐功能,这也是难能可贵的。因此,对于研究民国时期的广播播音,这本著作也具有重大的参考意义。

民国时期已知最早出版的有关广播的译著是1933年由俞雍衡、钟伯庸译,浙江省立民众教育馆出版的《广播无线电话与成人教育》。其次是1936年10月由商务印书馆出版的《学校播音的理论与实际》,这本书是由金溟若翻译的,原著是日本的西本三十二。该著详细论述了学校播音的一系列理论问题,如学校播音之社会学的意义;学校播音之心理学的意义;学校播音之教育学的意义;日本学校播音的特色;关于学校播音的教育诸问题;学校播音之实例;学校播音上听讲的指导;学校播音利用的实际,世界各国的学校播音;结论等。在序言里,作者写道:"播音事业在全世界都还处于摇篮时代。在这个摇篮中所抚育着的,还有所谓学校播音。而吾国(日本)底学校播音将来的成长如何,不仅是参与播音事业者所应关心之事,实系全国的教育家、政治家

---

① 王崇植、恽震:《无线电与中国》,文瑞印书馆1931年版,第123页。

以至于全国民等所应视为重大问题的。""本书若能给予黎明时期的学校播音以正确的认识,能稍助这诞生不久的学校播音以健全的发育,使教育界及一般社会人士,将来对于这方面的研究和开拓得有多少的助力;著者的欣幸莫过于此了。"

这一类型的译本,此后又有 1936 年 7 月出版,国联世界文化合作院编、曾觉之翻译的《无线电广播的文化教育作用》,主要是翻译了欧美各国相关人士对广播文化教育作用的认识和研究。分总论、整个的研究——对于娱乐广播、消息报告以及以文学、历史、政治与社会科学为题材的谈话的整个研究,特殊的研究——美术入门、科学、现代语文以及国际广播节目的交换等。① 广播是国外的舶来品,我国境内的第一座广播电台也是由外国人建立的,当时国外对于广播的研究也走在了中国的前面。早期的译著是对国外广播研究的直接引进,一定程度上对于当时国内的研究有了对比和借鉴的价值。

1937 年,吴保丰著的《十年来的中国广播事业》收入《十年来的中国》②。本文对抗日战争爆发前十年的中国广播事业主要是国民党广播事业的建立和发展做了比较详细的介绍。全文分六部分:1. 广播事业发展之历史;2. 中央广播事业管理处与中央广播电台;3. 各地广播电台概况;4. 广播网计划及电台节目之支配与审查;5. 广播收音员之训练及各地收音情形;6. 广播事业今后应取之途径。并附有 1937 年 6 月全国广播电台的各项统计材料。吴保丰时任国民党中央广播事业指导委员会副主任委员兼中央广播事业管理处处长,其对 1928～1937 年间中国广播事业(东北地区未包括在内)的梳理与论述,显然具有很高的可信度和较大的参考价值。

此外,值得一提的是在广播年鉴中,1929 年底由国民党中央广播事业管理处出版的《中国国民党中央广播无线电台年刊》,"收入了该台及中国广播发轫时期的重要史料"。③ 这本最早的广播年鉴,介绍了电台一年来业务进展情况及 1930 年度工作计划等,分为插图、论著、专载、纪事、执行附录六个部分。并收录了吴道一所著《我国之广播事业》;陆以灏所著《广播无线电话宣传之重要》以及蒋德彰的《气候与无线电收音之关系》等。

上述著作对于民国时期广播研究具有突出的意义。中国广播事业起步晚,前期的发展较为缓慢,对于广播的研究也较为滞后。我们如要对当时广播事业的情况做出全面的判断和理解,势必应对上述著作加以研读。

(作者系中国传媒大学教授)

---

① 中华书局 1936 年版。
② 商务印书馆 1937 年 6 月第 1 版。
③ 赵玉明主编:《中国广播电视通史》,北京广播学院出版社 2004 年版,第 2 页。

燕京大学新闻学系广播学术研究探析[①]

——学士学位论文的视角

邓绍根

内容摘要 燕大新闻学系毕业生为获得学士学位,撰写毕业论文。其中,殷增芳《中国广播无线电事业》、赵泽隆《广播》、王存鎏《广播事业研究》、庚赓《广播电台的编辑工作》等四篇毕业论文是关于广播研究的学术论文。他们针对中国广播发展的"新问题",运用研究"新材料",对广播进行深入研究,撰写毕业论文。它们具有重要的学术价值,体现出学术的敏锐性、规范性和创新性;它们既是燕大新闻学系广播研究的学术成果,也是燕大新闻教育的教育成绩,丰富了民国至中华人民共和国成立前后广播学术研究的内容。

关键词 燕大新闻学系 广播研究 毕业论文

燕京大学成立后,"为养成学生自作高深研究与实地调查之能力起见",对学生"毕业论文"有明确规定,"各学系有令学生呈交合格之论文,方准毕业者。"[②] 经笔者整理,在中国人民大学新闻学院、图书馆和北京大学图书馆三处现存有燕京大学新闻学系学士毕业论文 161 种 226 册[③]。这些毕业论文时间从 1927～1951 年,内容涉及报纸、杂志、广播、通讯社等研究。其中,有四篇关于广播研究的学士毕业论文。它们既是燕大新闻学系进行广播研究的学术成果,也是燕大新闻学系新闻教育的重要成果。因此,笔者拟以这四篇广播研究的学士毕业论文为中心,对燕大新闻学系的广播学术研究进行探讨分析,不仅能填补燕大新闻学系的研究空白,而且可以丰富和补充民国时期广播研究的内容,展示出广播研究的学术成果和新闻教育成果。

一、燕大新闻学系广播研究毕业论文的概况

燕大新闻学系广播研究的四篇学士毕业论文分别是:殷增芳《中国广播无线电事业》(1939)、赵泽隆《广播》(1946)、王存鎏《广播事业研究》(1949)、庚赓《广

[①] 本文系暨南大学中央高校基本科研业务费专项资金资助"暨南启明星计划",(项目编号:12JNQM015)的阶段性成果。
[②] 《燕京大学文理科男校学生须知》,燕京大学编印 1925 年,第 25 页。
[③] 肖东发主编,邓绍根增订:《新闻学在北大》(增订版),北京大学出版社 2011 年,第 210 页。

播电台的编辑工作》（1951）。下面是对它们概况的简单介绍。

第一篇关于广播研究的毕业论文是殷增芳的《中国广播无线电事业》。论文封面写明毕业学校学系名称、论文评阅人、毕业生姓名和递交时间、毕业论文题目。自右到左竖行文顺序是：燕京大学文学院新闻学系学士毕业论文；院长周学章、系主任刘豁轩评阅；殷增芳，学号35331，民国二十八年五月；中国广播无线电事业。该毕业论文篇幅总156页，约4万字，其中目录2页，正文74页，中英文参考书目2页。正文12章27节。"绪论"部分简要介绍广播无线电的理论源流。第一编为广播电台与收音机概况，主要介绍了中国、日本、英国、德国、法国、意大利、苏俄、美国等国广播无线电事业的发展情况。第二编为中国广播事业之检讨，对中国广播事业的节目质量、宣传教育、文化娱乐、经营管理等方面的工作进行了介绍和分析，检讨了中国广播事业存在的问题。第三编为战时之广播事业，主要梳理了抗战期间中日广播事业此消彼长的发展态势和双方进行舆论战的情况。结论部分，总结提出中国广播事业发展的四点建议：布局合理，积极履行重大的文化、教育及宣传使命，普及收音机，全盘统制战时广播事业加强对外宣传。最后认为，中日战争是中国广播事业发展的有利时机，"此次中日战争，或中国广播事业前途之一大转机焉。"[①] 因此，这是一篇以介绍中外广播无线电事业的发展历史，分析中国广播无线电事业现状，探讨中日两国战时广播舆论战的学术论文。

第二篇是赵泽隆的《广播》。论文封面自右到左竖行文顺序是：私立燕京大学文学院新闻学系文学士毕业论文；文学院院长马鑑、系主任蒋荫恩、导师张琴南评阅；学生姓名：赵泽隆，学号40035，民国三十五年四月；标题：广播。论文篇幅总166页，4万余字，其中提要2页，目录2页，正文76页，中英文参考书目3页。正文四章为：第一章欧美广播事业、第二章广播宣传、第三章广播与新闻事业、第四章中国广播事业。他在"提要"中介绍论文主要内容，"首章就广播发展之历史，逐次介绍欧美各先进国之广播事业，次章就广播宣传而简述此次大战之广播战争。第三章广播与新闻事业内，简论广播国营、民营问题及广播与报纸今后相互之发展。末章简述我国广播事业，并根据全文所论，对未来之前途略陈管见。"[②]

第三篇是王存鎏的《广播事业研究》。论文封面顺序：北平私立燕京大学文学院学士毕业论文，评阅者：文学院院长齐思和、系主任和导师张隆栋，学生姓名：王存鎏，学号45190，中华民国卅八年五月，广播事业研究。全文120页，约3万字，包括目录2页，正文54，注解2页，参考书目2页。正文包括四章十四节，第一章无线电广播发明简史，第二章欧美广播事业之鸟瞰，第三章短波广播战，第四章广播对报纸发行之

---

① 殷增芳：《中国广播无线电事业》，燕京大学文学院新闻学系学士毕业论文1939年，第74b页。
② 赵泽隆：《广播》，燕京大学文学院新闻学系文学士毕业论文1946年，第2a、2a、56b页。

影响。这是一篇梳理世界广播事业发展历史和各国广播体制特色,叙述二战期间世界广播舆论战,分析广播对报纸影响的学术论文。

第四篇是庚赓的《广播电台的编辑工作》。论文封面显示:庚赓学号47102,评阅者和导师张隆栋先生。全文176页,其中正文86页,参考2页。全文三章十五节。第一章绪论,从历史的视角梳理了世界及中国广播事业的兴起,介绍人民的广播事业的发展情况,阐述"广播是宣传教育团结群众的有力武器"的观点。第二章广播稿件的编辑工作,分广播电台工作人员的编制,广播电台编辑的组成,广播稿件的处理,节目的安排,联系群众、组织群众收听,播音员工作相配合,大力开展广播事业等七节展示出广播稿件编辑工作的流程,详细介绍广播稿件的处理过程,包括:广播内容的来源、稿件的处理、稿件的送审、最后的通知和联络、播音、音质的控制。第三章广播稿件的写作,分广播新闻多种形式报道的不同,基于新闻的时间、地点、听众对象、背景及性质有不同的写法,广播稿件的生动和亲切性,广播新闻的迅速及真实,会议新闻和新闻纪录的报道,广播稿件写作注意事项等六节,叙述广播稿件的写作事宜,介绍广播稿件写作的具体注意事项:口语化、语句、用字和标点符号、数字问题、词类、头子和导语、字体清晰。这是一篇探讨广播电台的编辑业务的学术论文。

这四篇广播研究的毕业论文,数量虽少,但意义较大。它们是燕大新闻学系学生理论联系实际、学以致用从事广播研究的学术成果,更是该系新闻教育成果的重要体现。

二、燕大新闻学系毕业论文广播研究的原因分析

1930年,著名史学家陈寅恪提出:"一时代之学术,必有其新材料与新问题。取用此材料,以研求问题,则为此时代学术之新潮流。"[①] 燕大新闻学系毕业论文以"广播"作为研究选题,就是它们敏锐意识到"时代学术之新潮流",并利用"新材料"对广播"新问题"进行深入研究的成果。

其一,中国广播的发展为燕大新闻学系师生进行广播研究提出时代"新问题"。这四篇广播研究的毕业论文从1939~1951年,此时世界广播事业走向繁荣,迎来它的黄金时代(20世纪30~40年代)[②]。中国广播事业虽然与世界同为20世纪20年代起步,但发展比较缓慢。北洋军阀统治时期的广播事业只是初具雏形。先后有外商、中国人自办的广播电台十来座[③]。至1928年8月,国民党中央广播电台在南京开播,开始有了全国性电台;截至中华人民共和国成立前,已经先后建立了大约150座以上的官办广播电台,建立全国党营广播事业网。此外,尚有民营广播电台前后累计约为300座。

---

① 陈寅恪:《陈垣敦煌劫余录序》,《金明馆丛稿二编》,三联书店2001年版,第266页。
② 李彬:《全球新闻传播史》,清华大学出版社2005年版,第322页。
③ 赵玉明:《中国广播电视通史》,中国传媒大学出版社2006年版,第18页。

再加上大约60余座日伪广播电台、46座解放区广播电台,中华人民共和国成立前中国的广播电台合计约为600座。① 在北京,从1927年至1949年1月,先后共开办17座广播电台,是当时中国北方广播电台数量最多的地区②。因此,随着广播在中国的兴起和发展,自然成为时代赋予学术研究的新问题,开始吸引研究者的兴趣和关注。燕大新闻学系师生也身处其间,开始研究这一时代学术之新潮流。

其二,当时中国广播研究的情况为他们提供丰富的"新材料"。广播的发展引起广大报刊关注,纷纷刊载文章,介绍广播知识,报道广播发展动态。当时中国广播研究虽然处于缓慢发展时期,但也有了一定的发展。各大报刊刊登吴道一的《我国之广播事业》、胡道静的《上海广播无线电的发展》、吴保丰的《十年来的中国广播事业》、杜绍文的《新闻广播与电影传真果真有害于报纸么》、陈沅的《广播的作用》、杨明的《军事与广播》等重要文章;广播书籍出版,如《无线电与中国》(1930年)、《无线电宣传战》(1942年)、《广播战》(1943年)、《广播事业》(1947年)等;广播刊物出现,如《中央广播无线电台年刊》(1929)、《广播周报》(1934)、《播音界》(1935年)、《江苏广播》(1935年)、《电影与播音》(1942年)、《广播通讯》(1943年)等。这些文章、书籍和刊物在广播史研究、广播基础理论研究、广播属性研究、广播宣传研究、广播节目研究等方面均取得一定成果③。上述广播研究成果为燕大新闻学系毕业生的广播研究积累了丰富资料,提供了学术参考,为研究准备了现实条件。

其三,燕大新闻学系教师积极关注和引导学生进行广播研究。他们积极研究广播时代的学术"新问题",引导学生关注广播研究,指导学生进行毕业论文写作。早在1934年11月10日,新闻学系主任聂士芬教授在新闻学讨论会上向燕大广大师生演讲《一个新闻教授的新闻学观》,阐述广电新兴媒体对报纸的冲击。他认为:报纸的竞争对象来自无线电广播,但"无线电的逼真报告,只能做报纸的补充,而不能取而代之。因为无线电的报告,比读新闻来得费时间,而且听的人没有选择的权力。并且,如果有一段没有听懂,就没有回头再听的余地"④。同时,他预测了电视对报纸的冲击,"'电视'(Television)如果试验成功以后,整个的报纸将要在空气中发表了。订报的人,乐意的时候坐在家里就可读。这种发展,我想是可能的。"⑤ 他的这些新观点潜移默化地影响了该系广大师生,后来全文收入《新闻学概观》出版。1935年8月,新闻学系出版杂志《报人世界》,"以介绍诸凡与报业报学及报界有关系为主","成为研究

---

① 申启武、安治民:《中国广播研究90年》,暨南大学出版社2010年版,第41、46、78页。
② 北京市地方志编纂委员会:《北京志·广播电视志》,北京出版社2005年版,第25页。
③ 申启武、安治民:《中国广播研究90年》,暨南大学出版社2010年版,第41、46、78页。
④ 聂士芬:《一个新闻教授的新闻学观》,《新闻学概观》,燕京大学新闻学系编1936年,第39、40页。
⑤ 同上。

介绍国外新闻事业之有力工具"①。11月,该刊登载文章《新闻广播与报纸》,以编者注表达观点,"我国无线电广播事业,尚未十分发达,新闻广播,亦只有中央电台为较完备,故其势力,究尚不足与报纸相颉颃;然而新闻广播与报纸本身是否有害?报馆自设电台,其方法如何?此种问题,当为吾人所应知。……供我国报界之参考焉。"文章介绍美国报纸与广播新闻的竞争情况,"新闻广播时间,须在报纸出版五小时至八小时以后,以免内容有所冲突",阐述"美国无线电与报纸在正常时期各有其相当地位,并无冲突,更不成敌对"的观点。②1936年1月,聂士芬在《报人世界》发表《报纸之将来》一文,继续探讨广播和电视对报纸的冲击。他批驳广播取代报纸的悲观论调,"今之言报纸者,每发悲观论调,或竟自作聪明,一若报纸之末日即将来临者。实则杞人忧天,皆为过滤之谈,盖纸凭无线电波音者,实不能收报纸之地位而代之。"③他比较报纸与广播的优劣,认为:"(一)听无线电较看报需时较多,盖广播新闻,不过择其重要者,若所有消息,皆用广播,恐无人能有此余暇。(二)报纸每日所登材料,已经过编辑之一番选择,而读者阅报时,更可借标题之助,择其所好者而读之;至于无线电,其范围比较狭窄,读者亦不能选择,虽其所不喜者亦不得不听。(三)无线电放送,有一定时间,不论有事与否,到时即须听,否则即错过机会。至于报纸,可任意于每日余暇时阅读,不致妨碍工作。(四)无线电报告,如因故被扰,而于某一点未听清楚时,即无法挽回。(五)有人于读报后,喜将有价值或所好之文章剪下保存,但无线电则不可能。"④但他也承认广播的长处在于"迅速与生动。"他的真知灼见,影响着燕大师生对广播的认识,开拓了中国新闻人的视野。1936年5月,《报人世界》发表文章《报纸与无线电广播的竞争》,介绍美国报纸与无线电广播竞争的发展经过,认为:"无线电广播事业的突兴,在广告与新闻报告方法,皆给报纸以巨大的威胁",两者已进入"武装亲善"和平共处的状态之中。⑤

《新闻学概观》和《报人世界》等刊登的广播研究成果作为学术资料收藏于燕大新闻学系的图书资料室,供师生阅览参考。1946年开始,图书室资料收藏的关于广播方面的书籍已占书籍的2%。⑥当时图书室资料的利用,该系明确规定:"学生自由借阅,制定专题研究,四年级作论文。"⑦1949年,广播已进入该系课堂教学,"新闻学概论"课程已囊括"宣传与广播"内容⑧。因此,该系教师的广播研究成果和教学内

---

① 《发刊词》,《报人世界》第1期,1935年8月,第1页。
② 《新闻广播与报纸》,《报人世界》第2期,1935年11月,第7页。
③ 聂士芬:《报纸之将来》,《报人世界》第3期,1936年1月,第1、2~3页。
④ 同上。
⑤ 《报纸与无线电广播的竞争》,《报人世界》第4期,1936年5月,第16页。
⑥ 《燕京大学新闻学系概况》,燕京大学新闻学编印1950年,第17、3、31、32页。
⑦ 刘豁轩:《燕大的报学教育》,天津益世报社印制1946年,第114页。
⑧ 同⑥。

容不仅为学生开拓了学术研究的视野，而且为学生准备了从事广播研究的学术资料，加深了他们对广播作用的深刻认识。正是他们对广播的深刻认识，促使毕业生选定"广播"作为毕业论文选题，广播内容的教学为毕业论文的广播选题提供了直接的指导作用。

因此，正是世界广播时代的到来和中国广播事业的发展，激发起研究者关注广播时代的学术"新问题"，吸引燕大新闻学系师生置身其中潜心研究；当时中国广播研究成果为该系学生进行广播研究准备了条件和现实基础，成为他们进行广播研究的丰富"新材料"；该系教师关注和介绍中外广播研究成果以及深入研究广播发展动态，取用广播研究的"新材料"去研究广播发展学术的"新问题"，引导和指导了学生从事广播研究；而广播内容的课堂教学直接推动毕业生撰写广播研究的毕业论文。

三、燕大新闻学系毕业论文广播研究特点和意义

为了毕业生顺利完成毕业论文获得学士学位，燕大新闻学系采用了导师制。导师责任是："指导学生拟定大纲，收集材料，及从事撰写。论文写成后，由导师评阅。为督促学生按照预定计划完成论文起见，导师应与学生规定日期，举行讨论。"① 该系专门开设毕业论文写作课程——"论文"。1941年前占"2学分"，1944年后占"4学分"。1950年，该课程目的："在使学生明瞭如何用科学方法从事专题研究，并撰写有系统的学术性论文，以备将来进一步，作高深研究时之用。"② 殷增芳、赵泽隆、王存鎏、庚赓四人在导师指导下确定广播选题，进行研究，顺利完成毕业论文，获得"文学士"学位。当时广播研究处于缓慢发展阶段，呈现出"主流研究群体由无线电专家向政府及各广播电台管理者以及新闻学、文学方面的专家学者转变，研究的内容由此前的综合性研究向细分化专题研究方向发展以及研究规模增长缓慢三大特点"③。这四篇毕业论文丰富了该阶段的广播研究内容，反映出广播研究越来越细化的发展方向，呈现以下四大特点：

第一，这些论文反映出学术的敏锐意识和宽广视野。燕大新闻学系毕业生从事广播研究面临资料少，学术根底浅的不利局面，但他们有感于无线电广播事业的发展以及在战争舆论战中的积极表现，充分认识到广播事业对国家、社会、民众生活的重要性，选择广播研究这一新闻业界的前沿"新问题"作为自己毕业论文的选题，自觉地加入广播研究的队伍，突破了当时人文社会学者从事广播研究的模式。在毕业论文中，他们关注到广播新兴媒体对报纸的冲击，讨论广播是否取代报纸、两者孰优孰劣等现实问题；他们探讨中日两国在抗战期间的宣传战，总结二战期间反法西斯与法西斯同

---

① 《燕京大学新闻学系概况》，燕京大学新闻学系编印1950年，第17、3、31、32页。
② 同上。
③ 申启武、安治民：《中国广播研究90年》，暨南大学出版社2010年版，第41、46、78页。

盟之间激烈的广播战，充分体现出他们敏锐的学术眼光和宽广的学术视野，彰显出他们广播研究选题的现实意义。

第二，这些论文写作规范，材料充实，篇幅长。这些毕业论文封面、全文提要、目录、正文、注释、参考书目等论文要素样样具备。当时燕大规定毕业论文仅需4000字，而这四篇论文篇幅在3万至4万字之间，大大超出学校要求，反映出他们对学术研究的志趣和追求。这些论文结构严谨，条理分明，语言流利，表达清晰，符合燕大既定格式要求，写作严谨规范。这些论文注释较多，文末附有参考文献。如殷增芳的《中国广播无线电事业》，全文注释达135处，参考书籍9本，参考杂志14种，参考报纸9种。赵泽隆《广播》的"本文参考书目"，中文报刊7种，西文书籍12种，西文杂志10种。这不仅表现了他们在写作毕业论文时严谨的学术规范性，而且体现了他们很强的英语能力。

第三，这些论文富有学术创见，质量较高。如殷增芳的《中国广播无线电事业》系统梳理中外广播无线电的发展历史和"战时之中日广播宣传"以及对中国广播事业发展的四点建议，体现出他学术的创新性。赵泽隆在《广播》"提要"部分明确提出四大创新点，"（一）广播战之消弭、（二）广播记者、（三）广播与报纸与（四）中国广播事业之展望，各节为个人意见。"① 他论证广播和报纸互有优缺，互相依存关系时认为："将来广播与报纸之间新闻竞争虽不避免，但一切事情，唯有竞争才能获得进步，所以相辅相成之广播与报纸是未来新闻事业中之两大柱石。"② 王存鎏的《广播事业研究》创新之处是"第四章广播对报纸发行之影响"，分析了广播对报纸功能、发行、广告等各方面影响。他以北平解放的亲身经历现身说法，"在危急时期，广播的确可以增加听者阅读报纸的欲望和兴趣。"③ 庚赓在《广播电台的编辑工作》中对广播电台编辑工作流程以及广播稿件的写作规范等，均富有学术价值，为后人的学术研究提供了丰富的史料。

第四，这些论文反映出中国广播研究发展的基本路径。前三篇论文从历史的视角梳理了中外广播事业的发展历史，描述广播事业发展现状以及世界范围内方兴未艾的广播宣传战，探讨广播对报纸等新闻事业的影响。但庚赓的《广播电台的编辑工作》则将新中国广播事业的发展作为历史背景，重点研究广播电台的编辑工作和广播稿件的写作流程。这既反映了中华人民共和国广播事业发展的迫切要求，也体现出中国广播研究的深入发展趋势。中国广播研究从史出发，梳理中外广播事业发展脉络，进行理论思考，最后归落到具体广播业务的研究，广播史论业务三路进发，推动广播学术

---

① 赵泽隆：《广播》，燕京大学文学院新闻学系文学士毕业论文1946年，第2a、2a、56b页。
② 同上。
③ 王存鎏：《广播事业研究》，燕京大学文学院新闻学系文学士毕业论文1949年，第48a页。

研究，反映出中国广播研究的基本路径。

《中国广播无线电事业》《广播》《广播事业研究》《广播电台的编辑工作》四篇毕业论文是殷增芳、赵泽隆、王存鋆、庚赓四人从事科学研究的最初尝试，是对他们掌握的新闻学专业知识、分析问题和解决问题的基本能力的综合考察。四篇毕业论文也是燕大新闻学系教学和研究成果的重要表现，反映出燕大新闻学系注重学生学术能力的教育特色。另外，这些论文是燕大新闻学系将密苏里新闻教育模式本土化实践的重要体现。燕大新闻学系恢复重建后，美国密苏里新闻学院通过承认燕大学分、募集资金、交换研究生、互派师资、提供图书资料等五项措施①，给予它极大的支持和帮助，使得密苏里新闻教育模式得到全面的推广实施。但是，燕大新闻学系并没有生搬硬套密苏里新闻教育模式，而是结合中国国情，实行本土化。因为，密苏里新闻学院从建院至今，"本科生根本不要求写毕业论文"②。当然，我们坦言，这些论文还有些稚嫩，有些论断值得推敲；但在中国广播研究的缓慢发展阶段，他们积极主动参与研究，为中国广播研究增添了新的学术血液。他们富有创见的学术观点丰富了民国广播研究的成果，推动了广播研究的发展。

（作者系暨南大学新闻与传播学院教授，博士生导师）
（原载于《现代传播（中国传媒大学学报）》2012年第11期，总第196期）

---

① 邓绍根：《中美新闻教育交流的历史友谊——密苏里新闻学院支持燕大新闻学系建设的过程和措施探析》，《国际新闻界》2012年第6期，第63页。

② 吴信训、张咏华、沈荟：《国际新闻传播名校教育镜鉴》，上海三联书店2010年版，第32页。

民国时期国人对电视的认知

谢鼎新

内容摘要 在现有的电视史研究中,都是以1958年北京电视台(中央电视台的前身)成立为中国电视史的起点,在此之前国人对电视的认知如何还是个盲点。本文试图跨过这道时间之界,考察一下民国时期国人关于电视的认知状况,以期把对电视的认识和研究推进一步,使广播电视学科建设更加完整。从总体上观照民国时期国人对电视的认知是从三个方面展开:即科学技术方面、电影方面和新闻传播方面。有关电视认知还体现出两个特点:一是处在初级阶段,传播范围有限;二是有关文献多为转述,以一般性介绍及译文为主。电视研究先行者所做出的开拓性工作,于后来的电视事业的发展进行了铺垫。

关键词 民国 电视 认知 媒介史

(一)

电视(Television)的名称来自希腊语,是由"远处"(tele)和"视图"(vision)两层意思组合而成。1900年,法国科技工作者康斯坦丁·伯斯基(Constantin Perskyi)在巴黎国际电子大会上首先使用这个英文名称。经历百年来的发展,电视伴随技术的进步及数字化、网络化的日新月异,及时而又形象地把气象万千又风云多变的世界展现在世人的面前,电视已成为当今世界维系人们生活的重要媒介。

电视的历史从技术开始。1884年德国工程师保尔·尼普科夫(Paul Nipkow)发明了对电视成像至关重要的图像技术。1925年,苏格兰发明家贝尔德(John L. Baird)用自行装置的电视设备,通过导线在实验室,将移动的图像传向远处的接收机。1928年贝尔德使用无线电短波传送图像。1929年,英国广播公司(BBC)与贝尔德合作,在伦敦开设实验性电视台,每周五天,每次半小时,其电视扫描线为每帧30行,每秒12.5帧,只能分别播送声音或图像。次年,把广播的声音和电视图像配合起来,播出第一个声画同步的电视节目。1936年11月2日,世界上第一座正规的电视台由英国广播公司在伦敦市郊的亚历山大宫建成,每天播放两小时,电视扫描线为240行。开始时使用的是贝尔德发明的机械电视系统,四个月后改用舒恩伯格的405行扫描线,正式播出电子扫描电视。①

英国广播公司正式播出电视节目,在广播电视史上一般认为这一年为电视的诞辰日,表明一种新的媒介参与到社会生活中来,其特有的传播功能将对整个社会政治、经济、文化各领域发生影响。从人本化角度考察,电视已超出实验室阶段,开始为人们提供服务,实现其造福人类的价值,这也是研究探索电视的终极目的。

当今中国是个电视人口大国,电视的覆盖率已超过百分之九十,电视已成为人们生活的重要组成部分。然而,电视在中国又经历了怎样的发展历程?它留下了什么?又该将如何演变?是电视研究者尤其是电视史学方面研究者的关注问题。

在现已出版的多种广播电视史著作中,如《中国电视史》(郭镇之著,中国人民大学出版社1991年7月出版),以及目前国内影响较大、较系统、权威的两部关于广播电视发展史的专著——《中国广播电视通史》(赵玉明主编,北京广播学院出版社2004年1月出版)和《中华人民共和国广播电视简史》(徐光春主编,中国广播电视出版社2003年6月出版),对于电视在中国的起点都是以1958年北京电视台(中央电视台的前身)成立为源头,展开电视史研究。② 这里隐含的史学观是把电视作为一种大众传播媒介、作为一种新闻事业加以整体化考察:即从技术的角度讲有一套发射、传输、接收的仪器设备装置,从传播过程上讲,有自己内部系统,有人员组织、工作流程和制度规范,有自己的传播内容与节目形式相结合的符号系统,有传播对象的受众群体,还有持续稳定的播出方式等,以此为主线来梳理电视史。

电视在中国也不是无源之水,但是,在1958年前的人们对电视的认知如何还是个盲点,对于广播电视技术在中国的发展史(尤其是早期)也鲜有论述。或许长期以来由于时代的变迁、地域的限制,对于根据地、解放区的报刊媒体我们更熟悉,研究更充分,而对于需要以城市为依托发展起来的电视这种现代媒体知之甚少(客观上也缺乏这样的机会),导致媒介研究中存在某种偏重和惯性的问题;或许是新闻的观念关注更多的是宣传及意识形态方面的功能,而对于传播起支撑和决定作用的媒介技术关注的不够,等等,这些因素综合作用的结果,在从事电视史研究中有意无意间形成了这样一道时间之沟。然而,电视在中国的发展经历了一个渐进的过程,其中凝聚着科技工作者的长期不懈的努力;同时,前辈的新闻学研究者也在以超前的、开放的眼光,关注着世界领域电视传播技术的运用及对新闻事业的影响。而民国时期有关电视的介绍、接触,在中国电视发展史链条上构成了重要的一环,于后来的电视事业的发展进

---

① 这部分电视发展史料参见《中外广播电视百科全书》,中国广播电视出版社1995年版。《广播电视简明辞典》,中国广播电视出版社1989年版。

② 港台地区最早的电视台为:1957年香港"丽的呼声有限公司"(俗称无线)经营的丽的电视台;1962年台湾"教育电视实验广播电台",见赵玉明主编《中国广播电视通史》,北京广播学院出版社2004年版,第507页、第539页。

行了铺垫,于后来人们对电视的认识都存在着因果联系,这些都构成了中国电视源头的活水。基于此,本文试图跨过原有的时间界限,从一个更长一些的历史时段、更宽泛一点的历史视界来,溯源探寻,考察一下民国时期国人关于电视的认知,以期对电视的认识和电视的研究推进一步,使广播电视学科建设更加完整。

(二)

20世纪20年代电视完成了实验阶段的工作,三四十年代整个世界电视业初露曙光。对于外面世界的这一变化,民国时期的人们也投去了关注的目光,对电视有了初步的认知。据文献资料记载,《科学》杂志①在1927年6月出版的第6期"杂俎"栏目中(类似杂集、总汇、动态信息集纳的意思)发表了无署名、题为《电视之进步》一文,提到"各种传递方法史上成功之最伟大者,电视居其一;乃在纽约之贝尔实验室(Bell Laboratory)中,费几多人人之心血,受埃爱武斯(Hert E. Ives)博士之指导而抵于成。今岁(即1927年,作者注)四月七日,美国电话电报公司试之于纽约与华盛顿间,成功颇著,此其第一次也"。"吾人在接受幕上所见者,犹如二时半影之见于美国日报紫色副刊然。……吾人在纽约得观华盛顿一演说家之面貌,业经实验告成者也。"②文章约1200字,其中主要涉及电视基本技术与原理,提到了仪器装置为钾薄片的真空泡,能感受光线而生电流,以及电视影像是由50个蒙眼小点排列而成等。这是目前为止发现的在中国最早介绍电视的文章。

在民国时期、在20世纪上半叶国人对电视的认知,显然与当今社会电视业高度发达,电视普及到家庭的时代有许多不同。从广播电视发展史的视角考察,当时的先行者在这一新兴而又陌生的领域,做了艰难而赋有价值的开拓性工作。这些都构成了一种历史与文化的传承关系,不应被忽略。另一方面,电视的出现和发展不是孤立的现象,而是有赖于诸多的发明以及这些发明社会化后所构成的组织系统的共同孵化培育。本文试图从科学技术方面、电影方面和新闻传播方面梳理、还原早期电视在中国经历,分析国人对电视认知的路径和特点。

首先,电视的产生首先是科学技术进步的产物,因此,国人对电视的认识最早是从技术方面切入的。当时由学界从国外引进,在有限的范围传播、研究,在书本中、在大学讲堂上和实验室里国人有一定的了解,然而,电视究竟是何物并没有几个国人见识过。我国著名机电工程学家南京中央大学理学院杨简初教授(1901—

---

① 《科学》杂志1915年在上海创办,《科学》与《新青年》高举科学民主大旗,更专注于科学传播,推动科学的体制化建设社会文化建设,《科学》杂志的创办者们是留美学生,早期的核心人物是任鸿隽、胡明复、杨杏佛和赵元任等人。

② 《科学》1927年第6期,第839~841页。

1996），曾于 1932 年得到当时中央研究院院长蔡元培先生的支持，主持进行过电视原理样机的实验工作，1934 年样机完成了摄取、传输、接受、还原图像等环节，研制获得成功。①

《中国无线电》② 1933 年第 1 卷第 1～6 期，在"长篇"栏目中连载六篇赵真觉的《电视学》文章，主要从技术角度论述，其中谈到"无线电活动影戏之发明，乃电视学之一大进步也……无线电影戏（Television film），实优胜于无线电传真（Living lmage）"③，明确把 Television 与电视联系在一起，在题为"其他各国之电视首创者"的第十一章中提道："美国电话电报公司，虽曾与 1927 年 4 月实成华盛顿与纽约间之有线与无线电视，……电视术虽盛成于美国，但同期法（指标准技术制式，作者注）之未成功，故尚未见诸商业化。"④《科学》杂志于 1934 年的第 2 期、第 3 期、4 期、第 5 期共四期的"其他栏目"中长篇连载叶鹿祥的《电视学浅说》一文，详细介绍了电视信号的发射与接收的技术原理，其中有大量的图示，还配有电视实验时期"美国总统柯立芝氏肖影"（卡尔文·柯立芝为美国历史上第三十位总统，在位时间 1923 年至 1929 年，作者注）的"无线电照相"。⑤

就管理体制而言，民国时期有关国家电讯、通信、无线电广播等的基础设施规划建设、政策法规之类的事项，由"交通部"负责。在"交通部电政司同人公益会"出版的《电信杂志》（1933—1937 年）的专业期刊上，有这类文章发表，如陈德生的《电视的原理》⑥，文中还配有（A）广播、（B）电视两幅示意图，比较说明被传物的声音、形象如何通过技术手段转换成电信号、无线电浪（即电波）传播，再通过仪器设备还原、接收。

其次，通过电影方面关照电视。电影的发展历史无论在国外还是在中国都早于电视，并且形成了相对成熟的学科研究。因两者在影视方面传播合流关系，所以，世界各国后来发展起来的电视业与电影业有天然的血缘关系，并从电影的理论、观念、技术、人才等方面获得巨大而又直接的支持。

20 世纪 30 年代前后中国电影业发展迅速，有完整的电影制作力量、运行机制和初步形成一定的市场规模，并对国外如美国好莱坞电影保持密切关注和联系。电影的功能某种程度上讲是面对现实的窘境，提供给人们精神上的一种抚慰剂，同时又是一种

---

① 孙建三：《在中国 Television 为什么叫"电视"》，《中国广播电视学刊》2004 年第 3 期。
② 《中国无线电》（半月刊），亚笑公司编辑部出版，第 1 卷（1933 年）共 24 期，在上海出版。
③ 《中国无线电》1933 年第 1 卷第 1 期，第 4 页。
④ 同上第 6 期，第 180 页。
⑤ 《科学》1934 年第 2 期，第 23 页。
⑥ 《电信杂志》1935 年第 3 卷第 1 号。

产业。所以，国人对电影情有独钟，在当时中等以上的城市电影院陆续建立，越来越多的人有机会目睹电影，对电影的研究也在同步展开，相对而言国人对电影的认知度较高。电影和电视传播方式存在诸多相似之处，核心的品质是借助光电技术手段传播活动的影像，一些研究电影的人士，在研究电影的同时也关注国外新兴的电视的发展，并介绍到国内来。

金陵大学影音专修科主办、孙明经主编的《电影与播音》①，曾提出其办刊定位有四个方面，"电影与播音之技术及施教方法、各种传播文化最有效之新工具、各省及国外电化教育实施近况、中央及地方推行电教之政策法令"（见刊物封底的"本刊专门介绍"）。该刊曾发表了署名罗无念的译文《电视向电影的挑战》，文中提到："灿烂辉煌之巨幅剧院投映电视，五色缤纷之家庭电视影像，二百英里之长距离电视播送，予电影业以刺激与竞争。……由目下电视技术之进展观之，其在最近及将来对于电影界之影响实不容漠视。现在所成就之电视足与十六毫米商业电影比拟。"② 文章认为技术问题已经解决了，电视业的发展下一步主要是经济上和体制上的突破，而"电视商业化后，至少大城都市之居民可任意选择及享受有声有像有色之广播节目。电影业无疑的将受严重影响。但电视业未始不能利用电视为其本身谋利益。如剧院巨幅电视可同时在一都市内多处剧院放映，而以电缆传映，且不受无线电法规之限制，电视节目需随时翻新，电视广播台需播送大量之电影，于影片之量与质之要求均将大为增加，电视之发展为对电影之挑战，挑战之结果，将使两者皆获惊人之进步，而供人类之享用"③。文中对电视与电影关系的认识，现在看来是一种常态和事实，需要提醒的是其原文发表于1941年，译文发表与1942年，这种分析无疑准确地把握到了当时新兴的电视业的传播特点和发展规律。

另外，孙明经先生在《金陵大学五十五周年纪念展》（1943年）一文中也提出了"电视为电影的将来"，"电视为明日之电影"的见解④。现今在中国诸多电视台的"电影频道"影视剧的播出，都反映出两者的密切关系，验证了当时的预言。

据孙建三先生的统计在全部《电影与播音》刊物中，前后共发表电视的各类文章及封面28篇⑤。《电影与播音》能保持如此专业水准及前沿性、学理性实属难能可贵，

---

① 《电影与播音》1942年3月15日创办于抗战时期的大后方四川成都，抗战胜利后于1946年11月迁到南京出版，1948年7月6期停刊。编辑室《本刊三周年纪念》，《电影与播音》第4卷第2期，第32页，1945年2月。

② 《电影与播音》第1卷第7、8期合刊，1942年12月15日出版，第5~11页。原文："Bevedy Dudlcy: The challenge of Television" 载纽约《摄影技术》（Phototechnique）1941.3.

③ 同上。

④ 《电影与播音》第2卷第4期，1943年4月出版。

⑤ 孙建三：《在中国Television为什么叫"电视"》，《中国广播电视学刊》2004年第3期。

给中国电影史及电视史留下一笔丰富而又珍贵的史料值得研究整理，应对其进行认真系统的文献整理研究，在此基础上再加以准确、科学的分析评价，以期提供珍贵的资料，丰富广播电视史的研究内容和提高其研究水平。

再有，从新闻传播的方面。在媒介的发展史上，无线电广播技术即通过电波向更远、更广的地区传送声音的技术，20世纪20年代，经过科学家的努力日趋成熟，并在世界各地开花结果，具有指标意义的就是广播电台开办。世界上第一座经过正式批准的电台美国 KDKA 电台在 1920 年 11 月诞生，中国最早的电台也于 1923 年由美国人奥斯邦引进上海。广播快速、便捷、跨越时空的传播，与新闻报道迅速、准确等要求有内在的一致性，广播的发展在新闻传播领域找到自己安身立命的场所，成为新闻传播事业的一个有机组成部分，新闻传播也因此进入了电子传播时代。传送影像和声音的电视的出现在某种意义上讲是声音的广播的延伸和拓展，是广播技术进步的必然结果，所以，有广播社会归属模式在前，电视一出现，人们便将其纳入新闻传播领域，关注和期待这个媒介家族的"新生儿"。

早期有影响的新闻学研究者任白涛在 1941 年出版《综合新闻学》著作的第 3 卷"采访技术和通信方法"、第七章"现代的高速度通信机关及其作用"中，将"电视"与"电报""广播"等并列专题进行了讨论。书中详细介绍了"电视之父—白阿德"（John L. Baird）的生平和发明的经历，介绍了电视的原理。提到当时电视发展现状："近两三年西方各国都在积极从事电视的广播实验，但直接的射程都不出乎数十公里的范围。"[①] 又电视广播事业，目下同新闻事业的关系，似乎尚浅，但是今日的新闻业者和从事新闻学的研究者，都应用积极的目光，注视它的发展。因为电视的远程播送，一旦成功，在新闻事业上——特别是在采访上一定要发生很大的变化。[②]

到了 1946 年，电视自身的发展和新闻传播的专业化程度更强，国人对电视的认识有了新的进展。胡道静在《新闻史上的新时代》一书中介绍到："由于无线电传影技术的发明到了成熟的阶段，贡献给新闻事业以更新颖及形象化的传递方法，战后的新闻事业必然要以全新的姿态在'电波世界'中出现。"[③] 书中从媒介演变的角度宏观地勾勒了新闻事业发展的历史脉络："一般谈新闻事业史的，都习惯于'口头新闻''手写新闻''印刷新闻'的三个进化阶段的说法。但自第一次世界大战以后新闻事业已跃进到另一个新阶段，即入于'广播新闻'时代；而自第二次世界大战以后，又探向再一

---

① 任白涛：《综合新闻学》，商务印书馆 1941 年版，第 714 页。
② 同上，第 714~715 页。
③ 胡道静：《新闻史上的新时代》，世界书局 1946 年版，第 10 页。

个新世纪,要成为'电视新闻的时代了'。"① 作者具体分析了视觉内容与电视产生的关系:"从口头新闻到广播新闻,记者所报告给听众和读者的,一律是'叙述'的而非'形象'的;但是新闻的产生,当然是形象的。"② 因为,有了摄影术和照相铜板制法出现了"新闻照片",把"形象的新闻"提供给读者,但照片是静止的,至"新闻电影"有了活动形象提供,但与报纸可以在家阅读不同须到影戏院子里看,而且"时效"上有缺憾,电视的出现解决了这些问题,"人类史上的'通天眼',至此乃告实现"。③ 作上述分析之后,作者将"形象新闻"的发展过程以列表的形式概括:

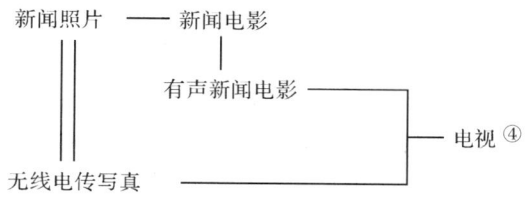

文中在分析电视新闻在形象化方面优势的同时,作者注意到了"'电视新闻'虽还没有正式出现,但是我人必须要准备迎接这新闻史的新时代来临了"⑤! 可贵的是从信息传播的接收角度,书中还分析到了"'电视新闻'的唯一缺点,就是和广播新闻一样:不能够保留下来"⑥。这里反映出对电视媒介传播方式与规律的认识把握有预见性,抓住了问题的核心。

据文献资料记载,这一时期国人还提出过办电视台的设想。1947 年孙明经先生在《中国文化大革命中的小实验——金陵大学影音事业概述》一文中,把视听技术的进步上升到文化革命的层次,在谈到办好金陵大学理学院"电影与播音部"教学实验电台《大学之声》时提到:"改进《大学之声》节目,征集更多的教授同学参与这项活动。联系全国性及国际性广播网,促进国际文化交流。除了播音之外,我们还希望播影(Television)。"⑦ 另外,国民党政府广播当局曾提出过建立电视台,何贻谋在《广播与电视》提到"早在民国三十六年,中央广播事业管理处就准备兴办电视"⑧。而温世光的《中国广播电视发展史》表述为"至于电视广播电台,亦于民国三十七年(1948)

---

① 胡道静:《新闻史上的新时代》,世界书局 1946 年版,第 1 页。
② 同上,第 5 页。
③ 同上,第 8 页。
④ 同上,第 9 页,原文为竖排。
⑤ 同上,第 8 页。
⑥ 同上,第 9 页。
⑦ 《电影与播音》第 6 卷,第 7、8 合期,1947 年 12 月,第 101 页。
⑧ 何贻谋:《广播与电视》,第 26 页,台湾三民书局 1992 年 9 月增订三版。

进行选购,筹装京沪,设再假以一两年的时日,必能呈现于国人眼前"①。后因时局的变化此事不了了之。这里关于建立电视台的论述显得简单,没有具体的实施方案,也没有电视台作为一个机构的人、财、物的落实情况,但毕竟证明了当时有人在思考开办电视台的问题。

（三）

就有关文献的考察、钩稽出所涉及的电视史内容,从总体上观照民国时期国人对电视的认知有两个特点:

第一,人们认知处在初级阶段,电视知识的传播范围有限,到电视对大众的普及尚有相当的一段路程要走。对电视关注的人群集中在技术研究领域和新闻传播的媒介研究领域,他们为数不多且本身也是刚刚接触,作为电视引进者、探索者有许多艰辛的工作要做。如最核心的"电视"（Television）相关术语的使用还不统一,如有"无线电声影机""电传话影机"②"无线电传电影"③"无线电传影戏"等。语言符号尚不统一,具体对象又付之阙如,导致人们对电视的认识还是一个不甚清晰的概念,毕竟没有现实生活中的实物与传播对应,电视远没有达到广播给国人的具体感受所带来的那种认知的程度。因此,所留下来的文献资料既少又散,从某种意义上讲,这与以往电视史的研究没有关注到民国这段历史也不无联系。

第二,对电视认知的有关文献多以介绍性的译文为主体,属于转述的,基本属于隔"洋"观火式的,于本土直接的作用不大。如国外的某项科技突破使电视图像更清晰的信息,陈敦文译文《战后的电视》④ 提到电视发展存在困难,标准有争议,其中还介绍了电视系统的功能可以利用来监控生产及工作过程,它在美国也还没有真正实施,而对当时的中国无疑更是带有科幻色彩。值得注意的是孔祥鹅在《科学》杂志1928年第3期发表的《参观电传话影机记实》的长文⑤,以第一人称为叙事主体,详细记录了参观时间、地点,描述了演示的内容、过程等,并多次使用"电视"一词,为早期的目睹电视及介绍电视者之一。

从一般意义上讲作为一种新媒体,作为具有自己生命表现形式的中国电视,出现

---

① 温世光:《中国广播电视发展史》,台湾三民书局1983年1月版,第99页。
② 孔祥鹅:《科学》杂志,1928年第三期发表了两篇文章:《无线电声影机之研究》和《参观电传话影机记实》,《科学》1928年第3期,第378~404页,第464~470页。
③ 胡道静:《新闻史上的新时代》,世界书局,第7页、第24页。
④ 《电影与播音》,第4卷,第7、8合期,1945年10月,第219页,译自 Popular Mechanics 1944.10。Roderick. M. Grant – Televion after Vday。
⑤ 孔祥鹅:《参观电传话影机记实》,《科学》1928年第3期,第464~470页。

在20世纪50年代后期。包括民国时期在内的此前电视在中国的经历是中国电视孕育的历史，或者将其视为一种"史前史"，它们同样构成中国电视史发展演变的重要环节，早期研究者作为电视知识的"盗火者"，照亮了后来电视的发展之路。当今电视更加普及，技术更加先进。在这一背景下人们对电视关注，对电视进行史料挖掘整理，可谓盛逢其时。也许媒介的世界变化太快，较之当下电视的策划、频道、主持人之类研究的繁复与喧哗，电视历史的研究太显寂寞了，太需要关注了。因为，过去人们的认识与选择影响了现在，现在人们的认识和选择将决定着未来，只有当清楚地了解电视从哪里来，才能更好地把握它该向哪里去，从学术的立场考察，这是广播电视发展史学科学研究的生命价值和魅力所在。（本文得到中国传媒大学赵玉明教授的指导，在此深表谢意。）

（作者系南京财经大学新闻传播学院教授）

（原载于《新闻与传播研究》第13卷第2期，2006年4月30日）

在中国 Televison 为什么叫"电视"

孙建三

谁在中国第一个写出汉语"电视"一词
谁在中国出版了关于"电视"的第一本书
谁在中国的大学里最早开设"电视"课
谁在中国最早提出建设电视台的计划设想

1929年,世界传媒的历史上发生了两件大事,一是电影有了声音;二是广播有了可见的活动画面,有了声音的电影叫作"有声电影"。

可以看见画面的广播叫 Televison(直译为"远视")。

这两件大事,对人类历史的进程发生着很大的影响。

今天的中国,被称为"世界第一电视观众大国"。

那么,电视在中国的历史是怎样开始的呢?

中国电视历史的开始时间可以有三种计算方法:

一是从"电视"这一汉语词汇出现开始计算。

二是从中国有关的学术机关第一次批准开始研制我国第一套 Televison 的原理样机的批准日开始计算。

三是从中国人研制成功自己制的第一套电视原理样机成功开始计算。

那么:

谁是中国第一个在大学里介绍 Televison 的人?

谁是中国第一个提出研制 Televison 原理样机的人?

谁是中国第一个批准并拨出经费研制 Televison 原理样机的人?

谁是中国第一个研制成功中国造 Televison 原理样机的人?

谁是中国第一个把 Televison 译为"电视"的人?

谁是中国第一个写出"电视"这一汉语词汇的人?

谁是中国第一个写出有关于"电视"论文的人?

谁是中国第一个写出获得国家最高奖的有关"电视"论文的人?

谁是中国第一个出版有关"电视"专著的人?

谁是中国第一个创刊并主编了载有关于"电视"内容月刊的人？

谁是中国第一个在大学里为大学生正式开设"电视"课程的人？

谁是中国第一个提出建设"电视"台计划设想的人？

1929年电视发明之后，很快在全球引起科学界和教育界的关注，1930年的春天，南京中央大学理学院物理系教授杨简初先生，应金陵大学理学院院长魏学仁邀请到金陵大学理学院做讲座，讲座的内容中作为物理学的新发展之一，他向学生介绍了有关与Televison这一当时极为新鲜的内容，引起课堂上一位名叫孙明经的学生的极大兴趣。

孙明经时年18岁，是蔡元培、陈裕光两位学界泰斗为创建中国大学电影教育而为中国高校电影教育计划培养的第一位电影专职教师，陈裕光要求孙明经在理学院修满化工、电机、物理三个系课程的学分，并要求他学会英、德、日三国外语，还要选修国文、音乐、社会、宗教各学科的课程。陈裕光对孙明经讲："要在将来教好大学生的课，应该先有教过中学生的经历。"因此，孙明经在读大学的七年期间里，四次短期到中学任教。

1931年，孙明经请教杨简初教授："物理系的课程一般都有实验课，您讲的有关Televison的课太吸引人了，能不能也安排一点实验课？"这一请教，引起了杨简初教授的重视。杨教授本来仅仅只在课堂上对电子技术的新发展做一个简单的介绍，现在学生提出来要求做实验，当时不仅中央大学理学院物理系没有可供学生上实验课用的Televison设备，全中国当时百所大学的物理系和中央研究院物理研究所都没有可供科研和让大学生上实验课用的Televison设备，这一现状激起杨简初自己动手搞出一套Televison原理样机的想法，但当时中央大学理学院没有这一笔经费，杨先生的设想未能启动。

1932年，杨简初教授对中央研究院院长蔡元培先生提到自己有想研制Televison原理样机的想法，蔡元培先生当即表示支持。

得到蔡元培先生的支持，杨简初先生在这一年开始了研制Televison原理样机的工作。杨先生通过金陵大学理学院院长魏学仁博士，借已在金陵大学理学院攻读五年，读完化工、电机两系学分，正在读物理系学分的学生孙明经做自己的助手。研制过程中，由于当时电视分像是机械分像，孙明经在搞分像圆盘同步驱动时遇到电机同步方面的难题，蔡元培先生建议他求教机电泰斗顾毓琇先生。孙明经给顾毓琇先生写信，顾先生赐原理草图一张，孙明经在草图的启发和杨先生的指导下完成机械分像部分的原理样机研制工作。

1934年，当研制终于成功，自制的Televison能完成摄取、传输、接受、还原图像时，兴奋中孙明经向杨简初先生请教："我们已经造出中国的Televison应当有一个中文名字才好呀，杨先生您说叫什么名字好？"

杨先生想了想回答："就叫电视吧。孙明经你的毛笔字写得好，用毛笔把电视两个字写得大一些，实验室的门外贴一个，实验室的墙上也贴一个。"从此，Televison 在中国有了一个汉语名字。

据孙明经先生讲，在当时的"中央大学理学院科学实验报告"中，收入了杨简初关于研制成功 Televison 的实验报告（实验报告为英文）。

1934 年 8 月，孙明经"赴庐山参加中国科学社年会，得聆各专家宣读科学论文计达百余篇之多，自惭习读科学有年，竟毫无贡献，何能副科学学者之名"？于是，"有赖挚友石道济君不时贡献意见；业师杨简初先生戴运轨先生多所指导；金陵大学理学院图书馆实验室、中央大学理学院及工学院图书馆给以种种便利；复蒙同仁蔡维屏君修正文词，挚友吕锦瑗女士详为校雠，窗友李鹤兴君代为绘图"，于 1934 年年底完成论文《光电管及应用》。该论文详细地论述了光电管的原理，不仅介绍了光电管在各方面的广泛应用，还对光电管在电视中的用途、电视的基本原理、接收装置、同步放大等都有细致的论叙。

该论文为现在能见到的中国电视史中的第一篇关于电视的论文。

1935 年，该论文得"中山文化馆物理类论文甲等奖"，为中国电视史中第一篇得国家级最高奖的电视论文。

1935 年 5 月美国的斯可基（M. G. Soroggiey）与肯特·不隆莱（Bromlay Kent）根据塞斯登（Selsdon）电视委员会的标准和 B. B. C 等电视公司的意见及提供的图片，把自己对电视的研究成果写成《电视》一书出版，这是世界上第一本介绍电视知识的专著。孙明经先生在蔡元培先生的建议下，（同时得到斯可基先生的帮助）于 1935 年年底将该书译出，蔡元培先生从中央研究院院长控制的经费中拨出不多经费，将此书印出 200 册。

1938 年在重庆，金陵大学理学院开始招收"电影与播音专修科"新生，该科"电影与播音"课程中，"电影工程"项下共计 19 门课：

1. 摄影原理，2. 幻灯及灯片，3. 感光材料，4. 暗室设备，5. 摄影灯光，6. 电影摄制，7. 电影洗印，8. 影片剪接，9. 放映器材，10. 教育影片，11. 录音原理，12. 发声设备，13. 电视，14. 电教文献，15. 介绍《电影与播音月刊》，16. 彩色摄影，17. 活动画，18. 显微摄影，19. 影片图书。

这一课程安排，是我国高校中第一次把"电视"纳入教学计划正式课程的开始。

1943 年 4 月 30 日至 5 月 1 日，在成都华西坝举行的"金陵大学五十五周年纪念展览"中，有关"电影教育"的展出部分，把这 19 门课分设 19 个展区，展出内容受到参观者的极大欢迎，两日内参观者达 3 万人之多！其中关于"电视"内容的展出，为

我国电视史中的第一次"电视"与广大观众面对面的见面。（详见《影音月刊》第 2 卷第 5 期封二至第 28 页）

1942 年 12 月 15 日，孙明经在他主编的《电影与播音》月刊第 1 卷第 7、8 期合刊第 5~11 页发表署名罗无念的译文《电视向电影挑战》，开我国刊物发表电视文章的先河。此文也是迄今我见到国内刊物最早发表电视与电影关系的文章。

《电影与播音》月刊，自 1942 年 12 月 15 日发表《电视向电影挑战》一文开始，至 1948 年 7 月停刊，前后共发表关于电视的各种文章和封面 28 篇。为我国最早发表有关"电视"内容的刊物。

《电影与播音》月刊，自 1943 年 3 月该刊 2 卷 2 期第 7 页载孙明经翻译的《电视的领域》一文开始，前后共分 8 期，连载美国斯可基与肯特·不隆莱著《电视》一书，这也是迄今见到我国最早连载"电视"专书的刊物。

在我国最早提出建立电视台计划的记录，见孙明经先生所著《中国文化大革命中的小试验——金陵大学影音事业概述》一文。该文载《电影与播音》月刊第 6 卷 7、8 期第 91~107 页，1947 年 12 月出版。该文在该刊第 101 页《今后计划》一章中，第七小节"广播"有以下内容："改进《大学之声》节目，征集更多的教授同学参与这活动，联系全国性及国际性广播网，促进国际文化交流。除了播音之外，我们希望进而做到播影（Televison）。"（笔者注：这是目前能看到的我国最早的关于建立电视台的计划。）

1938 年，孙明经先生在金陵大学理学院，开设"电影与播音专修科"课程，其中"电影工程"19 门课中第 13 门为"电视"。在电视课程中，孙先生提出："电视为电影的将来"和"电视为明日之电影"的见解。见《电影与播音》月刊第二卷第四期《金陵大学五十五周年纪念展》——电化教育部门内容述要之十三"电视图表"部分，下署："电影的将来"一句。（1943 年 4 月出版）。又见"影专"第一届毕业生区永祥著《电化教育展览实习报告总述》之十三"电视图表"部分，下署："电影的将来"一句。（《电影与播音》月刊第 2 卷第 5 期封二，1943 年 6 月出版）又见"影专"学生徐昭鑫著《电影工程第十三部"电视"》中"……电视之发明，除补救此缺点外，尚有目前不能限定之通讯的新可能性，而为电影发展毕趋的途径，故可谓为明日之电影。"（《电影与播音》月刊第二卷第五期第 20 页，1943 年 6 月出版）

孙明经先生 1938 年提出："电视为电影的将来"和"明日之电影"。

今天，中央电视台"电影频道"播出的大量"电视电影"，国际上出现的"非胶片电影""数字电影"，以电视传播方式"放映"的数字影院，都实现了孙先生 1938 年关于"电视是电影的将来"和"电视可谓为明日之电影"的见解。

孙明经先生因其在电影影响电视教育、创作、国际交流等方面的贡献，1941年被美国电影电视工程师协会（MSPTE）吸收为唯一的中国人会员。当时该会仅有两位华人会员，另一位是美籍华人黄宗霑。

此外，1946年联合国教科文组织成立，孙先生被聘为该组织中国委员。

（作者系北京电影学院教授）

参考资料

① 孙明经先生口授。
② 孙明经创刊并主编《电影与播音》月刊1942年3月15日创刊号至1948年7月7卷6期（停刊号）。
③ 1934年孙明经著论文《光电管及其应用》。
④ 1935年孙明经译《电视》一书手稿。

（原载于《中国广播电视学刊》2004年第3期）

早期电视研究史料的价值分析

——与孙建三商榷

谢鼎新

《中国广播电视学刊》2004 年第 3 期发表了孙建三先生的《在中国 Television 为什么叫"电视"》一文（以下简称孙文），作者通过对我国早期电影教育先行者、摄影家孙明经先生（1911—1992 年）的介绍，以及对早期的专业刊物《电影与播音》的研究，披露了诸多早期电视研究的史料，作者发现并提炼出中国电视史上值得研究探讨的一系列"第一"的源头问题，不少是尚未被目前中国广播电视史研究所关注到，引起广播电视研究者，尤其是从事史学方面的研究者极大兴趣。

文章主要涉及两个问题：第一，提出了中国电视历史的开始时间的三种计算方法，即"一是从'电视'这一汉语词汇出现开始计算。二是从中国有关的学术机构第一次批准开始研制我国第一套 Television 的原理样机的批准日开始计算。三是从中国人研制成功自己的第一套电视原理成功开始计算。"第二，用"谁是中国第一个……的人？"同一种句式，一口气列出 12 个关于中国电视史的不同凡响的始创者。如有在大学里介绍 Television 的、有提出研制 Television 的、有把 Television 译为"电视"的、有写出"电视"这一汉语词汇的、有创办并主编了载有"电视"内容月刊的等，给人耳目一新，有些史料在以往的广播电视史中很少涉及，对丰富这一领域的研究无疑起到积极的推动作用。

在现已出版的多种广播电视史著作中，对于广播电视技术在中国的发展史（尤其是早期）鲜有论述。所以，孙文的发表有助于人们打开一个视角，即从电视技术在中国的传播历程，关注广播电视事业的发展，可以说它填补了早期广播电视技术发展史的一个空白点，读后令人深受启发。但同时有两个问题要商榷一下：一个是中国电视历史的开始时间的标准应如何确定？另一个是对这 12 个"第一"如何公允地评价？以期共同探讨，促使我们对中国电视史的认识不断深化，学科内容建设更加完整。

（一）

关于"中国电视历史开始的时间"。首先要明确"电视"的含义，通常今天都把"电视"看作是一种大众传播媒介。从技术的角度讲有一套发射、传输、接收的仪器设备装置，从传播过程上讲，有自己内部系统，有人员组织、工作流程和制度规范，有自己的传播内容与节目形式相结合的符号系统，有传播对象的受众群体，还有持续稳定的播出方式等。具备这样一种媒介完整形态要素的称之为"电视"是比较合适。那么，中国"电视"历史的开始也就是通常被认为的1958年北京电视台（中央电视台前身）成立。其实，从1954年国家有关部门提出要办电视，中间有一系列的审批、研制、完善的环节，中国要排"第一"的话，也可列出一串。1958年终于开播，具有划时代意义，意味着电视在中国由实验探索阶段转入了实际应用阶段，表明一种新的媒介参与到社会生活中来，其特有的传播功能将对整个社会政治、经济、文化各领域发生影响。

电视的发展是一个漫长的过程，我们不仅不否认每个阶段的进步，而且对在中国电视发展史链条上的每个环节做出贡献的前辈们深表敬意，他们的努力对后来的电视事业的发展进行了铺垫。但是，当时只是20世纪40年代，电视业影响也只是初露曙光，中国人对此仅仅是从技术角度，由学界从国外引进，在有限的范围开始，在书本中和实验室里有一定的了解，然而，电视究竟是何物并没有几个国人见识过，孙文中提出"从'电视'这一汉语词汇出现开始计算"为电视史的开始，是没有实际意义的。第二次世界大战后期，美国人在日本投放了原子弹，中国人对其开始有了认识，但是，总不至于说中国的国防核工业的历史，是从有"原子弹"这一中文词汇使用时开始的吧？

关于"从中国有关的学术机构第一次批准开始研制我国第一套Television的原理样机的批准日开始计算"，"从中国人研制成功自己的第一套电视原理成功开始计算"，这些只是解决和说明研究阶段的计划和技术问题，究竟是机械的还是电子的，有线的还是无线的，有声的还是无声的等问题尚未取得广泛而明确的认同，这时不仅技术标准没能给出，而且与电视作为媒介传播信息尚有一定的距离。比照媒介传播史中研究报刊发展史的范式，我们在研究某种类型的早期报刊，没有必要再去研究文字、纸张和印刷的历史，把这些加进去作为其源头。孙文中的这三个标准是电视在中国孕育阶段即20世纪30年代的几个有影响的事件，与其说是中国电视开始的历史，毋宁说是中国电视史的"史前史"更恰当。真正有自己生命表现形式的中国电视还要等上20多年后才降临到这个世界，而这二十几年只能说是中国电视孕育的历史，或是电视技术在中国的发展与人们对其认识的历史更为准确。

从世界传播媒介发展史研究的角度考察，应该说以完整的媒介形态作为对媒介起点的认识是人们的共识，这里也包括孙建三先生本人。在孙文中提到"1929年，世界传媒的历史上发生两件大事，一是电影有了声音；二是广播有了可见的活动画面"。并解释前者是"有声电影"，后者是"Televasion"（即电视）。在这里，1929年是这两种媒介形式的完整的技术形态出现。从无声电影到有声电影，从广播声音到广播图像，凝聚着科技工作者长期不懈的努力和艰辛的探索，每个尝试和进步都为新的发展提供了完善的台阶。任何一个新的变化尽管很小，都可以说"首次""第一"，但同时又是个叠加的过程，是由量的积累到质的突变过程。就有声电影而言，最早的有声电影产生何时就有多种说法。有人认为，1927年美国影片《爵士歌王》是有声电影的开始[1]，也有人认为"1928年世界上第一部音画同步的有声电影问世"[2]，还有更早的资料认为，在中国第一部有声电影出现于1914年1月4日，上海维多利亚影戏院开始放映，由美国爱迪生设计的卡托风蜡盘发音片，这是中国第一次放映"配置视声机器"的影片。显然，由于标准不同，究竟谁是第一就有不同的说法。法国著名的电影史学家乔治·萨杜尔认为"第一部'百分百的有声电影'《纽约之光》，直到1929年方才产生"[3]。这一说法用词严谨，反映出有声电影发展到此时有质的变化，进入了一个较为成熟的阶段，所以，萨氏的"1929年说"有一定的权威性，也已得到广泛的认同。

广播有了可见的活动画面即电视的出现同样如此。电视的诞生，是20世纪人类最伟大的发明之一。然而，在广播电视史上电视何时开始有一系列的技术参照标准，有关电视的研究从19世纪末期就开始了，1900年，电视（Television）这个词首次出现。关于电视的发明，早期的一些科学家提出了种种设想。有的考虑用电的方式传送图像，有的则想出了以圆盘扫描来解决电视扫描的经典办法。

1925年，苏格兰发明家贝尔德用自行装置的电视设备，通过导线在实验室第一次将移动的图像传向远处的接收机现场。1928年贝尔德使用无线电短波传送图像。1929年，英国广播公司（BBC）与贝尔德合作，在伦敦开设实验性电视台，每周五天，每次半小时，其电视扫描线为每帧30行，每秒12.5帧，只能分别播送声音或图像。次年，把广播的声音和电视图像配合起来，播出第一个声画同步的电视节目。

世界上第一座正规的电视台是1936年11月2日，英国广播公司在伦敦市郊的亚历山大宫建成第一座公共电视台，每天播放两小时，电视扫描线为240行，工作人员201人。开始时使用的是贝尔德发明的机械电视系统。四个月后改用舒恩伯格的405行扫描线，正式播出电子扫描电视。[4]

虽然在世界广播电视史上一般认为，1936年英国广播公司的世界上第一座电视台的出现具有里程碑意义，孙文中特别看重1929年实验性电视台的开播，不难理解也有其道理。所以，按照孙文的这一有声电影和电视起点的逻辑，与自己设定中国电视历

---

[1] 《中外影视大辞典》，中国广播电视出版社2001年6月版，第164页。
[2] 《电影艺术词典》，中国电影出版社1986年版，第2页。
[3] [法]乔治·萨杜尔著，徐昭、胡承伟译：《世界电影史》，中国电影出版社1995年9月版，第273页。
[4] 这部分电视发展史料参见《中外广播电视百科全书》，中国广播电视出版社1995年版。《广播电视简明辞典》，中国广播电视出版社1989年版。

史计算的三个指标存在着国外与国内的矛盾。这从另一个角度也表明，尽管设定了这三个指标，但文中同时对以完整的媒介形态传播作为电视历史的开端又是给予认同，这是个悖论，解决问题的办法只能是修正原先设定了的三个指标。

（二）

孙文中提出的12个中国电视"第一"问题，是就现有发现的史料提出的，如第一个在大学里介绍Television的人，作者列的是一位南京中央大学的物理学教授，是否同则也有其他大学的教授对此也有关注，这里暂不便妄加评论。就这12个"第一"本身有进一步探讨的必要，这里有三个方面的问题需要探讨。

首先，"第一"提法存在随意性。有的意义与价值在史学中并不突出，如"第一提出研制Television原理样机""第一个批准并拨出经费研制Television原理样机""第一个写出'电视'这一汉语词汇"两字的等，照此演绎还可以提出谁第一采购"电视"仪器设备，谁第一个提出并开设实验课，谁第一在办公室或实验室挂"电视"牌子等，如此显得烦琐而又轻率，动辄冠名"第一"有过滥贬值之虞，反而冲淡应该突出的，真正有史学价值的内容。孙文的资料来源仅为《电影与播音》一种杂志，这就造成了孤证的状况，而"孤证不立"是史学研究应遵循的原则，实际上20世纪三四十年代在中国已出版多家无线电、广播方面的杂志，没有这些资料的占有和比较就率尔提出"第一"来，则大胆假设有余，小心求证不足，难免有炒作之嫌。

其次，有的"第一"评价不够准确。如"第一个出版有关'电视'专著"，实际是一本翻译之作。关于"第一个写出获得国家级最高奖的有关'电视'论文"，为1935年的"中山文化馆物理类论文甲等奖"，使用"国家级最高奖"表述依据不够充分。

第三，列举的部分"第一"不成立。例如"第一个把Television译为电视"的汉语词汇翻译和"第一个写出有关'电视'论文"的研究，遭到了更早的史料质疑。《科学》杂志[①]与其1927年6月出版的第六期"杂俎"栏目中（类似杂集、总汇、动态信息集纳的意思）有题为《电视之进步》一文，介绍电视基本原理明确谈到，"各种传递方法史上成功之最伟大者，电视居其一；……今岁四月七日，美国电话电报公司试之于纽约与华盛顿间，成功颇著。"[②] 说明"电视"汉语一词并非是孙文中1934年最早出现。

第四，关于最早的电视论文，孙文认为是1934年年底的《光电管及应用》。而

[①] 《科学》杂志1915年在上海创办，创办者是留美学生，早期的核心人物是任鸿隽、胡明复、杨杏佛和赵元任等人。

[②] 《科学》1927年第6期，第839～841页。

《科学》杂志于1934年的第2、3、4、5共四期连载了叶鹿祥的《电视学浅说》一文，详细介绍了电视信号的发射与接收的技术原理。

（三）

孙文通过对孙明经先生及《电影与播音》的考察，钩稽出所涉及的电视史内容。其部分特点表现为：一是从电影与技术的角度来切入，大量借鉴电影的有关理论与技术；二是文章以介绍性的译文为主体，基本属于隔"洋"观火式的。对史料的应用有个适应性的问题，评价应科学、客观、准确。

孙文中除了上述12个"第一"外，还多次使用其他"第一""最早"之类的高级词语，大多属于知识性的介绍、自我评价和推断性的。文章在编排上给予了精心的强化处理，吸引人的眼球。但从学术的立场考察，大量的"第一""最早"定性，缺乏必要的论证，有的就一句话，因而显得比较武断，使得这些结论在立论、逻辑等方面露出了瑕疵，有不够严谨、周密的地方，有必要进一步厘清。

（作者系南京财经大学新闻学院教授）
（原载于《中国广播电视学刊》2005年第2期）

从新名词到关键词：民国"电视"概念史

邓绍根

内容摘要 随着20世纪20年代世界电子技术的新发展，英文"Television"一词作为电传图像概念在西方兴起，中国留学生将英文"Television"传入中国。1927年，《申报》和《科学》采用意译方式，将古汉语"电视"一词对译英文"Television"，借以表达"利用无线电波传送物体影像的装置"和"利用无线电波传送物体影像装置传送的影像"外来概念，赋予它新语义，成为新名词。1932年，"电视"与英文"Television"对译关系基本固定，逐渐成为报刊常用语。1934年，中国物理学会制定《物理学名词》，"电视"等相关名词得到官方学术权威认可，"Television"正式命名为"电视"。此后，"电视"一词成为反映电子技术新知识的物理学关键词和新兴电子媒介的新闻学关键词，进入各大辞典和著作，融入社会，流传至今。

关键词 民国 电视 新名词

作为电子技术新发明，"电视"一词曾作为新名词出现在民国新语词辞典中，如《新名词辞典》（1934年）；作为反映用电的方法与即时传送活动视觉图像的新知识，它出现在《物理学名词》（1934年）中，成为物理学关键词；作为使用电子技术传输图像和声音的现代化传播媒介，它也在新闻学期刊和著作中出现，如《新闻学概观》（1935年）、《报人世界》（1936年）、《综合新闻学》（1941年）等。现已有研究者撰文探讨民国时期国人对电视的认知情况。如孙建三教授认为：1934年，孙明经成功完成自制Television装置，金陵大学理学院杨简初教授命名为"电视"，"从此，Television在中国有了一个汉语名字。"[①] 谢鼎新教授撰文商榷并认为：《科学》杂志在1927年6月发表的《电视之进步》一文，是目前为止发现的在中国最早介绍电视的文章。[②] 语言学者黄河清等则主张："电视"一词的辞源来自1934年《新知识辞典》。[③] 三者意见分歧，需要进行深入系统的研究才能弥合；而详细考察民国时期"电视"一词，回顾其概念的变迁场景与历史脉络，实是经历过一段从新名词到关键词的发展途径，反映出

---

① 孙建三：《在中国Televison为什么叫"电视"》，《中国广播电视学刊》2004年第3期。
② 谢鼎新：《民国时期国人对电视的认知》，《新闻与传播研究》2006年第2期。
③ 黄清河、姚德怀：《近现代辞源》，上海辞书出版社2010年版，第165页。

民国时期国人对电视不断深入的认识过程。

一、民国"电视"词源探究

语言学者黄河清在被誉为"给出始见书证，学术价值大"的《近现代辞源》指出："电视"一词的辞源来自 1934 年《新知识辞典》，这种说法是错误的。该辞典由新北书局 1934 年 9 月出版，而上海新生命书局的《新名词辞典》和商务印书馆的《物理学名词》分别出版于 1934 年 6 月和 1934 年 1 月，时间比它都早，均收录有"电视"词条。1927 年 6 月，《科学》杂志就刊登文章《电视之进步》，而该刊此前 5 月就有该文的出版。

"电视"一词是由"电"和"视"字组成的古汉语词汇，曾在 1914 年年底《游戏杂志》刊登的文章《研究室丛谈》中出现，"天公电视应相笑，织女星期任改名。"[①] 但这不是新诗，而是出自近代诗人樊增祥《赋得女学堂十四韵》诗。1909 年，晚清小说家陆士谔的《新上海》第三十六回就曾引用该诗。

古汉语"电视"一词被收入进目前最具权威的《汉语大词典》，"［电视］，犹瞪视，怒视。明刘基《述志赋》：'开明怒目而电视兮，貔豹吼而山裂。'"[②] 但是，明朝刘基的《述志赋》也不是"电视"的词源出处。据笔者考察发现："电视"一词至迟出现于中唐文学家李翰《裴将军旻射虎图赞（并序）》中。李翰，约公元 762 年前后存世，曾做史官，累迁翰林学士。《裴将军旻射虎图赞（并序）》叙述裴旻将军射杀群虎的英雄气概，显示军人报国安疆之志，笔墨酣畅，文采斐然。他描写裴将军射杀群虎的情景，使用"电视"一词，"将威有所胜，气有所全，精专于中，志正于内。故能以一人之力，战群虎之命。使锯牙钩爪，戢而莫措；雷声电视，消而不扬。"[③] "电视"一词在该句中与"雷声"相对，译为"闪电一般地看"，具"瞪视，怒视"之义。

唐代后，古汉语"电视"一词零星出现在各朝文献中，如元代《傅与砺文集》《芳谷集》、明代《诚意伯文集》和《文章辨体汇选》、清代《四库全书》《全唐文》和《历代赋汇》等文献。时至民国，古汉语"电视"式微；但随着英文"Television"一词传入中国，赋予"电视"新意涵，反映出新兴电子技术发展的新概念。

二、英文"Television"一词传入中国

英文"Television"来自希腊语，是"远处"（Tele）和"景象"（Vision）的意思。1900 年 8 月 25 日，法国人波斯基在巴黎国际电子大会上宣读论文，首次使用英文"Television"名称，表达"将远处传来的声音和图像加以播放的工具"概念。[④] 1907 年

---

① 尘城野鹤：《研究室丛谈》，《游戏杂志》1914 年第 14 期。
② 罗竹风主编：《汉语大词典》第 11 册，上海辞书出版社 1989 年版，第 672 页。
③ 李翰：《裴将军旻射虎图赞（并序）》，《全唐文》第 5 部卷四百三十一。
④ 郭镇之：《电视传播史》，北京师范大学出版社 2000 年版，第 47 页。

6月,《科学美国人》刊载文章《电视的问题》,这是"电视"一词第一次在出版物中出现。① 英文"Television"一词逐渐普及推广开来。

20世纪初期,中国已经关注到电传图像新发明。1917年6月,胡愈之翻译《美国科学报》文章发表《电传照相术》,详细阐述电传图像发明过程、原理,"近世发明家梦想电报传形术之实现,盖已久矣。电报传形与电话相似。电话可以聚千里之人晤谈一室。电报传形术则能使参商异地之人互相见面……电传摄影术者,以电力将照片、图画及他种墨迹传送远地之法也。"② 1920年12月,《东方杂志》刊登文章《由德律风传达影像之新发明》,介绍法国工程师贝林成功在安妥卫北大赛会试验电报传达图像新闻的情况。1922年6月,《东方杂志》推出《无线电最近的进步》专题,并刊登美国哈定总统的电传图像。1923年5月,《东方杂志》刊登文章《无线电最近的应用》,再次介绍贝林电传照像技术。在中国不断报道电传图像技术过程中,海外的中国留学生将英文"Television"一词传入中国。

1924年7月,法国里昂大学中国留学生黄涓生撰写的《电书与电相之新发明》在《东方杂志》上发表。该文叙述贝林发明电传影像技术事迹,介绍电传图像原理方法,引进英文"Television"一词,"伯兰氏尚有极大之贡献,极大之成功,曰:'电晤'(Television),即在远方藉电线或无线电与人相晤。"③ 虽然他将英文"Television"翻译成"电晤",而不是"电视",却引进了概念清晰的英文"Television"一词。1926年9月,美国普渡大学中国留学生孔祥鹅在《东方杂志》发表文章《电传像的成功与电传影的将来》中指出:"电传影在德文是Telesehen,在英文是Television。"并清晰地阐述英文"Television"概念:"凡是把一张照相或图画,或广告等从甲地用电力传至乙地的通常叫作'电传像',或'电像术',或简称'电像',或改称'传像术',均无不可。凡把甲处的食物传送乙处去,使甲乙两处的人同时异地地看到甲处食物的变化。这便叫作'电传影',或'传影术',或简称'电景',及有区别于普通称的'电影'。"④

在中国留学生介绍海外电视实验过程中,英文"Television"传入中国,其译名"电晤""电传影""电景""传影术"或"无线电传形术"等,并不统一,但概念却越来越具体。同时,英文"Television"一词在中国开始生根发芽,在国内学生中产生了影响。1926年12月,上海交大学生汪德官发表《无线电界之新发明》一文,介绍贝尔德机械电视原理,采用了英文"Television"一词,"英国人贝尔德氏(John L. Baird)新发明之无线电传形术(Television)。"⑤

---

① 欧阳宏生:《电视文艺学》,陕西师范大学出版社2012年版,第52页。
② 愈之:《电传照相术》,《东方杂志》第14卷第11号。
③ 黄涓生:《电书与电相之新发明》,《东方杂志》第21卷第13期。
④ 孔祥鹅:《电传像的成功与电传影的将来》,《东方杂志》第23卷第22期。
⑤ 汪德官:《无线电界之新发明》,《东方杂志》第13卷第13期。

三、"电视"对译"Television",渐成报刊常用语

20世纪20至30年代,中国报刊在持续报道世界电视研制新进展过程中,将古汉语"电视"一词作为"格义"工具,与英文"Television"对译,赋予其新内涵。

1927年5月8日,上海《申报》报道说:"迩来,天文学家某氏已能利用紫烈光线,摄取天空影。英人复能应用此种光线以造电视器具(Television)。"① 报道中,作者首次将古汉语"电视"与英文"Television"对译,不再是古代"瞪视、怒视"之义,而是表达英文"Television"外来概念。同月,《科学》杂志使用"电视"一词,预告将刊登文章《电视之进步》。6月,《科学》发表《电视之进步》一文介绍美国电视研制的新进展,先后六次使用"电视"一词,"各种传递方法史上成功之最伟大者,电视居其一。""在电视之接受方面,其影响亦由于五十个蒙眼小点排列而成;惟视若紫色者,以所用之光由于勺热氖气而得也。""在电视装置中,则欲传之面貌即相当于幕,电影机中之动片周期也极速,故所见者非单片之影,乃为连续之影;而电视中之动碟亦然,上具细孔五十,其光掠过面幕一周,为时不过十五分之一秒耳。""狐灯发射之光,经圆碟小孔而达传递者之面部,色呈淡黯,前则置光电池三,不啻电视中之眼也。"② 它们表达出两种电视的概念:第一,利用无线电波传送物体影像的装置;第二种,利用无线电波传送物体影像装置传送的影像。民国对外来概念的译述方式主要是音译和意译。音译不会引起词义错位,却也未能给译词提供意义支撑,其含义只能在词形以外另加注入;意译则借助汉字的表意性,由词形透露词意,为熟悉汉字文化的人们所乐于采用。意译方式除创制新词对译外来词外,更多地是以汉字古典词作为"格义"工具,通过借用并引申古典语义,表述外来概念。③《申报》和《科学》就是采用意译方式,使用古汉语"电视"一词对译英文"Television",将"电视"一词作为"格义"工具,表达英文"Television"外来概念,即"利用无线电波传送物体影像的装置"和"利用无线电波传送物体影像装置传送的影像",赋予其新语义成为今用译词。

1927年9月,"电视"一词不仅继续在文章标题和正文中出现,而且使用频率大为增加。当年4月7日,美国商业部长胡佛发表讲话,并由贝尔实验室电视试验系统从华盛顿传送到纽约。沈嘉瑞发表文章《美国电视试验之成功》,评论说,"这是科学研究的贡献,征服自然的成绩。在人类文化史上,诚有莫大的光荣!"④ 该文不仅25次使用"电视"一词介绍电视试验经过和电视原理,而且将"电视"与英文"Television"

---

① 杨复耀:《死声之发明》,《申报》,1927年5月8日。
② 《电视之进步》《科学》第11卷第6期。
③ 冯天瑜:《我为何倡导研究"历史文化语义学"》,《北京日报》2012年12月10日。
④ 沈嘉瑞:《美国电视试验之成功》,《东方杂志》第24卷第17号。

直接对译,"1924 年,无线电照相成功。当时测想电视(Television)也是可能之事。"①

1928 年,美国发明家艾利克·散德森采用机械电视系统试播电视取得成功,中国留学生孔祥鹅前往西屋电机制造研究所参观。该所所长肯纳(S. N. Kintner)"特为试演电视"。他感慨地说:"此次得目击'电视'之动作,实为记者生平第一快事。"②他为《科学》撰稿《参观电传活影机记实》,先后 11 次运用"电视"一词向国内读者介绍电视发明历史、电视原理以及电视试验演示过程。同年 10 月 21 日,《申报》报道说:"电视(Television)——电视之实现,业已不远,其播送将采用短波。"③当时英文"Television"仍有其他译法。如 1929 年《学生杂志》刊登文章《近年无线电学发达史》和《无线电之应用》均将英文"Felevision"一词译为"电景"。

1930 年 7 月,周惠久在《东方杂志》连载长文《电视及其新进步》向中国民众介绍电视原理,普及电视知识,是当时介绍电视篇幅最大的文章,26 页,其万余字。文章分为五部分:1)绪言;2)从原始的电视理想说到今日成功的电视机;3)电视机中几种重要部分的研究;4)色电视;5)结论。作者明晰阐述了"电视"的概念,"用电传达活动的景象便叫作'电视'(Television)。距我们很远的人,我们能用电话同他像在对坐一样的谈话,同样距离我们很远的景物,无论死的、活的,我们都可以用电视看到,如同在眼前一样。"④

1931 年 7 月 13 日,《申报》首次使用"电视台"一词报道美国费城第一家商业电视台成立,"费府创设破天荒商用电视台将成立。"⑤ 同年 8 月,《海事》杂志刊登《电视装置之改良》报道德国电视研究的进展。1932 年 12 月 8 日,《申报》刊发专文《电视》,介绍电视定义,"电视是以无线电(Radio)原理而将音影同时播送的科学发明,英名为 Tdevision。"指出:"关于这一科学,各国仍在竞争地继续研究,可以说还是试验时代。"⑥ 至 1932 年,"电视"与英文"Television"对译关系基本固定,成为报刊常用语。

四、"电视"成为反映电子技术新知识的物理学关键词

"电视"一词与英文"Television"对译关系确立并成为报刊常用语后,研究者开始尝试撰写电视专著,向民众系统地介绍电视知识与原理。赵真觉就是探索者之一。赵真觉,民国电讯专家,1924 年赴美国哈佛大学学习电机工程,1929 年获电机工程硕士学位,归国后受聘为浙江大学工学院教授。1932 年 7 月,他在开始《无线电问答汇刊》

---

① 沈嘉瑞:《美国电视试验之成功》,《东方杂志》第 24 卷第 17 号。
② 孔祥鹅:《参观电传活影机记实》,《科学》第 13 卷第 11 期。
③ 徐志芳:《广播无线电话亦将趋用短波乎》,《申报》1928 年 10 月 21 日。
④ 周惠久:《电视及其新进步》,《东方杂志》第 27 卷第 13 号。
⑤ 《电视术之发明》,《申报》1931 年 7 月 13 日。
⑥ 《电视》,《申报·自由谈》1932 年 12 月 8 日。

连载《电视学（Television）》直至 1933 年。该刊连续刊登电视方法概述、发影机之构造、贝氏收影机、利用图像记号、收影机、另一观察点等章节内容。他对电视下定义，"电视者，乃一种技术，藉电气之传道，使远处活动，或固定之事物，表现于目前也。犹吾国俗语之'千里眼'。"① 虽然《电视学（Television）》未能结集出版，但作者是按照著作形式分章节编写，具有著作特点，是中国人撰写电视著作的尝试。作者将英文"Television"译为"电视学"，提高了"电视"在中国学术体系中的知识地位。

1933 年 4 月中国人撰写的第一本以"电视"命名的著作《电视浅说》由中华书局出版。该书 110 页，目录如下：第一章绪言；第二章电视的元素；第三章电视发明史；第四章光、人目、电磁波；第五章分像法；第六章感光电池；第七章变光灯；第八章同步法；第九章贝尔德电视机；第十章柏尔电视机；第十一章真恩斯电视机；第十二章亚历山大森电视机；第十三章电视的现在和将来。"绪言"中，作者阐述电视概念，"'电视'的英文名称叫作'Television'，有'远视'之意。"② 该书作为"电学丛书第一种"出版系统介绍电视知识、原理及其发展现状，受到社会欢迎，提升了"电视"知识的学术层次。

电视知识在中国系统传播后，物理学者开始研制工作。据记载：1932 年，杨教授向中央研究院蔡元培院长提出研制 Television 设备设想，获得支持。他聘请孙明经做助手，开始研究。两年后初获成功，自制 Television 设备能完成摄取、传输、接受、还原工作。③ 物理学者电视研究遇到定名问题。1932 年，中国物理学会成立大会上，教育部提请该会组织名词审查委员会，专门负责厘定物理学名词事宜。1933 年 4 月，南京召开"天文数学物理讨论会"，中国物理学会受国立编译馆委托，对各方编译的草案详加整理，逐字复查。8 月，中国物理学会第二届年会推举出吴有训、周昌寿、何育杰、裴维裕、王守竞、严济慈、杨肇燫七人为物理学名词审查委员会委员审查草案。1934 年 1 月，教育部公布由国立编译馆编订、中国物理学会审查通过的《物理学名词》。其中有关"电视"的物理学名词有："7241，Television，电视；7242，Television color，彩色电视；7243，Television wire，有线电视"④。从此，"电视"对译英文"Television"一词得到官方机构的学术权威认定，成为物理学关键词。同年，"电视"（Television）作为词条，收录进《新知识辞典》和《新名词辞典》中，表达"借电波的传达而将远方的景物放送到眼前来"这一概念。

1935 年，"电视"一词频繁出现在报刊中，英国电视科普读物《电视学浅说》

---

① 赵真觉：《电视方法概述》，《无线电问答汇刊》1932 年第 13 期。
② 张佐企：《电视浅说》，中华书局 1933 年版，第 2 页。
③ 孙建三：《在中国 Televison 为什么叫"电视"》，《中国广播电视学刊》2004 年第 3 期。
④ 中国物理学会编订：《物理学名词》，商务印书馆 1934 年版，第 152 页。

（*Easy Lesson in Television*）在中国翻译出版。是年5月，陈岳生翻译英国胡馨生的《电视学浅说》由商务印书馆出版。该书篇幅252页，分八章，系统介绍电视基础知识与原理。各章如下：第一章关于电的几种基本观念；第二章关于光的几种必要的观念；第三章电视所用器械一瞥；第四章电视的发送与接收；第五章电视接收上实用要点；第六章热电真空管及其用途；第七章电视所用无线电收影机，第八章电影与照相的电视。序言写道："本书之作，其主要目的在使初学者明悉电视之基本原理、实际功用，而无须先具算学、电学、光学、电学或电视学之知识。"①《电视学浅说》在英国仅是科普读物，但在科技落后的中国却是系统介绍电视原理的科学著作。《电视学浅说》进一步提升了电视知识在中国知识体系中的层次，巩固了"电视"一词在物理学中的关键词地位。

五、"电视"渐成代表新兴电子媒介的新闻学关键词

"电视"一词在从报刊用语转变为物理学关键词过程中，新闻学者开始关注到新兴电子媒介——电视对新闻事业的影响。1935年1月，燕京大学新闻学系出版《新闻学概观》。该书收录文章《一个新闻教授的新闻学观》，作者聂士芬教授阐述了电视对新闻事业的冲击，"'电视'（Television）如果试验成功以后，整个的报纸将要在空气中发表了。订报的人，乐意的时候坐在家里就可读。"② 1936年，电视"Television"出现在新闻刊物中。燕大新闻学系刊物《报人世界》刊登《报纸之将来》一文阐述电视对报纸的冲击，"至于电力传影（Television）影响或将较大。因其效用之便捷，将来之印刷报纸，将仅为一般搜集及剪报者所订阅，其他只需备以电力传影机，在家中或办事室墙上，即可读到报纸。至于缺点，与无线电相似，亦不过在不便剪报及保存而已。"③该预言很快实现。1936年5月，法国在巴黎埃菲尔铁塔设置电视台播放电视节目获得成功。《申报》报道："邮电部曾于去年初试办电视（一称无线电传影），所得结果，颇为良好。乃在巴黎铁塔设置电视台，已于昨日起，开始播送各种节目。……凡有电视接收机者，安坐室中，视之听之。"④ 8月，柏林奥运会举行，德国进行电视转播。11月2日，BBC在伦敦亚历山大宫开始电视正式播出，被认为是世界电视事业的诞生日。

抗战爆发后，新闻学者并没有停止对电视的关注。1939年4月，杜绍文在《战时记者》中撰文叙述电视对报纸的冲击，特别写到电视概念，"'电影传真'亦名'电视'或'无线电传影'，英文叫作TELEVISION。它是RADIO的小弟弟。现在这个小弟

---

① 胡馨生、陈岳生：《电视学浅说》，商务印书馆1935年版，原序第2页。
② 聂士芬：《新闻学概观》，燕京大学新闻学系1935年版，第40页。
③ 聂士芬：《报纸之将来》，《报人世界》，1936年第3期。
④ 《巴黎铁塔设电视台》，《申报》1936年5月26日。

弟，竟青出于蓝……造就了天涯咫尺的奇观，真可谓音容宛在四海一家了。"① 1941年，任白涛撰写《综合新闻学》出版。其中第三卷"采访技术和通信方法"第七章"现代的高速度通信机关及其作用"第四节即为"电视"，包括两方面内容：1）电视之父——白阿德；2）什么是电视。他解释说，"电视，有如其原名，是看见远处活动景色的意思，比摄影电报更进了数步。但在中国一般的新闻杂志界，有译为'无线电传影'的；有译为'电传影像'的。"他对"电视"译法提出意见，"最近……译为'无线电影'，虽然比较好些，但在这里权且采用专家所翻译的'电视'一名；不过单有'视'，而没有'听'，觉得仍有缺陷。"② 新闻学著作专门讨论电视的情况充分说明：随着电视成为新兴电子媒介，"电视"一词已成为新闻学关键词。

六、结语

综上所述，"电视"一词词源不是 1934 年的《新知识辞典》，也不是 1927 年 6 月《科学》杂志的《电视之进步》；根据笔者考察发现：古汉语"电视"一词至迟出现于中唐文学家李翰撰写的《裴将军旻射虎图赞（并序）》，表达"瞪视，怒视"之义。随着 20 世纪电子技术发展而产生的反映电传图像概念的英文"Television"传入中国后诞生了"电视"的近代概念。特别是 1927 年 5 月、6 月，上海《申报》和《科学》先后采用意译方式，将古汉语"电视"一词作为"格义"工具，对译英文"Television"一词，借以表达"利用无线电波传送物体影像的装置"和"利用无线电波传送物体影像装置传送的影像"外来概念，赋予"电视"一词新语义，成为以今用译词形式出现的新名词。1932 年"电视"与英文"Television"对译关系基本固定，成为报刊常用语。1933 年，中国人撰写的第一本电视著作《电视浅说》作为"电学丛书第一种"出版，成了系统化传播电视知识与原理的开端，提高了电视知识在中国知识体系中的地位。1934 年，中华民国教育部公布由中国物理学会审查通过的《物理学名词》，电视、彩色电视、有线电视等电视相关名词得到官方学术权威认可，"电视"一词成为反映世界电子技术新发展的物理学关键词。这才是英文"Television"命名为"电视"的根本原因。此后，新闻学者密切关注到了电视这一新兴电子媒介对新闻事业的冲击，并不断在新闻学论文、期刊和著作中深入研究讨论，"电视"一词成为新闻学研究关键词。因此，民国"电视"的概念历史，实是经历过一段从新名词到关键词的发展过程，终经民国官方学术权威部门认定，确立了"电视"一词与英文"Television"的对译关系，成为反映世界电子技术新知识的物理学关键词和新兴电子媒介的新闻学关键词，并不断催生出与电视相关的系列词汇，如电视台、电视机、电视学、电视事业、电视业等。

"电视"一词逐渐成为物理学和新闻学关键词后，不断被收录进民国务大工具书，

---

① 杜绍文：《敌乎？友乎？——新闻广播与电影传真果有害于报纸么？》，《战时记者》1939 年第 8 期。
② 任白涛：《综合新闻学》，商务印书馆 1941 年版，第 704 页。

如《现代语辞典》(1939年)、《中华国语大辞典》(1947年)、《新名词辞典》(1949年)、《新辞典》(1950年)中;也不时出现在相关著作,如《新闻史上的新时代》(1946年)、《现代日常科学》(1947年)、《波的奇迹——电视》(1948年)、《有声电影和电视》(1948年)等中。特别是随着中共中央机关报《人民日报》1948年创刊后不断报道苏联电视发展新成就,如《苏联文化集锦》(1949年1月13日),以及新中国不断修订出版《物理学名词》(1950年、1953年、1956年),"电视"一词及其概念逐渐融入新中国话语体系,流传至今。

(本文系中央高校基金科研业务费专项资金资助项目"二战至今国际领域的新闻自由斗争及其中国应对策略研究"[项目编号:暨南跨越计划15JNKY004]的研究成果)

(作者系暨南大学新闻与传播学院教授,博士生导师)
(原载于《现代传播(中国传媒大学学报)》2015年第7期,总第228期)

中国第一篇电视文献考

黄志辉

内容摘要 迄今为止，学界普遍认为我国第一篇电视文献是《科学》杂志于1927年刊发的《电视之进步》，此文被看作是"中国最早介绍电视的文章"。作者认为，此种说法值得质疑，其错误原因有二：一是不知"Tehvision"除译为"电视"外，尚有他译；二是想当然地把最早将"Television"译为"电视"的文献当作"在中国最早介绍电视的文章"。作者穷集文献发现，《电视之进步》既不是"中国最早介绍电视的文章"，也不是中国报刊上"电视"一词最早见诸文字的文献。中国第一篇电视文献应为《科学》杂志于1925年刊发的《无线电电影将成事实》。

关键词 中国 电视文献 考证 倪尚达

迄今为止，学术界公认的说法是，《科学》杂志在1927年第6期刊发的《电视之进步》是"目前为止发现的在中国最早介绍电视的文章"[①]。据笔者所掌握的文献，这种说法应得到修正。

首先，需要明确的是，中国早期对"Television"的翻译颇为混乱，除"电视"外，尚有"无线电传影（术）""射电传影""电影活影机（术）""无线电传声影机""无线电（电）影""无线电景"及"得丽术"等译法。因而，关于判定中国第一篇电视文献的依据，并不是看"电视"这个词首先出现于哪篇文献，而是要看所有出现上述几个词的文献中哪篇最早，并且文中所指确实是"电视"这一事物或技术。

据笔者所知，《科学》杂志在1925年第5期"琐闻"栏中刊发的《无线电电影将成事实》是迄今为止发现的中国最早介绍电视的文献。该文篇幅短小，可录取全文以飨读者：

活动影戏欲如音乐歌唱之藉无线电传布，似属梦想，惟据美国华盛顿京都标准局

---

① 该种说法最早见于《民国时期国人对电视的认知》，后来扩及各种文献，例如《简论中国广播电视90年学术发展轨迹》《中国广播电视新闻研究简史》《我国"电视新闻"概念的提出及其价值》等都有类似的表述。上述各文献分别出自——谢鼎新：《民国时期国人对电视的认知》，《新闻与传播研究》2006年第2期；王文利：《中国广播电视新闻研究简史》，湖南师范大学出版社2008年版，第95~96页；张君昌：《论中国广播电视90年学术发展轨迹》，载《传媒思想智库》，中国广播电视出版社2011年版，第54~75页；关梅：《我国"电视新闻"概念的提出及其价值》，《新闻界》2013年第6期。

无线电研究部主任田轮曼博士（Dr. J. H. Dillinqer）之最近报告，此事不难于五年内盛行全美云。

彼曰："物像藉无线电传布时，须用一种特制之照相器，及电照灯，此灯光度之强弱与无线电电流之振动数成正比，而电流之变化又欲传影片之明暗节制之。"又曰："自无线电之进步，得航空术稳如驾汽车，惟益加精进后，则于重要或黑夜中驾飞机能安如白昼也。"

近年来美国无线电发达，几至家家有一接音器，而田轮曼又欲将接音器单便制成，减少其大小，俾得容于钱袋，而后可人置一器矣。惟彼曰："无线电电影接受器构造复杂，须价昂贵，家置一具已属难能，而欲人人有之，恐非二十年内事也。"①

文中介绍了美国无线电研究的两项新动向，一是正在加紧研发"无线电电影"，二是拟研发便携式的接音器（即便携式收音机），"俾得容于钱袋，而后可人置一器矣"。在介绍"无线电电影"时，文中用田轮曼博士的话，简明扼要地解释其传播图像的基本原理——光电转换，预计它将在"五年内盛行全美"。文末又说它"构造复杂，须价昂贵"，"而欲人人有之，恐非二十年内事也"。从这番话可知，"无线电电影"即是现今意义上的电视。

该文作者署名"尚达"，本名倪尚达，是我国著名的物理学家、电磁学专家及中国无线电教育的先驱。② 该文是倪尚达由美返国前夕发表的。当时倪正在著名的西屋电气公司做研发工作，工作的需要加上"深信无线电将对人类产生重要影响"使他十分关注无线电研究的动态。鉴于电视研发集中体现了当时无线电研究的前沿技术，英美等国正在进行你追我赶的电视研发竞赛，他敏锐地感受到应该将这一最新的事实传回国内，成就他成为向国人介绍电视这一新生事物的第一人。

中国第一篇电视文献刊发在《科学》杂志上是不足为奇的。《科学》由任鸿隽、赵元任、杨铨等留美学生于1915年1月创刊于康奈尔大学，后成为"中国科学社"的机关刊物，1918年迁回国内出版，至1951年终刊，是"我国现代出版史上创刊最早、出版时间最长、影响最大的科学期刊"③。《科学》自创刊以来"以传播世界最新科学知识为帜志"，作者多为在欧美的中国留学生，欧美甚嚣尘上的电视研发传闻无疑吸引了他们中的部分人士，因而导致《科学》成为中国早期刊发电视文献最为集中的刊物之一。

---

① 尚达：《无线电电影将成事实》，《科学》1925年第5期。
② 关于倪尚达的资料，可参考以下文献。倪敦祥：《回忆父亲倪尚达教授》，《中国科技史料》2001年第4期；《倪尚达（1898～1988）：南京高等师范学校理化科1919年毕业校友》，http://seuaa. seu. edu. ch/s/14/t/1002/08/8b/inf02187. htm
③ 闫东艳、齐婧：《我国近代科技期刊的传播模式》，《编辑学报》2011年第3期。

据笔者所知，在1925年还有另外一篇文章也对电视进行了介绍，即《明星特刊》①第4期刊发的《无线电影》。该文介绍了电视先驱者之一Charles FrancisJenkins（即文中的"勤根氏"，现通译为"詹金斯"）的最新研发进展，并对詹金斯使用棱镜圆盘新型光学扫描器传送图像的基本原理做了简单的解释。值得一提的是，该文为吸引读者，开篇如下："（一）可以房中看见听见舞台上的戏剧；（二）可以直接看见大集会，听见演讲；（三）可以把各处大运动会送到你房中；（四）可以跟着探险家游历家一步一步地登两极，穷深林，异风奇俗，怪禽猛兽，有如身历其境。"② 此言形象具体地点明了电视的声画合一、无远弗届及传播内容丰富等基本特性，这在当时来说是十分可贵的。

要说明的是，上述两文几乎同时刊出，之所以认定《无线电电影将成事实》是介绍电视的首篇文献，是据于刊发此文的《科学》在当期的封面上载有"中华民国十四年八月"字样，而刊发《无线电影》的《明星特刊》在其封底载有"中华民国十四年九月十二日出版"，故可认定前文出版时间早于后文。

被誉为"中国近现代史百科全书"的《申报》也较早刊发涉及电视的文章。例如，1925年11月15日刊发的《海外奇珍志》中，提及德国物理学家马勒博士（Dr. Karl Mueller）"新发明极薄钢片"，认为该项发明对"电影传影、无线电影等事业，皆可大加助力也"③，这里的"无线电影"即电视。又如1927年元旦《申报》刊发著名戏剧艺术家欧阳予倩撰写的《民国十六年的电影界》，文中提到电视的发明有助于电影的发展。"近来有声电影跟无线电传影等发明，能使电影的势力趋于伟大。"④ 然而，这些文章只是介绍他物时偶尔提及电视，并不能算是严格意义上的电视文献。

旧中国影响最大的百科全景式杂志《东方杂志》在1926年也刊发了两篇重要的有关电视的文章。一篇为《电传像的成功与电传影的将来》，此文重点介绍了电传像（即传真）和电传影（即电视）的一些关键性技术和人物，并针对当时多数民众不能区分传真和电视的情况，首次对两者作了严格区分。"凡是把一张照相或图画或广告等，从甲地用电力传至乙地的，通都叫作'电传像'或'电像术'。""凡把甲处的事物传至乙处去，使甲乙两处的人，同时异地的看到甲处事物的变化，这便叫'电传影'或'传影术'，或简称'电景'。"⑤ 另一篇为《无线电界之新发明》，全文由"绪言""电

---

① 《明星特刊》是明星公司于1925年5月1日创刊的不定期出版的刊物，是电影"公司特刊中创刊时间最早、发行时间最长的一种"，被誉为"中国早期电影印刷文化的标本"。参见张斌宁《社论伦理、通俗美学及市场意识——作为早期电影印刷文化标本的〈明星特刊〉》，《当代电影》2009年第6期。
② 舜庭：《无线电影》，《明星特刊》1925年第4期。
③ 舜庭：《海外奇珍志》，《申报》1925年11月15日（第12版）。
④ 欧阳予倩：《民国十六年的电影界》，《申报》1927年1月1日（元旦增刊第19版）。
⑤ 孔祥鹅：《电传像的成功与电传影的将来》，《东方杂志》1926年第22期。

传形术何以较电传照片术为难""贝尔德新发明之方法""试验电传形术时之状况""传影与传声可并行而无碍乎""传影时所受各种扰乱情形如何""将来用途之推测"等七部分构成,全面细致地介绍了电视的技术基础、研发历史与现状以及社会功能,可说是中国历史上的第一篇电视专论文章。①

可见,在《电视之进步》一文刊发之前已有多篇文章涉及电视,因而可以断定该文并不是"在中国最早介绍电视的文章"。那么,这篇文章又是怎样产生的呢?

1927年4月7日,是电视发明史上的一个里程碑式的日子。该日,附属于美国电话电报公司(AT&T)的贝尔试验室用它所研发的电视系统将时任美国商务部长胡佛(Herbert Clark Hoover)的演讲实况由华盛顿传送到纽约,这是人类历史上首次将活动的画面传送到数百英里之外。这一事件当时在欧美轰动一时,报刊纷纷撰文介绍,而当年我国也有两个著名的杂志报道了此事。

首先向国内披露此事的是《科学》杂志,刊发的即是《电视之进步》一文。文章开篇就简要介绍了该事件,"各种传递方法史上成功之最伟大者,电视居其一;乃在纽约之赔儿试验室(Bell Laboratory)中……而抵于成",然后以此为由头,介绍了尼普可夫扫描技术、光电池等电视的科技基础,着重从技术层面解释此次实验的意义。该文为何没有署名呢?这是因为《科学》杂志常设的栏目"杂俎""琐闻"刊登的多是科技动态、科技花絮之类的短文,这类短文除有少量是外来稿件、署有作者姓名外,多数是编辑自行采写,故常常不署名。据当时的情况分析,该文很可能是《科学》杂志社在美国分社中的某位编辑根据美国报刊的报道编译而成的。

而稍晚出版的《东方杂志》也对此事件做了更为详尽的介绍。② 这篇文章题为《美国电视试验之成功》,署名"沈嘉瑞"③,但是从文末可知该文译自美国《纽约时报》。

因此,将《电视之进步》看作是"目前为止发现的在中国最早介绍电视的文章",是错误的。究其原因,存在两种可能:一种可能是不知"Television"除了有"电视"的译法外,还有另外几种译法,因而仅仅探寻最早将"Television"译为"电视"的文献,而忽略了其他译法的文献;另一种可能是虽然意识到"Television"有几种译法,但是没有下功夫去寻找这几种译法的文献,而是想当然地仅把最早将"Television"译为"电视"的文献当作是"在中国最早介绍电视的文章"。

那么,《电视之进步》一文究竟是不是中国历史上最早将"Television"翻译为"电视"一词的文献?或者说,"电视"一词最早是不是就是出现于该文?

笔者穷集文献发现,首次将"Television"翻译为"电视"的文献是1927年5月8

---

① 汪德官:《无线电界之新发明》,《东方杂志》1926年第23期。
② 沈嘉瑞:《美国电视试验之成功》,《东方杂志》1927年第17期。
③ 沈嘉瑞(1902~1975),浙江嘉兴人,中国动物学家,是我国甲壳动物分类学的创始人。

日《申报》刊载的《死声之发明》。该文为科普性文章，内容为介绍物理学声光研究的最新进展及运用，文中载有如下一段文字："自欧战发生迄今，科学家穷究声光之奥，无微不至……尔来天文学家某氏，已能利用紫烈光线摄取天空影像，英人复能借助此种光线以造电视器具（Television）……凡此种种，概系光学上之新进步也。"① 这段话中明确将"Television"译为"电视器具"。对比该文与《电视之进步》的出版时间可知，前文早于后文。②

任何历史问题，"只有靠大量的、批判地审查过的、充分地掌握了的历史资料，才能解决"③。综上所述，《电视之进步》既不是"中国最早介绍电视的文章"，也不是中国报刊上"电视"一词最早见诸文字的文献。

在探究中国第一篇电视文献的历程中，会发现一个重要的事实，那就是中国早期电视文献的作者多数是当时的科技精英。④ 由此再次证明，尽管现代西方发达国家在相当长的时期内于科学技术上处于学术中心和领先位置，但是中国从来不缺乏知识的"盗火者"，无论国势多么衰微，他们时刻"向往着国家昌盛，民族复兴，科学文化繁荣"⑤，他们紧跟世界的科研前沿，并热心向国人介绍，身先士卒地承担起"教育和普及"的重任，为中国的复兴撒下了希望的种子。

（作者系温州大学城市学院管理分院副院长）
（原载于《中国广播电视学刊》2016 年第 2 期，总第 299 期）

---

① 杨复耀：《死声之发明》，《申报》1927 年 5 月 8 日（本埠增刊第 5 版）。
② 查阅刊发《电视之进步》的当期《科学》的出版时间是 1927 年 6 月。
③ 《马克思恩格斯选集》第 2 卷，人民出版社 2012 年版，第 39 页。
④ 例如《无线电电影将成事实》的作者倪尚达、《电传像的成功与电传影的将来》的作者孔祥鹅、《无线电界之新发明》的作者汪德官、《美国电视试验之成功》的作者沈嘉瑞等都曾有在欧美留学的经历，后来均成为中国科技界卓有成就的人物。
⑤ 郭沫若：《科学的春天——在全国科学大会闭幕式上的讲话》，《人民日报》1978 年 4 月 1 日。

略论广播界《宣传业务整改草案（提纲）》的主要论点及意义

哈艳秋

熟悉历史的人们都知道，1958年至1960年的三年"大跃进"给我国政治、经济和科学文化事业造成很多负面影响。同样，"大跃进"期间，我国的对内对外广播电视因受"大跃进"的影响宣传上出现浮夸风、瞎指挥和片面性、绝对化等"左"的错误，一度不顾事实为高指标、"共产风"等推波助澜，产生不少副作用，给实际工作造成很大危害，广播电视在国内外的信誉降低，广播电视宣传工作面临许多困境和难题。

1961年，为了纠正"大跃进"造成的各方面的问题，党的八届九中全会提出调整、巩固、充实、提高的八字方针。

60年代初，为了使广播电视系统更好地贯彻党的"八字方针"，改进提高广播电视的宣传质量，争取好的宣传效果，1964年3月中央广播事业局制定了《宣传业务整改草案（提纲）》（以下简称《业务整改草案》），这个《业务整改草案》是广播事业局党委对中央人民广播电台、北京电台（国际台）和北京电视台（现中央电视台）进行深入实际调查研究，掌握大量情况的基础上对人民广播创建以来，特别是新中国成立以来十几年广播电视对内对外宣传正反方面的经验的审视和总结，并对做好60年代中期广播电视宣传工作提出明确的方针、措施和改进意见。《业务整改草案》中所提出的方针、措施和意见对提高当时的广播电视宣传业务具有重要的指导作用。

《业务整改草案》全文3.5万字，是梅益同志起草，经广播事业局党委反复讨论修改，并且在1964年4月召开的第八次全国广播工作会议上提交与会代表广泛讨论，其基本思想和认识是正确的，在广播系统内影响很大。但是，由于1966年"文革"的发生，《业务整改草案》中的主要精神没能长期很好地贯彻执行。"文革"中在极"左"思潮的影响下，《业务整改草案》的内容被视为广播界的"毒草"受到严厉批判。"文革"结束后，在1980年召开的第十次全国广播工作会议上，广播电视工作者对《业务整改草案》重新给予评价，认为其精神和内容是正确的。

《业务整改草案》共涉及15个方面的内容，依次是：业务工作的基本估计；提高广播电视宣传质量；明确方针争取更多的听众和观众；改进新闻性节目；改进知识性节目；改进文艺性节目；改进服务性节目；四类节目的比例关系；关于表演团体的方针；关于唱片出版工作方针；提高播音和翻译水平；做好听联工作；发挥自己的作用，充分运用社会力量；重视调研改进文风；加强业务领导，大抓三项建设（思想、业务、队伍）。除第一项外，其他都是围绕"提高宣传质量"这个主题展开的。

一、《业务整改草案》的主要内容和论点

1. 对业务工作的基本估计

《业务整改草案》在肯定以往广播电视工作取得了成绩和发挥作用的同时也看到了其存在问题，如配合党的方针政策宣传不够有力；广播电视在国内外影响不大；队伍和事业建设与实际距离大等。为此，希望通过这次整改，在思想上、业务上、组织上和事业建设上，都能达到一个更高的水平，真正成为党和人民得心应手、强有力的宣传工具。

2. 关于提高广播电视的宣传质量

《业务整改草案》把提高广播电视宣传质量放在首要位置，可以看到广播事业局领导，已经在"大跃进"的宣传教训中看到只讲究报道数量忽视宣传质量所带来的危害。《业务整改草案》指出：整改要求我们在现有的基础上进一步提高广播电视宣传的质量，就是使节目的思想性和艺术性达到一个更高的水平。

如何提高质量，《业务整改草案》坚持要从总结入手，进一步明确各项业务工作的方针，改进措施和奋斗目标。《业务整改草案》指出提高宣传质量的措施是广播电视工作者思想要加强改造，业务上加强政策学习和调查研究，不断改进文风，做好干部的培养和加强事业建设。《业务整改草案》指出："文风不好已削弱了我们的宣传效果，今后必须提倡练好基本功和认真改进文风。"这一点正是从"大跃进"广播宣传中出现的浮夸风、片面性的反面经验中得出来的，教训是极其深刻的。

3. 广播电视对内对外宣传要争取尽可能多的听众和观众

《业务整改草案》认为：强调宣传质量的目的是加强宣传效果，而宣传效果的好坏直接影响到广播电视听众和观众。

20世纪60年代中央电台担负着向全国人民宣传毛泽东思想和党的路线方针政策，宣传社会主义、爱国主义和国际主义的重要任务。《业务整改草案》指出：广播电视的主要对象是工农兵、干部、学生，其首要解决的是为五亿农民服务的问题。要为农民办一部分节目，其他节目也要做到深入浅出，通俗易懂。《业务整改草案》要求中央电台必须深入农村实际，认真改进它的文风。

关于对外宣传的问题，60年代东西方实行冷战政策期间，北京电台的中心工作是宣传我国的对外政策，国内生产、建设情况和成就，反对以美帝国主义为首的帝国主义。《业务整改草案》规定"对外宣传对象不仅有工人、农民、知识分子、小资产阶级，还包括爱国的民族资产阶级，一部分爱国的王公贵族等"。《业务整改草案》强调，

对外宣传对象以政治上中间分子为主，争取中间分子的转化，以一般中间分子的听众为主而办的节目仍然是经常的和大量的。要认真做好争取中间听众的工作。《整改草案》这种分析是十分中肯的。

关于北京电视台，《业务整改草案》规定，其对内做好对首都的宣传（当时还不具备对全国广播的条件），对外做好电视新闻片的输出，"要立足北京，面向世界"，以更多更好的片子影响外国观众。《业务整改草案》根据中央三大台不同的特点，在对内对外宣传上提出了不同的要求，改变了过去那种无论对内对外，不管广播电视宣传内容、宣传对象强求一致的做法。

4. 关于改进新闻节目

新闻节目是广播电视的重点节目，其办得如何直接影响到了广播电视宣传效果和受众。针对过去新闻节目时效性差、新闻信息量少、新闻篇幅长、没内容等问题，《业务整改草案》规定无论对内对外新闻应该快些、多些、短些。《业务整改草案》要求中央三台都要加强国际述评，以配合我国外交和国际斗争。

《业务整改草案》要求对内宣传应该重视对先进人物的先进思想、革命精神、科学态度、共产主义风格、高贵品质的宣传，以影响教育人民群众，"变精神力量为物质力量"。对外宣传有效的做法是新闻节目应该最生动、最吸引人，报道国外听众最感兴趣的事情。对外广播要扩大选材范围，从中国人的生活、家庭到风土人情都可以报道。

《业务整改草案》还提出新闻节目要去掉枯燥呆板，办得生动些、活跃些，在这方面要充分发挥广播电视的特点，请代表性的人物直接参加广播电视的活动，组织他们对社会问题进行讨论，建议电视办讲话节目。《业务整改草案》针对"大跃进"时新闻报道笼统介绍先进经验、轻易推广某些经验以及在宣传先进人物和先进经验时的绝对化、片面性等问题，提出改进新闻报道的几点意见，既要用事实去宣传；要实事求是；要两点论，防止片面性、绝对性、简单化。新闻"使人听之有味，想听下去"，还要少而精。这几点强调了新闻报道的宣传艺术、技巧、语言和形式的重要，同时也说明《业务整改草案》对新闻宣传的特点、规律有了比较正确的认识。

5. 关于知识性节目

广播电视是对人们进行科学文化知识教育的最有效的工具，中华人民共和国成立之初广播就很重视这个问题，关于知识节目的方针，《业务整改草案》规定以普及为主，系统讲授和专题讲座相结合，内容以中国为主、以现代为主。

《业务整改草案》要求中央电台在有关部门的协助下举办农业科学技术知识节目，知识性节目按广播特点来贯彻"百家争鸣"的方针，"不宜于播送深奥的长文"，"只要多数听众感兴趣的，能够接受的都可以广播。"

《业务整改草案》建议北京电视台应尽快举办外语教学节目。

对外广播的知识性节目的主要任务是："比较系统地介绍中国政治、经济、文化、历史、地理等基本情况以及近现代革命斗争经验。"

6. 关于改进文艺节目

怎样改进文艺性节目，《业务整改草案》指出："文艺广播应该在满足多数听众的需要为主，同时适当照顾少数听众的爱好的条件下，尽量扩大取材的范围和放宽取材的标准。文艺广播既不应该生硬地庸俗地强求和政治任务配合，忽视它在满足广大听众文化娱乐要求方面的作用，也不应该过分强调满足文化娱乐的要求，以致忽视它对人民的政治倾向、思想意识和社会风气的影响。"

《业务整改草案》规定，文艺广播应该很好地解决各种节目的比例，例如中国音乐和外国音乐的比例，音乐、戏曲和文学的比例等，"总之，广播电台的各种节目之间的比例体现了我们的政策和方针，而党和国家所规定的每一时期的宣传任务和方针以及广大听众的爱好和需要，应该成为我们决定每一个时期这种比例的根据。"

根据以上方针改进文艺节目还应该遵循以下几条意见，在满足大多数人的需要同时，还要照顾少数对文艺有特殊爱好的；节目内容注意教育性、战斗性同时又要适当注意它的娱乐性、欣赏性；强调文艺节目的多样性，同时要对人民的政治倾向，思想意识，社会风气有积极影响；主张节目内容反映各种流派和不同风格，但作品内容反动的、诲淫诲盗、庸俗恶劣、粗制滥造的不能播；重视现代题材和民族形式，同时不排斥传统和外国的作品。

以上方针和改进意见实际是1957年文艺广播的重要经验，1964年《业务整改草案》重申了这些，肯定了这些，在以后的工作中也起了一定的指导作用。

7. 办好服务性节目

《业务整改草案》援引了刘少奇同志1956年对广播事业局负责人的讲话，刘少奇一向主张"广播有各方面的听众，应该关心所有听众关心的问题。有些生活上的事情，人民需要知道，比如天气冷了要提醒大家；……"《业务整改草案》指出："几年来我们没有很好地执行这个指示。"

《业务整改革案》要求广播电台要搞好报时节目、广播体操节目和天气预告，既然是服务性节目，因此"广播和电视要让人们听了有亲切感"。

《业务整改草案》中还对新闻性节目、知识性节目、文艺性节目和服务性节目的比例做了调整，适当增加了知识性和服务性节目的比例，规定中央台的各种节目比例，新闻性占20%，知识性占10%，服务性占5%，文艺性占65%。对外广播和北京电视台各类节目比例《业务整改草案》中没有做具体规定，但也希望它们根据实际情况在整改中把比例确定下来。对三大台的各类节目比例不做硬性规定，不强求一律，坚持一切从实际出发，具体情况具体对待的思想。

8. 《业务整改草案》还就广播电视的表演团体、唱片出版工作、播音和翻译工作，听联工作等如何改进提高的问题提出具体要求

《业务整改草案》强调了这些工作对提高广播电视宣传质量的重要作用，并就各自工作提出明确要求。如唱片工作要抓两头，一头抓普及，一头抓提高，以普及为主。翻译工作做到"准确传神，通俗生动，流畅动听"，反对死译。播音工作提倡充分发挥创造性。

关于听联工作，《业务整改草案》认为，广播电视是加强与国内外听众联系重要工具。通过与听众的联系了解我们节目的播出效果和听众的要求。《业务整改草案》认为"听联工作不是一项技术性的和事务性的工作，而是一项政治性极强的工作"，指出了听联工作的重要性，要求广播电视都要做好这项工作，如办一些鼓励听众来信的节目，向听众赠送书刊、贺卡等纪念品等。《业务整改草案》特别强调对外国听众的来信，必须"每信必复"。要求广播电视在加强与听众、观众的联系中转变工作态度和工作作风。

9. 充分运用社会力量办好广播电视

《业务整改草案》认为，提高广播电视宣传质量除我们自己努力外，"还要更广泛地、更有计划地动员社会力量帮助我们办好节目"。为此，要求中央三台、表演团体和唱片出版社加强与外界的协作，邀请一些专家成立各种咨询委员会，"是动员社会力量来加强我们的业务指导的一种有效的做法"。

10. 重视调查研究，认真改进文风

《业务整改草案》把调查研究、改进文风作为一个专门问题来论述，可见中央广播事业局党委对这个问题是非常重视的。《业务整改草案》认为，宣传机关本身就是调查研究机关，因此"人人做调查研究工作，时时做调查研究工作，要把调查研究列为一种经常的工作制度"。

关于改进文风问题，《业务整改草案》以讲话要看对象、语言要生动简洁、讲究技巧和形式、要客观一些、含蓄一些等方面作具体分析。

《业务整改草案》强调电视新闻必须真实，不能搞所谓的"组织拍摄"。

最后，《业务整改草案》提出，为了实现业务整改计划和今后的奋斗目标，各编辑必须大力抓好思想上、业务上和组织上的建设工作。

二、《业务整改草案》的历史意义

1964 年制定的《业务整改草案》是纠正 1958 年以来广播电视工作的错误，特别是新闻业务中的错误的一个重要文件，它的制定和实行扭转了长期以来对广播电视工作的错误认识，削弱了"左"倾思想对广播电视宣传的影响，为我国 20 世纪 60 年代广播电视走出困境，不断发展指明方向。由于历史的原因，虽然《业务整改草案》中有

些提法还带有历史的局限和时代的烙印，但是它在 60 年代中期在中国广播电视发展史上起的作用应当给予肯定。其意义十分重大：

第一，《业务整改草案》的制定是广播电视工作者响应中共中央倡导的大兴调查研究之风的重要成果。为了总结三年"大跃进"的经验教训，避免今后各项工作再犯错误。1961 年党的八届九中全会上，毛泽东同志召全党大兴调查研究之风，会议闭幕后毛泽东同志率先身体力行，在他的倡导和带动下全党开展了大规模的调查研究工作，《农村工作六十条》《工业七十条》《高教六十条》都是在调查研究的基础上制定出来的。通过调查研究，广播电视工作者在事实面前，终于认识到"大跃进"中那些错误观念和做法的危害性，在《业务整改草案》中对那些浮夸不实的问题进行了纠正，并统一了广播电视工作者的思想和行动。

第二，《业务整改草案》的制定体现了新闻工作实事求是的精神。"实事求是"历来是党的新闻工作的一个重要原则，从中国共产党成立之初创办的第一张机关报《向导》周报、《热血日报》到抗日战争的《新华日报》《解放日报》，还有延安新华广播电台，在新闻报道中始终坚持新闻实事求是的思想路线。中华人民共和国成立以后，新闻工作总的来看在社会主义经济建设的宣传报道中是有成绩的，但 20 世纪 50 年代"左"倾思想对新闻广播电视工作的影响，特别是"大跃进"期间的宣传报道，为了追求轰动效应，追求规模数量，新闻报道完全背离了实事求是的精神，在国内外造成很坏的影响。《业务整改草案》检查了过去新闻报道中存在的问题，对所涉及的各类节目从内容到形式，从方针到措施都考虑到国内外和广播电视媒体特点的实际情况，体现了党的新闻工作实事求是的精神，在很大程度上解决了广播电视思想路线问题和工作作风问题。

第三，摆脱"大跃进"的束缚和影响，把提高广播电视宣传业务的质量放在非常重要的位置。正如《业务整改草案》中所说，"近十年来，我们经历多次政治运动，但就没有开展过一次提高业务的群众运动。""大跃进"中广播电视的宣传报道只讲究报道数量，不注意报道质量，实际在很大程度上削弱了宣传效果。《业务整改草案》的制定说明从中央广播事业局的领导到广大职工，已经认识到讲究、重视新闻业务，重视宣传报道质量已经成了广播界的共识。《业务整改草案》很多内容都可以看到重视宣传业务、重视宣传质量，不空谈政治，不唱高调，所制定的各项改进方针明确，措施具体，比较符合实际，容易贯彻落实。

第四，《业务整改草案》的制定为 20 世纪 60 年代中期广播电视的发展奠定了基础。

《业务整改草案》的制定正值全国广播事业两年调整和制订第三个五年计划（1966~1970 年）之际，广播电视进入 60 年代以后已经取得较好成绩，今后在宣传上、事业上如何发展?《业务整改草案》不失时机总结经验、吸取教训,为今后广播事业的大发展提出了比较合理和比较切实际的宣传思路,使广播电视事业协调、稳定、持续发展。

第五,《业务整改草案》的主要精神对现在仍有一定的参考借鉴作用。

站在新世纪,回眸历史,立足现实,让人生发很多感慨。20世纪这一百年的历史给我们留下什么遗产,我们又如何去迎接新的历史、新的挑战?50多年前的《业务整改草案》,提到了有关重视宣传质量、注重宣传效果、节目要办的有特色、区别不同的受众对象等,仍然是今天我国广播电视宣传改革中反复强调的问题,所以进入21世纪以后,对于广播历史上那些有价值的、曾经对我们的工作给予很大影响的事情,还是应该回过头来多看看,多想想,品品其中的滋味。

(作者系中国传媒大学新闻学院教授)

中国网络视频的传播

郭镇之

内容摘要 电视的形态在变化之中。在新技术与媒介融合的传播生态中,商业性网络视频的流通越来越多地取代了传统电视的政治意识和说服动机,娱乐性的内容生产、来自规模效应的市场利润成为新的奋斗目标。

本文考察中国网络视频在媒介制度的制约和流行文化的影响下,以新的渠道和新的方式开展的传播行为。本文首先介绍中国网络视频传播的产生及发展过程以及中国电视市场发生的主要变化;其次分析以广电总局的政策为代表的政府规制行为,以及其中所反映的技术发展、受众需求以及媒体反应;最后,本文在结论部分强调中国视频传播面临的制度性困境及改革的必要性。

关键词 网络视频 发展 管治

电视的形态在变化之中。从传统电视到网络视频,今天的新型电视已经不是我们熟悉的"电视"含义。在新技术与媒介融合的"互联网+"生态中,网民既是接受者,有时又是传播者。商业性的视频流通越来越多地取代了传统电视的政治意识和说服动机,娱乐性的内容生产、来自规模效应的市场利润成为新的奋斗目标。本文对体制的变化进行观察,试图搜寻并解读电视传播中的一些新现象。

通过网络传播的电视/视频产品,主要分为两大类。一类是网络用户业余生产的内容(User – Generated – Content,UGC);另一类是专业电视工作者和制作机构生产的内容(Professional – Generated – Content,PGC)。前者是一种全新形式的内容;后者则是传统电视内容的扩展和延伸。

电视(视频)产品的网上传播渠道,也主要分为几大类。一类是以用户生产的内容为主要卖点的视频分享网站(所谓的 YouTube 式网站);一类是传统媒体通过网络新渠道传播电视节目及其他相关内容的分销点播网站(所谓的 Hulu 式网站);还有一种专门的视频网站,以美国的 Netflix 为代表,是将专业生产的内容首先或者主要通过网络发布的新传播方式。三种网站中,Hulu 式网站只是传统电视营销方式的转型;YouTube 式网站,却是内容的创新;而 Netflix 式网站,则是最有网络时代特色和市场经济特点的电视传播形式——它主要以一种新的营利模式传播具有稳定经济来源的视频产品。而随着科技、媒介及媒体的融合，这些网站及其传播内容也在融合之中。

一、中国网络视频的发展脉络

中国的网络视频产品和视频网站则仅仅经历了十年的发展过程。短短十年间，中国视频网站大致经历了自发生长、自由竞争的大发展时期；随着资源的集中和管治的加紧，逐步进入按轨而驶的管治阶段。

1. 风生水起：网络视频的出现

中国的网络传播开始于1994年，那一年，中国正式接入了互联网。1997年，主流新闻媒体《人民日报》、新华社、中央电视台带头建立网络版，各类媒体随之纷纷"触网"。1998年，新浪、搜狐等以搜索新闻信息为目标的一批商业门户网站也建立起来。

新闻信息网站起初以文字信息起家，随着业务内容的扩大，开始播出新闻现场短片、知名人物访谈等，吸引网站的受众（读者），并在新闻时事视频的基础上，先后开办视频频道，接受播客提供的自娱自乐短片（即用户生产的内容）。在中国，人们最早记得的此类创作是2006年胡戈制作、网上传播的戏谑性短片《一个馒头引发的血案》。一点一点地，网络视频逐渐被纳入"合法"范畴，视频传播成为一种新闻方式，甚至传播环境。

不过，视频网站、提供专业视频内容的生产机构，都需要得到批准并持有牌照。广播电视的规制者广电总局对视频内容实行独占式管理。因此，即使如人民网、新华网这样依托中国数一数二官方机构的新媒体，迄今也很难在视频行业做大。真正活跃在网络视频领域的，是靠电视娱乐起家的准民营机构——它们大多与传统电视业存在千丝万缕的联系。

2. 从引进到自制：网络视频的发展

中国的视频制作机构和播放平台陆续出现于21世纪以后。2004年，乐视视频（现乐视网）首先成立，但在很长时期里默默无闻。其时，搜狐宽频、新浪宽频[①]等播放新闻视频和播客内容的门户频道更吸引人。其后，2005年成立的土豆、56（我乐），2006年成立的优酷、酷6、爆米花和六间房等开始模仿YouTube方式，经营分享式视频网站；同时，PPS等以播放专业影视内容为主的软件也开始在一些网络用户中流行起来，形成一个个规模不一的"小众"圈子。特别是一些热衷于"追（境外）剧"，同步翻译与传播英美日韩热门电视剧的非营利性分享网站的出现，培养了一批批美剧迷、英剧迷、韩剧迷和日剧迷。但在2006年前后，中国网络视频传播处于萌芽期，流媒体的传播速率受制于带宽流量，网站数量少，用户规模小，视频分享服务尚未赢得广泛受众。

---

① 后均改称"视频"，如"搜狐视频""新浪视频"。

2007年之后，即将到来的北京奥运会带来了政策利好，随着技术瓶颈的不断扩容，中央电视台等主流媒体为直播奥运会，开始试验电视内容的免费供给，也促进了民间视频内容的生产和传播。从2007年底到2008年底，短短一年时间，中国网民规模跃居世界第一位，普及率超过全球平均水平。到2008年年中，视频成为中国网络第四大应用，用户1.8亿人，应用率71%，[①] 发展可谓高歌猛进。

不过，中国网络视频一开始便出现于市场环境中，"自由竞争"与资本投机并存，在迎合市场需求的同时，也发展出一种"盗版文化"。

起初，翻译分享视频网站以侠客式的盗版为特色（非专业翻译、免费分享），从2005年的《越狱》开始，美剧引进渐成气候，培养了一批"美剧迷"。渐渐地，这些纯粹出于个人兴趣爱好的影视剧翻译人才被专门播放影视的内容库、网站和客户端所收编。视频服务商为了"圈粉"，拿出大把银子，购买境外影视内容，而初期模糊的版权规定和中国网民普遍存在的"免费"习惯，使得视频网站处于自身盗版（无偿使用他人产品）和遭受（他人）侵权的双重漩涡之中。2009年，随着境外对盗版日益增高的批评声音，政府开始推动"反盗版"运动。

2009年，优酷、土豆、迅雷先后成立"反盗版联盟""网络视频版权保护联盟"和"中国网络视频反盗版联盟"等组织；与此同时，搜狐视频、腾讯视频等开始大规模引进正版高清影视剧视频内容——较之广播电视，网络版权费便宜不少。于是，热爱境外剧的"迷"们可以免费享用各种各样的境外剧，而且与播出国家几乎"同步"收看，成为追剧迷们最幸福的时光。然而好景不长——广电总局严格版权规制；而国外影视剧的版权费也水涨船高。

随着网络传输的改善和视频用户的增加，网络视频的广告效果得到认可，广告也开始从传统媒体特别是印刷媒体流向互联网，纸媒一片"狼来了"的呼声。而此时的广播电视媒体，似乎还可以高枕无忧：广告数量和广告份额都在增长，正版电视产品也开始通过网络播放获得收益。

2010年，在各种利好信息的刺激下，视频网站出现上市潮：乐视网、酷6网、优酷网……纷纷上市的视频网站很快在国内外圈得大笔资金，一些视频网站从单纯播放视频产品向全方位的新闻媒介发展，开始提供娱乐资讯等信息内容，通过视频盒子将视频网站及各类应用附载电视机上，使网络视频内容得以直达电视观众。

2011年，网络音乐、网络游戏和网络文学等网络娱乐类应用，大部分使用率继续下滑；而网络视频的使用率呈逆势上扬的态势，用户规模则较2010年增加14.6%，达到3.25亿人。[②]

---

① 中国互联网络发展状况统计报告，第21、22、23次（反映2007.12、2008.6、2008.12的调查数据）。
② 中国互联网络发展状况统计报告，第29次（反映2011年的调查数据）。

起初，提供给网络播放的，大多是一些过时的、粗糙的内容产品，甚至是被广播型电视认为不上档次而遭淘汰的便宜货。但在广告行业"弃暗投明"、网络收入逐年增加的背景下，作为新兴产业的网络视频前景看好：电视节目从先台后网，到网台结合，再到先网后台，网络传播的重要性越来越强。从2010年开始，视频网站开始热衷于内容生产，批量提供独特的产品——自制剧（也称网络自制剧或者网络剧、网剧）；并越来越重视"质量"——虽然网站对质量的理解和标准仅仅是点击量的多少。于是，自制剧从小打小闹的小品式微电影、短视频出发，逐渐向专业化、正品化的长剧方向发展。视频网站根据各自的优势和愿景，有的专注于直播，有的侧重于分享式短视频和资讯，有的致力于专业制作的长视频系列剧，还有的集中于动画片、综艺选秀及其他更加专门的内容。虽然仍然亏损巨万，但网络制作的赢利远景渐渐清晰。

3. "底线生存"：网络剧日渐做大

网络剧指专门为网络播出、首先在网上播放或者主要为网络制作的电视剧，这些网络剧初期以短视频（微电影和短剧）的方式出现，似乎不是一种可以经营并导致利润的方式。但随着网络带宽的迅速扩张，随着移动终端（特别是手机）视频应用的实用化，适合于利用碎片时间的短视频越来越得到青年人的青睐。基于被称为"IP"（Intellectual Property，亦即知识产权作品）的热门网络小说、购买版权制作的网络视频内容生产也日益瞄准被称为"网络土著"的网生世代（80后、90后）的口味，并得到他们的追捧。

眼看网络视频传播成为"富矿"，跃跃欲试者大有人在。随着专业队伍的加入和制作能力的加强，2012年以后，专门为网络播出的自制剧发展迅速，例如网络热播剧《盗墓笔记》，短短时间点击量就超过10亿次，许多观众为先睹为快，不惜付费成为会员，只为追剧"早知道"。

也正是从这个时候开始，境外网络剧（如《纸牌屋》）及其他电视剧开始批量引进，其巨大成功更加刺激了视频专业团队的网络流向，网络剧显示出专业的模样。2014～2015年自制网络剧达到一个高潮，2014年被行业视为网剧的"自制元年"[1]，2015年被称为网络剧的"井喷年"[2]。与媒介融合的趋势一道，线上线下的电视/视频产品现在可能同时播出，甚至反向从网络流向电视屏幕。

由于网络的"自由"氛围，以及初期网络视频管理的滞后，网络视频自制内容自发地生长起来，且逐渐受到追捧。在政策比较宽松的时候，从业余者的游戏之作起步，网络剧发展出一种自由张扬的风格，内容主要集中于穿越、偶像、悬疑、武打等流派，以古装形式映射现实场景。为了吸引眼球，网络剧在情色、暴力、荒诞方面走得越来

---

[1] 国家新闻出版广电总局发展研究中心：《中国视听新媒体发展报告》（2015），第31页。
[2] 刘阳：《网剧热播，能成为视频"新宠"吗？》，《人民日报》2015年10月29日23版。

越远。日益严重的血腥暴力、色情粗俗、封建迷信等问题，终于超越了管理者可以容忍的底线。

随着政策的收紧和频发的禁令，一些热门网络剧遇到了麻烦。2016 年 1 月 20 日，传说一段时期的"禁播"令终于"靴子落地"。6 部网播正红的自制剧《心理罪》，《太子妃升职记》《无心法师》《盗墓笔记》《暗黑者》《探灵档案》被广电总局勒令下架，有的永久禁播，有的限时整改。其中《太子妃升职记》是 2015 年年底乐视网播出的网络剧，集穿越、易性、宫斗、同性爱于一身，虽因制作粗糙引来吐槽一片，却以奇葩的剧情获得大量年轻人追捧，点击量数以 10 亿计。由于"下架"时《太子妃升职记》实际已经播放结束，乐视网并未遭受多少经济损失，经过删减的《太子妃升职记》不久后又恢复网播。

如《太子妃升职记》的案例，"被下架"和"遭吐槽"并不一定带来严重的负面后果；有时，被"禁"的命运反而赢得了同情分，负面消息甚至起到话题营销的作用。在互联网时代，网络传播充满了后现代的意味：坏口碑成为热话题，也是一种营销良机——这与传统的经济机制早已大不相同。

4. 网络视频经济：付费渐成趋势

引进正版境外影视剧本来已经加重了视频网站的成本；自制剧更增加了经营方面的负担。迄今，网上视频包括网络剧大多处于赤字经营、培养市场的阶段，广告仍然是主要的收益来源。然而，尽管越来越多的广告费开始流向网络，主要流向视频，但仍然远远不能满足需要。

随着网络成本的提高，2012 年之后，媒体合并成为风潮。可能最引发关注的是当年优酷、土豆宣布的合并。2013 年，百度收购 PPS，并促成 PPS 与爱奇艺的合并。眼花缭乱的并购行为与协同发展常常模糊了媒体的面目。

截至 2015 年年底，中国网络视频用户规模达 5.04 亿，网络视频普及率为 73.2%，[①] 创业者也开发出各种各样的收费制度，如会员制、点播制，一向依赖广告的视频市场开始出现新的生机；而更有付费意愿的 90 后世代成为网络视频的主流观众，使得付费观赏开始成为时尚。2015 年的付费观众比 2014 年增加 133%，达 2200 万人。[②] 乐视的会员费收入以 2.71 亿元的体量首次超过广告费收入的 2.65 亿元；2016 年，爱奇艺冒险以会员特供的方式播出韩国电视剧《太阳的后裔》，首轮网播即收获观众 26.79 亿人次，并一举吸引了超过 50% 的会员加盟，仅仅增加的这些会员收入就达 1.9 亿元人民币。[③]

---

① 中国互联网络发展状况统计报告（第 37 次，2016 年 1 月）

② 艺恩：2015 中国视频行业付费研究报告，2016 年 1 月。

③ 徐晶卉：视频网站付费会员制全新起步，2016 - 04 - 16，http://www.whb.cn/zhuzhan/kandian/20160416/54583.html。另详见艺恩：《2015 中国视频行业付费研究报告》（2016.1）

二、广电总局的网络视频管治

进入 21 世纪，随着网络的繁荣，特别是网上视频的发展，广电总局开始涉足网络视频管理这一并不熟悉的领域。不过，广电总局对广播电视的管理是行政式的，基本采用红头文件甚至电话通知；各种管治措施，包括对网络视频的管理，常常以"流言"的方式出现，有些文件流传到了网上。总局一般不置可否——既不承认，也不否认，因此很难查证。

1. 广电总局的网络视频监管

目前查到的最早的对网络视频的正式规制文件，是 2003 年 1 月 7 日广电总局令第 15 号——《互联网等信息网络传播视听节目管理办法》①，这份规制文件很快被 2004 年同名的第 39 号令②所取代。2003 年的号令主要规定了网络视听传播的许可证制度，2004 年将《网上传播视听节目许可证》改为《信息网络传播视听节目许可证》，并规定，外商独资、中外合资和中外合作机构不得从事视听节目业务；且只有传统广播电视机构可以从事集成运营服务，并不得转播境外广播电视节目。

2007 年，广电总局与信产部联合发布了《互联网视听节目服务管理规定》（广电总局 56 号令），规定广电总局"作为互联网视听节目服务的行业主管部门，负责对互联网视听节目服务实施监督管理"；而信产部"作为互联网行业主管部门，依据电信行业管理职责对互联网视听节目服务实施相应的监督管理"。据说，这个两部令是广电总局与信产部竞争监管权力的一次胜利，因为它要求所有网络视听节目服务都需要获得广电总局颁发的《信息网络传播视听节目许可证》，才能从事视听节目的传播服务。也就是说，获得网络传播视听节目服务的资格，至少需要两个部门的许可，特别是获得广电规制者的批准。正是根据这种国家授权，广电总局正式开展了对网络视频的全面管控，开始发放《信息网络传播视听节目许可证》。截至 2015 年，获得视听许可证的体制内外机构有 604 家，其中广电机构 224 家，占比 37%；民营机构 190 家，占比 31%，其余为非广电媒体及国有机构。③

短短几年之间，中国的网络视频生态发生了很大的变化。起初，网络只是电视/视频内容的发布平台之一，通过转发广播型电视节目换取一些点击量；后来，网站开始涉足内容生产，通过上游制作领域增加娱乐性，并降低购片成本；最后，台网在内容、版权、推广、品牌等方面实施全面联动，网站甚至反向对电视台输出内容产品。与此同时，主流广播型电视媒体受众和广告双双流失，日益边缘化。

---

① http://www.moe.gov.cn/s78/A12/szs_lef/moe1427/moe1428/201207/t20120703_138770.html（教育部网站）。
② 中国网络视听节目服务协会：《互联网等信息网络传播视听节目管理办法》，载于《网络视听节目审核工作参阅文件汇编》（内部资料），第 12~20 页。
③ 国家新闻出版广电总局发展研究中心：《中国视听新媒体发展报告》（2015），第 45 页。

起初，为了促进新兴产业的发展（互联网被认为是弯道超车的不二选择），对迅速生长的网络视频，广电总局采取了相对放手的策略。在 2010～2011 年网络视频开始生长的时候，广电总局于 2011 年发布了一份对"互联网电视"的规制性文件（总局办公厅 181 号文），对"持有互联网电视集成业务牌照"的机构和"持有互联网电视内容服务牌照"的机构进行管理。虽然按照程式化的管理规定，该文件也提出了一些限制性的要求（例如"互联网电视内容服务平台播放的节目内容在审查标准、尺度和管理要求上，应当与电视台播放的节目一致，应当具有电视播出版权"），但失之空泛；业界聚焦的是这样的具体规定："互联网电视集成机构和内容服务机构在业务开展中各自承担相应的审查把关责任"，即集成机构主要负责审查内容服务平台的资质；内容服务机构则负责审查平台上播出的节目，各负其责。这个被解读为"自播自审"的规定，和广电总局在一定时期内多少有些"大撒把"的管理方式，使网络视频获得了较大的空间和发展的活力。

与此同时，网络世界乱象频生，视频内容光怪陆离，特别是涉及暴力、色情的内容，不可遏止地疯长起来。① 问题集中在电视剧、特别是网络剧身上。于是，2011 年之后，广电总局管理逐渐加强，措施日益频密，既出于意识形态和文化标准的需要，也包含行业保护的动机。

2012 年，广电总局在其《关于进一步加强网络剧、微电影等网络视听节目管理的通知》（53 号文）中提出了"先审后播"原则，并强调审核人员队伍的培训②；在 2014 年的《关于进一步完善网络剧、微电影等网络视听节目管理的补充通知》③ 中，广电总局再一次强调："从事生产制作网络剧、微电影等网络视听节目的机构，应依法取得广播影视行政部门颁发的《广播电视节目制作经营许可证》。"并分别规定责任者：互联网视听节目服务单位不得播出未取得许可证的机构制作的网络剧、微电影等网络视听节目；对"个人制作并上传的网络剧、微电影等网络视听节目，由转发该节目的互联网视听节目服务单位履行生产制作机构的责任"，"不得转发非实名用户上传的此类节目"。也就是说，对上网的节目内容，PGC 机构要持证，UGC 身份要验明。

2016 年，广电总局 2004 年发布《互联网等信息网络传播视听节目管理办法》（39 号令）被《专网及定向传播视听节目服务管理规定》（6 号令）所取代。新的法规主要针对互联网电视等"专网"，而非包罗万象的互联网"公网"，监管领域貌似收缩，管

---

① 例如，2014 年 4 月 14 日，国家新闻出版广电总局下属的全国"扫黄打非"办公室通报了查处新浪网传播淫秽色情信息一案，决定吊销其互联网出版和网络传播视听节目执照。
② 中国网络视听节目服务协会：《关于进一步加强网络剧、微电影等网络视听节目管理的通知》，载于《网络视听节目审核工作参阅文件汇编》（内部资料），第 27～32 页。
③ 中国网络视听节目服务协会：《关于进一步完善网络剧、微电影等网络视听节目管理的补充通知》，载于《网络视听节目审核工作参阅文件汇编》（内部资料），第 315～317 页。

治焦点却更加清晰。例如,6 号令对作为电视节目新来源的"互联网盒子"严把入口关,使"专网"及"定向传播视听节目服务"成为直通电视机、手机等屏幕的仅有通道。也就是说,广电总局的管理更加注重区分层次:对王牌军队赋权重、要求严;对杂牌队伍管控少,但权限也低。

2. 广电总局的网络管控

起初,在网络视频尚不发达的阶段,广电总局对广播型电视掌控严;对经网络传播的视频内容管理松。有人统计,从 2000 年到 2014 年,广电总局下达的禁限命令有 60 多项①,大多是禁令,而这些禁令主要针对传统广播电视台。

然而,网剧在"自播自审"的政策下的"野蛮疯长"使低俗化的倾向日益明显:创作者不断突破审查限制,故意冲击底线。加上媒介融合,线上线下有时已经分不清楚。于是,近几年,广电总局对网络视频也发布了一系列指导方针、规定和要求。

2016 年新年伊始,广电总局官员宣布:未来网剧的标准会与电视剧一致,"(凡是)电视台不能播的,网络就不能播。"② 尽管没有废止自审自播的模式,但严控网剧的意图明显。同时,广电总局特别警惕网络视频对电视机的渗透。

(1)查禁"盒子"

查禁有时也被称为"封杀",这是业界的一种夸张说法。所谓的"盒子",是指区别于有线电视机顶盒的网络机顶盒,这是一种内容提供方式,可以通过互联网将海量的视频内容导向电视机播放。

进入 21 世纪,"三网融合"逐渐合法化,成为发展国策与奋斗目标。视频网站及各类应用得以通过互联网平台直达电视机。电视机也变身为可联网的智能电视。于是,广电总局和工信部再也分不清楚河汉界了。

2012 年正值广电总局与新闻出版总署两家合并过程中,在责权待定、无暇他顾的"空窗"时期,互联网盒子蒸蒸日上,数十款品牌涌入市场,很快达到 100 多种。便宜的山寨盒子成为 2013 年度出货大军中的主力,份额达 80% 以上。这些山寨盒子在软硬件和内容方面都没有相关授权,与牌照方的合作也似有若无,它们大量提供违禁内容甚至色情频道。

2014 年 6 月,合并不久的国家新闻出版广电总局开始出台相关政策,限制网络盒子。2015 年 7 月,广电总局对七家牌照商下发紧急通知,重申互联网电视独占原则,要求各互联网电视牌照商对违规情况进行整顿清理。违规行为主要指可用 USB 端口安装应用("电视棒")、可访问互联网浏览器、可推送聚合应用软件、视频网站客户端

---

① 超 60 项限令:国家新闻出版广电总局 15 年禁限令一览,http://www.aiweibang.com/yuedu/3634839.html。
② 广电总局:电视台不能播的网络就不能播,2016 年 02 月 29 日 10:06 新闻晨报,htto://ent.sina.com.cn/v/m/2016-02-29/doc-ifxpvvsx1743610.shtml。

等情况,焦点在"视频盒子",包括可通过手机间接遥控播放视频的遥控器①。当年9月,广电总局联合最高人民法院、最高人民检察院、公安部,以四部门的名义发布了《关于依法严厉打击非法电视网络接收设备违法犯罪活动的通知》(新广电发〔2015〕229号文)。这份文件由多部委联合发布,意味着对互联网电视行业的监管不再是一纸空文,而具有联合执法的威力。根据这部被业内称为"史上最严的非法互联网电视终端查处文件"②,包括天猫魔盒在内的主要盒子生产厂家首批屏蔽了广电总局界定的81个非法应用,风云直播、喜马拉雅、熊猫听书等知名软件榜上有名。屏蔽行动涉及70%的互联网电视盒子。

禁限"盒子"的效果立竿见影。线上监测数据显示,2013年电视盒销售量为1600万台,2014年达2200万台;③ 而到2015年10月,视频盒子的零售量与零售额出现了双降④。

(2)禁限美剧

按照并不准确的行业说法,"限外令"(也称"美剧禁令")是近年来广电总局对网络视频管理不断强化的表现之一。

早在2014年9月,广电总局发布《关于进一步落实网上境外影视剧管理有关规定的通知》(新广电发〔2014〕204号),公布"境外影视剧申报登记细则",其中规定:网上播出的境外电影、电视剧,除了取得著作权人授予的信息网络传播权外,还必须取得广电部门颁发的《电影片公映许可证》或《电视剧发行许可证》;单个网站年度引进播出境外影视剧的总量,不得超过该网站上一年度购买播出国产影视剧总量的30%。⑤

2015年1月,根据204号文,广电总局办公厅又下发《关于开展网上境外影视剧相关信息申报登记工作的通知》(新广电办发〔2015〕14号文),具体规定对境外影视剧的登记办法,特别是对引进量做出要求。新引进的境外剧登记范围还包括各单位2014年12月31日前已经签约引进并已上线播出的境外影视剧;当年未播完的境外剧,如果继续播出,将被纳入2015年的引进计划,并占用指标。因为规定从2015年4月1

---

① 广电总局重申181号文件规定互联网电视前路难,2015-07-19,中国经营报,htto://tech.163.com/15/0719/ll/AUSPOOUE000915BF.html。
② 陈鹏丽、许自然:《广电总局再发禁令封81个应用70%机顶盒受影响》,每日经济新闻,2015年11月17日。http://tech.sina.com.cn/i/2015-11-17/doc-ifxksqis4893917.shtml。
③ 刘云:《广电总局禁令又来了,直播看不了了,电视盒子这是要死了么》,2015-11-19,http://www.huxiu.com/article/131762/1.html?f=member_article。
④ 华夏时报:广电或将改变互联网电视格局打上封条的盒子,新浪科技,2015年11月21日,http://tech.sina.com.cn/i/2015-11-21/doc-ifxkwuwx0258615.shtml。
⑤ 广电总局14号文——境外影视剧申报登记细则,2015-01-26文章来源:数字电视中文网(DVBCN),转引自:慧聪网:http://info.broadcast.hc360.com/2015/01/260859620169-all.shtml。

日起,未经登记的境外影视剧不得上网播放,原来已经获得播映版权的许多美剧,顿时不见踪影;深受观众喜爱的"免费"网络视频(电视连续剧和电视系列剧),如《生活大爆炸》《傲骨贤妻》等四部美剧也悄无声息地在国内视频网站下了架。

三、简短的结论

通过对中国网络视频行业历史进程的回顾与管治过程的分析,我们可以看到一个既与全球相通又颇具中国特色的网络视频世界。

在互联网上,无论是电视节目,还是视频作品,都被视为并称作"产品"。在中国,网络视频的播放虽然也有资格限制和行为规范,但较之传统电视,总体上"自由"许多。而且,资本驱动、商业经营、利润导向的网络视频扩张能力十分惊人。

网络视频产品大致可以分为几类,最初出现的一类,是由非视频专业的网民生产、自发上传并在网络中分享的内容作品,"非职业创作"和"自由分享"(常常意味着免费)的精神贯穿始终。不过,UGC作品数量巨大,内容庞杂,除了个别"网红"产品能够脱颖而出外,总体影响力有限。

第二类网络视频产品,是由影视行业机构——大众媒体、影视制作公司——及其专业制作者为商业传播目的所从事的生产,通过互联网等新媒介渠道传播,被称为"专业生产内容"(PGC),这是一种有目的的产业行为,是传统媒体开发利用海量广播电视节目库存获得长尾经济效应的方式。广告插播和付费收看(会员制与点播制)是此类网站基本的收入来源。传统媒体的新媒介渠道暂时还赶不上广播的主渠道,它们目前扮演的,还是一种附属角色。

专业制作的内容有时也绕过传统电视,直接通过网络传播。这种专门为网络制作的视频产品大多为电视剧,也有综艺节目,并以正版、专业、长视频为特色,生产的目的也和商业性大众传播媒介一样,是经营,并营利。这些PGC产品虽然往往以网络作为第一播出媒介,但也常常采用混合渠道(如台网结合的方式),制造声势,获得利益的最大化。专业视频网站与传统媒体的网络版相比,经济压力更大,营销活动更激进,经营手法也更加灵活。应该说,这是一种非常有前景的新兴产业。

本文简短的结论是:就其商业本性与资本冲动而言,中国的网络与世界上其他国家并无二致。就网络视频的野蛮生长与网络管控的喜怒无常而言,中国的网络视频管理却似乎缺少长期稳定的设计与按部就班的实施。在网络视频加入传统广播电视的新环境下,中国广播电视的整个体制改革的任务更加复杂,更为繁重。

(作者系清华大学新闻与传播学院教授)

参考文献

[1] 国家新闻出版广电总局发展研究中心:《中国视听新媒体发展报告》(2011–2015)。社会科学文

献出版社，2015年。
[2] 钟大年、王晓红、周逵主编：《中国网络视频年度案例研究》，中国传媒大学出版社，2015年。
[3] 中国互联网络信息中心：《中国互联网络发展状况统计报告》（1997－2016）。
[4] 中国（上海）网络视听产业基地编：《中国网络视听产业报告》，上海科学技术文献出版社，2014年。
[5] 中国网络视听节目服务协会：《网络视听节目审核工作参阅文件汇编》（内部资料），2016年。
[6] 艺恩：《2015中国视频行业付费研究报告》，2016年1月。

（原载于《兰州大学学报社会科学版》，2016年第6期第44卷，总第202期）

近几年我国广播史研究概况浅析

高铁军

内容摘要 本文以2006年至2010年中国广播史研究为对象,从一个侧面分析近几年我国广播史的研究概况。需要说明的是,部分研究对象并未严格区分广播与电视,本文以其中的广播内容为准。

关键词 广播史 研究

作为一门以中国广播的创建、发展及其规律为研究对象的学科,我国的广播史研究从中华人民共和国成立之后不断发展壮大。近年来,我国的广播史研究无论从关注点到方法、理论都有不少新的突破。本文的数据来源以中国知网与国家图书馆数据库为基础,以广播史为主要筛选关键词,难免挂一漏万,仅供参考。

一、通史与宏观叙事

近年来,关于中国广播通史与宏观叙事的著作相继涌现。其中包括一些通识类、介绍性的通史。如赵玉明主编的《中国广播电视通史》《中国广播电视史教程》,郭镇之主编的《中外广播电视史》,乔云霞主编的《中国广播电视史》,陈卫平主编的《中外广播电视简史》。在这些著作中,作者都沿着一定的主线以通史的方式对中国广播电视史进行了系统梳理和介绍。其他专著方面,在《中国广播电视图史》中,赵玉明以通史为线索,用600余幅图片资料形象生动地展现了中国广播电视的发展历程。① 陈尔泰在其专著《中国广播史考》中,对中国广播史上的诸多疑问进行了翔实的考据与论证,并形成了一些结论。② 在《中国广播发轫史稿》中,陈尔泰则从技术、人才贮备及20世纪20年代中国境内的广播电台、节目设置、重要人物等几个角度对中国广播创始初期的状况进行了立体式的研究。③

论文方面,顾亚奇以"公共服务"为切入点,详细分析了中国广播电视在中华人民共和国成立之后的发展历程。他认为,中国广播电视的公共服务可以分为三个阶段:改革开放前中国广播电视的公共服务(1949—1978年)、探索期的中国广播电视公共服

---

① 赵玉明主编:《中国广播电视图史》,南方日报出版社2008年版。
② 陈尔泰:《中国广播史考》,中国广播电视出版社2008年版。
③ 陈尔泰:《中国广播发轫史稿》,中国广播电视出版社2008年版。

务（1978—1992 年）及新时期中国广播电视的公共服务（1992 年至今）。① 通过这样的梳理，我们对当下中国广播电视公共服务面临的难题形成的深层次历史原因有了系统的认识，并对进一步探索符合中国国情的商业广播电视与公共广播电视分营模式有所启示。

广播具有鲜明的意识形态属性，政治的变迁可以作为广播史断代与分期的一个节点。中华人民共和国成立 60 周年之际，一批学者集中对中国广播 60 年来的经验与不足进行了总结与思考。黄勇简要回顾了中华人民共和国 60 年广播电视的发展历程，从规模、事业发展，人才建设等六个总结分析了广播电视的发展成就，并以五个"坚持"阐述了广播电视发展的经验。② 黄炜则在新中国 60 年广播电视成就与经验的基础上指出了其存在的问题，他认为，我国的广播电视宣传创新还不够，发展还不平衡，竞争格局尚未完全形成，依法行政和管理能力还不强，内容产业还不发达。③ 涂昌波从政策演化的角度对我国广播电视发展的 60 年作了梳理。他将中华人民共和国 60 年广播电视的政策演进分为三个阶段：政策初创阶段（20 世纪 50～70 年代）、政策调整阶段（20 世纪 70 年代～21 世纪初）和政策完善阶段（党的十六大以来），对每一阶段的社会背景、广播电视政策、实践及效果都进行了系统的阐释。④ 何镇飚则从广播电视发展的功效角度对 60 年来的广播发展史进行了回顾。通过对史实的梳理，他认为，中华人民共和国成立以来中国的广播电视在构建国家核心价值体系与促进政治昌盛文明、引发经济繁荣与引领文化产业体制创新、维护国内社会安定与营造良好国际环境、提高国民素养及丰富文化生活等四个方面发挥了重要作用。⑤ 庞亮从视听工具变迁的角度对 60 年来中国的广播事业发展进行了梳理。庞亮认为，这种发展也是中国经济与社会发展进步的真实写照。⑥

二、专题史

中国广播史专题史研究的多角度推进是中国广播史研究向深度与广度拓展的重要表现。近年来，我国广播专题史研究主要集中在广播节目、广播产业及广播的语言语体等几个方面。

1. 广播节目

申启武在阐释广播节目形态、本质内涵的基础上，认真梳理了改革开放 30 年来广

---

① 顾亚奇：《中国广播电视公共服务的三个历史阶段》，载《现代传播》2008 年第 1 期，第 121～122 页。
② 黄勇：《论新中国六十年广播电视的发展道路》，载《现代传播》2009 年第 6 期，第 1～4 页。
③ 黄炜：《60 年来广播电视发展的基本经验与存在问题》，载《中国广播电视学刊》2009 年第 7 期，第 30～32 页。
④ 涂昌波：《新中国 60 年广播电视发展政策演进》，载《中国广播电视学刊》2009 年第 10 期，第 10～15 页。
⑤ 何镇飚：《媒介强国论：广电传媒 60 年强国路径与逻辑研究》，载《中国广播电视学刊》2009 年第 10 期，第 12～15 页。
⑥ 庞亮：《寻找声音和图像的足迹——新中国成立 60 年来视听工具的发展与变化》，载《中国广播》2009 年第 10 期，第 38～41 页。

播新闻节目形态的演变与发展的历史脉络，通过深入细致的考察分析从中概括出广播电视新闻节目形态演变与发展的"碎片化、互动化与多元化"等特征，进而得出结论：坚持"受众本位"和广播的媒介特性与传播规律是广播新闻节目革新与发展的未来方向。① 段勃则以大量的史实与统计数据为依据，归纳总结了中国改革开放30年来广播电视中调查性报道的产生发展历程，并指出调查性报道以其特有的精神内涵和节目品格为广播电视媒体赢得了公信力，未来依然空间广阔。② 艾红红对中华人民共和国成立60年来中央人民广播电台的历次国庆直播进行了简单的梳理，并以此对今后的广播国庆庆典直播进行了展望。③

2. 广播产业

关于广播产业发展的研究主要集中在广播广告方面。罗萍用恢复与快速崛起（20世纪70年代末~80年代末）、挑战与稳定发展（20世纪80年代末~90年代初）、繁荣与高速发展（20世纪90年代至今）将中国广播广告恢复后的30年分为三个历史阶段。除了梳理了大量史实，罗萍还认为广播广告的发展是社会经济发展的缩影。④ 张国才从政策变迁的角度对改革开放以来我国广播广告的规制进行了分析。他将广播广告规制的发展分为三个阶段：行政规范化阶段（1978~1994年）、开始法制化阶段（1995~2003年）、行政管理体制深化改革阶段（2004年至今）。此外，他还对目前我国广播广告规制存在的问题和对策进行了探讨。⑤

3. 广播历史人物

历史是人的历史，广播史的发展同样离不开一代又一代政治领袖的重视与广播人的奋斗，甚至在某些重要的历史时刻，个人的作用是巨大的。陈尔泰在其专著《中国广播之父：刘瀚传》中对刘瀚的生平进行了考证并借此就其对中国广播创建的影响进行了评价。⑥ 秦瑜明考证了被BBC喻为"中国第一个广播记者"的陆铿的生平及其组织的中国广播史上第一次现场直播的细节。⑦ 赵玉明、贾临清在周恩来诞辰110周年之际从技术支持、新闻宣传、节目设置、国际交流和尊重传播规律等五个方面就周恩来对中国广播事业的贡献进行了回顾和总结。⑧ 贾临清通过《对广播事业局的工作指示》

---

① 申启武：《改革开放30年广播新闻节目形态的演变与发展》，载《现代传播》2008年第2期，第76~79页。
② 段勃：《改革开放以来我国广播电视中的调查性报道》，载《中国广播电视学刊》，2008年第11期，第36~37页。
③ 艾红红：《中央电台国庆直播的回顾与展望》，载《中国广播》，2009年第8期，第20~22页。
④ 罗萍：《我国广播广告30年》，载《中国广播电视学刊》，2009年第1期，第45~46页。
⑤ 张国才：《改革开放以来我国广播电视广告规制的发展与问题》，载《中国广播电视学刊》2009年第1期，第43~44页。
⑥ 陈尔泰：《中国广播之父：刘瀚传》，中国广播电视出版社，2006年版。
⑦ 秦瑜明：《大记者大手笔——陆铿与中国广播史上的第一次现场直播》，载《现代传播》，2008年第2期，第160页。
⑧ 赵玉明、贾临清：《周恩来对我国广播电视事业的贡献》，载《中国广播电视学刊》，2008年第3期，第75~77页。

解读了刘少奇广播思想中的群众视角。① 庞亮对梅益的生平进行了考证，并通过梳理其文章和讲话对梅益的广播观进行了归纳与总结。② 陈文清对中国体育比赛实况解说的奠基人张之的生平及工作历程进行了梳理。③

4. 广播的语言语体

语言与语体是一种变化发展的文化，是一个时代及其思想的软坐标，广播也不例外。中国社会变迁的同时也带动了广播节目语言语体的深刻变化。李佐丰、赵均、张武江以广播语体为纲，以系统研究和专题研究为目，回顾了广播语体半个世纪以来的研究历史，梳理了该领域的学术发展脉络，总结了之前的研究成果，为广播语体的进一步研究奠定了谱系基础。④ 关世申、关月认为，中国的广播语言在30年中经历了内容上从空泛到充实，语态上由高调到平和，风格上由模式化到个性化，传播方式上由单向到互动的变迁，指出当前广播语言中存在的一些问题。⑤ 姚喜双将时代背景、政治思想变化及播音员队伍人员组成进行了有机整合，对解放区新闻播音语言形成的动因进行了深入的探讨。⑥ 他还总结了解放区新闻播音的特征。⑦ 在此基础上，姚喜双将解放区新闻播音语言规范形成分为要素生成期、系统雏形期和系统形成期，并从中挖掘出新闻播音语言规范系统形成的规律性。⑧

5. 其他方面

2005年是抗日战争胜利60周年的历史节点，抗战广播史的专题研讨会也如期举行，相关成果于2006年整理出版。其中收录抗战广播史论文19篇，内容涉及抗日战争时期延安台的广播宣传、国民党及其在各地方的广播宣传、广播在二战中的作用及日伪在占领区的广播宣传等专题内容。2010年是中国人民广播事业暨中央人民广播电台创建70周年，《中国广播》杂志刊登了一系列座谈、访谈与老广播人的回忆录，为广播史的研究积累了很多宝贵的资料。⑨ 赵玉明与陈尔泰就广播史的一些基本问题进行了

---

① 贾临清：《试析〈对广播事业局工作的指示〉的群众视角——纪念刘少奇同志诞辰110周年》，载《中国广播电视学刊》，2008年第12期，第87~89页。
② 庞亮：《试论梅益的广播观》，载《中国广播》2008年第9期，第14~48页，也可参见其博士论文《梅益广播电视宣传思想研究》。
③ 陈文清：《记新中国体育比赛实况解说的奠基人——张之（上）》，载《中国广播》2009年第8期，第22~26页；《记新中国体育比赛实况解说的奠基人——张之（下）》，载《中国广播》2009年第9期，第21~23页。
④ 李佐丰、赵均、张武江：《广播电视语体研究回顾》，载《现代传播》2007年第1期，第70~83页。
⑤ 关世申、关月：《改革开放30年与广电语言的变化》，载《中国广播电视学刊》2009年第5期，第35~36页。
⑥ 姚喜双：《解放区新闻播音语言规范形成的动因》，载《中国广播电视学刊》2007年第8期，第67~69页。
⑦ 姚喜双：《解放区新闻播音语言规范的形成及特征》，载《中国广播电视学刊》2007年第6期，第70~72页。
⑧ 姚喜双：《中国解放区新闻播音语言规范研究启示》，载《语言文字研究》2007年第3期，弟30~37页，或参见其博士论文《中国解放区新闻播音语言规范》。
⑨ 参见《中国广播》，2010年第5~12期"人民广播70年"专栏相关内容。

探讨。① 庞亮对人民广播的起源问题进行了考证。通过文献考据。对广播性质进行辨析，他认为江西苏区的红色中华新闻台并非媒介意义上的广播电台，中国人民广播事业起源于延安。② 王春莉以舆论导向、主持人、民生新闻、舆论监督、专业化、品牌战略、资本运营、学习型团队等关键词作为参照系，考察了30年来中国广播的深刻变化。③ 张斌分三个部分回顾了中央人民广播电台创建70年来改革与创新发展的历程，突出其"自己走路"的特色与风格，并借此对中国人民广播事业70年来的改革发展经验进行了总结。④ 李慧玲对农村有线广播在20世纪50～80年代的发展及90年代后的衰落进行了归纳。⑤ 汪英在其博士论文《上海广播与社会生活互动机制研究（1927—1937）》中从广播的基本特征出发，梳理近代上海广播引入的外在基础和内在条件，以广播媒介与社会生活的互动关系为研究对象，通过广播与社会生活的互动及其机制调适过程的论述，揭示广播是在与社会互动中发展自身并产生一系列社会效果。⑥

三、地区史

地区广播史是中国广播史研究的重要组成部分。中华人民共和国成立前，由于缺少统一的广播事业管理体制，因此不同地区的广播电台在事业上有着不同的特点与影响。中华人民共和国成立后，主要是改革开放之后，各地方电台在节目上对所在区域产生了重要的影响。其中，地方史的编纂成果不少。其中包括《山东广播电视发展史》（三卷）、《厦门广播电视史略（1935—2007年）》《岁月留声60年，广东电台简史（1949—2009）》《岁月如歌，足迹：新疆人民广播电台编年史》《银川广播电视简史》等都以简史的形式对各地广播事业创建至今的发展历程进行了系统的梳理和记录。

论文方面，白利君以1992年西安广播的全面改革为起点，对当代西安广播的历史发展脉络进行了考察。⑦ 刘爽认为，从历史时期界定，当时吉林省的行政区划，各广播电台党政隶属关系，广播电台的历史沿革等四个方面来看，吉林省在解放战争时期，即1945年8月到1948年10月，中共创办的广播电台只有长春新华广播电台、吉林新

---

① 赵玉明：《再谈中国现代广播史研究中的若干问题（上）——与陈尔泰同志商榷》，载《现代传播》2010年第2期，第131～137页；《再谈中国现代广播史研究中的若干问题（下）——与陈尔泰同志商榷》，载《现代传播》2010年第3期，第134～140页；陈尔泰：《关于中国广播史若干问题的讨论——兼答赵玉明教授》，载《现代传播》2010年第12期，第122～129页。
② 庞亮：《关于人民广播事业发源于江西苏区说之商榷》，载《中国广播》2008年第5期，第46～48页。
③ 王春莉：《三十年广播电视义展的新概念》，载《中国广播电视学刊》2009年第2期，第27～29页。
④ 张斌：《"自己走路"三部曲：从中央台看中国广播改革创新的历史沿革》，载《现代传播》2007年第4期，第53～56页。
⑤ 李慧玲：《农村有线广播的历史和现状》，载《青年记者》2007年5月（上），第55～56页。
⑥ 参见汪英的博士论文《上海广播与社会生活互动机制研究（1927～1937）》。
⑦ 白利君：《当代西安广播小史》，载《新闻知识》2006年第2期，第49～52页。

华广播电台和延吉新华广播电台等三家，而并非目前广播史学界认为的八家。① 柴志明、林勇毅、徐洲赤、汪洋用史实与数据回顾了浙江农村广播60年的发展历程，并对当前浙江农村广播的需求、作用及发展思路做了详细的分析。② 广州地处华南，在晚清乃至民国史上都属于得风气之先的地方，也是广播事业向全国发展的重要一站。赵巧萍以抗战前后广州的广播事业为对象，探讨了在不同的历史时期广州广播事业的发展状况，也借此考察了广播事业与中国政治环境的关系。③ 李慧玲在其硕士论文《建国后湖南农村广播电视传播简史》中按照政治史分期将这段历史分为创业（1949—1965年）、动乱（1966—1976年）、改革（1977—1991年）和全面发展（1992—2004年）四个时期，并详细阐述了各个时期湖南农村广播电视建设情况、农民媒介拥有情况、农村广播电视节目的设置和内容以及广播电视在农村社会中发挥的作用。④ 周东华论述了陕北红色广播对我国广播电视事业奠基起到的重要作用。⑤ 李海和王文华考证了张家口（晋察冀）新华广播电台从创办到不断发展壮大的始末。⑥

四、广播史学理论

广播史学理论的研究对于广播史的研究具有重要的方法论指导意义。在广播史学的构建方面，李煜反思了治中国广播电视史时应该注意八个方面，即要重视专题史与史料建设，要处理好史实与史论的关系，要处理好事业史和节目史的关系，要注意音像版的建设，要重视广播与电视史研究的平衡，要注重地方广播史的研究，要处理好对内广播与对外广播的关系，要处理好新闻广播与娱乐广播比重的关系。⑦ 陈尔泰以《中国广播电视通史》（上卷）为例系统地阐述了中国广播史学批评的现状，并就广播史中的一些具体问题提出了自己的看法。⑧ 申启武和安治民系统梳理了中国广播研究90年来的脉络，⑨ 并对90年来我国广播研究发展的特征进行了分析。他们认为，起步于1920年的中国广播研究已经走过了90年的历程，大致经历了萌芽、缓慢起步、曲折前

---

① 刘爽：《中共建国前于吉林省到底创办几家广播电台辨考》，载《资治文摘（管理版）》2009年第4期，第142页。
② 柴志明、林勇毅、徐洲赤、汪洋：《浙江农村广播60年：现状与思考》，载《中国广播电视学刊》2009年第10期，第16～18页。
③ 赵巧萍：《略论抗战前后广州的广播事业》，载《今日南国》2009年第4期，第181～182页。
④ 参见李慧玲的硕士论文：《建国后湖南农村广播电视传播简史》，（湖南师范大学）。
⑤ 周华东：《陕北红色广播对我国广播电视事业的奠基作用》，载《理论导刊》2010年第2期，第98、107～108页。
⑥ 李海、王文华：《张家口（晋察冀）朝华广播电台始末》，载《中国广播》2010年第12期，第43～47页。
⑦ 李煜：《治中国广播电视史要应对的八种关系——兼评〈中华人民共和国广播电视简史（1949～2000）〉与〈中国广播电视通史〉》，载《现代传播》2006年第1期，第139～141页。
⑧ 陈尔泰：《中国广播史学批评构建：以〈中国广播电视通史〉（上卷）为例展开》，中国广播电视出版社2009年版。
⑨ 申启武、安治民：《中国广播研究90年》，暨南大学出版社2010年版。

进、恢复繁荣和逐渐成熟等五个历史发展阶段，并呈现出三大突破、三大延展和三大瓶颈的发展特征。①

广播史的史料建设与史志编纂是广播史学理论研究的一个重点。佐禹从重要性、对策与数字化的角度对广播史志资料搜集整理与利用进行了初步的探讨。② 他又专门针对广播史志资料的数字化应用的现状和类型进行了梳理，并指出在广播史的数字化建设过程中出现的问题及对策。③ 樊娜认为，档案数据库建设对广播电视史学研究将起到加强保护、拓展空间和扩充研究方法与手段的作用。④ 刘书峰在其博士论文《广播电视志理论与实践初探》中以中国大陆地区的广播电视志为研究对象，吸收借鉴了广播电视学、方志学的相关理论与成果，对广播电视志的编修理论与实践进行了较为系统的研究。⑤ 他又从我国内地编修广播电视志的历史和现实入手，以方志学和广播电视理论基础为指导，以全国20多个省、自治区、直辖市已经编辑出版的广播电视志书篇目为主要研究对象，阐明了广播电视志编目的原则、做法以及现状和分歧。⑥ 此外，刘书峰还从专业志与新史学的关系的角度考察了地方广播电视志在编纂方法与思想上存在的一些问题。他指出，从表面上看，广播电视志与当前史学研究中的新史学、年鉴学派和区域社会生活史有若干相似之处。事实上，虽然广播电视志表面上是反映微观、"下面"、地方的社会史，但仍逃脱不开作为宏观、"上面"、国家的政治史性质。广播电视志本身不是新史学和社会生活史，对广播电视志的研究和评价应该还原到其所在的时代、地域和社会状况中去。⑦

在广播史学史方面，王文利在其专著中以政治史为依据按照四个历史时期总结了中国广播电视理论研究的历史。在广播史方面，他历数了各个时期的研究人员、期刊、机构以及研究状况。⑧

五、几点思考

近几年我国广播史的研究取得了不少成绩。首先，从整个学科来说，点、线、面都积累了一定的学术成果。其中，"点"指的是专题史，"线"指的是区域史，"面"指的是通史与宏观叙事。在深度上，广播史理论的研究也有不少建树。在数量上，据

---

① 申启武、安治民：《九十年来我国广播研究发展特征分析》，载《暨南学报（哲学社会科学版）》2010年第2期，第135~140页。
② 佐禹：《广播电视史志资料搜集整理与利用》，载《记者摇篮》2007年第12期，第48页。
③ 佐禹：《漫谈广播电视史志资料的数字化应用》，载《中国广播电视学刊》2007年第11期，第53~54页。
④ 樊娜：《档案数据库建设对广播电视史学研究的影响》，载《档案管理》2010年第6期，第80页。
⑤ 参见刘书峰的博士论文《广播电视志理论与实践初探》，（中国传媒大学）。
⑥ 刘书峰：《论首轮广播电视志的篇目设置》，载《广西地方志》2007年第1期，第20~23页。
⑦ 刘书峰：《试论专业志与新史学的关系——以广播电视志为例》，载《中国地方志》2008年第17期，第18~21页。
⑧ 王文利：《中国广播电视新闻研究简史》，湖南师范大学出版社2008年版。

不完全统计，2006~2010年共出版了23部关于中国广播史方面的专著，而2001~2005年五年间相关专著只出版了9部。可以说，整个广播史研究在已有学科体系的基础上继续向前推进。

其次，从各个板块来说，都有不少新的突破。在通史与宏观叙事方面，与以往以通识性、介绍性的教材为主的方式逐渐变为研究专著的数量显著增加，研究的问题也更加细化和具体，大量新史料与图片资料应用其中。在专题史方面，涉猎的范畴也有所增加，不但囊括了广播节目、广播产业甚至还研究了广播语言语体及广播思想史、广播与社会生活。其中，广播语言语体涉及学科交叉，开阔了广播史研究的视野。梅益广播思想史的研究可谓广播史学界第一部基于一手资料系统、全面、深入的广播人思想史研究专著。尤其值得一提的是，广播与社会生活史的研究将当前史学界的研究热点社会经济史引入广播史研究之中，让人耳目一新。在地区史方面，各地的广播史研究百花齐放并继续向纵深推进，质量数量都得到显著提升。广播史学理论的研究更是异彩纷呈。不但对广播史学史进行了梳理，对广播史学的基础——史料建设及方法进行了探讨，还对广播史学科建设过程中的一些问题进行了批判与反思。

在取得成绩的同时我们也应该看到，我们的广播史研究还存在着一些亟待解决的问题。首先，广播史的研究在相关行业史的研究中尤其是与电视史的研究相比体量还比较小。研究问题的广度、从业人员及学术成果的数量还比较有限。其次，虽然中国广播史的基本学术体系已经确立，但研究的点、线、面还不丰满。不少研究成果仍然属于通识性、介绍性的著作，对不少具体问题的论述还不充分、系统、深入。第三，部分研究的政治痕迹过于明显，对于研究对象本身的论述稍显单薄，尚未形成比较独立的广播史研究学术话语体系。广播虽然属于意识形态的一部分，其发展也必然受到社会政治发展的深刻影响，但广播史的研究应该反映的是广播的创建、发展及其一般规律，要在进入政治话语的过程中适度地跳出来。不仅站在意识形态叙事的角度，更应该站在历史的角度来看待广播史。第四，广播史研究的史料建设还有待进一步发展。第五，研究方法也还需要更新。在西方史学界，从19世纪20年代起年鉴学派偏重经济社会史的研究方法就逐渐成为主流。在我国史学界，经济社会史研究在20世纪90年代也逐渐引入并逐渐发展。但在广播史学界，引入相关方法进行的研究还非常少。很多研究还偏重广播事业与广播本身，缺少在一个宏观的、复杂的、相互关联的历史情境中对广播与历史进行具体的、细微的、互动的考察。

当然，相关问题的存在也为进一步研究提供了空间。相信在广大广播史研究者的共同努力下，我国的广播史研究一定会取得更大的进步。

（作者系中央人民广播电台主任编辑）

（原载于《中国广播》2012年第6期）

（五）

"广播电视学学科体系建设研究"学术研讨会综述

王文利　艾红红

2006年12月16日，由"广播电视学学科体系建设研究"课题组、中国传媒大学广播电视研究中心和电视与新闻学院合办的"广播电视学学科体系建设研究"学术研讨会在中国传媒大学召开，广播电视方面的专家学者及课题组成员参加了会议，电视与新闻学院党总支书记雷跃捷代表承办方到会祝贺。

"广播电视学学科体系建设研究"系教育部人文社会科学重点研究基地重大课题，由中国传媒大学赵玉明教授主持。他在会上首先简要汇报了课题立项经过和关于广播电视学学科体系的初步构想以及课题进展情况等。召开本次会议的主要目的：一是认真听取与会专家对这一课题的意见和建议，二是由几位子课题承担者汇报各自负责部分的研究进展情况。

一

广播电视学到底是一门什么样的学科？它有哪些特点？与会专家对此展开了热烈讨论。上海大学新闻传播系主任、传媒经济研究中心主任吴信训教授认为，最初人们将广播电视学纳入新闻学范畴，后来又将它放进艺术学学科，但近年来随着广播电视业的迅猛发展，人们发现这两门学科已无法涵纳广播电视学的全部内容。我们有与广播电视相对应的行政管理部门，而且属于国家信息领域的重要范畴，因此，广播电视学既是一门跨学科的学科，同时又属于基础性的学科。清华大学郭镇之教授认为，从学科分类的角度，广播电视学是交叉学科，与传播学的关系密切。西方大众传播学经典著作《大众传播效果研究的里程碑》[①] 中所提及的14项重要研究都与广播电视有关。

---

① [美] 希伦·A.洛厄里、梅尔文·L.德弗勒著，刘海龙等译：《大众传播效果研究的里程碑》（第三版），中国人民大学出版社2004年版。

中国传媒大学胡智锋教授认为，任何一门学科从提出到被人承认都需要一个过程。作为一门学科，必须有自己的研究对象和范畴、内涵和外延，有自己的知识链，具有相对的独立性。对于广播电视学科，面对不同的层面，其指涉的对象就不同；从不同的维度观照它，就会有不同的看法和见解。安徽大学谢鼎新副教授指出，判断一门学科成立与否主要有两个指标：一个是"内化"方面，是否在对象、方法及理论体系上有本体意义上的凝聚；另一个是"外化"方面，是否有专业的研究人员、代表著作、教育和研究学术机构组织、学术刊物等。通过对广播电视研究的历史与现状的考察，可以发现广播电视学是一门正在兴起的学科。该学科具有三个特点：时代性、实践性和综合性。

与会专家还对课题组将"广播电视学学科体系"划分为"广播电视理论与史学""广播电视实务"和"广播电视交叉学科"三大部分是否科学准确，是否能够涵盖广播电视学的全部内容等问题提出了意见和建议。复旦大学孟建教授认为，在上述三分法中，第三大块"交叉学科"相对较为模糊，他还对"交叉学科"概念本身提出了质疑。他强调，在建构广播电视学的学科体系时，应当考虑到其与现有的国家标准"一级学科"或"二级学科"的是否对接。吴信训教授指出，目前课题组申报材料中所设计的框架有一定合理性，这个框架对总结过去的经验有利，其中史论部分的划分是合理的，而后两个部分的划分是否合理则需进一步商榷。目前在广播电视实务方面已经出现了很多新的东西，从具体实践来看，除了新闻，文艺、电视剧外又出现了新的两大块：电视商务和电视文化，而且现在电视体育也越来越出现与电视文艺分离的趋向，所以广播电视实务研究的内容应该重新进行整合。整个广播电视学本身就是一门高度交叉的学科，所谓的交叉学科应该归入史论部分中去，而第三大块应是"广播电视工程研究"。整个广播电视学学科体系可以分为史论、实务、工程三大块，其中实务又可分解为文艺、新闻、电视剧、体育、广告、管理等部分。中国广播电视协会自律维权部赵德全主任在发言中说，对于广播电视学科体系建设，不同时期、不同领域、不同行业的研究者的思路、视角是不同的。他认为要进行广播电视学科体系建设，首先必须明确学科的理论来源，新闻学、传播学是广播电视学的两个主要的理论来源。广播电视学应该包括如下一些研究内容：历史研究、基础理论研究、应用理论研究、决策管理研究和交叉学科研究。由于新技术对于整个广播电视产业的影响巨大，所以同时还需要加强新技术领域方面的研究。谢鼎新副教授则将广播电视学科体系概括为"两大领域、三大模块"，即理论研究和现象研究两大领域，基础理论、交叉学科和独特内容三大模块。

对于"广播电视学科体系建设研究"课题的研究方法问题，与会者也各抒己见。

孟建教授认为，在一个技术高速发展、媒体革命和媒体融合日益加剧的时代建设广播电视学科体系，必须充分考虑到技术的最新发展动态，因为技术具有颠覆性，我们必须将最新的思考融入研究中去。郭镇之教授建议，从历史上看，已经成为一种现象的东西可以划为一类，也就是说，对过去的东西着重进行梳理可以按照现象来分类；对将来的东西则以逻辑作为分类的依据，着眼于设置。胡智锋教授建议，以中国传媒大学的专业设置为案例进行研究，然后再扩展到北大、清华以及其他院校，对其广播电视专业设置在调研的基础上进行研究。

二

在认真调研、查阅已有成果的基础上，课题组成员分别汇报了各自承担的子课题研究进展情况。中国传媒大学艾红红副教授分析了国内广播电视理论研究的状况。她指出，伴随着广播、电视两种媒体的兴起和发展过程，我国的广播电视理论研究也经历了从浅入深，由个别、零散的研究到系统、全面的理论建构过程。中华人民共和国成立前，广播理论研究带有明显的借鉴西方的色彩，虽然较少有影响的成果出现，但当时的理论研究却涉及了广播发展的方方面面。中华人民共和国成立后，在20多年的计划经济条件下，广播电视的理论研究队伍曾长期局限于广电系统内部，研究内容则以业务探讨为主。真正意义上的学理性研究起步于20世纪80年代。近年来，伴随着改革开放和广播电视事业的发展，广播电视理论研究也开始呈现出研究队伍不断壮大、研究视角渐趋多元、研究内容和方法日益丰富等诸多新的特点。中国传媒大学博士后、北京语言大学人文学院高金萍副教授介绍了国外的广播电视研究情况。她认为，国外广播电视研究的起步几乎与广播电视的诞生同步展开。从研究对象的角度来看，国外广播电视研究可以分为三个层面：一是实践层面（技术层面）的研究，主要涉及广播电视传播方式、广播电视传播技巧、广播电视传播技术的研究；二是制度层面的研究，即广播电视传播制度等的研究；三是理论层面（精神层面）的研究，主要针对广播电视传播内容、广播电视传播受众、广播电视传播者。从历史发展的脉络来看，上述三个层面紧密结合，以广播电视技术的推进为演进线索，研究内容不断拓展，研究方法逐渐丰富，呈现出跨学科的发展态势。在广播电视传播的不同发展阶段，广播电视研究的重点也有较大的差异。总的来看，制约广播电视研究的力量，不仅包括广播电视技术，传播制度等刚性因素，而且包括研究方法和广播电视理论本身的发展。纵观西方电视研究的理论进路，各种理论研究都指向电视、社会和个人的关系，这一点符合电视传播的社会属性，也记录着人类对电视传播认识的逐步深入。中国传媒大学博士生庞亮以《中国广播电视史学研究的历史与现状》为题，着重对近七年来中国广播电视史学研究的成果进行了较为系统的梳理。他认为,近七年来广播电视史学研究的成果集中表现在以下几个方面:通史研究取得重大进展,成果卓著;当代广播电视史研究遍地开花,成绩突出;解放区广播史研究又有新的进展;地方广播电视史志再谱新篇;广播电视人物研究成为热点;出现了关于广播电视史学问题的几次讨论等。

(作者王文利系湖南师范大学新闻与传播学院教授;
艾红红系中国传媒大学新闻学院教授)
(原载于《现代传播(中国传媒大学学报)》2007年第4期,总第147期)

建议将广播电视学列为一级学科

——"广播电视学学科体系建设研究"课题论证会综述

艾红红

教育部人文社科重点研究基地中国传媒大学广播电视研究中心（以下简称"中心"）重大项目"广播电视学学科体系建设研究"于2005年启动，目前已取得一系列成果，课题结项报告亦基本成型。为广泛听取意见，进一步充实完善课题内容，中国传媒大学文科科研处和广播电视研究中心邀请多所大学和媒体的专家学者，于2010年7月23日在中国传媒大学举行了课题论证会。

会议主要围绕广播电视学的学科性质、学科定位及研究对象等问题展开。课题组成员、湖南师范大学教授王文利在课题"总论"部分的汇报中，首先从广播电视事业和广播电视研究的历史发展两方面考察，认为广播电视学目前已具备了成为独立学科的条件；其次梳理了"广播电视"在传统学科分类中的位置：迄今为止，由于分类思想和标准的差异，不同行业对"广播电视"的学科定位也不尽相同。如按照国家技术监督局颁布的国家标准《学科分类与代码》（GB/T 13745—92），"广播与电视"属于"新闻学与传播学"一级学科下设的二级学科，其下包含"广播电视史""广播电视理论""广播电视业务"（包括广播电视采访、写作、编辑等）、"广播电视播音"和"广播电视其他学科"等几个三级学科；同时在"文艺学"学科范围内，又分列"广播电视文艺"与戏剧、戏曲、电影等为三级学科。而在教育部颁布的本科专业目录中，"广播电视新闻学"是作为"新闻传播学"下的自主招生二级学科或相当于二级学科。在学界，对广播电视学的学科定位问题的认识也是各不相同。一种观点认为，广播电视学是一门交叉性的学科，研究范围涉及多个领域，应列为一级学科；有的则认为它属于二级学科。另有观点强调，广播电视学包括广播学和电视学两大学科；还有观点认为，广播电视学并非一般"学科"意义上的学科，而是一个学科"群"，是以广播电视媒体及其传播活动为核心，由一系列学科如新闻学、艺术学、传播学、社会学、政治学、心理学、经济学、管理学、伦理学、法学等众多学科汇聚的学科群。

综合以上意见，课题组提出，宜将广播电视学定位为一级学科，即把新闻学与传播学升至学科门类，把新闻学、传播学、广播电视学并列为该门类下的一级学科，那么广播电视艺术学、广播电视新闻学也即顺理成章地成为广播电视学下的二级学科（见图1）。

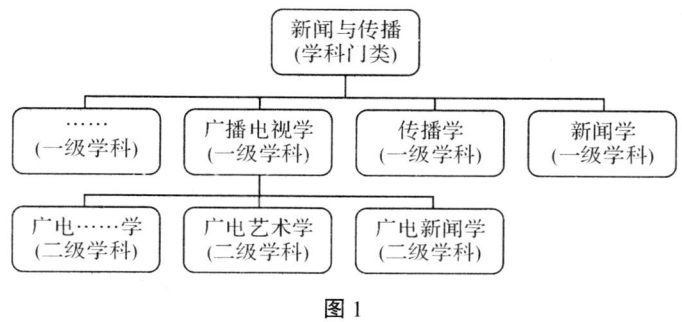

图1

循此思路，也可将广播学、电视学分列为广播电视一级学科下的二级学科。（见图2）

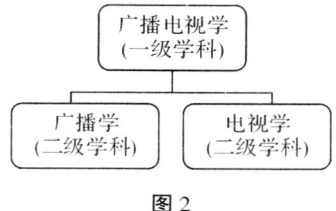

图2

还可以将广播电视史论、广播电视实务、广播电视交叉学科作为广播电视学一级学科下面的二级学科（见图3）：

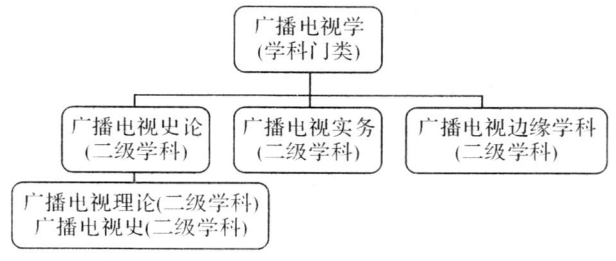

图3

之所以提出上述建议，主要是基于中国广播电视事业发展和广播电视教育、科研的需要，也是广播电视学内在发展的必然逻辑。近年来，随着科学知识的迅猛增长，大量新兴的学科领域不断涌现，促使人们对于科学体系结构不断进行深入研究，不断调整学科分类，对学科体系的内在联系加以揭示，并以严格的符合逻辑排列的形式表述这些关系。正确的学科分类可以揭示科学发展的规律，并能在一定程度上预测各门学科进一步发展的趋势。不同的文化背景、不同的思维方式，又孕育着学科分类的不同方式。从管理和运营层面上看，我国的广播电视业属于一个系统，其人才培养和学

广播电视学学科建设
> > > 历史、现状与未来

术研究也长期自成一体，为行业内部的一个子系统，直到20世纪90年代以后，这一局面才因教育系统的改革而打破，不过在实践层面上，广播电视事业始终是一体化的。这就导致在认识和研究这两大媒体时，一般都不区分这两类既有联系又有区别的媒体。把广播电视学增设为一级学科，应该说既照顾到了广播电视事业的现实，又贯彻了学科分类的发展性，同时还注意到了学科分类的逻辑性和关联性，把过去被割裂、肢解的广播电视相关内容有机整合到了一起。

与会专家学者对课题已取得的成就给予了高度评价，对于上述广播电视一级学科的定位表示基本认同。华中科技大学石长顺教授认为，该课题的完成将是中国广播电视学学术研究的一大建树，也将成为广播电视学学科发展进程中的一个标志性事件。基于课题的重要性和显著性，石教授建议，课题组应进一步丰富和充实课题总论部分，对广播电视学一级学科的学理性、必要性等问题进一步加以论证充实。他还依据自己的研究，列出了一个详细的课题总论提纲。中国人民大学教授周小普强调，在广播电视事业飞速发展的今天，其研究与实践的关系类似于"以百米的速度在跑马拉松"——由于实践发展太快，理论研究的跟踪至为艰难，在进行广播电视学学科体系建设的研究时，抓住并体现其灵魂和核心的东西更难。她希望课题组在进行这一研究时，对其难度和重要性有更深刻、更清醒的认识。四川大学教授欧阳宏生指出，广播电视学学科体系建设的目的和意义、研究的现状等问题，都是这一研究不可忽视的方面。中国传媒大学学科建设办公室副主任王宇则强调，广播电视学学科体系建设研究这一课题不可过于偏重学理的研究，应适当清减一些与学科建设无涉的内容，分清主干学科与边缘学科的界限。中央人民广播电台广播学会副秘书长李宏等其他与会专家也发了言。文科处处长、《现代传播》主编、课题组成员胡智锋教授也出席了论证会。

论证会主持人、中国传媒大学文科科研处副处长郑世明在结束前的讲话中说，希望课题组早日完成结项报告，并尽快出版有关论著，以推动广播电视学学科建设的发展。

副校长、中心主任胡正荣在论证会开始前讲话，对与会专家表示感谢。他希望大家群策群力，多提宝贵意见和建议，力争围绕这一课题，产生一批具有持续社会效益的优秀成果，并使之成为中心的标志性课题。

在会上，课题负责人赵玉明教授详细介绍了课题其他方面的进展情况和课题研究的心得体会。五年来，课题组主要分三阶段稳步推进研究计划：第一阶段主要是收集资料，进行广播电视各类原创性、代表性著作的整理和归类，同时进一步修改、完善研究框架，对广播电视研究方法和历史发展特点进行深入梳理和分析；初步确定本课题的研究包括总论及三个子课题和"广播电视书目大全"等几项。其间，课题组参与主办的"广播电视学学科体系建设研究"学术研讨会于 2006 年 12 月 16 日在中国传媒大学召开。会议期间,课题组成员汇报了各自的研究计划和进展情况,并认真听取了专家的意见和建议。来自多所大学以及中国广播电视协会的专家学者为本课题建言献策,有力地推动了项目的开展。在此基础上,2007 年 6 月,由中心主办的《媒介研究》第 5 卷第 2 期第一次刊出由课题组编辑的"广播电视学学科体系建设研究"专辑,收入课题组和部分专家的研究论文。随后,2007 年第 4 期《现代传播》开辟"学术沙龙:广播电视学学科建设"专栏,刊载了赵玉明教授的《谈谈广播电视研究和广播电视学学科建设》、胡智锋教授的《中国广播电视学科体系建设必须处理的三个关系》以及《"广播电视学学科体系建设研究学术研讨会"综述》等文章。第二阶段为深化研究并陆续提交成果的阶段。课题组先后编纂了两期《媒介研究》,分别以《百家纵论广播电视学——广播电视学科体系建设研究文献辑录》和《广播电视学学科体系建设大家谈》为题,收集、刊录了老一辈广播工作者温济泽、左漠野、吴冷西及有关专家关于建立广播电视学学科的系列文章和课题组以外的专家学者有关广播电视学科的文章和资料。《现代传播》(2008 年第 2 期)、《安徽师范大学学报》(2009 年第 6 期)还刊发了课题组成员谢鼎新教授的阶段性研究成果——《试析广播电视学科体系的架构》《民国时期的广播认知》等文。2009 年 8 月,课题组与中央人民广播电台联合召开了首届中国广播学研讨会。第三阶段主要是汇总已经取得的成果,准备课题的结项事宜。其间,2010 年 2 月,《现代传播》(2010 年第 2 期)刊发谢鼎新教授的《广播电视学科研究演变的三种范式》一文。2010 年 3 月,《暨南学报》(2010 年第 2 期)刊载课题组成员暨南大学申启武教授和安治民的课题阶段性成果《九十年来我国广播研究发展特征分析》一文。2010 年 6 月,《现代传播》(2010 年第 6 期)刊载课题组成员暨南大学申启武教授等的课题阶段性成果《广播学学科体系建设的多维审视》一文。

赵玉明指出,广播电视学是新兴学科,涉及人文社会科学的多个侧面,不同学术观点的并存和讨论,非常有利于广播电视学科的建设和发展。因此课题组始终坚持双百方针,提倡不同学术观点的争鸣和探讨,即使在课题组内部,也不强求观点的一致。而课题的结项并不等于广播电视学学科建设探讨的终结。他希望借助这一研究,整合相关资源,汇聚各类人才,使广播电视学科体系建设研究成为中国传媒大学的特色乃至强项,并不断涌现出新的标志性成果。

(作者系中国传媒大学新闻学院教授)

(原载于《现代传播(中国传媒大学学报)》2010 年第 11 期,总第 172 期)

夯实基础　继往开来

——广播电视学学科建设学术研讨会综述

庞亮　冯帆

2016年10月15日,"广播电视学学科建设"学术研讨会在中国传媒大学召开,众多学者和业界专家齐聚一堂,围绕赵玉明教授主持的教育部人文社科重点研究基地重大项目"广播电视学学科体系研究"终期成果进行了热烈讨论,并对新形势下广播电视学科的建设和发展提出建议。

一、从无到有:广播电视学学科发展的历史路径

从20世纪20年代广播作为一种传播工具诞生以来,中国的广播电视研究走过了90多年的历程,已经成为一门新兴学科,并逐步建立起有中国特色的广播电视学科体系。2016年恰逢中广联合会成立30周年,与会代表一致认为此时召开会议,对梳理广播电视学学科发展历史、探讨学科体系建设进程具有十分重要的意义。

赵玉明教授回顾了中国广播电视学学科从无到有的发展历程。广播电视学学科最初设立的目的在于为刚刚兴起的广播电视教育教学服务。随着社会的发展,特别是改革开放后伴随着广播电视事业的蓬勃发展,相关研究亦呈现出欣欣向荣的新景象。但以"广播电视学科"和"广播电视学"作为独立研究主体的内容却相对较少。与此同时广播电视学科作为隶属于"新闻与传播学"下的一个二级学科已越发显示出与美学、电影学、社会学、心理学、政治学、语言学等学科相交叉的特点。种种原因导致目前学界对广播电视学学科地位的认识存在诸多误区。针对上述情况,赵玉明教授提出有必要加强广播电视学学科体系研究,明确广播电视学的学科定位。

中国传媒大学艾红红教授梳理了我国广播电视事业从20世纪20年代诞生至今的发展历程,从时间维度上将其细分为三个阶段并总结了各阶段的发展特点和规律;同时她还从学科建构的维度上梳理了改革开放以来广播电视理论、实践和历史研究等层面的创新和突破。在发言中,她特别谈到了1985年至2012年广播电视学学科建设的历程;从理论设想到相对完整的二级学科,广播电视学学科建设走过了曲折发展的30年,经验和道路都值得认真反思。这也凸显了赵玉明教授明确广播电视学学科定位,进一步加强广播电视学学科体系研究的重要意义。

中国传媒大学周亭研究员回顾了本课题从立项直至最终结项的全过程。阐释了自

己作为课题参加者在进行广播电视学学科体系研究的十年中从赵玉明教授和其他课题组成员身上所收获和学习到的成长与经验。

二、百尺竿头：广播电视学学科建设应夯实史论研究

广播电视学具有时代性、实践性和综合性，呈现出跨学科和基础性的特点，有自己独特的研究对象和范畴、内涵、外延以及知识链条体系。随着新媒体技术的不断发展，广播电视学学科体系中的实务研究和现象研究受到越来越多的重视，而作为学科基础的史论研究却被忽视。针对这种情况，中国人民大学新闻传播学院王润泽教授认为，越是在技术日新月异变化的当下，就越是凸显出夯实史论研究的重要意义。中国传媒大学刘自雄副教授也认为，现阶段广播电视学学科建设中应强调基础研究，以平衡当前广播电视学术研究的浮躁氛围。

华中科技大学石长顺教授在发言中高度评价了赵玉明教授及本项目在广播电视学学科建设方面的开创性贡献。谈到学科建设方面的不足和问题，他认为当前我国广播电视学学科建设、研究及其影响与广播电视发展的现状存在不小的差距。这些差距集中表现在广播电视学学科体系建构与广播电视媒介地位的失衡；广播电视学理论研究与中国特色经典学说相脱离；广播电视学界探索与业界实践相游离等方面。应对这些问题，首先应建立以广播电视理论的历史演进为经度，以广播电视理论的研究范畴为纬度的坐标系。采用理论整合法将不适合我国政治文化因素的内容"削平"；将需要突出的理论学说"磨尖"；将学科特色"同化"为系统，逐步实现从广播电视"述评"性研究到学科主体性的自觉表达。中国人民大学周小普教授也对广播电视学学科建设的现状表达了相似观点，认为与其他学科的建设相比，当前广电学科建设仍存在诸多不足，仍有较大的上升空间。

湖南师范大学王文利教授在发言中强调了要从"内在观念建制和外在社会建制"这两个层面上考察学科建设。按照这个标准，当下的广播电视学科建设研究存在着"学科的'独立地位'需巩固""部分理论及方法论机械移植""部分子学科名不副实""理论批评和学术论争意识不强""重视应用研究，忽视基础理论研究"等突出问题。此外，中国传媒大学成文胜副教授、刘书峰副编审也分别从教育教学实践和广播电视志中早期人物的写作特点和不足等细节入手，分析了当前广播电视学学科建设和广播电视学发展过程中一些亟待解决的问题。

三、砥砺前行：广播电视学学科建设需着眼未来

面对发展中存在的诸多现实问题，专家们纷纷建言献策。《传媒教育研究》杂志社张志君总编辑提出了"注重四个维度，借助三种力量"的观点。他认为广播电视学学科的良性发展应建立在对时间维度、空间维度、理论维度和实践维度的全面把控上。要处理好"瞻前"与"顾后"，"本土"与"域外"，"内化"与"呈现"以及"表象"与"本质"的

关系，借助政府力量、学界和业界力量来完善学科体系建设。

南京财经大学谢鼎新教授在以《广播学科史的重写》为题的发言中呈现了民国框架下的独特研究视角。他提出，使用"民国框架"进行广播电视学学科史论层面的研究具有还原历史、拓展内容、建构模式等多方面的价值，这对于改变当前广播电视史较多从革命史观出发的现状，研究中国广播电视发展背后更深层的社会环境，发掘以往游离于广播史之外更多相关内容以及强化广播史研究的实证性、本土性和学术性都有十分积极的促进作用。重庆大学齐辉教授以及北京语言大学高金萍教授则从抗战时期日本对华广播侵略与殖民宣传和正在进行的2016年美国总统大选中广播电视的表现这两个案例深入剖析了广播电视学学科建构中史学研究与应用业务研究的具体方法。

当前新媒体环境下呈现的变局，给广播电视学学科发展带来了新的机遇和挑战。是选择故步自封还是主动拥抱互联网，与会专家也给出了自己的看法。清华大学郭镇之教授提出，广播电视学学科体系建设应关注新兴媒介，特别是网络音视频的发展。石长顺教授强调要着力建构新型主流媒体，从现代广播电视的传输体系、多元化传播主体、传播话语体系、传播体系发展这四个方面加强研究。《现代传播》主编胡智锋教授在肯定当前广播电视学学科建设的成果突破的同时，也表示广播电视不仅遭遇到新兴媒体的冲击，各种新兴学科也在冲击着尚未完全建成的广播电视学学科。他提出面对这种喜忧参半的局面，广播电视学科应顺势而为，跨媒介、跨学科、跨文化的多维度实现对新媒体环境的兼容。

本次研讨会话题非常全面，不仅包含广播电视学学科体系建设，更包含对广播电视学发展历史、发展现状和发展趋势的反思评价及预测考量。专家们呈现的研究集中代表了当前我国广播电视学学科建设研究领域的最新成果和最高水平，必将为我国广播电视学学科体系建设以及广播电视学研究的发展提供更广阔更丰富的视阈、方法和理论。

（作者庞亮系中国传媒大学发展规划与法制办公室研究员；冯帆系中国传媒大学新闻学院2016级博士研究生）

（原载于《现代传播（中国传媒大学学报）》2016年第12期，总第245期）

"广播电视学"学科建设 部分参考书目

《新闻广播学研究》康荫著,广播出版社1982年版。

《荧屏前后:电视理论与实践问题探析》裴玉章著,重庆出版社1983年版。

《中国电视概述》 壮春雨著,中国广播电视出版社1985年版。

《新闻广播电视学—理论与应用研究》苑子熙著,四川省广播电视厅新闻研究所编,北京广播学院出版社1985年版。

《中国现代广播简史》赵玉明编著,北京广播学院出版社1986年第1版。

《广播宣传入门》杨伟光,北京广播学院出版社1986年版。

《影视基础理论和技巧》张凤铸著,湖北教育出版社1986年第1版。

《当代中国的广播电视(上、下册)》左漠野主编,中国社会科学出版社1987年版。

《当代中国的广播电视》邓力群等主编,当代中国丛书编辑部著,中国社会科学出版社1987年版。

《广播电视概论》施天权著,复旦大学出版社1987年版。

《第四战线——国民党中央广播电台掇实》汪学起、是翰生编著,中国文史出版社1988年版。

《广播学基础》康荫编著,北京广播学院出版社1988年版。

《广播纵横》白谦诚著,中国广播电视出版社1988年版。

《电视纵横》裴玉章著,中国广播电视出版社1988年版。

《电子新闻媒介——广播与电视》刘志筠编著,中国人民大学出版社1988年版。

《应用广播学》13所大学编著,新华出版社1988年版。

《广播探新》董启焕著,甘肃人民出版社1988年版。

《新闻广播电视概论》王珏编著,北京广播学院出版社1989年版。

《电视新闻学十讲》刘远修著,广西人民出版社1989年版。

《实用广播电视新闻学》(上)(下)北京广播学院新闻系编,北京广播学院出版社1989年版。

《电视新闻学概论》王永利著,北京广播学院出版社1990年版。

《外国广播电视事业史简编》苑子熙编,新华出版社1990年版。

《电视新闻学》黄匡宇著,华东师范大学出版社 1990 年版。

《实用电视传播学》吴信训著,四川人民出版社 1990 年版。

《电视文化学》田本相著,文化艺术出版社 1990 年版。

《中国广播电视学》闫玉主编,中国广播电视出版社 1990 年版。

《寒暑四十的追求:关于广播学的探讨》杨兆麟著,中国国际广播出版社 1991 年版。

《当代世界广播电视》施天权等编,复旦大学出版社 1991 年版。

《中国广播电视在改革中前进》《当代中国的广播电视》编辑部编,北京广播学院出版社 1991 年版。

《广播电视的宏观思考》阮观荣著,中国广播电视出版社 1991 年版。

《应用广播新闻学》潘梦阳著,中国广播电视出版社 1991 年版。

《中国电视史》郭镇之著,中国人民大学出版社 1991 年版。

《中国电视新闻学》方亢、车子先、孙孔华、蔡贤盛、车永进著,暨南大学出版社 1991 年版。

《中国解放区广播史》赵玉明主编,中国广播电视出版社 1992 年版。

《漫谈广播电视新闻》苑子熙、安岚著,新华出版社 1992 年版。

《国际广播纵横》胡耀亭著,中国国际广播出版社 1992 年版。

《中国解放区广播史》赵玉明主编,中国广播电视出版社 1992 年版。

《广播电视探析》赵水福著,中国广播电视出版社 1992 年版。

《广播电视新闻导论》何满宗著,湖南出版社 1992 年版。

《电视学原理》刘志明著,中国人民大学出版社 1993 年版。

《中国应用电视学》朱羽君、王纪言、钟大年主编,北京广播学院电视系学术委员会,《中国应用电视学》编辑委员会编,北京师范大学出版社 1993 年版。

《电视学引论》李振潼主编,华东师范大学出版社 1994 年版。

《改革中的中国电视新闻》陆晔著,复旦大学出版社 1994 年版。

《电视符号与电视文化》张讴著,北京广播学院出版社 1994 年版。

《中国电视艺术发展史》钟艺兵主编,浙江人民出版社 1994 年版。

《中国广播文艺学》张凤铸主编,北京广播学院出版社 1994 年第 1 版。

《中国播音学》张颂主编,北京广播学院出版社 1994 年版。

《应用电视新闻学》张君昌编著,中国广播电视出版社 1995 年版。

《现代广播电视新闻学》张骏德著,四川人民出版社 1996 年版。

《中国电视史》胡星亮等著,中央广播电视大学出版社 1996 年版。

《广播新闻与电视新闻》刘雪梅著,中国广播电视出版社 1996 年版。

《电视时代：中国电视新闻传播》陆晔著，复旦大学出版社1997年版。
《外国广播电视史》马庆平著，北京广播学院出版社1997年版。
《新闻广播研究》吴缦、曹璐著，北京广播学院出版社1997年版。
《广播新闻业务》曹璐、吴缦著，北京广播学院出版社1997年版。
《电视新闻学》叶子著，北京广播学院出版社1997年版。
《电视文化学》苗棣、范钟离著，北京广播学院出版社1997年版。
《广播学导论》李岩著，杭州大学出版社1997年版。
《电视概论》张雅欣著，中国广播电视出版社1997年版。
《广播电视概论》刘爱清、王锋主编，中国广播电视出版社1997年版。
《电视新闻》叶子、刘坚著，中国广播电视出版社1997年版。
《实用广播学》杨春惠著，黑龙江教育出版社1998年版。
《播音学概论》姚喜双著，北京广播学院出版社1998年版。
《广播电视学》陈莉、苏宏元编著，南京师范大学出版社1998年版。
《中国电视论纲》杨伟光主编，中国广播电视出版社1998年版。
《电视新闻采编播初论》苏新生著，广西教育出版社1998年版。
《当代美国电视》陈犀禾编著，复旦大学出版社1998年版。
《中国广播受众学》宋友权主编，中央人民广播电台听众工作部编著，中国广播电视出版社1998年版。
《电视观众现状报告》罗明、胡运芳主编，社会科学文献出版社1998年版。
《现代广播学》梁巾声编著，暨南大学出版社1999年版。
《电视影响评析》时统宇著，新华出版社1999年版。
《电视重构论：转型期中国电视的文化选择》刘炘著，中国广播电视出版社1999年版。
《广播电视学概论》黄匡宇主编，暨南大学出版社1999年版。
《世界广播电视》胡耀亭主编，重庆出版社1999年出版。
《实用电视新闻理论》庞啸著，中国广播电视出版社1999年版。
《电视重构论：转型期中国电视的文化选择》刘炘著，中国广播电视出版社1999年版。
《现代广播论》郝朴宁等著，云南民族出版社2000年版。
《实用新闻广播学》曹仁义著，中国广播电视出版社2000年版。
《中国电视观念论》胡智锋著，北京师范大学出版社2000年版。
《电视批评论》欧阳宏生著，中国广播电视出版社2000年版。
《电视传播理论研究》叶家铮著，北京师范大学出版社2000年版。

《广播电视概论》徐志祥编著，武汉大学出版社2000年版。
《中国少数民族广播电视发展史》林青主编，北京广播学院出版社2000年版。
《实用新闻广播学》曹仁义著，中国广播电视出版社2000年版。
《电视传播史》郭镇之著，北京师范大学出版社2000年版。
《实用电视新闻》高世明主编，中国广播电视出版社2000年版。
《当代广播电视新闻学》张骏德主编，复旦大学出版社2001年版。
《电视节目学概要》壮春雨著，浙江大学出版社2001年版。
《传播媒介的历史之光——广播电影电视史论》李幸、刘荃著，南京师范大学出版社2001年版。
《当代广播电视新闻学》张骏德主编，复旦大学出版社2001年版。
《电视文化学》陈默著，北京师范大学出版社2001年版。
《在媒介与大众之间：电视文化论》陈龙著，学林出版社2001年版。
《理论广播新论》沈建洪著，中国广播电视出版社2002年版。
《应用广播学》周江南著，湖南人民出版社2002年版。
《广播电视通论》陈信凌主编，江西高校出版社2002年版。
《政治、市场与电视制度——中国电视制度变迁研究》钱蔚著，河南人民出版社2002出版。
《当代广播电视概论》陆晔、赵民主编，复旦大学出版社2002年版。
《电视传播概论》秦瑜明编著，北京广播学院出版社2002年版。
《21世纪的电视传播理念》冷冶夫主编，长征出版社2002年版。
《广播电视新闻性节目规范研究》王振业、方毅华、张晓红著，中国广播电视出版社2002年出版。
《政治、市场与电视制度 = Politics，Market and media：中国电视制度变迁研究》钱蔚著，河南人民出版社2002年版。
《广播电视学导论》欧阳宏生主编，四川大学出版社2002年版。
《儿童电视学》陈舒平著，北京广播学院出版社2003年版。
《电视批评理论研究》时统宇著，中国广播电视出版社2003年版。
《电视传播形态论》童宁著，四川大学出版社2003年版。
《中国广播电视概要》张振华主编，北京广播学院出版社2003年版。
《穿越视听时空——广播电视传播论》蔡凯如、黄勇贤著，新华出版社2003年版。
《新时期电视新闻改革研究》艾红红著，中国广播电视出版社2003年版。
《中华人民共和国广播电视简史：1949—2000》徐光春主编，《中华人民共和国广播电视简史》编委会编，中国广播电视出版社2003年版。

《广播影视艺术论》张凤铸著,北京广播学院出版社 2004 年版。

《电视的理念胡智峰自选集》胡智锋著,北京广播学院出版社 2004 年版。

《生态电视论》刘炘著,中国广播电视出版社 2004 年版。

《电视新闻节目:理念、形态与实务》吕正标、王嘉著,中国广播电视出版社 2004 年版。

《广播电视学导论》欧阳宏生主编,四川大学出版社 2004 年版。

《当代广播电视概论》吕萌、左靖著,合肥工业大学出版社 2004 年版。

《广播电视概论》陈莉编著,南京师范大学出版社 2004 年版。

《中国广播电视通史》赵玉明主编,北京广播学院出版社 2004 年 1 月第 1 版。

《电视新闻节目理念、形态与实务》吕正标、王嘉著,中国广播电视出版社 2004 年 1 月出版。

《电视新闻节目研究》叶子(叶凤英)著,北京师范大学出版社 2004 年版。

《中国广播产业报告——产业发展与经营管理创新》丁俊杰、黄升民著,中国传媒大学出版社 2005 年版。

《电视导论》何煜、刘如文编著,浙江大学出版社 2005 年版。

《广播电视概论》周勇著,中南大学出版社 2005 年版。

《世界广播趋势》张勉之著,中国广播电视出版社 2005 年出版。

《现代电视新闻学》叶子著,中国广播电视出版社 2005 年 3 月出版。

《广播广告学》吕云芳著,云南教育出版社 2005 年版。

《中外广播电视史》郭镇之著,复旦大学出版社 2005 年版。

《广播新闻业务》曹璐著,中国传媒大学出版社 2005 年版。

《中国广播产业制度创新》刘斌著,北京广播学院出版社 2005 年版。

《百年广播电视与传播研究——一项跨学科的探索》蔡骐、黄金著,湖南教育出版社 2006 年版。

《现代传播新技术与广播发展》潘力、董晓平著,中国传媒大学出版社 2006 年版。

《动力与困窘——中国广播体制改革研究》邓炘炘著,中国经济出版社 2006 年版。

《中国电视史》刘习良主编,中国广播电视出版社 2007 年版。

《电视学》刘宏、隋岩主编,中国传媒大学出版社 2007 年版。

《世界广播发展研究》张彩著,中国传媒大学出版社 2007 年版。

《广播学概论》沈嘉熠著,上海外语教育出版社 2007 年版。

《广播新闻理念与实务创新研究》曹璐著,中国广播电视出版社 2007 年版。

《网络广播传播形态研究》金震茅著,苏州大学出版社 2007 年版。

《中国广播电视新闻研究简史》王文利著,湖南师范大学出版社 2008 年版。

《内容受众传播：广播专业化概论》赵多佳、许秀玲著，中国国际广播出版社2008年版。

《广播生态与节目创新研究》申启武著，暨南大学出版社出版2008年版。

《西方电视传播理论评析》高金萍著，中国传媒大学2008年版。

《中国广播研究90年》申启武、安治民著，暨南大学出版社2010年版。

《中国电视的文化责任》孔令顺著，中国传媒大学出版社2010年版。

《电视传播核心价值论》欧阳宏生著，北京大学出版社2010年版。

《世界广播电视发展史》毕一鸣著，中国广播影视出版社2010年版。

《中国广播电视公共服务体系：目标与实践研究》胡正荣、李继东著，中国广播影视出版社2010年版。

《中国电视新闻媒介生态研究》侯海涛著，中国传媒大学出版社2010年版。

《电视受众社会阶层研究》俞虹著，北京师范大学出版社2010年版。

《电视话语的重构》石长顺著，华中科技大学出版社2010年版。

《当代广播电视概论》陈莉著，南京师范大学出版社2010年版。

《电视新闻传播》王首程著，中国广播影视出版社2010年版。

《电视新闻叙事研究》蔡海龙著，中国传媒大学出版社2010年版。

《广播电视概论》王哲平著，化学工业出版社2011年版。

《当代广播电视概论》孟建、黄灿著，中国传媒大学出版社2011年版。

《广播电视一体化教程》徐先贵、刘彤著，中国传媒大学出版社2011年版。

《电视融合变革》黎斌著，中国国际广播出版社2011年版。

《广播电视技术概论》高吉祥著，西南交通大学出版社2011年版。

《媒体融合时代的电视新闻创新》胡正荣、赵树清、马建宇著，中国传媒大学出版社2011年版。

《中国电视节目形态通论》孙宝国著，中国传媒大学出版社2011年版。

《真实电视：电视仪式与审美幻象》王青亦著，中国传媒大学出版社2012年版。

《发展中国家电视媒体全球化路径研究》李黎丹著，中国传媒大学出版社2012年版。

《世界广播电视发展趋势研究》张丽著，中国传媒大学出版社2012年版。

《融合、转型：电视新闻传播新论》牛光夏著，复旦大学出版社2012年版。

《电视节目策划学》胡智锋著，复旦大学出版社2012年版。

《广播电视新闻研究》谭天著，暨南大学出版社2012年版。

《当代广播电视学》郭镇之、苏俊斌著，复旦大学出版社2012年版。

《广播电视概论》黄慕雄、黄碧云著，暨南大学出版社2012年版。

《读解电视》宋云峰著,世界知识出版社2012年版。
《广播电视学引论》孙宜君、阎安著,江苏教育出版社2013年版。
《电视传播学》时宇石著,北京师范大学出版社2013年版。
《广播电视学》黄辉著,同济大学出版社2013年版。
《广播电视概论》陈林侠著,暨南大学出版社2013年版。
《广播电视概论》欧阳宏生、段弘著,北京大学出版社2013年版。
《电视修辞学》张小琴著,清华大学出版社2013年版。
《当代广播电视新闻学》张骏德主编,复旦大学出版社2013年版。
《广播传播学》孟伟著,中国广播电视出版社2013年版。
《广播电视新闻学教程》马梅、周建国、肖叶飞著,中国科学技术大学出版社2013年版。
《广播电视学》黎力著,上海三联书店2013年版。
《中国广播电视学术研究史稿》(1920–2011)王文利著,新华出版社2013年版。
《中国广播电视研究的演变》谢鼎新著,合肥工业大学出版社2014年版。
《电视公共领域的结构转型》胡明川著,西南交通大学出版社2014年版。
《当代中国广播电视学》张振华著,中国国际广播出版社2014年版。
《广播电视学概论》黄匡宇著,暨南大学出版社出版2014年版。
《广播电视概论》周小普主编,中国人民大学出版社2014年版。
《电视新闻视听心理研究》林奇著,中国传媒大学出版社2014年版。
《广播电视概论》巨浪著,高等教育出版社2014年版。
《广播新闻学》黎炯宗著,武汉大学出版社2014年版。
《电视的命运:媒介融合与电视传播范式变革》杜志红著,中国书籍出版社2014年版。
《广播电视学学科体系建设研究》赵玉明、艾红红、庞亮主编,中国广播影视出版社2015年版。
《中国电视批评》贾磊磊著,中国广播影视出版社2015年版。
《电视采访学》赵淑萍、谭笑著,中国传媒大学出版社2015年版。
《电视新闻学》黎炯宗著,武汉大学出版社2015年版。
《电视概论》张雅欣、付晓光著,中国传媒大学出版社2015年版。
《理论电视学》梁波著,中国传媒大学出版社出版,2015年版。
《电视文本解析》石长顺著,武汉大学出版社2015年版。
《广播电视概论》宫承波主编,中国广播电视出版社2015年版。
《镜像中国:20世纪中国电视批评史》赵玉琦著,中国传媒大学出版社2015年版。

《电视发展新论》胡智锋著,中国社会科学出版社2016年版。

《电视媒介仪式与文化传播》张兵娟著,中国社会科学出版社2016年版。

《广播传播的修辞构建》宋海莲著,中国传媒大学出版社2016年版。

《广播电视新闻学》杨琳、罗朋、陈燕著,西安交通大学出版社2016年版。

《全国广播电视新闻从业者调查报告》丁迈、缑赫、董光宇著,中国发展出版社2016年版。

《电视节目形态三原结构论》刘宝林著,中国传媒大学出版社2016年版。

《广播新闻学》申启武著,暨南大学出版社2016年版。

《广播4.0时代的融合发展与理论创新》申启武著,暨南大学出版社2016年版。

《广播电视学导论》常江著,北京大学出版社2016年版。